KB060194

헌정주의와
타자

"누구를 위한 헌법인가?"

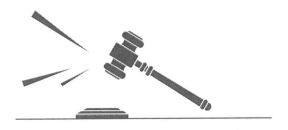

이국운 지음

박영사

이 책을 사랑하고 존경하는 내 부모님,
이홍관 목사님과 민춘자 사모님께 바친다.

緖: 누구를 위한 헌법인가?

전임 교수로서 헌법을 강의한 이래, 나는 줄곧 조금 색다른 방식으로 강의를 시작하는 전통을 스스로 지켜 오고 있다. 첫 강의시간에 고등학교 졸업생 티를 갓 벗은 학부 2학년들의 초롱초롱한 눈망울들 앞에 나서서, 나는 대뜸 헌법의 본질을 생각해 보기 위한 집단 실험을 하겠다고 선언한다. 그러고 나서 자못 엄숙한 목소리로 다음과 같이 외치는 것이다.

"지금부터 한 시간 동안 여러분의 국적을 박탈한다!"

그리곤 나는 아무 말 없이 교단을 내려와 교실 구석을 서성인다. 그런 내게, 약간은 허탈하고 약간은 웃음기가 섞인 학생들의 눈길들이 곧이어 쏟아진다. 한동안 어색한 분위기가 이어지고, 참다못한 몇몇 학생들이 내 선언의 교육적 의미를 캐기 위해 몇 가지 수줍은 질문을 던진다. 외면하던 나는 귀찮다는 듯이 한 마디를 덧붙인다.

"글쎄, 그러니까 이 강의실은 지금부터 한 시간 동안 무국적자들의 해방구인 셈이다!"

대개 군대를 다녀온 늙수그레한 학생들로부터 비로소 이 집단 실험의 목적을 알겠다는 미소가 포착되기 시작한다. 해마다 반복되는 헌법 강의의 개시의례니까 그 친구들 중 몇몇은 이미 사태의 전말을 전해 들었음직도 하다. 하지만 대부분의 2학년짜리들은 여전히 어안이 벙벙할 따름이다. 계속해서 기다려도 아무런 움직임이 없으면, 어쩔 수 없이 내가 다시 개입해야 한다.

"좋아, 자네들 좋아하는 '상황 설정'을 내가 해 주지. 자, 이 해방구에 갑자기 원인을 알 수 없는 전염병이 돌기 시작했다. 그리고 거기 자네, 맨 뒷줄에서 세 번째 안경 낀 여학생, 자네가 그 주위의 어떤 작자에 의해 성추행을 당했다. 이 정도면 됐나?"

가지가지 '상황 설정'이 일반화된 온라인 게임 덕인지, 이때쯤 되면 이상한 헌법 교수가 주도하는 집단 실험의 의도가 홉스니 로크니 하는 이름들과 함께 기억되는 소위 '자연 상태'를 재연하는 데 있다는 것을 알아채는 학생들이 있게 마련이다. 지금까지의 경험으로 보아 이 재간꾼들이 배역을 찾아내려고 나서는 수준까지 집단 실험이 진척되는 데 걸리는 시간은 약 25분 정도다.

"여러분! 우리가 이대로 가만히 있을 수는 없습니다. 뭔가 조치를 좀 취해야 되지 않겠습니까? 특히 전염병은 이대로 두면 위험하니까요."

"그럽시다!"

"자. 그러면 먼저 우리 가운데로 걸상을 돌려 마주보고 앉읍시다. 그리고 함께 뭔가를 정해봅시다."

"아니 잠깐만, 그런데 당신은 무슨 권한으로 우리더러 돌아앉으라는 거죠?"

"아니…. 제가 언제 명령했습니까? 그냥 제안했을 뿐인데요?"

"아. 그러지들 말고…. 여러분! 그러면 혼란을 없애기 위해 일단 사회자부터 정합시다. 누구 자원(自願)하실 분?"

역할 놀이를 좋아하는 세대적 특성 때문인지, 이 시점부터는 굳이 내가 개입하지 않아도 학생들 스스로 놀라운 즉흥성을 발휘하기 시작한다. 몇 해 전엔 교실 한 가운데 벽을 쌓아 전염병을 차단한 뒤 경찰을 뽑아 용의자를 체포하기도 했고, 그보다 더 오래전엔 스스로 독재자를 자처하며 나선 한 남학생을 다른 학생들이 쿠데타를 일으켜 연금하기도 했다. 학생들이 히죽거리며 집단 실험의 진지성을 축내기 시작할 때쯤이면, 어느새 약속한 한 시간이 훌쩍 넘어 있다. 이제는 다시 내가 개입해서 끝내야 할 시점이다.

"타임 오버! 타임 오버! 이제 실험은 끝났다. 여러분의 국적을 회복시킨다. 숙제가 두 가지 있다. 첫째는 오늘 수업에서 배운 것이 무엇인가를 각자 생각해 오는 것이다. 헌법 교과서에 헌법의 개념이나 사회계약 운운하는 부분을 찾아 읽으면 도움이 될 것이다. 둘째는 다음 시간에 토론할 내용을 각자 생각해 오는 것이다. 다들 알다시피 우리가 배워야 할 대한민국 헌법은 1948년 7월에 만들어졌고, 가장 최근의 헌법 개정은 1987년에 이루어졌다. 지금 이 강의실에 있는 사람들 가운데 1948년도에 세상에 있었던 사람은 아무도 없고, 1987년의 헌법 개정 국민투표에 참가했던 사람은 단 한 사람, 나밖에 없다. 자네들은 아마 부모님들의 계획 속에나 있었겠지. 그렇다면 자네들은 지금 한 번도 스스로 동의한 바 없는 대한민국 헌법을 자기의 헌법이라고 전제하고, 그 헌법을 배우겠다고 이 수업에 참여하고 있는 셈이다. 동의한 적도 없으면서, 왜 이 대한민국 헌법이 자네들의 헌법이라는 건가? 도대체 어떤 이유로 이 헌법이 여러분을 구속할 수 있다는 건가? 이 질문에 관하여 각자의 진지한 답변을 만들어 오는 것이 오늘의 두 번째 숙제다. 헌법 교과서에 헌법의 효력 운운하는 부분을 찾아 읽으면 혹 도움이 될지 모르겠다. 오늘 수업은 여기까지다. 그럼."

물론 이런 실험적 방식은 헌법 강의의 시작으로서 이용될 뿐이다. 그 다음 시간의 토론을 거치고 나면, 나는 다시 전통적인 헌법 강의의 궤

7

도로 쓸쓸히 패퇴한다. 물론 그렇다고 해서 35년 전 내가 들었던 헌법 강의들처럼 헌법 교수 혼자 앞에 서서 마이크를 들고 자신의 교과서를 죽 읽어 내려가는 소위 포어레중(vorlesung)을 할 수 있는 것은 아니다. 나는 교과서를 쓸 생각도 없고, 포어레중은 왠지 죽은 지식을 전달하는 것 같아 결코 하게 될 것 같지 않기 때문이다. 이래저래 선택할 수 있는 것은 기존 교과서 내용을 대요를 잡아 설명해 주고 거기에 덧붙여 내 나름의 이해를 첨부하는 방식뿐이다. 하지만 이 둘 사이에서 균형을 잡는 것은 언제나 지독히 어렵다. 어떤 날은 교과서의 개념 설명만 하다가 시간이 부족해서 끝내기도 하고, 다른 날은 내 이론을 펼치는데 신명을 내다가 진도를 놓치기도 한다. 그러다가 한 번씩 나를 절망케 하는 일이 눈앞에서 벌어진다. 맨 앞줄에 앉아 열심히 강의를 받아 적는 학생의 노트가 고시촌의 유명 헌법 강사가 편집한 '단권화 헌법 강의—이론과 판례의 완전정복' 쯤 되는 책이라는 사실을 목격하게 되는 것이다. 결국 내 헌법 강의는 그 수험 교재의 구석에 작은 글씨로 처박히는 신세가 되고 만다. 요사이 법학전문대학원에서는 헌법 교수들이 변호사자격시험에 대비하여 객관식 문제 풀이까지 한다는 이야기를 자주 듣는다. 그래도 그만큼은 시달리지 않으니 나는 아직 덜 불행한 걸까?

내가 헌법 강의의 첫 시간을 특이하기 짝이 없는 집단 실험으로 시작하는 까닭은 한국 사회의 헌법 강의가 헌법의 내용이나 본질과 너무도 다르다고 생각하기 때문이다. 헌법 문서는 온통 자유와 평등과 인간으로서의 존엄과 행복추구의 권리를 함께 외치는 우리 대한국민들의 발화(發話)로 가득 차 있다. 이는 일방적인 선언이 아니라 대한국민들이 서로에 대하여 헌법을 고백하는 것과 같은 감동적인 모습이다. 그러나 정작 그 헌법을 가르치는 헌법 강의는 정반대로 진행된다. 헌법 교수만 말하고 학생들은 받아 적기에 바쁘다. 얼마 뒤에 헌법 교수는 말한 내용을 시험 문제로 낼 것이고, 학생들은 받아 적은 내용을 답으로 적어낼 것이다. 헌법 교수는 채점을 하고, 학생들은 점수를 받고, 누군가는 합격하고 누군가는 낙방할 것이다. 수험 법학의 숙명이란 원래 그런 것이 아니겠는가?

그러나 조금이라도 진지하게 헌법 문서를 읽어 본 사람들에겐 이러한 광경처럼 고약한 모습이 없다. 어떻게 헌법 문서가 선언하는 대한국민들 사이의 자유와 평등이 한 쪽만 말하고 다른 쪽은 듣기만 하는 지시와 복종의 일방적인 형식 속에 담길 수 있단 말인가? 도대체 지시와 복종의 형식 속에서 자유와 평등이 가르쳐질 수 있기는 한 것인가? 자유와 평등을 지시와 복종으로 탈바꿈시키는 헌법 강의 속에서 과연 우리는 우리 대한국민들의 정치적 상호고백인 헌법 문서를 정당화할 수 있을까? 수험 법학의 숙명을 변명거리로 내세울 수 있음을 모르지 않는다. 그러나 나는, 적어도 내게 배우는 학생들에게만은, 수험 법학의 콘텍스트와 별개로, 헌법 문서가 실제로 말하고 있는 바가 통상적인 헌법 강의의 방식에 내포된 것과는 정반대에 가깝다는 점을 반드시 말해 주고 싶었다. 그 때문에 나는 매년 고집스럽게 이 희한한 집단 실험을 헌법 강의의 개시의 례로 시도해 왔던 것이다.

나는 지금도, 서울대학교 법과대학 1학년 때의 어느 가을 날, 한창 헌법 강의가 진행되던 15동 201호 대형 강의실의 풍경을 똑똑히 기억하고 있다. 무료하게 자신의 헌법 교과서를 읽어 가는 유명한 헌법 교수님의 모습이 조그만 플라스틱 자를 헌법 교과서에 대고 열심히 줄을 쳐 가며 저자 직강을 따라 외우던 친구들의 뒷모습에 겹쳐져서 시간이 지날수록 흐릿해지던 그 풍경 말이다. 그 학기가 시작할 때, 나는 오랜 습관대로 강의실 맨 앞줄에 앉아 헌법 강의의 처음에 등장하는 헌법이니 국가니 주권이니 하는 개념들이 어떻게 정의되고 또 정당화되는지를 한껏 기대하고 있었다. 하지만 얼마 지나지 않아 나는 유명한 헌법 교수님의 포어레중은 도무지 그런 문제들에 관심이 없으며, 중요한 개념들의 설명은 단지 수험에 필요한 수준에서 별다른 논증 없이 툭툭 던져지기만 할 뿐임을 알게 되었다. 강의가 진행될수록 알 수 없는 실망감에 휩싸인 나는 점점 뒷줄로 이동했고, 결국 헌법 교수님과 친구들을 한 눈에 관찰할 수 있는 시야를 확보한 뒤 혼자만의 자문(自問)에 빠졌었다. 도대체 우리는 왜 이렇게 헌법을 가르치고 또 배우는 것일까? 과연 이것은 헌법 강의의 올바른 방식일까?

돌이켜 보면, 헌정주의라는 단어는 입헌주의라는 이름으로 35년 전 내가 들었던 헌법 강의의 첫 부분에도 어김없이 등장했었다. 예를 들어 입헌주의를 "국민의 자유와 권리를 헌법에 선언해 두고 자유와 권리가 국가권력에 의하여 침해당하지 않고 보호되도록 국가권력의 근거와 행사에 관한 규범을 헌법에 규정해 둠으로써 국가권력 작용이 헌법에 구속되도록 하는 통치 원리"로 규정하는 방식이다(김철수). 하지만 이 개념 정의를 처음 들었을 때부터 나는 왠지 그것이 무의미한 동어반복에 머무르고 있다는 느낌을 강하게 받았다. 왜냐하면 그곳에는 왜 그것이 입헌주의의 정의(definition)인지를 정당화하려는 논증은 제시되지 않은 채, 단지 입헌주의를 그렇게 정의하기로 정한다는 선언만이 드러나 있었기 때문이다. 나는 불만에 차서 자문해야만 했다. 만약 입헌주의가 그처럼 '조작적 정의'에 불과한 것이라면, 도대체 왜 우리는 그 개념을 주입하고, 외우고, 답안으로 써내고, 또 채점을 해서 줄을 세우고, 결국에는 그 점수에 따라 합격과 불합격을 정해야 하는 것일까?

헌법 교수님의 포어레중이 계속되면서 나는 헌법 교과서의 헌정주의가 은연 중 서구적 모더니티를 전제하고 있음을 알게 되었다. 사실 35년이 지난 지금까지도 대한민국의 헌법 교과서들은 대부분 영국과 미국과 독일과 프랑스 헌정사를 마치 우리가 마땅히 따라야 할 역사적 선례인 듯 소개하고 있다. 물론 헌법 강의에서 근대 서구의 선진국들이 겪은 헌정주의의 경험을 무시하거나 폄훼할 이유는 전혀 없을 것이다. 하지만 헌정주의가 서구적 모더니티를 넘어서는 보편적인 가치를 지니고 있다면, 당연히 서구적 모더니티 바깥의 세상에까지 통용될 수 있는 보편적인 근거를 함께 제시해야만 하지 않을까? 그러나 아무리 기다려도 헌법 강의에서 헌정주의의 보편성에 관한 논증은 등장하지 않았다. 그렇다면 이와 같은 근본적인 논증의 공백을 어떻게 메워야 할 것인가? 헌법 강의실의 뒷줄에 앉아 나는 누구도 답해주지 않는 이 질문 앞에서 방황할 수밖에 없었다.

남들이 하지 않는 고민에 자신을 내어 맡긴 탓이었을까? 나는 학부 2학년 2학기 때부터 실정법학을 벗어나 비판법학의 길에 자발적으로 들어섰고, 결국 그 총아인 법사회학을 전공했으며, 십여 년의 노력 끝에 법률가정치론으로 법학박사학위를 받았다. 하지만 법학박사가 될 때까지도 학부 1학년 가을부터 괴롭혀 온 '도대체 헌법이란 무엇인가?'라는 질문은 도무지 나를 놓아주지 않았다. 게다가 전임교수가 되어 헌법 강의를 시작하면서부터는 사정이 더욱 심각해졌다. 무엇보다 자유민주주의 체제 속에서 당위를 전제한 법적 실천을 시도하려면, 이 질문을 회피할 수 없음이 명백해졌기 때문이다. 학생들 앞에서 헌법을 강의하고 정치사회적으로도 헌법에 입각한 발언과 행동을 시도할 때마다, 헌법학자로서 내 양심의 한쪽 구석에는 '도대체 헌법이란 무엇인가?'라는 질문에 답해야 한다는 부담감이 자리하고 있었다.

전임 교수가 되어 헌법 강의를 시작한 이후 20년 동안 나는 이 질문에 대하여 답하기 위해 나름대로 무진 애를 써왔다. 초기에 나는 법사회학적 문제의식의 연장선상에서 현 시기 헌정주의의 타락한 모습을 자유주의적 법치주의(liberal legalism)로 규정하고, 이에 대한 대안으로서 공화주의 헌법이론(republican constitutionalism) 가능성에 천착하기도 했다. 하지만 곧바로 공화주의만으로는 궁극적인 당위의 문제를 해명하지 못한다는 자책에 시달리면서, 헌법이론적 방황을 계속할 수밖에 없었다. 그러다가 아주 우연한 기회에 나는 엠마누엘 레비나스의 타자 윤리를 읽으면서, 헌정주의의 보편성을 논증할만한 나름의 실마리를 붙잡을 수 있었다. 동일자의 세계 바깥에, 그것을 가능케 하는 '그저 있음'으로서, 끊임없이 '나를 죽이지 마세요.'라고 호소하는 타자의 얼굴이 선재(先在)하며, 인간의 윤리는 바로 그와 같은 타자의 정언명령을 무한한 책임으로 받아들이는 곳에서 출발한다는 레비나스의 통찰이 뚜렷한 방향을 제시해 주었던 것이다.

    2010년에 출간한 『헌법』(책세상)은 레비나스의 타자 윤리에 기대어 그동안의 헌법 공부를 결산하는 방식으로 헌법과 헌정주의에 대한 내 나름의 이론화를 처음 시도해 본 야심찬 소품이었다. 그 책에서 나는 레비나스가 말하는 타자 현상학의 통찰을 전유하여 헌법을 표상정치의 한계를 극복하기 위한 기획으로 정의하면서, 그러한 의미의 헌법을 정치의 중심에 두려는 노력을 헌정주의로 규정했다. 그리고 성숙한 문명이라면 어느 곳에서나 헌정주의가 발현될 수 있음을 지중해의 그리스-로마 헌정주의와 동아시아의 성리학적 헌정주의의 예를 들어 설명하고자 했다(고전적 헌정주의). 이에 따라 여태까지 헌법 강의에서 헌정주의로 일컬어져 온 특정한 정치이념은 자연스럽게 근대적 헌정주의, 즉 서구적 모더니티가 야기한 심대한 정치적 혼란에 적응하기 위하여 시도되었던 헌정주의의 자기혁신으로 다시 개념화될 수 있었다. 근대적 헌정주의의 핵심은 프로테스탄트 종교혁명이 가져온 유럽의 내전 상태를 극복하기 위하여 안출되었던 '주권'이라는 새로운 정치적 표상을 헌정주의 관점에서 재-제도화하는 과정이었다. 나는 바로 그와 같은 정치적 혁신과정 속에서 지금 우리가 자유민주주의라고 부르는 근대적 헌정주의의 원리와 개념과 제도들이 탄생했음을 논증한 뒤, 19세기 중반부터 시작된 서구적 모더니티의 전면화 과정에서 근대적 헌정주의의 기획이 민주주의의 절대화 및 자유와 민주의 비대칭으로 요약될 수 있는 근본적인 도전에 직면하게 되었음을 밝혔다. 나아가 전지구적 차원에서 모더니티의 액체화(liquid modernity)가 급속하게 진행되는 오늘날에야말로 헌정주의의 또 다른 혁신이 절실하다는 점을 역설하면서, 타자윤리에 입각한 헌법의 주어 찾기와 공간적 권력분립에서 그 실마리를 찾자고 주장했다.

    이 책은 지난 20년 동안 써왔던 헌법이론 및 헌법철학 논문들을 다시 매만져 하나의 단행본으로 구성한 것이다. 앞서 출간한 『헌법』에서 제시했던 헌정주의와 헌법의 개념을 더욱 심화시키는 동시에 나는 이 책에서 특별히 두 가지 구체적인 과제들을 심층적으로 탐구해 보려고 한다.

첫째는 타자 윤리의 입장에서 시공간적 한계를 뛰어넘어 보편적으로 통용될 수 있는 헌정주의와 헌법의 개념을 찾아 정당화한 뒤, 이를 헌법학의 방법론으로 연결시키는 것이다. [1부]의 다섯 글은 이에 관한 탐구이다. 둘째는 이처럼 타자 윤리에 입각한 헌법철학이 우리 모두가 공유하고 있는 대한민국이라는 헌법적 현장에서 어떠한 의미를 가질 수 있는지를 몇 가지 주제와 결부시켜 생각해 보는 것이다. [2부]의 다섯 글은 이 과제를 겨누고 있다.

이 책을 쓰는 과정에서 나는 비판법학과 법률가정치론으로 크게 우회했던 때를 포함하여 지난 30여 년 동안의 헌법 공부길이 은연중 하나의 일관된 헌법 철학적 입장을 지향하고 있음을 새삼 발견하게 되었다. '헌정주의와 타자'라는 이 책의 제목은 그 입장을 표상하고 있다. 이제 나는 이 책의 구성을 간단히 소개하고, 이 책 전체를 통하여 나누고 싶은 화두(話頭)를 제시함으로써 난삽한 헌법철학 논문집을 읽을 귀한 독자들에게 도움을 드리고자 한다.

앞서 말했듯이 [1부]는 타자 윤리와 헌정주의, 그리고 헌법학 방법론을 연결시키려는 의도를 가지고 있다. 이 다섯 글 가운데 독자들이 가장 주의 깊게 읽어 주었으면 하는 글은 4장 '헌정적인 것'의 개념'이다. 하지만, 이 글부터 곧장 읽는 것은 피해 달라고 부탁하고 싶다. 한국 사회에 만연해 있는 수험 헌법학의 인식 프레임에 익숙한 독자들에겐 무엇보다 편견과 고정관념에서 벗어나 헌법적 사유에 전제된 사람과 사람 사이의 본래적 관계로 돌아가는 작업이 필요하기 때문이다. 이러한 맥락에서 1장에서 3장까지의 세 글은 바로 이와 같은 벗고(脫) 놓는(解) 작업을 돕기 위하여 배치되었음을 유의해주길 부탁드린다. 우선 1장 '공화주의 헌법이론의 구상'은 지금 한국 사회를 지배하고 있는 헌법이론을 자유주의적 법치주의로 명명하면서 그것이 근대적 헌정주의, 즉 자유민주주의에 대한 매우 편향적인 이해임을 드러내고, 이에 맞서는 정치적 사유의 흐름으로서 공화주의 정치사상을 정립한다. 이어지는 2장 '현대 헌법이론에서

'타자'의 복권'은 최근 영미 철학의 중심 주제로 지목되고 있는 자유주의와 공동체주의의 대립이 의외로 동일자중심주의라는 공통의 전제를 가지고 있음을 폭로한 후에, 엠마누엘 레비나스의 타자 윤리가 현대 헌법이론에 어떻게 접목될 수 있을지를 다소 잠언적인 방식으로 제안한다. 그리고 3장 '법과 '이웃': 법치의 본원적 관계형식에 관한 탐색'에서는 공화주의와 타자 윤리라는 두 이질적인 사유의 흐름이 법과 '물화'의 변증법적 관계 속에서 다름 아닌 '이웃'의 정치신학으로 수렴될 수 있음을, 다분히 칼 슈미트의 정치신학을 의식하는 맥락 속에서, 낮은 목소리로 주장한다. 앞서 말했듯이 [1부]의 중심은 '헌정적인 것'의 개념을 중심으로 타자 현상을 헌법 현상으로 전환시켜 헌정주의와 헌법의 개념을 구축하는 4장에 놓여 있다. 하지만 그 맥락을 제대로 이해하기 위해서 나는 그 앞의 세 글에 담긴 중층적 전전반측을 먼저 속속들이 경험해 달라고 독자들에게 요청하고 싶다. 그래야만 5장 '헌법학 방법론 연구: 해석학에서 현상학으로'가 제시하는 것처럼 헌법해석학을 넘어 헌법현상학을 중심으로 헌법학의 방법론을 제시하는 입장 또한 받아들이기가 수월할 것이다.

　　지독하게 사변적이기만 한 [1부]에 비하여 [2부]의 다섯 글은 한결 쉽게 읽히리라고 나는 전망한다. 당연한 말이지만, 그 이유는 글을 쓰는 나와 글을 읽는 독자들 모두가 대한민국이라는 공동의 헌법적 현장을 함께 경험하고 있기 때문이다. 이 점에서 나는 각기 '똘레랑스', '헌법 제1조', '촛불집회', '경제민주화', '연방주의'를 다루고 있는 [2부]의 다섯 글을 읽을 때, 독자들이 대한민국의 70년 헌정사와 그것이 서로에게 가지는 의미를 적극적으로 환기했으면 좋겠다. 6장 '민주공화국의 탈권력적 정당화'는 한국 전쟁을 온몸으로 겪은 대한민국 1세대에 대한 연민 없이 읽을 수 없는 글이고, 7장 '대한민국 헌법 제1조의 한 해석'은 2008년 이후 촛불집회에서 거듭 확인되고 있는 헌법적 현상, 즉 대한국민들이 헌법 제1조를 함께 노래하는 장면에 대한 묵상 없이 읽을 수 없는 글이다. 같은 맥락에서 8장 '직접행동민주주의와 헌정수호'는 자신의 몸을 권력 앞에 드러내는 방식으로 헌정수호를 외치는 헌법적 시민들에 대한 경의 없이 읽을 수 없고, 9장 '경제 헌법과 경제 민주화'는 해방공간 이래 대한민국의 물적 기초를 이루어 온 귀속재산에 관련하여 앞 세대의 대한국민 전체에 대한 고마움 없이 읽을 수 없다. 마지막으로 한반도의 재통일을 전망하고 있는 10장 '민주적 연방주의와 평화' 역시 적이거나 동지이기 전에 '이웃'으로 타자를 먼저 대우하려는 깊은 다짐이 없다면, 도무지 읽기 힘든 글이 될 것이다. 무엇보다 동료 대한국민으로서 서로를 향하여 타자 윤리에 입각한 연민을 가지고, 서로를 격려하고 또 존중하면서 이 글들을 함께 읽어 가면 좋겠다.

한국 사회에 이미 출간된 다른 헌법논문집들을 살펴보건대, 이 책은 아마도 사서들의 분류작업을 어렵게 만드는 특이한 경우로 취급될 가능성이 많을 것 같다. 그와 같은 어려움을 피하기 위하여 이 책에 전제된 헌법철학적 입장을 선명하게 밝혀 두는 것이 좋을 듯하다. 이 책은 헌정주의와 헌법을 타자를 향한 하나의 현상, 즉 현상으로서의 타자 앞에서 헌법적 주체가 스스로를 드러내는 현상으로 바라본다. 이와 같은 헌법적 현상을 있는 그대로 이해하기 위해서는 먼저 주체 자신이 스스로를 타자 앞에서 드러내지 않으면 안 된다(開顯). 이것은 이 글을 쓰는 나와 이 글을 읽는 독자들이 대한민국이라는 헌법적 현장 속에서 서로를 향해 자신을 드러내는 과정이야말로 이 글을 쓰고 또 읽는 작업의 본질임을 암시한다. 이와 같은 공동 작업을 돕기 위하여 나는 이 책의 마지막 부분에 내 자신의 헌법 공부길을 회상하는 짧은 추기를 덧붙였다. 본문을 읽기 전이건, 읽은 후건, 아니면 읽어 가는 중이라도, 도무지 지은이의 문제의식 자체가 납득되지 않는 상황이 벌어질 경우에는, 잠시 멈추고 편지 형식의 이 추기를 참고해 주기를 바란다.

여전히 빈 곳이 많고 모순투성이의 글들을 세상에 내보내면서, 마지막으로 나는 이 책 전체를 통관하는 화두를 밝혀 두고 싶다. 그것은 바로 "누구를 위한 헌법인가?"라는 질문이다. 내가 보기에, 자유와 평등을 지시와 복종으로 바꾸어 놓는 헌법 강의들이나 우리 대한국민들의 감동적인 발화를 수험 법학의 무미건조한 답지들로 바꿔치기 하는 헌법 교과서들은 하나 같이 이 질문에 대하여 동일한 대답을 전제하고 있다. 나를 위한, 우리를 위한, 우리나라를 위한 헌법…이라는 동일한 지향성이다. 이는, 레비나스식으로 말하면, 타자가 아니라 동일자를 위한 지향성, 바로 그것이다. 그러나 헌정주의와 타자를 연결시키려는 이 책의 입장에서는 이 근본적인 지향성에 관하여 반드시 문제를 제기해야만 한다. 이러한 지향성은 과연 옳은 것인가? 헌법은 진정으로 나를, 우리를, 우리나라를 위한 것인가? 헌법은 타자가 아니라 동일자를 위한 것인가?

헌법 공부를 하면서 누구나 한 번은 부딪히게 마련인 글들 가운데 아브라함 링컨의 게티스버그 연설문이 있다. 간단한 인터넷 검색만으로도 눈앞에 마주할 수 있는 이 짧은 텍스트를 가지고 헌정주의와 타자의 문제를 잠시 고민해 보자.

누구든 단 한 번만 이 연설문을 정독하더라도, "여든하고 일곱 해 전에(Four score and seven years ago)"로 시작하는 이 유명한 글에 왠지 모를 깊은 슬픔이 깃들어 있음을 발견할 수 있다. 어쩌면 그 이유는 이 연설문이 피비린내 나는 내전의 현장을 국립묘지로 봉헌하는 행사에서 낭독되었다거나, 저자인 링컨 자신이 연설 이후 비극적인 암살로 최후를 맞이했다는 사실 때문일 수도 있다. 그러나 내가 보기에 이 글은 그에 더하여 글 자체만으로도 마치 죽음에 직면한 것 같은 깊은 비원(悲願)을 담고 있다. 왜 그럴까?

연설의 중간 부분에서 아브라함 링컨은 게티스버그 언덕에 모여 자신의 연설을 듣고 있는 사람들, 잔혹한 내전을 거쳐 살아남은 남북의 사람들에게 호소한다. 자신을 포함한 그 살아 있는 사람들은 끊임없이 게티스버그 언덕에 잠든 전몰자들의 주검 앞으로 돌아와야 하며, 그리하여 이 죽은 자들과 살아남은 자들을, 또 미래에 등장할 또 다른 사람들을 하나로 연결시켜야 한다고 요청한다.

"…(중략)…이제 우리는 살아남은 자로서 이곳에서 싸웠던 그분들이 그토록 애타게 이루고자 염원했던 미완의 과업을 달성하기 위해 마땅히 헌신해야 합니다. 우리는 명예롭게 죽어 간 분들이 마지막 신명을 다해 이루고자 했던 대의에 더욱더 헌신할 수 있는 커다란 힘을 그분들로부터 얻고, 그분들의 죽음을 결코 헛되이 하지 않겠다고 다시 한 번 굳게 다짐함으로써, 우리는 이제 우리 앞에 미완으로 남아 있는 위대한 과업을 달성하기 위해 헌신할 수 있습니다.…(하략)…"

이 연설의 말미에 나오는 유명한 표현에 따르면, 이 위대한 과업은 '인민의, 인민에 의한, 인민을 위한 정부(government of the people, by the people, for the people)'가 이 지상에서 사라지지 않게 하는 것이다. 그러나 그 과업을 달성하기 위하여 먼저 질문해야 할 것은 '인민의, 인민에 의한, 인민을 위한 정부가 도대체 어떻게 존재할 수 있는가?'이다. 나는 이 질문을 조금 바꾸어서 다시 던져 보고 싶다. '인민의, 인민에 의한, 인민을 위한 정부'를 말할 때, 과연 그 인민은 동일한 인민인가 아니면 세 종류의 다른 인민인가? 문법적으로 보자면, 아브라함 링컨은 이 셋을 정부를 통하여 하나로 연결시키고자 했던 것 같다. 그러나 인민의 정부에서 인민은 소유이고, 인민에 의한 정부에서 인민은 능동이지만, 인민을 위한 정부에서 인민은 단지 객체이자 대상일 수밖에 없다. 어떻게 소유와 능동이 객체이자 대상과 같은 것이 될 수 있단 말인가? 도대체 어떻게 이 세 종류의 다른 인민을 정부를 통하여 연결시킬 수 있단 말인가? 이 연설에서 링컨은 이 질문들에 답하지 않는다. 다만 우리 모두가 알고 있듯이, 그는 곧이어 찾아온 자신의 죽음으로 답변을 대신할 뿐이다.

헌법이론가로서 나는 게티스버그 연설에 나오는 이 유명한 표현에 깊은 의문을 표시하고자 한다. 인민의 정부의 인민과, 인민에 의한 정부의 인민과, 인민을 위한 정부의 인민은 같은 인민일 수가 없다. 따라서 이 셋을 정부를 통하여 연결시키려는 아브라함 링컨의 시도는 근본적으로 허망한 것이다. 이를 통해 확인할 수 있는 것은 기껏해야 인민의 정부와 인민에 의한 정부와 인민을 위한 정부 사이의 투쟁 정도에 불과하다. 게

緒: 누구를 위한 헌법인가?

티스버그 연설은 인민의 정부의 인민과, 인민에 의한 정부의 인민과, 인민을 위한 정부의 인민이 각기 어떻게 서로에게 관련될 수 있는지를 문제 삼은 점에서 오래도록 기념될만한 가치가 있다. 그러나 유감스럽게도 이 질문에 대하여 명쾌한 답변은 제공하지 않는다.

바로 이 대목에서 나는 독자들에게 흥미로운 실험 하나를 제안하고 싶다. 한 번 '인민의, 인민에 의한, 인민을 위한 정부'라는 표현에서 정부를 헌법으로 바꾸어서 다시 읽어 보자는 것이다. 인민의 정부가 아니라 인민의 헌법, 인민에 의한 정부가 아니라 인민에 의한 헌법, 인민을 위한 정부가 아니라 인민을 위한 헌법으로 바꾸어서 생각해 보자는 것이다. 물론 이렇게 하더라도 인민의 헌법, 인민에 의한 헌법, 인민을 위한 헌법에 등장하는 세 종류의 인민이 곧바로 하나로 연결되지는 않는다. 그러나 헌법이 아니라 정부에 의하여 그 셋을 연결시키고자 할 때 등장했던 논리적 모순은 한결 완화될 수 있다. 그리고 헌법을 무엇으로 이해하는가에 따라서, 인민의 헌법, 인민에 의한 헌법, 인민을 위한 헌법에 등장하는 인민들을 서로에게 연결시킬 수 있는 가능성도 생겨난다. 소유이자 능동으로서의 인민을 객체이자 대상으로서의 인민과 조화시켜 개념화할 수 있는 여지가 발생한다는 말이다.

그렇다면 과연 어떻게 우리는 이와 같은 가능성을 헌법철학적으로 구체화해갈 수 있을 것인가? 앞서 말했듯이 나는 "누구를 위한 헌법인가?"라는 질문을 헌법적 사유의 화두로 공유함으로써 이 문제에 다가가 보려고 한다. 바로 이 화두야말로 동일자중심주의의 방향이 아니라 타자중심주의의 방향으로 헌법적 사유와 실천을 끊임없이 교정하게 만드는 비결이기 때문이다. 확신을 가지고 말하건대, 이 화두는 문제에 대한 답변을 제공하거나 그 답변에 머무는 방법을 알려주기보다는 차라리 그 답변을 다시 문제 삼을 수 있는 궁극적인 방향성과 용기를 제공한다(出出世聞!). 인민의 헌법이나 인민에 의한 헌법, 즉 소유나 능동의 주체로서 인민을 이해할 경우, 그 인민은 항상 어떤 경계선 안쪽의 확인된 사람들로 나타난다. 그러나 인민을 위한 헌법으로 인민을 이해할 경우, 그 인민은 앞서의 인민에 의하여 객체이자 대상으로 관념되었던 그 인민 바깥의 사람들까지를 포괄할 수밖에 없다. 적어도 그렇게 하지 않으면 안 되도록 헌법이론의 방향을 설정하게 만들 수는 있다. 게다가 이 객체이자 대상으로서의 인민 그 자체를 마침표가 아니라 물음표 속에 집어넣으면 헌법적 사유는 비로소 동일자가 아니라 타자를 향한 이념적 동력을 확보할 수 있게 된다. 바로 이처럼 결코 완결될 수 없는 급진성이야말로 타자 윤리에 입각한 헌정주의의 진면목이라고 나는 생각한다.

돌이켜 보면, 수험 법학의 분위기에서 무료한 포어레중으로 헌법을 배우면서 홀로 답답해 할 때, 민주화의 흐름 속에서 헌법재판소의 결정들이 헌법규범을 대체하는 광경을 보며 헌법이론의 빈곤을 절감할 때, 촛불집회의 현장에서 헌법 제1조를 주권자들이 함께 노래하는 광경을 처음 목격하고 감격할 때, 대한민국 헌정사의 어두운 구석구석에서 피해자들은 물론 가해자들에게까지 헌법적 시민으로서의 깊은 연민을 느낄 때, 그리고 대한민국과 한반도의 미래를 헌정주의의 입장에서 기획하며 남몰래 기도할 때까지, 내 자신이 그러한 질문이나 그에 대한 나름의 답변에 만족하지 아니하고 그 답변을 다시 계속적으로 문제 삼을 수 있었던 것은 바로 이 화두 때문이었다. 이런 까닭에 이제 그와 같은 사유의 궤적을 담은 이 책을 세상에 내보내면서 나는 헌법적 사유를 이끄는 급진적인 화두 하나를 독자들에게 전달하고 싶다.

"누구를 위한 헌법인가?"

바로 이 질문이 이 책을 이끄는 화두이다.

2019년 10월
포항 한동에서
李 國 運

일러두기

이 책은 다른 지면에 소개되었던 저자의 연구 논문들을 보완·수정·가필한 글들로 구성되었다. 원래의 논문에서 많은 부분을 손봤으나, 집필 당시의 상황이나 분위기를 지켜야 할 경우에는 그대로 두었다. 글들이 발표되거나 수록된 지면은 아래와 같다.

1장 『법과 사회』 제20호, 2001, 법과사회이론학회

2장 『법철학연구』 제6권 제2호, 2003, 한국법철학회

3장 『법과 사회』 제36호, 2009, 법과사회이론학회

4장 『법과 사회』 제51호, 2016, 법과사회이론학회

5장 『법학연구』 제49집, 2016, 전북대학교 법학연구소

6장 『법철학연구』 제15권 제2호, 2012, 한국법철학회

7장 『법과 사회』 제45호, 2013, 법과사회이론학회

8장 『헌법학연구』 제14권 제3호, 2008, 한국헌법학회

9장 『상생을 위한 경제민주화』(나남) 2부 2장, 2013, 한국사회학회

10장 『법학연구』 제53권 제2호(통권 제72호), 2012, 부산대학교 법학연구소

* 6장과 7장의 일부는 이국운(2017)에, 10장은 김선욱 외(2013)에 약간씩 변형된 형태로 활용되었다.

차 례

1부

1장
공화주의 헌법이론의 구상

Ⅰ. 민주화와 헌법이론의 빈곤

　　민주화투쟁이 절정을 이루던 1987년 6월에도 사법시험 준비에 골몰하던 수험생들은 있었다. 그들 대부분에게 헌법과목은 긍정과 부정의 이중적 의미를 동시에 지니고 있었다. 한편으로 그것은 별다른 암기 없이도 적당 수준의 점수를 보장하던 손쉬운 시험과목의 대명사였으며, 다른 한편으로 그것은 도서관과 고시실의 바깥을 지배하던 헌법적 인정투쟁(認定鬪爭)과는 철저히 유리된 채, 사법시험 장소에서나 행세하던 '교과서 속의 법'(law in textbook)의 표상이었다. 다른 법(학)과 구분되는 헌법(학)의 독특한 가치가 (특정) 법체계 자체의 정당성을 끊임없이 의심하고 또 합리화하도록 만드는 것이라면, 진정한 의미에서의 헌법학습은 사법시험과는 별개의 차원에서 다양한 헌법적 실천과 더불어 이루어졌다. 어떤 이는 군사정권까지도 정당화하는 체제 수호의 이데올로기를 생산했고, 다른 이는 군사정권의 부정과 헌법적 정통성을 연결시키기 위해 계급혁명의 이데올로기에 집착했다. 그리고 그 가운데 헌법 교과서의 내용을 곱씹으면서도, 그것과 무관한 모순적 현실 앞에서 절망했던 많은 이들이 있었다. 요컨대, 시대는 암울했지만 일상에는 헌법담론이 가득했다. 현실을 지배하는 법체계의 정당성이 하루에도 몇 번씩 문제가 되었던 것이다. 그런 담론에서 혹 소외된 사람들이 있었다면, 그것은 바로 교과서 속의 헌법지식을 무료하게 되뇌어야만 했던, 사법시험의 수험생들뿐이었다.

그로부터 많은 세월이 흐른 지금, 변호사시험의 수험생들에게 헌법은 결코 호락호락한 시험과목이 아니다. 상식에 가깝던 헌법지식들은 이미 수험시장에서 밀려났고, 끊임없이 축적되는 헌법재판소의 판례들이 그 자리를 차지했다. 어떻게든 그 판례들을 체계적으로 정리해 놓지 않으면 변호사시험의 합격을 기대할 수 없을 만큼, 헌법재판소와 그 판례에 기초한 헌법(학)의 전문화는 돌이킬 수 없는 추세가 되고 있다. 시위현장의 바리케이드를 넘나드는 험악한 토론에서 헌법담론을 체험할 수 있었던 것이 30년 전의 상황이었다면, 오늘날의 상황은 정확하게 그 반대이다. 헌법담론의 유의미한 체험은 이제 오로지 법률가들의 전문적인 담화구조 속에서만 가능하게 되었기 때문이다. '민주화'와 '헌법의 생활규범화'는 동전의 양면이라는 것이 새로운 시대를 갈망하던 헌법학도들의 오랜 상식이었다. 하지만, 민주화와 더불어 헌법(학)의 전문화가 진행되고, 그 결과 시민들의 일상에서 헌법담론이 낯선 것으로 비치게 되었다면, 이런 상식은 근본적으로 재고될 수밖에 없다. 민주화와 헌법이론의 빈곤! 이 달갑지 않은 조합이 진정 오늘날의 한국사회를 관통하는 헌법현실이란 말인가?

헌법(학)의 본래적 기능을 "대립된 이익의 합리적 조정안의 제시"만으로 이해하는 것(양건 1995: 서문)은 (특정) 법체계의 규범적 전제를 제공함과 동시에 끊임없이 그 정당성을 되물어야만 하는 헌법(학)의 독특한 사명을 도외시하는 것이다.[1] 이런 도외시는 곧바로 헌법담론의 체제내화를 결과하고, 행위규범으로서의 헌법을 재판규범으로 축소시키며, 헌법의 법화(法化) 또는 사법화(司法化)를 거쳐, 자칫 헌법물신주의(fetishism of constitution)와 헌법적-사법적 전제(constitutional-judicial despotism)를 발생시킬 위험을 구체화한다. 헌법(학)의 비판적 정당화의 기능이란, 쉽게 말해, 체제와 반(反)체제의 경계선까지 내려가 (특정) 법체계의 정당성을 재확인하도록 법

---

1 그럼에도 이 서문은 암울한 헌법현실에 회의를 품고 한때 법사회학연구에 경도했던 한 헌법학자의 자기고백으로서 한 번쯤 주의 깊게 읽어 둘 가치가 있다. 헌법(학)의 비판적 기능이라는 관점에서 나는 이 서문의 취지를 동병상련의 입장에서 받아들인다.

률가들을 강제하는 것을 의미한다. 그 요체는 시민들의 일상에서 드러나는 막연한 불만을 체제 자체에 대한 문제제기로 승화시켜 그에 대한 헌법적 답변이 불가피하도록 만드는 곳, 즉 헌법이론의 계발과 그에 기초한 헌법적 실천에서 단적으로 드러난다. 이런 관점에서 오늘날과 같은 헌법이론의 빈곤은 역설적으로 현재의 헌법(학)이 체제의 근본문제에서 비켜나 있음을 의미하는 것일 수도 있다. 헌법재판소가 전가의 보도처럼 사용하는 '과잉금지원칙'의 내용을 세련하는 것이 중요치 않다는 말이 아니다. 결코 다른 법(학)에게 맡길 수 없는 헌법(학)의 독특한 사명은 과잉금지원칙이 왜 정당한지 또는 우리는 왜 과잉금지원칙을 따라야 하는지에 관하여 설득력 있는 답변을 제공하는 곳에 있다는 말이다. 그러나 과연 우리는 이 물음들에 대하여 설득력 있는 답변을 가지고 있는가?

1980년대 말 현실사회주의가 몰락하면서 비판적 헌법담론이 함께 몰락한 것은 세계적인 현상이었다. '노예/주인'의 시대가 끝나고 '주인/주인'의 관계가 제도화된다는 이유로 '역사의 종말'이 선언되었을 만큼(후쿠야마 1992) 자유주의적 법치주의의 승리는 완벽해 보였다.[2] 민주화와 헌법이론의 빈곤이라는 우리의 현실이 이러한 세계적 차원의 변화와 깊은 관련을 가지고 있음은 물론이다. 국민국가의 경계선을 무너뜨리는 세계적 규모의 정보자본주의와 그것을 뒷받침하는 팍스 아메리카나(Pax Americana), 그리고 그 헌법적 표현인 자유주의적 법치주의의 도저한 흐름에 대항하여 비판적 헌법담론을 구상하는 것만큼 무모하고 소모적인 도전이 또 어디에 있단 말인가? 차라리 체제 속으로 투항하여 대립된 이익의 합리적 조정안을 모색하는 것에서 헌법(학)의 활로를 모색하는 것이 현실적인 대안일 수도 있을 것이다. 그렇지만, 국민국가의 경계선을 넘어 통치가 제도화될 때, 국민국가의 경계선을 넘어 그 체제의 정당성을 물어야 하는 것은 헌

---

2 공화주의와 대비되는 의미에서 현재의 체제를 일컫는 명칭으로 자유민주주의(liberal democracy)는 그리 적합한 용어가 아니다. 자유주의적 법치주의(liberal legalism)가 더 적합하며, 자유민주주의는 오히려 공화주의적 사유와의 길항적 공존이 달성된 상태를 일컫는 말로 고려되어야 한다.

법(학)의 피할 수 없는 숙명이다. '주인/주인'의 관계가 명목적인 것이 될 가능성(칼 마르크스)과 '주인/노예'의 관계가 자발적으로 부활할 가능성(에리히 프롬)이 여전히 존재하는 한, 이것들을 외면하고 법 속에서 자유로운 인간을 꿈꾸는 것은 망상이나 위선에 지나지 않는다. 그렇다면 문제의 핵심은 명확하다. 그러한 망상과 위선을 극복하고 세계적 규모의 체제에 대하여 도전할만한 용기와 지적 자원을 우리는 과연 가지고 있는가?

이 글의 목적은 오늘날의 헌법현실에 대한 이상의 문제제기를 바탕으로 자유주의적 법치주의에 대항하는 대안적 전망으로서 공화주의 헌법이론의 가치를 조명해 보려는 것이다. 지난 50여 년 동안 영미의 정치철학 및 헌법이론 학계에서 벌어져 온 자유주의와 공화주의의 격렬한 토론은 그 자체로서 민주화 이후의 헌법담론이 어떤 형태로 전개되어야 할 것인가에 관해 상당한 시사를 주고 있다. 대안적 전망의 완성도를 높이기 위해서, 예컨대 ① 고전적 공화주의 정치사상의 부활맥락, ② 근대 정치사상사의 공화주의적 재해석, ③ 공화주의 헌법이론 내부의 이론적 다양성, ④ 공화주의적 헌법정책의 방향설정 등에 대한 치열한 논구가 뒷받침되어야 하며, 이를 바탕으로 ⑤ 한국 헌법의 공화주의적 재해석, ⑥ 헌법재판소의 중요 판례들에 대한 공화주의적 재음미가 진행되어야 할 것이다. 하지만 이 모든 것들을 차후의 연구과제로 미루어 둔 채, 여기서는 가능한 한 자유주의적 법치주의의 기본 논리에 대응하여 간략하게나마 공화주의 헌법이론의 기본 구상을 제시하는 일에 주력하고자 한다.[3]

---

3 이 글의 공화주의는 영어로 말하면 소문자 'r'로 시작하는 'republicanism'이다. 대문자 'R'로 시작하면 현실정치에 있어서 미국 공화당의 정치이념(Republicanism)과 혼동될 위험이 있기 때문이다.

Ⅱ. 자유주의적 법치주의의 한계와 공화주의 정치사상의 부활

　자유주의적 법치주의의 정치형태는 하나의 역사적 산물이다. 그것은 특별히 비대면적 인간관계(도시화/산업화)와 자족적 존재로서의 인간이해(세속화/합리화)라는 근대 사회의 독특한 정치적 조건에 적응하기 위하여 고안된, 하나의 유력한 정치적 기획일 뿐이다(이국운 1999). 따라서 스스로를 보편화하려는 끊임없는 규범화의 요청에도 불구하고, 자유주의적 법치주의는 어디까지나 근대적 사회조건을 토대로 이해되는 것이 마땅하다. 모든 것을 전체화하려는 또 하나의 정치적 기획—아마도 이것은 '공동체주의적 인민주의'라고 불러야 할 것이다—과 짝을 이루며, 철저히 근대적인 기획으로서 그것의 진면목은 모든 것을 개체화하려는 비현실적 전제에서부터 드러난다. 토마스 홉즈에서 존 로크로 이어지는 이 기획의 초기 설계자들이 한결같이 '자연상태'라는 가상의 전제에서 출발하여 개인의 합리적 선택의 결과로 사회와 국가와 정부의 탄생을 설명하고 있는 것은 결코 우연의 일치가 아니다. 그와 같은 가상적 사회계약이론이 아니라면 결코 합리적으로 통합될 수 없을 만큼, 가치에 대한 주관주의적 견해와 그에 기초한 개인적 자유주의가 팽배해지는 사회에서 그들이 살고 있었기 때문이다(맥퍼슨 1991).[4]

　주지하듯이, 이런 개인적 자유의 우위가 결과하는 것은 무엇보다 그것을 보장하기 위한 최소국가, 최소정부의 논리이다. 국가나 정부는 오로지 선재(先在)하는 개인적 자유를 보장하기 위한 일종의 필요악으로서 이해되는 것이다. 때때로 이런 필요악이 전제적 독재권력으로 돌변하는 것을 막기 위하여 자유주의적 법치주의는 몇 가지 방법을 동원하는 것으로 알려져 왔다. (1) 사회계약의 당사자들에게 국가나 정부 이전의 확고한 지위를 보장하기 위하여 생명과 신체와 종교와 사상과 재산에 관한 '기본적 권리'를 부여하는 것이나, (2) 국가나 정부가 그러한 권리를 보장하지 않을 경우에 폭력적인 방법을 통해서라도 정상상태를 정당하게 복원시킬

---

4 이 점은 사회계약이론의 현대적 대표자인 존 롤즈의 이론에도 특히 원초적 입장(original position)에서 잘 나타난다(Rawls 1971: 3장).

공화주의 헌법이론의 구상

수 있다는 '동의에 의한 지배' 및 '혁명의 권리'를 인정하는 것, 그리고 (3) 국가나 정부의 전제화를 예방하기 위하여 정기적으로 대표를 선출하고, 또 그 대표들의 권력을 몇 가지로 나누어 상호 견제하도록 만드는 것(권력의 분립 및 견제와 균형의 원리) 등이 그것들이다. 하지만, 이러한 방법들은 자유주의적 법치주의의 독점물이 아닐 뿐만 아니라 결코 최종적인 것도 아니다. 그 체제의 진정한 핵심은 '법치주의', 즉 체세 내부에서 벌어지는 문제들을 해결하는 최종적인 권한이 적법절차(due process of law), 특히 사법절차(judical procedure)에 주어져 있다는 사실이기 때문이다.

자유주의적 법치주의는 논리적으로 정치에 대한 사법의 우위와 사법의 궁극적 최고성에 귀결된다. 사법은 사회계약의 당사자인 개인들 사이의 '권리'분쟁은 물론 그들과 국가 또는 정부 사이의 '권한'분쟁을 최종적으로 해결할 책임을 확보함으로써, 단지 국가나 정부 내의 한 기관이 아니라 사회 자체의 최종적인 심판관이자 질서유지자로서 스스로를 위치 지운다. 자유주의적 법치주의의 사고방식 속에서 사법의 결정을 번복할 수 있는 것은 궁극적으로 사법 그 자체뿐인 것이다. 이런 의미에서 자유주의적 법치주의가 스스로를 '사법적' 방식으로 규정하고 또 정당화하는 것은 당연한 귀결이라 할 수 있다. 예컨대, 자유민주적 기본질서를 '어떠한 폭력적 지배나 자의적 지배도 배제하고 그때그때의 다수의 의사에 따른 국민의 자치에 근거한 법치국가적 통치질서와 자유와 평등이 확보되는 질서'로 규정한 뒤 그에 바탕하여 재판하는 것[5]은 사법적 방식으로 체제를 규정하고 또 정당화하는 전형적인 모습이다. 한 걸음 나아가, 이러한 사법우위론이 시대를 초월하는 보편적 규범의 존재에 스스로를 의탁하게 되는 것도 충분히 이해할 수 있는 일이다. 사법의 정당성을 근거 지우는 것에 관하여 체제 바깥의 고차법(the Higher Law)을 인정하는 것보다 더 효과적인 방식이 있을 것인가?[6]

---

5 SRP Urteil, 1952. 10. 23., BVerfGE 2, 1 ; KPD Urteil, 1956. 8. 17., BVerfGE 5, 85.
6 이런 관점에서 자유주의적 법치주의의 가장 전형적인 이론가는 임마누엘 칸트이다.

이와 같은 사법의 궁극화 또는 유사형이상학화가 앞서 말한 대로 헌법적-사법적 전제의 위험을 촉발시키게 될 개연성은 다분하다. 한마디로, 법의 지배가 법률가의 지배로 전락할 위험이 상존한다는 것이다. 하지만, 보다 심층에 존재하는 산업적 자본주의의 거대한 물결과 관련시키지 않는 한, 이런 이해는 어디까지나 피상적인 것에 지나지 않는다. '개인적 자유-최소정부-사법의 우위'의 연계의 이면에는 사유재산권과 시장경제체제에 기초한 산업적 자본주의체제가 존재한다. 서구의 근현대 정치경제사는 이에 관한 적절한 증거자료이다. '경제적 인권-정치적 인권-사회적 인권-인권의 세계화'로 진행된 자유주의적 법치주의의 전개과정은 곧바로 '시장의 확보-시장의 정당화-시장의 유지-시장의 세계화'로 진행된 자본주의적 경제체제의 전개과정과 동전의 양면이기 때문이다. 이는 자유주의적 법치주의가 야기하는 헌법적-사법적 전제의 위험이 결코 정치체제의 논리적인 결함으로만 축소될 수 없음을 의미한다. 오히려 그것은 자유-자본-법치를 연결하는 근본적 모순을 총체적으로 드러내는 현상이다. '사법의 전제'는, '자본의 전제'와 '개인의 전제'와 '권리의 전제'의 총체적 표현인 것이다.

20세기 후반 영미권의 정치사상연구에서 고전적 공화주의(classical republicanism) 혹은 공민적 인본주의(civic humanism)에 대한 관심이 고조된 것은 자유주의적 법치주의의 한계에 대한 인식과 밀접한 관련을 가지고 있다. 한편으로 자유주의적 법치주의에 대한 대안적 전망을 세우려는 노력에 의해, 다른 한편으로 체제의 본질을 자유주의적 법치주의가 아닌 다른 방식으로 이해하려는 노력에 의해 인도되면서, 이런 문제의식은 오늘날 가히 공화주의 정치사상의 부활이라고 할 사상적 조류를 형성해내고 있다. 그 전개과정은 대체로 4단계로 구분될 수 있다. ① 미국 혁명사의 해석을 둘러싼 논쟁에서 주류의 자유주의적 해석에 대항하여 공화주의적 해석이 정립되는 단계.[7] ② 그런 해석이 17세기의 영국 혁명은 물론

---

7 대표적인 저작은 버나드 베일린의 '미국 혁명의 이데올로기적 기원'이다(Bailyn 1967).

마키아벨리의 시기까지 소급되어 고전적 공화주의의 부활이라는 관점에서 일목요연하게 정리되는 단계.[8] ③ 이처럼 역사학의 관점에서 부활한 공화주의 정치사상이 자유주의적 법치주의에 대항하는 정치적 입장으로 정돈되면서, 헌법이론의 차원에서 그 현실적합성이 논의되는 단계.[9] ④ 공화주의 정치사상의 철학적 정교화가 단일이론의 차원으로 성장하면서, 자유주의적 법치주의와의 길항적 공존을 모색하는 한편으로 이른바 자유주의적 공화주의 또는 공화주의적 자유주의의 관점에서 그 사상적 계보에 대한 재해석이 시도되는 단계.[10]

공화주의 정치사상의 이와 같은 부활은 자유주의적 법치주의의 압도에 따라 등장하는 '사법의 전제'에 대한 정당한 우려의 표현인 동시에 사법의 유사형이상학화와는 다른 방식으로 공동체적 규범을 확보하려는 노력이다. 이를 위해서 공화주의 정치사상은 사법에 의해 위축된 정치의 중심성을 회복하고, 개인적 자유에 의해 압도된 공동체적 자유의 가치를 복원함으로써 '민주적 입헌국가'라는 공화주의적 정치이상을 재구축하려고 한다. 이런 맥락에서, 자유주의적 법치주의가 전제하는 민주주의가 사법의 탈정치화 및 비정치적 사법권력에 의존하는 약한 민주주의(thin democracy)라면, 공화주의 정치사상이 전제하는 민주주의는 공동체적 참여와 사법의 균형 및 책임과 덕성(德性, virtue)의 이론에서 출발하는 강한 민주주의(strong democracy)이다(바아버 1992). 이처럼 강한 민주주의를 구상하는 과정에서 '기본적 권리', '동의에 의한 지배', '혁명의 권리', '권력의 분립 및 견제와 균형의 원리' 등 과거 자유주의적으로만 이해되어 온 헌법적

---

8 대표적인 저작은 역시 포코크의 '마키아벨리언 모멘트'이다(Pocock 1975).

9 정치철학적 입론의 효시를 이룬 것으로는 맥킨타이어와 샌델의 저작들이 거론된다(MacIntyre 1981; Sandel 1982). 헌법이론화에 관련해서는 예컨대, Yale Law Journal의 The Republican Civic Tradition 심포지엄(1988)에서 발표된 Frank Michelman의 Law's Republic과 Cass R. Sunstein의 Beyond the Republican Revival, 그리고 그에 대한 10개의 토론문이 대표적인 문헌이다. 이 가운데 특히 케이스 선스타인은 이후 10여 권의 저작을 통하여 공화주의 헌법이론의 체계화를 선도하였다.

10 공화주의 정치사상의 이론화에 관해서는 페팃이나 대거의 저작들이 대표적이고(Pettit 1997; Dagger 1997), 자유주의적 공화주의의 사상사적 계보에 관해서는 주커트와 버코비츠의 저작들을 예시할 수 있다(Zukert 1994; Berkowitz 1999).

제도들의 공화주의적 가치가 조명될 수 있음은 물론이다. 더불어, 개인적 덕성을 사회적 덕성으로 전환시킬 수 있는 장치로서 법 및 법체계의 공화주의적 가치 또한 새롭게 부각된다.

역사적 관점에서 이런 이해는 동시에 자유민주주의의 다양한 변형들이 전근대적 정치형태나 현실사회주의와의 역사적 경쟁에서 승리할 수 있었던 이유를 설명하는 것이기도 하다. 공화주의 정치사상은 그 승리를 결코 자유주의적 법치주의가 더 정의롭거나 효율적이기 때문이라고 해석하지 않는다. 오히려 그것은, 자유주의적 법치주의의 논리적 결함이 명백한 까닭에 고전적 공화주의의 유연한 사고방식이 쉽게 접목될 수 있었다는 사실, 그리고 그에 따라 자유주의적 법치주의와 민주적 공화주의의 모순적 길항관계 속에서 형성된 자유민주주의가 다양한 현실적 변형태들에서 드러나듯이, 교조화된 전근대적 정치형태나 현실사회주의와 달리, 탁월한 현실적합성을 가질 수 있었던 점에 주목한다. 이처럼 공화주의 정치사상은 자유주의적 법치주의와 민주적 공화주의 사이에 일정한 길항적 공존이 달성된 상태, 즉 자유민주주의 또는 '자유주의적 공화주의'(liberal republicanism)를 지향하려는 경향을 가지고 있다.

이러한 입장은 자유민주주의를 근대의 정치적 조건 속에서 고전적 공화주의의 부활을 도모하는 정치적 근대화의 기획으로 재해석하려는 것이기도 하다. 이에 따르면, 자유민주주의는 근대적 헌정주의와 같은 말이다(이국운 2010a). 이런 관점에서는 1990년대 이후 자유주의적 법치주의의 패권화가 세계적 현상이 된 것이야말로 체제의 타락을 부추기는 치명적 자만의 원인이 아닐 수 없다. 왜냐하면, 비교와 경쟁의 대상을 잃은 자유주의적 법치주의의 다양한 변형들이 세계적 규모의 자본주의경제체제 및 인권공동체의 등장과 함께 균질화 또는 단일화되면서('맥도날드화' McDonaldization) 체제 내부의 공화주의적 생명력이 근본적으로 소진될 위험이 발생하고 있기 때문이다.

Ⅲ. 공화주의 정치사상의 특징

그렇다면, 이와 같이 자유주의적 법치주의의 대안적 전망으로 새롭게 부활되고 있는 공화주의 정치사상은 구체적으로 어떤 특징을 가지고 있는가?[11] 무엇보다 먼저 언급해야 할 것은 폴리스적 존재로서의 인간에 대한 이해이다. 공화주의는 결코 자유주의적 사회계약론에 전제된 것과 같은 무색하고 균일하며, 고립적이고 추상적인 개인을 정치적 사고의 출발점에 두지 않는다. 오히려 그것은 구체적인 정치공동체 속에 존재하는 구체적인 시민, 즉 아리스토텔레스가 말하는 정치적 동물(zoon politikon)로서의 인간에 끊임없이 집중한다. 이처럼 정치공동체와 그 속의 시민을 불가분의 연계로 파악한다는 점에서 공화주의는 자유주의적 법치주의 또는 근대적 정치사고의 기본을 이루는 공적 영역과 사적 영역의 엄격한 분리를 근본적으로 거부한다. 공화주의의 입장에서 공(公)과 사(私)의 구분은 인위적인 것이며, 나아가 사적 영역에서부터 일종의 필요악으로서의 공적 영역을 구성해내는 자유주의적 사회계약론은 가상적인 것에 불과하다. 공적 영역과 사적 영역은 근본적으로 연계되어 있으며, 그 인위적인 분리는 언제나 양자의 동시발생을 전제로만 가능하다.

이와 같은 폴리스적 존재로서의 인간이해는 곧바로 공화주의가 전제하는 자유의 모습과도 연결된다. 공화주의는 인간의 자유를 정치공동체 속에서의 자기실현으로 파악하고, 그것을 정치공동체에의 자율적이고 적극적인 참여와 동일시한다. 세속사를 도외시 한 금욕적이고 명상적인 삶(vita contemplativa)이 아니라 자율적 시민으로서의 활동적인 삶(vita activa), 즉 공공적 삶(vivere civile) 속에서 인간존재의 바람직한 모습을 발견하는 것이다. 이런 점에서 공화주의는 가치에 대한 주관주의적 견해에서 출발

---

11 권용립은 공화주의 정치사상이 대체로 다음의 5개의 기본 관념들을 중심으로 형성되어 왔다고 말한다. ① 법에 의한 지배(government of law) ② 자결로서의 자유(liberty as self-governance) ③ 모든 시민이 참여하는 공공정치체인 커먼웰스(commonwealth)의 관념 ④ 인민에 의한 정부(popular government) ⑤ 혼합정체(mixed government)(권용립 1991: 65).

하여 개인적 자유의 보편성에 도달하는 자유주의적 법치주의의 세계관과는 정반대의 방향에서 자유를 추구한다. 자유주의적 법치주의에서 자유가 소극적이고 개인적이며 보편적인 동시에 추상적인 것이라면, 공화주의에서 그것은 적극적이고 공동체적이며 역사적인 동시에 구체적인 것이다. 따라서 공화주의적 자유의 관념 속에서 개인의 자유와 공동체의 자유는 본질적으로 동시적 현상이다. 공동체적 자유를 확보함이 없이 개인의 자유를 경험할 수 없으며, 개인의 자유의 확보가 공동체적 자유의 전제가 되는 이와 같은 이념은 '자치 또는 자결로서의 자유'(liberty as self-governance) 이다. 페팃은 이와 같은 공화주의적 자유를 불간섭(non-interference)을 핵심으로 하는 자유주의적 자유에 대비하여 비지배(non-domination)를 중심으로 이해한다(Pettit 1997: 2장) 스키너에 따르면 자유에 대한 공화주의적 이해는 자유주의사상이 팽배해지기 직전까지 영국 정치사상에서 일반적인 견해였다(Skinner 1998).

그러나 이처럼 참여와 자치의 사상만으로 공화주의 정치사상을 설명하는 것은 자칫 플라톤-헤겔을 잇는 도덕국가론 또는 공동체주의적 정치사상과의 혼동을 촉발할 수 있다. 이들과 구분되는 공화주의 정치사상의 진면목은 덕성(virtue)의 이론이다. 덕성이란 일단 시민들로 하여금 정치공동체에의 자율적이고 적극적인 참여를 가능케 하는 조건들로서 이해할 수 있다. 폴리스는 각기 다른 자질과 능력을 지닌 구성원들로 이루어진다는 점에서는 계서(階序)적이지만, 그들이 서로의 특별한 자질과 능력을 인정하면서 동등하게 지배하고 또 지배받는다는 점에서는 평등하다. 따라서 정치공동체의 원활한 운영과 이를 통한 구성원들의 자기실현을 위해서는, 무엇보다 사실적 불평등과 규범적 평등 사이의 모순적 상황을 충분히 인식하면서도, 양자의 변증법적 종합, 즉 시민으로서의 정치적 평등(political equality)의 요청과 지혜로운 사람들의 숙고(deliberation)의 필요를 조화시킬 수 있는 지혜롭고 건강한 시민들의 존재가 필수적이다. 덕성의 문제는 궁극적으로 정치공동체의 구성원들이 이러한 성숙한 시민들, 즉 도덕적, 심리적, 육체적, 경제적인 측면에서 독립성과 자율성을 갖춘 시민들로 거듭날 수 있는가의 물음에 귀결된다. 폴리스의 필요에 따라 지배자도 피지배자도 될 수 있는 덕성을 갖춘 시민들을 확보하지 않은 채, '동의에 의한 지배'나 '법의 지배'를 실현하는 것은 불가능하다.

자유주의적 법치주의에서 전국가적 권리로 고양되는 생명과 신체와 종교와 사상과 재산에 관한 '기본적 권리'는 이러한 덕성의 이론에 의하여 (특히 근내 사회의 독특한 정치적 조건을 바탕으로) 공화주의적 가치를 획득하게 된다. 왜냐하면, 그것은 이제 그 자체로서가 아니라 덕성을 갖춘 시민들, 즉 독립적이고 자율적인 시민들을 탄생시키는 필수조건으로서 의미를 가지게 되기 때문이다. 흥미로운 것은, 이러한 기본적 권리들을 토대로 성장하는 덕성을 갖춘 시민들로 인하여 정치공동체 그 자체 또한 덕성을 갖출 수 있다는 사실이다. 마치, 한 개인의 덕성이 도덕적, 심리적, 육체적, 경제적 독립성과 자율성에 의존하듯이, 한 정치공동체의 덕성 또한 모든 측면에서의 독립성과 자율성에 의존한다. 여기서의 핵심은 덕성을 갖춘 시민들을 확보하면 할수록 폴리스 그 자체의 덕성 또한 신장된다는 점이다. 다시 말해, 도덕적, 심리적, 육체적, 경제적 독립성과 자율성을 갖춘 시민들의 존재는 그 자체로서 정치공동체의 덕성인 것이다. 따라서 생명과 신체와 종교와 사상과 재산에 관한 '기본적 권리'는, 덕성을 갖춘 시민들을 탄생시키는 필수조건으로 이해되는 한에서, 정치공동체 자체의 덕성을 고양시키는 필수조건으로도 이해될 수 있다. 공화주의에서 중요한 것은 공허한 권리 그 자체가 아니라 그것을 통해 인격적으로 성숙하는 시민과 그들의 폴리스이다.

이와 같이 공화주의 정치사상에서 덕성의 이론은 정치공동체와 개인을 공영(共榮)의 길로 이끄는 핵심고리이다. 이런 생각 앞에서, 사법적 방식으로 개인적 자유의 침해 여부만을 계산하는 자유주의적 법치주의의 논리는 단지 제한적인 유용성만을 가질 수 있을 뿐이다. 공화주의 정치사상사는 덕성의 이론을 정치공동체 속에서 구체화하려는 다양한 시도들에서 획득된 역사적 지혜들의 축적과정이다. 그러한 축적의 대표적인 결과물로서 다음의 몇 가지를 예시할 수 있다. ① 자치의 헌장으로서 헌법, 즉 헌정주의(constitutionalism). ② 권력의 분립과 상호견제, 즉 견제와 균형의 원리(principle of check and balance). ③ 견제와 균형의 달성을 위한 핵심 장치로서 왕정, 소수정, 다수정의 공존, 즉 혼합정체(mixed government). ④ 덕성의 함양을 위한 기본 도구로서 시민성에 초점을 맞춘 종교 및 도덕교육의 가치, 즉 공민교육(civic education) 등. 공화주의 정치사상의 특징은 이러한 명제들이 체제 바깥의 보편적 규범의 이름으로 강제되는 것이 아니라 역사적 지혜를 터득한 시민들의 활발한 상호설득과정에서 끊임없이 재확인될 것으로 기대된다는 점이다. 그러한 상호설득과정이야말로 덕성을 갖춘 시민들의 자기재생산과정에 다름 아니며, 이를 통하여 위의 항목들은 시대와 장소에 적합한 형태로 새롭게 구성될 수 있는 것이다. 다만, 이러한 역사적 지혜들이 공유하고 있는 핵심적 가치를 놓쳐서는 안 된다. 폴리스 내의 인간들은 여러 형태(1인, 소수, 다수)로 분화되면서도 일체성을 가져야 한다는 사실, 따라서 정치적 지도력을 가지는 천부적 귀족과 일반 민중이 서로 상대방의 자질과 덕목을 존중해야 한다는 사실, 그러한 '상호간의 경의'(deference)가 덕성이며, 그러한 균형을 깨는 것이야말로 타락(corruption)이라는 사실(권용립 1991: 70).[12]

　　이상에서 살핀 공화주의 정치사상은 1990년대 이후 맹렬한 기세로 자유주의적 법치주의의 대안적 전망으로서 위상을 높여 가고 있다. 그리고 이런 경향을 반영하듯, 자유주의적 법치주의의 대표적 정치이론가들 가운데도 공화주의적 관점을 상당 부분 수용하려는 노력이 보인다. 예컨대, 정의의 두 원칙으로 잘 알려진 존 롤즈가 '사회정의론'(1971) 이래의 사유를 결산한 '정치적 자유주의'(1993)와 '만민법'(1999)을 통해 원초적 입장과 무지의 베일(veil of ignorance)에 의존했던 초기의 입장을 버리고 민주적 헌정국가라는 다분히 공화주의적인 전통에 기대어 공적 이성(public reason)과 중첩적 합의(overlapping consensus)의 가능성을 타진하고 있는 것이나, 의사소통적 합리성의 주창자인 위르겐 하버마스가 기념비적인 법

---

12 자유주의적 언어로 이 점을 표현하자면, 가장 적합한 명칭은 역시 톨레랑스(tolerance) 일 것 같다.

철학 저작인 '사실성과 타당성'(1992)을 통해 의사소통적으로 재해석된 법 담론 속에서 생활세계와 체계, 그리고 자유주의와 공화주의를 넘나드는 심의정치(deliberative politics)를 기획하고 있는 것이 그렇다. 각기 고유한 장단점(롤즈: 역사적/독백적, 하버마스: 담론적/선험적)을 가지고 있음에도 불구하고, 이러한 노력들은 모두 자유주의적 법치주의의 한계를 인식한 뒤, 그 극복을 위해 공화주의 정치사상을 주의 깊게 고려하고 있는 것이다. 이렇게 볼 때 자유주의적 법치주의와 공화주의 정치사상의 길항적 공존으로 특징되는 '자유주의적 공화주의'가 가까운 장래에 헌법이론의 전면에 등장하게 될 것은 명약관화하다. 이하에서는 이를 위한 단서로서 공화주의 헌법이론의 기본 구상을 정리해 보려고 한다.

Ⅳ. 공화주의 헌법이론의 기본 구상

1. 헌법의 역사성

공화주의 헌법이론에서 헌법은 무엇보다 자치의 헌장이다. 이 말은 헌법으로 인해 정치공동체가 보다 용이하게 자치를 달성할 수 있다는 점도 의미하지만, 더 근원적으로는 헌법이야말로 정치공동체의 자치의 산물이라는 점을 표현한다. 달리 말해, 헌법이란 정치공동체가 자신의 아이덴티티를 스스로 규정한 것이며, 그런 까닭에 공동체적 덕성, 즉 독립성과 자율성의 반영물일 수 있다는 것이다. 따라서 자치의 산물로서의 헌법을 아예 가지지 못했다거나, 장식물에 지나지 않는 형식적 차원에 머무르고 있다면, 주저 없이 실질적 의미의 제헌투쟁 또는 입헌투쟁으로 나아가야 한다고 공화주의 헌법이론은 주장한다. 그와 같은 투쟁의 수행자는 말할 것도 없이 덕성을 갖춘 시민들이며, 그들의 참여를 통해서만 정치공동체와 시민들은 동시적 완성을 기대할 수 있는 것이다. 요컨대, 헌법이란, 성문이든 불문이든, 덕성을 갖춘 시민들의 참여를 통해 획득되는 정치공동체의 자기정체성이며 또 그에 대한 공유된 기억(the shared memory)이다.

이런 관점에서 헌법의 본질에 관해 강조되어야 할 것은 그 규범성이나 정치성이 아니라 '역사성'이다. 구체적인 헌법은 체제 바깥의 보편적 규범의 반영으로서 존재하는 것이 아니라, 어디까지나 정치공동체의 구성원들이 경험하는 역사적 맥락 속에 존재한다. 헌법의 과제는 언제나 정치공동체의 아이덴티티를 확인하는 것이지, 보편적 규범의 정당성을 증명하는 것이 아니다. 모든 종류의 헌법적 담론, 즉 헌법의 제정과 개정과 해석은, 따라서, 반드시 이러한 역사성을 전제로 진행되어야 할 필요가 있다. 특히 헌정사적 맥락에 정초하지 않는 헌법해석은 경계되어야 마땅하다. 그러나 그렇다고 해서 헌법의 역사성이 헌법의 '보수성'을 의미하는 것으로 오해되어서는 안 된다. 헌법의 유지보다 더 중요한 것은 덕성을 갖춘 시민들의 활발한 참여를 통하여 정치공동체가 활기 있게 존립하는 것이기 때문이다. 헌법의 역사성이란 이처럼 과거만이 아니라 현재와 미래까지를 아우르는 헌법의 본질적인 '개방성'을 내포한다. 참여를 통하여 자신과 공동체의 역사를 형성하려고 하는 한, 모든 종류의 헌법적 담론에 대하여 헌법은 열려 있을 수밖에 없다는 것이다.

짐작되듯이, 공화주의 헌법이론은 헌법의 이중적 본질을 긍정한다. 한편으로는 실정도덕(positive morality)으로서, 다른 한편으로는 실정법(positive law)으로서 헌법은 언제나 두 개의 얼굴을 지니고 있다(최대권 1989: 1장; 이국운 2000). 여기서 핵심은 공화주의 헌법이론이 양자의 길항적 공존을 긍정적으로 받아들이며, 그러한 변증법에 익숙해지는 것을 헌법적 삶의 핵심으로 간주한다는 점이다. 헌법의 역사성은, 앞서 말한 개방성에도 불구하고, 어쩔 수 없이 구체적인 헌법에 당파성(partiality)의 낙인을 부여할 수밖에 없으며, 그것은 다시 이른바 헌법률(constitutional law)의 울타리 속에서 체제법학으로 체계화될 수밖에 없다. 하지만, 헌법(constitution)은 바로 이 지점에서 체제와 반(反)체제의 경계선까지 내려가 (특정) 법체계의 정당성을 재확인하려는 원초적 본성을 드러내야만 한다. 이처럼 하버마스식으로 말해 해방적 관심으로 불러야 할 비판법학적 계기를 헌법(학)은 숙명적으로 내포하고 있다. 헌법(학)은 무엇이 법인가, 무엇이 정당한가의 물음만이 아니라 그것을 묻고 답하는 우리는 누구인가의 물음까지를 답해야만 하는 까닭이다.

2. 정치적 기본권론

기본적 권리들에 관하여 공화주의 헌법이론이 가지는 기본 입장은 덕성을 갖춘 시민들의 필수조건으로서의 가치이다. 동의에 의한 지배는 덕성을 갖춘 참여에 의해서만 가능하며, 기본적 권리들은 그런 목적에서 정당화될 수 있다는 것이다. 이런 맥락에서 논의의 전면에 떠오르는 것은 기본권의 '정치성'과 '동태성'이다. 특히 국민주권의 원리를 명시적으로 선언하고 있는 경우에, 공화주의 헌법이론은 기본적 권리에 관한 헌법의 진술을 주권자가 자기지배, 즉 동의에 의한 지배를 달성하기 위하여 자신의 국가 내적 지위를 표명한 것으로 이해한다. 따라서 생명과 신체와 종교와 사상과 재산에 관한 기본권은 당연히 전국가적인 선험적 권리가 아니라 독립적이고 자율적인 시민들을 탄생시키는 필수조건으로 파악되며, 당사자의 동의 없는 침해는 당연히 타락으로 규정된다. 이처럼 기본권을 대단히 정치적인 언명들로 받아들일 경우, 헌법의 동태성이 부각되는 것은 자연스런 귀결이다. 정치공동체에의 참여를 통해 기본권의 충돌상황을 해결해야만 한다면, 기본권의 내용적 의미를 추상적으로 규정하는 것은 2차적인 의미밖에 가질 수 없다. 중요한 것은 그 내용을 관철시키는 절차에의 접근권을 확보함으로써 기본권의 해석게임에 동태적으로 참여하는 것이기 때문이다.

이처럼 기본권의 정치성과 동태성을 강조하게 되면서, 자유권적 기본권이나 수익권적 기본권이 아니라, 정치적 참여의 권리가 기본권이해의 중심에 서게 되는 것은 당연하다. 그리고 그럴 경우, 정치적 참여의 권리와 동전의 양면을 이루는 기본적 의무(국방, 납세)의 정치적 본질 또한 드러나게 된다. 정치적 참여가 권리가 아니라면, 누구라서 그러한 의무를 부담하고자 할 것인가? 공화주의의 본질인 정치적 평등은 권리와 의무의 면에서 동일하게 적용된다. 정치적 참여의 권리와 의무 없이 '동의에 의한 지배'와 그 기초를 이루는 '주권자의 활발하고 지속적인 정치적 참여'

는 불가능하다. 하지만, 그러한 권리와 의무의 지속적인 실현을 위해서는 다른 기본권들의 조력이 필요하다. 공화주의 헌법이론은 그것들을 ① 정치적 표현과 조직의 권리와 ② 사회적 기본생존의 권리로 포괄한다. '법 앞의 평등'은 정치적 표현과 조직의 권리에 관한 헌법의 기본정신을, '인간으로서의 존엄과 가치 및 행복추구권'은 사회적 기본생존의 권리에 관한 헌법의 기본정신을 드러낸다.

요컨대, 공화주의 헌법이론에서 기본적 권리의 핵심은, '동의에 의한 지배'와 그 기초를 이루는 '주권자의 활발하고 지속적인 정치적 참여', 그리고 그것을 가능케 하는 정치적 표현과 조직 및 사회적 기본생존이다. 기본권 목록의 다른 권리들은 모두 이러한 핵심과의 관련 속에서 이해될 수 있다. 특기할 것은 공화주의 헌법이론이 정신적 영역과 물질적 영역 또는 자유권과 사회권 사이에 어떠한 서열관계도 예정하고 있지 않다는 점이다. 양자는 모두 주권자로서의 정치적 참여라는 핵심을 실현하기 위하여 치우침 없이 보장되어야만 한다. 우리 헌법으로 말하자면, 정신적 영역에는 교육의 권리와 의무가, 물질적 영역에는 근로의 권리와 의무가 주권자로서의 정치적 참여와 직접적인 연관을 가지는 것으로 해석되어야 한다. 그렇지 않고서야 헌법제정권력자가 교육과 근로를 그토록 특별하게 취급할 이유가 없다는 것이 공화주의적 헌법해석이다.

정신적 기본권/ 자유권적 기본권	교육의 권리와 의무	법 앞의 평등: 정치적 표현과 조직의 권리	근로의 권리와 의무	물질적 기본권/ 사회권적 기본권
		정치적 참여의 권리/ 국방과 납세의 의무		
		인간으로서의 존엄과 가치: 사회적 기본생존의 권리		

이와 같이 기본권의 정치성과 동태성을 기초로 주권자로서의 정치적 참여에 초점을 맞추어 기본권목록을 재구성할 수 있다면, 기본권의 제한에 있어서도 동일한 관점에서 새로운 논리가 적용되어야 할 것이다. 우리 헌법의 경우에 공화주의 헌법이론은 이른바 '비례원칙' 또는 '과잉금지원칙'에 의해 지배되고 있는 기본권제한의 법리를 보다 완결된 차원으로 고

양시킬 수 있다. 통상적인 수준에서 기본권제한의 기준이 '비례원칙' 또는 '과잉금지원칙'임은 분명하다. 그러나 예외적인 경우에는 우리 헌법이 예정하고 있는 '본질적 부분의 침해금지원칙'이 작동해야만 한다. 여기서 통상과 예외를 가르는 기준은 바로 기본권의 본질적 부분에 대한 침해이며, 공화주의 헌법이론은 이것을 주권자로서의 정치적 참여와 관련하여 해석할 수 있다. 말하자면, '동의에 의한 지배'와 그 기초를 이루는 '주권자의 활발하고 지속적인 정치적 참여'가 방해받았는가의 여부, 구체적으로는 '정치적 표현 및 조직의 권리' 및 '사회적 기본생존의 권리'가 실질적으로 침해되었는가의 여부가 기본권의 본질적 부분으로 이해될 수 있다는 것이다.[13]

3. 통합과 분리의 예술

통치의 원리와 구조에 관한 이해에 있어서도 덕성의 이론에 바탕을 두는 것이 공화주의 헌법이론의 기본 태도이다. 따라서 주권자로서의 정치적 참여를 제도화함으로써 정치적 기본권의 실현을 보장하는 것이야말로 통치구조의 근본원리라고 할 수 있다. 공화주의 헌법이론은 대표를 통한 정치의 불가피성을 긍정한다는 점에서 좁은 의미의 직접민주주의와는 궤를 달리한다. 하지만, 의회와 법정에의 참여를 덕성을 갖춘 시민들의 표지로 보아 온 것에서 알 수 있듯이, 주권자로서의 정치적 참여를 효과적으로 달성하기 위하여 여러 가지 대책을 강구한다. 이를 위한 방법은 크게 보아, 정치시장주의와 '법의 지배'로 요약할 수 있다. 전자는 경쟁을 통한 민주정치의 방식으로 대표기구에의 접근가능성을 보장하는 것을 의미한다. 정치공동체의 구성원이라면 누구에게라도 지배자, 즉 대표가 될 가능성이 구체적으로 존재해야 한다는 것이다. 후자는 대표에게 책임을 묻는 방식과 직접적으로 관련된다. 책임의 기본 구조는 원칙적으로 대표와 피대표를 동일하게 취급하는 것, 즉 지배자와 피지배자에게 적용되는

---

13 2000년 11월 서울법대 대학원의 기초법학연구회에서 나는 이와 같은 논지로 '한국 헌법상의 이중기준원칙'이라는 소고(小考)를 발표한 적이 있다. 가까운 장래에 완결된 형태의 논문으로 발전시킬 것을 기대한다.

법규범의 일반성에 기초해야 한다는 것이다.

정치시장주의와 '법의 지배'에도 불구하고, 대표를 통한 정치는 항상 부패의 위험을 안고 있다. 인간성에 관한 비관적 견해는 접어 두더라도, 절대적 권력은 절대적으로 부패하고, 개인보다는 집단이 더 부패하기 쉽다는 것은 자명한 상식이 아니겠는가? 심지어는 '법의 지배'조차 법률가의 지배로 전락할 수 있음을 공화주의 헌법이론은 언제나 명심해야만 한다. 앞서 말했듯이, 이러한 부패를 방지하기 위하여 사법이라는 형태의 중립적 권력을 인위적으로 구성하는 것이 자유주의적 법치주의의 특징이다. 하지만, 공화주의 헌법이론은 사법을 포함하여 어떤 형태의 대표기구에도 객관적 중립적 권력이 될 수 있다는 신뢰를 부여하지 않는다. 오히려 모든 권력은 당파적 속성 또는 부패에의 경향성을 지니며, 오로지 다른 권력에 의해 견제될 때에만 어느 정도의 건강성을 확보할 수 있다는 역사적 지혜를 묵묵히 따른다.

정치시장주의와 '법의 지배'가 대표와 피대표의 일체성을 확보하기 위한 통합의 예술(art of integration)이라면, 다수의 권력 사이의 견제와 균형의 체계를 마련하는 것은 그로 인해 대표의 전제가 출현하는 것을 막기 위한 분리의 예술(art of separation)이다. 구체적으로 정치공동체 내부에 견제와 균형의 체계를 마련하는 작업은 다양한 내용을 포함할 수 있다. ① 성스러운 것과 세속적인 것, 그리고 그 사이에 존재하는 공공적인 것 사이의 견제와 균형. ② 혼합정체, 즉 1인과 다수와 소수 사이의 견제와 균형. ③ 연방주의, 즉 지방과 중앙과 세계 사이의 견제와 균형. ④ 법정치학의 관점에서 법창조(입법)와 법집행(행정)과 법발견(사법) 사이의 견제와 균형. ⑤ 사회경제사의 관점에서 물질문명과 시장경제와 자본주의 사이의 견제와 균형. ⑥ 분배원칙의 관점에서 권력과 부와 명예, 또는 응분의 몫과 자유교환과 필요 사이의 견제와 균형 등. 깊이 생각해 보면, 이러한 견제와 균형의 체계들은 결국 개인/공동체/전체라는 공간적 측면에서의 견제와 균형, 그리고 과거/현재/미래라는 시간적 측면에서의 견제와 균형으로 환원하여 분석될 수 있다. 따라서 공간 축과 시간 축을 적절히 배합하여 효과적인 견제와 균형의 체계를 마련하는 것이 통치구조에 맡겨진 사명이다. 공화주의 헌법이론은 이러한 견제와 균형의 체계를 운용하는 기본 태도에 대한 요청이기도 하다. 언제나 균형을 깨뜨리는 타락의 경향성, 즉 권력의 독점욕에 대항하여 시민들이 스스로 나서 권력들 사이의 균형을 회복시키는 것이야말로 공화주의적 덕성의 발현방식이 아닌가?

4. 헌법적 시민의 양성

헌법의 보장에 관하여 공화주의 헌법이론의 특징은 '동태적 역동성의 보호'라는 한마디로 표현될 수 있다. 앞서 말한 것처럼 헌법의 유지보다 더 중요한 것은 덕성을 갖춘 시민들의 활발한 참여를 통하여 정치공동체가 활기 있게 존립하는 것이므로, 바로 그러한 동태적 역동성을 보호하는 것이야말로 헌법의 보장책이 되는 것이다. 이를 위한 평상시의 대책은 크게 보아 헌법적 사법과 헌법적 정치로 구분할 수 있다. 주지하듯이, 비례의 원칙으로 모든 것을 환원하여 권력행사의 합리성을 기하려는 노력은 전자에 해당한다. 하지만, 사법적 형량을 기축으로 하는 이러한 법률가—상인(lawyer-merchant)의 접근방식만으로는 결코 동태적 역동성의 보호를 달성할 수 없다. 헌법의 보장과 관련하여 헌법재판소가 중심적 기능을 담당해야 한다면, 근본적으로 그것은 당사자들의 이익을 계산하는 합리적 관찰자로서의 지위가 아니라 시민들의 결단을 대변하는 정치적 참여자의 지위에서 정당화되어야 할 필요가 있다. 바로 이것이 헌법적 정치, 즉 정치적 결단을 기축으로 하는 법률가—정치가(lawyer-statesman)의 접근방식이며, 이런 관점에서 헌법재판소는 덕성을 갖춘 시민들의 정치적 참여를 완성하는 공화주의적 대의기관으로 거듭날 수 있게 되는 것이다 (Kronman 1995).

헌법적 사법에 대한 헌법적 정치의 우위는 비상시의 대책에서 더욱 극명하게 드러난다. 예컨대, 헌법적 사법은 시민불복종이 헌법적으로 용인되는가를 사후적으로 따져 볼 수 있을 뿐이다. 그러나 더 결정적인 것은 헌법의 보장이 필요한 시기에 실제로 시민불복종이 가능하도록 만드는 것이다. 그런 점에서 이와 같은 헌법적 정치, 즉 동태적 역동성의 보호를 스스로 시도할 수 있는 헌법적 시민들을 양성하는 것보다 더 근본적인 헌법의 보장책은 있을 수 없다. 대외적 측면에서도 덕성을 갖춘 시민들의 확보는 관건적인 요인이다. 공화주의 헌법이론은 대외적 고립이 아니라 관계성 속의 독립을 확보하려는 헌법적 정치의 중요성을 강조하고, 관계성 속의 독립을 확보하려는 다른 정치공동체의 노력을 존중한다. 이런 차원에서 공화주의 헌법이론은 세력균형이론의 헌법적 가치를 부각시키는 것이지만, 실제로 세력균형을 유지하기 위해서는 헌법적 시민들의 양성을 통해 정치공동체의 덕성을 확보하는 일이 선행되어야 한다. 덕성을 갖춘 시민들의 확보가 공화주의적 세력균형을 가능하게 만드는 것이다.

결국 공화주의 헌법이론에서 헌법의 보장은 헌법적 시민들의 양성을 위한 헌법교육의 문제에 귀결된다. 앞에서 말했듯이, 기본적 권리의 보장과 통치기구의 운영은 모두 덕성을 갖춘 시민들을 확보하는 것에 초점을 맞추어야만 한다. 헌법재판이나 헌법정책 역시 헌법교육의 관점에서 포괄되어야 할 필요가 있다. 주의할 것은 여기서의 헌법교육이 바로 이상에서 논의한 헌법의 역사성, 기본권의 정치성, 통합과 분리의 예술, 그리고 규범과 탈규범의 변증법을 깨닫게 하는 것이라는 사실이다. 그렇기 때문에, 헌법적 시민의 양성을 위한 헌법교육의 궁극적인 출발점은 보편적인 규범이 아니라 결코 형이상학적으로 정초될 수 없는 덕성으로서의 '상호간의 경의'(또는 '관용')일 수밖에 없다. 따라서 예컨대, 정치공동체의 구성원이 아닌 사람(외국인)에 대한 태도에서 이러한 헌법적 에너지가 조성될 수도 있다. (1) 우리 정치공동체에 끼치는 혜택만큼의 권리만을 부여할 수도 있겠지만, (2) 그들의 정치공동체에 들어갈 경우를 대비하여 상호주의의 원칙에 의존할 수도 있고, (3) 한 걸음 더 나아가 삶의 덕으로서의 환대(歡待), 즉 '먼저' 관용하는 태도를 보일 수도 있기 때문이다(Walzer 1983: 2장).

V. 공화주의와 헌정주의

민주화와 헌법이론의 빈곤! 이 달갑지 않은 문제제기에서 시작하여 이 글은 이제 공화주의 헌법이론의 기본 구상을 제시하려는 목표를 어느 정도 달성하였다. '자유주의적 공화주의'라는 화두에 대하여 전면적으로 발언하는 것은 아직 조심스럽지만, 적어도 자유주의적 법치주의라는 체제의 논리에 대항하는 전망으로서 공화주의 헌법이론의 위상은 상당히 확고하다. 1990년대 후반부터 한국 사회에서 시작된 공화주의 헌법이론에 대한 관심은 크게 세 차원의 중첩적인 성찰을 내포하고 있다. 이 점에 관하여 간략히 언급하는 것으로 시론적인 고찰을 마무리하도록 하자.

이 글에서도 잘 드러났듯이 가장 두드러지는 것은 물론 현실사회주의가 몰락한 이후 자유주의적 법치주의에 갇혀 비판법학으로서의 본분을 잃어버릴 위기에 처한 헌법학 또는 헌법이론의 현실에 대한 반성이다. 하지만 그 아래에는 모더니티의 매혹, 즉 초월적/정언적 자유의 명령이 초래한 미증유의 정치적 불안정에 대응하는 과정에서 형성된 이후 주권국가론에 맞서 면면히 지속되어 온 근대적 헌정주의의 정신을 오늘날에 되살리려는 이론적 갈망이 있다. 주지하듯 정치의 모든 문제를 주권이라는 마법의 개념으로 해소하고자 했던 주권국가론의 시도에 대항하여 근대적 헌정주의는 새롭게 구성된 똘레랑스의 이념 위에다가 자유와 평등, 자유와 민주의 모순적 길항관계를 끊임없이 관리할 수 있는 고전적 공화주의의 제도와 원리들을 접목시켰다. 바로 이와 같은 정치적 혁신의 기풍이 모더니티의 급진화(액체 근대)가 또 다른 정치적 불안정을 야기하고 있는 오늘날에 공화주의 헌법이론에 대한 관심으로 요청되고 있는 셈이다(바우만 2005).

이러한 관점에서 최근 서구의 공화주의 정치사상의 주요 흐름이 앞서 언급했던 페팃의 '비지배(non-domination)로서의 자유'라는 개념을 중심으로 정돈되고 있는 것은 주목할 만하다(라보르드 외 2009). 자유를 불간섭이나 자기실현이 아니라 비지배로 동일시할 경우, 그로부터 자유주의에 내포된 개인주의의 함정과 공동체주의에 내포된 전체주의의 함정에서 동시에 벗어날 수 있는 인식론적 토대가 마련될 수 있기 때문이다. 이는 공화주의가 단지 정치공동체의 장기적 번영을 위한 정치적 지혜의 차원에서만이 아니라 타자와의 공존, 즉 타자로부터의 인정과 타자와의 연대를 가능케 만드는 이론적 교두보가 될 수도 있음을 의미한다. 다만 그렇게 되기 위해서는 무엇보다 공화주의를 단지 개별 정치공동체의 역사적 차원에서만이 아니라 보편적인 윤리의 차원에서 다시 규정하지 않으면 안 된다.

바로 이와 같은 차원에서 나는 1990년대 후반부터 시작된 한국 사회의 공화주의 헌법이론에 대한 관심 속에 헌정주의 그 자체, 즉 표상정치의 불가피성을 인식하면서도 인간의 정치를 동일자중심주의로부터 지키기 위하여 타자를 위한 메타−정치를 시도하려는 더욱 근본적인 요청이 존재한다고 믿는다. 가치의 다신교와 개인의 우위라는 모더니티의 도도한 흐름 속에서 자유주의적 법치주의는 특히 전체주의적 반동을 예방한다는 점에서 일정한 강점을 가진다. 그렇지만 그로 인해 사법의 전제와 자본의 전제와 개인의 전제와 권리의 전제가 촉발될 수밖에 없다면, 진정한 의미에서 타자와의 공존을 실현하기 위하여, 공화주의 헌법이론의 탈근대적 덕성의 논리를 포함하여 헌정주의의 보편적인 논리가 부활하는 것은 당연한 일일 것이다. 오늘날 한국 헌법학계에 등장하는 공화주의 헌법이론에 대한 관심을 우리는 헌정주의의 부활이라는 더욱 근본적인 맥락에서 이해해야 한다.

오늘날 한국 사회의 현실을 고려할 때, ‘자유주의적 공화주의’의 관점에서 헌법이론을 구성하고 그 입장에서 헌법해석론을 전개하는 것은 상당히 의미 깊은 일이다. 현실사회주의의 몰락 이후 비판적 헌법담론이 함께 몰락해버린 상황에서 이는 자유민주주의 저변에 깔린 내적 긴장, 즉 자유주의적 법치주의와 민주적 공화주의 사이의 길항적 공존을 헌법논의의 표면으로 끌어올리게 될 것이기 때문이다. 그러므로 공화주의 헌법이론의 구상은 앞으로의 논의를 위한 학문적 실천을 제안하는 것이기도 하다. 이 제안의 목록을 확인하는 것으로 소론을 마감하도록 하자.

첫째, 비판법학으로서 헌법학의 복권이 무엇보다 시급하다. 현재와 같이 헌법재판소의 판례를 체계적으로 소화하는 차원에 헌법담론이 머무른다면, 시위현장의 바리케이드 위에서 헌법담론을 체험했던 세대보다 사법적 대표의 질이 떨어지게 될 것은 명약관화하다. 스스로를 법률가-정치가, 즉 공화주의적 대의기관의 구성원으로 동일시하는 사법적 대표의 존재는 자유주의적 공화주의의 실현에 필수적인 요건이며, 이를 위해 체제와 반(反)체제의 경계선을 탐험하는 비판적 헌법학의 위상이 더욱 강화될 필요가 있다. 둘째, 헌법재판의 좁은 범위를 벗어나 헌법실천을 확대하는 작업이 요청된다. 헌법재판의 정책결정기능은 공화주의 헌법이론에서도 받아들일 수 있는 것이지만, 헌법적 정책결정과정을 헌법재판에만 집중시키는 것은 '통합과 분리의 예술'에 배치되는 것이다. 무엇보다 오랫동안 헌법연구에서 방치되어 온 입법변론, 즉 미래지향적 헌법해석의 영역을 하루라도 빨리 적극적 헌법실현의 장으로 탈바꿈시켜야만 한다. 셋째, 헌법재판에 대한 헌법교육의 우위 또는 헌법교육의 중심성을 회복하는 작업이 요청된다. 사법적 대표로서의 법률가의 정체성은 단순한 법률전문가가 아니라 덕성을 갖춘 시민들 가운데 법적 전문지식을 구비한 사람들로 새롭게 정의되어야 한다. 헌법교육의 내용 또한 단순한 헌법지식의 전수에서 덕성을 갖춘 시민들의 양성으로 그 초점이 바뀌어야 하며, 헌법교육의 방식 또한 세대와 세대를 이어가면서 비판적 토론과정을 통해 헌법적 시민들이 스스로를 재생산하는 과정으로 변화시켜야 한다.

2장
현대 헌법이론에서 '타자(他者)'의 복권

I. 동그라미의 비유

공정으로서의 정의와 정의의 두 원칙은 전기의 존 롤즈가 사회정의론에서 던진 문제제기의 핵심 논제이다(Rawls 1971). 이에 대한 찬반토론을 중심으로 벌어져 온 영미정치철학계의 치열한 내부토론을 나는 지난 수년 동안 관심 있게 지켜보았다(Mulhall/Swift 1996). 하지만 논쟁의 대요를 따라가면서 내가 가지는 솔직한 감상은 뫼비우스의 띠처럼 절대로 안팎을 구분할 수 없도록 뒤틀린 미로를 따라 걷는 느낌이다. 법을 직업으로 살아가는 사람들에게 그것은 모순적 원리들의 길항적 공존이라는 매우 익숙한 현존을 연상케 한다. 자유와 평등, 인권과 애국심, 사법 우위와 입법 우위, 대항요건과 성립요건, 행위 反가치와 결과 反가치, 당사자주의와 직권주의, 적법절차와 실체진실 등등.

내게 있어서 자유주의와 공동체주의의 논쟁은 이처럼 법학자들이 항상 마주치는 현실, 곧 풀리지 않는 궁극적 모순을 던져 놓는 마당으로서의 가치를 가진다. 그 마당에 나와 한 사람씩 자기 견해를 내세운다. 저마다 일리 있고, 저마다 매력 가득 찬 논리들이다. 논쟁이 계속될 때마다 마당을 둘러싼 사람들은 설득하기와 반박하기를 계속하며 헤겔이 말한 '부정의 부정(否定의 否定)'을 계속하고 있다. 그리고 그 부정의 부정의 왕좌의 주인이 결정되기를 고대하고 있다.

여기서 내가 제기하려는 것은 이 마당의 생김새에 관한 한 가지 성찰의 필요성이다. 그 마당은 하나의 동그라미이다. 그리고 사람들은 모두 그 동그라미의 중앙을 향해 시선을 던지고 있다. 동그라미의 가장자리가 하나의 선이라면, 그것에 의해 안과 밖은 엄정하게 구분될 수 있을 것이다. 하지만 모두가 동그라미의 안쪽으로 시선을 두고 있는 까닭에 바깥은 계속해서 뒤로, 뒤로 밀려나고 있다. 중심에 선 사람(들)의 시선은 주변에 선 사람들의 시선과 조응하고, 사람들의 눈동자는 서로의 눈동자를 가지게 된다. 그들의 시선 속에 중심 이외의 목표물은 존재하지 않는다. 중심이 동일자라면, 동일자에로의 환원은 줄기차게 계속되고 있다. 주변 또는 바깥의 타자에 관해서는 어떤 관심도 주어지지 않고 있다.

자유주의와 공동체주의의 논쟁에 있어서 내게 울림이 있었던 목소리를 기억해 보자. 먼저 알레스데어 맥킨타이어로부터 나는 창백한 이성의 규범이 아니라 오직 실행(practice)의 덕성(virtue) 속에서만 우리는 세계 속에서 하나의 통일을 맛볼 수 있으며, 그러한 덕성의 전통(tradition) 속에서 비로소 우리가 구체적으로 존재할 수 있다는 통찰을 배운다(McIntyre 1981). 또한 마이클 왈쩌로부터 나는 그러한 삶의 구체적 통일을 유지하기 위해서는 역설적으로 이론적 통합에 관한 기대를 꺾어 버리고, 결코 통일될 수 없는 여럿의 다름으로 세계를 나누어 관리해야만 한다는 복합평등(complex equality)의 실천적 지혜를 배운다(Walzer 1983). 나아가 후기의 존 롤즈로부터 나는 그와 같은 여럿의 다름 속에서 너와 나의 삶이 가능하기 위해선 왈쩌의 제안과 같이 삶을 분리하여 관리하는 것만으로는 부족하며, 누군가 중첩적 합의를 목적하면서 중보자가 되어 먼저 정의의 원칙을 제안해야 한다는 용기를 배운다(Rawls 1993). 정의의 두 원칙은 이처럼 '형이상학적'인 것이 아니라 '정치적'인 것이다.

하지만, 이러한 목소리들은 모두 동그라미의 안쪽에 있거나 동그라미의 안쪽을 향하고 있다는 공통점을 지닌다. 공정으로서의 정의에서 실행의 덕성으로, 다시 그로부터 '분리의 정치적 기예'(the art of separation)와 정치적인 것으로서의 정의의 두 원칙에로 나의 윤리적 관심은 부정의 부정을 거듭하며 뒤척여 왔다. 그렇다면 이 전전반측(輾轉反側)을 이끌어가는 것은 무엇인가? 동그라미의 안쪽에서 하나의 윤리적 통일을 맛보고야 말겠다는 어떤 이론적 욕망일 뿐인가?

이 글에서 나는 결코 그렇지 않다는 엠마누엘 레비나스의 주장에 의존하고자 한다. 인간의 윤리적 관심은 근본적으로 동그라미의 안쪽이 아니라 그 바깥쪽에서 온다. 결코 완전히 경험되지 않지만, 결코 완전히 설명되지 않지만, 결코 그 존재를 부인할 수 없는 저 무한(infinite), 저 전적 타자의 존재성. 그것을 인정하고 그것을 받아들이고 그것을 배려하는 것이야말로 윤리적 관심의 궁극적 발원지임을 받아들여야 한다는 것이다. 이러한 궁극적 타자를 인정할 경우에만 동그라미는 결코 하나가 아니며, 여러 개의 작은 동그라미들이라는 사실, 또는 그 작은 동그라미들이 서로 아귀가 잘 안 맞을 수도 있다는 사실을 받아들일 수 있게 된다. 다시 말해, 동일자의 세계 저 바깥에 존재하는 전적 타자를 인정할 경우에만 여럿의 다름을 인정하고, 그 다름에 대하여 먼저 말을 걸 수 있게 된다는 것이다. 그런 뜻에서 타자에 대한 경건은 타자에 대한 윤리에 선행하는 것이다(레비나스 1996, 2000; 강영안 1996; 데이비스 2000; 김연숙 2001).

그러나 동그라미 속에서 이루어지는 자유주의와 공동체주의의 토론은 여전히 이와 같은 타자의 문제에 관하여 무관심하다. 특히 법을 직업으로 살아가는 사람들에게 그것은 너무도 먼 이야기이다. 자유주의와 공동체주의의 논쟁에도 낯선 그들에게 궁극적 타자라니 이건 또 무슨 소리인가? 그럼에도 한 가지 기대를 감출 수 없는 것은 근본적으로 실행의 덕성에 기초하는 법 그 자체에 관해서이다. 때로는 감동적이지만 여전히 추상적인 철학자들의 토론에 비추어 법은, 상채기이건 수술자국이건, 항상 삶 속에 뚜렷한 자취를 남기기 마련이니까.

한동안 모더니즘과 포스트모더니즘의 전장에서 그랬듯이, 누군가가 자유주의와 공동체주의의 전장에서 일종의 줄 세우기를 획책하려 든다면, 그것이야말로 '타자'를 압살하는 '동일자'의 논리일 것이다. 때로는 원자적 개인의 모습으로 때로는 총체적 공동체의 모습으로 동일자는 전횡을 일삼곤 한다. 이하에서 내가 시도하려는 것은 동일자의 논리 속에 압살되어 온 타자의 논리를 현대 헌법이론의 무대로 복권시키는 작업이다. 동그라미 속의 논쟁에도 익숙지 않은 법률가들에게 동그라미의 바깥을 말하는 것은 어쩌면 황당한 이야기일 수 있을 것이다. 하지만, 바로 그 황당함이야말로 '타자' 앞에서 우리가 느껴야 할 원초적 낯설음의 첫 느낌이 아닐까?

II. 타자의 배제

현대 헌법이론이라는 말 속에서 특별히 칼 슈미트나 한스 켈젠, 게오르그 옐리네크나 루돌프 스멘트와 같은 익숙한 이름들을 떠올릴 필요는 없다. 내가 말하려는 것은 그 이름들을 포괄하는 전체적 경향성으로서의 현대 헌법이론이다. 다양하기 짝이 없는 헌법이론의 대립은, 그러나, '타자의 배제'라는 관점에서는 뚜렷한 일관성을 보이고 있다. 내가 보기에 그것은 다음의 세 가지 방식으로 이루어지고 있다.[14]

1. 거울이론

현대 헌법이론의 불변의 전제는 민주주의이다. '인민은 반드시 스스로를 통치해야만 한다!'는 이 이데올로기는 삶의 근대적 조건 속에서 당연한 것으로 드러난다.[15] 민주주의를 실현하기 위한 방식으로 직접민주제와 간접민주제를 대별하고, 양자의 장단점을 거론한 뒤, 삶의 현실적인

---

14 이 글에서 전개할 타자를 배제하는 현대 헌법이론의 세 가지 방식은 일레인 스캐리에 의하여 다른 방식으로 논의되고 있다(스캐리 2003). 이하의 논의에서 거울이론, 즉 민주주의에 의한 타자의 배제는 스캐리가 말하는 '친구'를 타자로 상상하기 어렵다는 것과 연결되고, 적과 동지의 구분에 의한 타자의 배제는 '적'을 타자로 상상하기 어렵다는 것과, 합리성과 진보의 연계에 의한 타자의 배제는 '하찮음의 평등' 속에 타자의 문제를 처리하려는 것과 연결될 수 있을 것이다. 짧은 글이지만, 숙독을 요하는 값진 논문이다.

15 나는 삶의 근대적 조건을 '자족적 존재로서의 자기이해'와 '비대면적 인간관계'의 복합으로 이해한다. 이로부터 후술하듯 민주정치(democracy)가 아니라 민주주의(democracy-ism)가 요청되고 법집행으로부터 법획득이 분리되는 모더니티 특유의 정치적 조건이 구성된다. 이와 같은 조건에 정치적으로 적응하는 일체의 과정을 나는 정치적 근대화로 이해한다(이국운 1998, 1999).

조건들을 들어 후자를 선택할 수밖에 없다고 설명하는 것이 대의제를 채택한 국가의 헌법 교과서들이 따르는 전형적인 설명이다. 물론 그러한 설명을 부르조아 법학의 자기기만으로 비아냥대면서 소비에트연합과 전위당의 지도에 의한 민주적 집중제를 주장하는 흐름도 존재한다. 지난 세기 동안 이 양자는 세계를 반으로 나누어 치열한 투쟁을 전개한 바 있다. 허나, 타자의 배제라는 관점에서 보면, 양자의 차이는 별로 큰 것이 아니다.

기속위임의 논리가 보여 주듯이, 직접민주주의의 이상은 보통명사로서의 대표에게 지배의 업무를 담당시키는 것이며, 그 헌법이론적 표현은 '자동성(自動性, autonomy)의 요청'이다. 대의제를 무기속위임의 논리로 이해하면서, 다른 이들은 고유명사로서의 대표에게 지배의 업무를 담당시킨다. 그러나 그 대표는 선출(선임)되는 순간 앞으로 나아가 뒤로 돌아서며, 자신을 선출(선임)한 사람들의 앞에 선다. 사람들은 그에게서 자신들을 보고자 한다. 국민과 대표의 혼연일체, 직접민주제든 간접민주제든 이것을 추구함에 있어서는 차이가 없다. 직접민주제는 대표의 독자성을 고집스럽게 부인하고, 간접민주제는 대표의 독자성을 너그럽게 양해하는 차이가 있을 뿐이다.

그러나 대표되는 사람들과 대표하는 사람들의 이원적 체제라는 점에 있어서 양자는 공통적이다. 양자는 일종의 거울이론이다. 보통명사이든 고유명사이든 대표라는 거울에 비친 영상에서 사람들은 스스로의 모습을 확정하려고 한다. 그러나 이것은, 라캉이 설명했듯이, 순전한 것일 수는 있으나, 근본적으로는 하나의 트릭이다(라캉 1994). '보여 짐'을 알지 못하는 '바라 봄'만의 세계. 이러한 트릭은 곧바로 자아를 중심한 권력적 동일화를 낳는다. 그리고 그 속에서 이 완전한 의미의 동일화에 반대되는 타자의 출현을 끊임없이 거부한다. 민주주의 속에서 사람들은 하나의 동그라미를 구성하며 그 속에서 스스로 왕(들)이 되어 바깥을 향해 군림한다.[16]

---

16 대부분의 정치학 교과서에서 찾아볼 수 있듯이, 민주주의란 democracy의 번역어이고, 이는 demos(다수 민중)의 kratein(정치)이라는 헬라어에 어원을 두는 것이므로 올바른 번역은 오히려 민주정치일 것이다. 하지만 정체(政體)론과 관련하여 군주정치(monarchy),

현대 헌법이론에서 '타자(他者)'의 복권

그러나 거울 속의 나(대표하는 사람)와 현실 속의 나(대표되는 사람)가 어떻게 같아질 수가 있겠는가? 이러한 동일시는 나와 거울 외에 다른 가능성을 차단해 버리는 것과 동시적 현상이다. 이처럼 현대의 민주주의는 거울이론이며, 일종의 동일자중심주의이다. 이것을 증명하듯, 양자에게서는 이론적으로 대표의 궁극적 단수성에 문제가 생기지 않는다. 국민으로 지칭되는 주권적 시민의 전체는 언제나, 마치 한 시민처럼, 단수로 존재하며, 타자는 전혀 의식조차 되지 않는다. 그리고 바로 여기서 현대의 민주주의이론은 난파하는 것이다.

2. 적은 결코 동지일 수 없다!

현대의 민주주의를 거울이론으로 전락시키는 또 하나의 핵심원인은 국가실증주의 또는 국가법실증주의다. 서구에서 이른바 주권적 국민국가 체제를 정초한 베스트팔렌에서의 약속은 나름의 합당한 이유를 가지고 있었다(크릴레 1983). 요약하자면, 대내적으로 최고이고, 대외적으로 독립인 주권(sovereignty)을 구성하고, 그것을 기초로 국가를 재구성하는 것 이외에 중세적 '두 개의 칼 이론'(two swords theory)을 극복할 세속적 관념을 가지기 어려웠던 것이다.

그러나 이처럼 하나의 방법이었던 주권적 국민국가의 이론은 실증적 과학주의의 이름 아래 어느새 하나의 교의가 되고 있다. 그 배후에는 실제로 증명할 수 있는 범위 내에 헌법의 근거를 묶어 두려는 과학주의의

귀족정치(aristocracy) 등과 비교할 때를 제외한다면, '민주정치'라는 말은 심지어 정치학 교과서에서도 잘 사용되지 않는다. '민주주의'라는 용어의 사용이 압도적이며, 그 말의 권력은 심지어 제왕적인 뉘앙스를 풍기기까지 한다. 문제는 '민주...'의 뒤에 따라 붙은 '...주의'라는 말에 있다. 자본주의(capitalism), 자유주의(liberalism), 사회주의(socialism), 공산주의(communism), 다원주의(pluralism), 조합주의(corporatism) 등은 모두 분석적 개념이 아니라 평가적 개념들로서 '무엇 무엇이다'라는 존재론적 서술이 아니라 '무엇 무엇이어야 한다'라는 당위론적 평가가 그 중핵이다. 이것은 democracy를 민주주의로 번역할 때 원래의 의미가 근본적으로 바뀔 수밖에 없음을 의미한다. '다수 민중이 지배한다'가 아니라 '다수 민중이 지배해야만 한다'는 당위(當爲, ought to)의 요청이 전면에 떠오르게 되는 것이다. 앞서 말했듯이 이 점이야말로 모더니티 특유의 정치적 조건 중 하나지만, 이로부터 한 가지 과장이 발생한다는 사실은 숨길 수 없다. 민주정치가 민주주의가 될 때, 당위만이 아니라 권력의 언어도 덧입혀진다.

논리와, 형이상학이든 자연법이든 실제로 증명할 수 없는 것들을 논의의 범위에서 배제하려는 경험주의의 주장들이 존재한다. 이로 인해 헌법은 대내적으로 최고이고 대외적으로 독립인 주권의 소재지로만 국한된다. 헌법이 주권을 규정하는 것이 아니라, 주권이 헌법을 규정하게 되는 것이다.

비록 언어와 종교와 역사를 공유하는 민족(nation)이라는 단위와 의도적으로 겹쳐져 있기는 하지만, 국경이라는 이름의 동그라미로 안과 밖을 구분하는 주권의 경계선은 기실 인위적인 것이다. 허나 그 인위적인 경계에 막혀 사람들과 사람들은 마치 서로의 아이덴티티가 근본적으로 다르기나 한 것처럼 서로를 대우하도록 요구받는다.

이 점을 가장 잘 드러내는 것은 칼 슈미트의 '정치적인 것의 개념'이다. 그에 따르면 정치적인 것이란 곧 적과 동지를 나누는 것이다. 적은 결코 동지일 수 없으며, 적과 동지의 나눔으로 인하여 세계는 정치적으로 분할된다. 분할된 세계의 내부는 항상 단일하며, 그 외부 역시 단일하다. 내부는 단일한 주권국민들의 세계가 되고, 외부는 단일한 주권국가들의 세계가 되기 때문이다. 내부는 내부적 투쟁에 골몰하고, 외부는 외부적 투쟁에 골몰한다.

양자의 연계는 근본적으로 거부되고, 어쩌다 한 번씩 등장하는 예컨대, 망명정부, 무국적자의 현상들은 시간이 지나면 해소되어 버릴 마찰적 예외들로 치부될 뿐이다. 법공동체의 자격을 두고 주권적 국민국가와 경쟁하는 모든 단위는 국가 속에 있든지 국가 바깥에 있든지, 어느 하나만을 선택할 것을 강요받는다. 그러므로 결론은 명백하다. 적과 동지의 구분에 의하여 너와 나는 분리된다. 모든 사람들은 나(동일자)의 관점에서 너(타자)를 규정하고 분해하려고 달려든다.

물론 국제연합이나 그 산하의 국제형사재판소(International Criminal Court)와 같은 것들을 지목하며 반론을 제기하려는 사람들이 있을 수 있다. 하지만, 그 전제로서 하나의 세계정부를 구상하게 된다면, 그들은 자신들 역시 동일자중심주의라는 질곡에서 자유롭지 못하다는 점을 기억해야만 할 것이다. 안토니오 네그리와 마이클 하트가 새로운 '제국(the Empire)'

의 출현에 대해 말하면서, 한스 켈젠이 주장했던 국제법 재판소들을 맨 처음 언급한 것은 바로 이런 의미가 아니었을까? 모든 인간을 동지로 대우할 것을 다짐하면서, 세계정부 바깥을 적의 공간으로 선포하는 것 말이다(네그리/하트 2001: 1장).

3. 합리성과 진보

거울이론으로서의 민주주의나, 분할논리로서의 국가(법)실증주의에 싫증이 난 사람들에게 최근 들어 강력한 호소력을 가지게 된 것이 바로 합리성의 법학이다. 이들의 주장은 제도일반 특히 법을 시장적 상황에서 거기에 참여하는 행위자들의 합리적 선택의 결과로 이해하자는 것이다. 소위 거래비용(transaction cost)이 이들의 핵심개념이며, 제도(법)의 본질은 거래비용의 최소화에 있다는 것이 이들의 핵심주장이다.

'다른 조건이 모두 같다면, 누구라도 이와 같은 결론에 합리적으로 도달하게 될 것이다!' 그들은 이런 식의 결론에 아주 익숙하다. 주지하듯이 이 문장에서 트릭은 '다른 조건이 모두 같다면'이라는 전제 속에 있다. 왜냐하면 그것은 결국 '다른 조건이 모두 같은지 아닌지를 계산할 만한 능력이 있다면'이라는 전제이기 때문이다.

이처럼 합리성의 법학이 내거는 '방법론적 개인주의'는 결코 방법론적이기만 한 것이 아니다. 그것은 스스로 계산비용을 감당할만한 사람들만이 그 계산의 합리적 결과에 실제로 동의할 수 있으므로, 그처럼 탁월한 합리성의 사람들이 되는 것이 바람직하다는 요청인 것이다. 이 합리성의 사람들은 가장 합리적인 계산의 결과를 확보하기 위하여 경쟁을 계속한다. 그리고 계산능력이 떨어지거나 없는 사람들은 그 경쟁에서 탈락하거나 제외된다.

경쟁의 최종적인 결과가 주어지는 것은 항상 사법(司法)적 절차를 통해서이다. 경쟁의 승자들은 마치 판사가 최종적 판결을 말하듯이, 어떤 엄숙함을 더해, 형량의 최종결과를 내세운다. 경쟁의 패자들에게 주어지는 것은 계산능력이 탁월한 사람에 의해 작성된 최종적인 계산서이다. 그것은, 이해하든 이해하지 못하든, 주어진 것을 승인할 수밖에 없는 운명이다.

때로는 참으로 어처구니없게도, 과거의 계산서가 틀렸었다는 폭로가 이어지기도 한다. 그러나 그렇다고 합리적 계산능력에의 집착이 겸연쩍게 물러서는 것은 아니다. 합리적 계산능력은 진보의 이념의 하수인일 뿐이기 때문이다. 더 합리적으로 계산하여 더 확실한 결론을 내릴 수 있을 합리성의 천년왕국이 눈앞에 있다고 그 종사자들은 끊임없이 강변한다. 그리고 그로부터 힘을 얻어 합리성과 진보를 연결시키기 위해 더욱 열심히 경쟁한다.

문제는 '계산능력의 다소유무(多少有無)가 왜 법을 향한 경쟁의 관건이 되어야 하는가?' 아니, 한 걸음 더 나아가면, '도대체 왜 법을 향해서까지 경쟁을 해야 하는가?'의 물음이다. 이러한 경쟁은 대체로 무제한적 욕망과 제한적 재화(용역) 간의 불균형이라는 상황을 해소하기 위한 것으로서 정당화된다. 그러나 희소성의 원칙으로 환원할 수 없을 만큼 삶은 그 각 국면에 관련되는 가치의 다양성으로 인하여 본질적으로 다원적이고 다층적이다. 이와 같은 다원성, 다층성을 합리성의 법학은 합리적으로 계산하는 개인들의 선택행위로 환원한다. 그리고 그 과정에서 사람의 살림살이는 그 속에 포함된 고유명사들로서의 풍성한 내용을 잃고 보통명사나 대명사들로 이루어진 빈약한 선호체계로 전락한다(폴라니 1998).

이것은 곧 원자적 개인들과 그 전체화인 총체적 공동체가 스스로 동일자로 등극하여 계산할 수 없거나 계산할 줄 모르는 타자를 압살하는 전횡에 다름 아니다. 이 전횡의 출발점은 무엇보다 그 계산자들이 자신의 선택을 항상 계산의 대상에서 제외한다는 사실이다. 바로 여기서 합리성의 법학은 실천적 미덕인 중용(the Golden Mean, 時中)과 결정적으로 갈라지는 것이다. 중용의 법학은 마치 풍랑에 쓰러지는 배의 중심을 맞추기 위해 밧줄을 메고 허공에 몸을 던지는 선원들의 경우처럼 어느 경우에나 희생적 실천을 통한 삶의 역동적 균형을 목표하는 것이다. 하지만 합리성의 법학은 그러한 희생을 마다한 채 그저 침몰하는 배 속에서도 새로운 무게중심을 계산할 뿐이다. 게다가 이러한 전횡은 진보의 이름으로 역사, 곧 과거와 미래까지 가로채고 만다.

Ⅲ. 타자의 복권을 위한 기획들, 그리고 그 한계

거울이론으로서의 민주주의, 분할논리로서의 국가(법)실증주의, 그리고 계산능력의 숭배로서의 합리성의 법학, 이들의 특징은 타자에 대한 어떠한 고려도 없이 동일자의 논리에 충실하다는 점이다. 동그라미 바깥의 타자에 대하여 이들은 무관심하다. 타자는 민주주의의 단위가 아니며, 결코 동지일 수 없는 적(敵)일 뿐이며, 합리적으로 계산할 수 없는 조건들이기 때문이다. 주류의 자리를 점하는 이러한 동일자의 논리에 답답해함일까? 어떻게 해서든 그것에 맞서서 타자를 배려하려는 시도들이 전개되고 있다. 나름의 한계에 부딪혀 있기는 하지만, 그런대로 평가해 줄만한 시도들은 다음의 두 가지이다.

1. 사회학적 법이론

우선 사회라는 차원을 법이론에 도입하려는 줄기찬 시도들이 있다. 타자의 복권이라는 관점에서 이 기획의 강점은 사회의 다양성과 다원성을 보여 준다는 사실이다. 여러 종류의 사회들에 대한 경험적 탐구는 무엇보다 다름에 관한 인식을 깨우치기 때문이다. 사회는 수평적(공간적)으로도 여럿이고, 수직적(시간적)으로도 여럿이다. 그러한 여럿의 다름이 사회의 본질인 것이다. 그러나 이와 같은 다름의 인식이 곧바로 타자의 복권에 이어지는가는 불분명하다. 사회학적 법이론의 종사자들은 크게 보아 다음두 가지의 선택 가운데서 방황한다.

첫째는 그러한 다름을 사회이론의 차원에서 극복하려는 것이다. 우선 그들은 수평적(공간적), 수직적(시간적)으로 수많은 사례들을 모집한다. 그리고 그 사례들을 '비교'하여 종합적이고 중립적인 '이론'을 산출한다. 이처럼 사회이론에 입각한 사회의 분석과 재구성이 시작되면, 사회학적

법이론은 금새 합리적 계산능력을 강조하면서 더 나은 미래에의 진보를 약속하는 합리성의 법학과 비슷한 길을 걷게 된다. 거기서 한 걸음 더 나아가 그와 같은 사회이론이 어떠한 규제적 이상(regulative ideal)으로서의 가치를 지니게 되면, 어느새 그것은 적과 동지를 구분하는 결단주의의 논리와 비슷한 모습을 띄게 된다. 스스로를 과학의 이름으로 고양시키면서 마르크스주의 법이론이나 구조기능주의를 대표로 하는 근대화의 법이론이 지난 세기에 겪었던 운명이 바로 이것이다. 그리고 이것은 사회이론의 이름을 빌어 동일자중심주의가 부활하는 것에 다름없다.

둘째는 그러한 다름을 상대주의의 차원에서 포섭하려는 것이다. 앞서 말한 환원론적 사회이론의 권력성에 치를 떨면서, 이들은 수많은 사례들이 보여 주는 다름의 차원에 더욱 집중한다. 보편적 차원의 분석과 종합이 얼마나 허황한 것인지를 되뇌면서, 끝까지 이론의 권력에 저항하기로 결심한다. 이처럼 다름의 차원에 집중하면서 이들이 도달하게 되는 것은 결국 다음 둘 중의 어느 한 가지이다.

하나는 비교와 이론을 이끄는 중심과의 관계 속에서 그것에 의해 주변화되는 또 다른 중심을 구축하는 것이다. 예를 들면, 오리엔탈리즘의 논리나 그로부터 출발한 '아시아적 가치'(Asian Value)의 논리가 그것이다. 다른 하나는 이런 종류의 중범위적 이론화 역시 동일자에의 환원 또는 이론적 권력지향임에는 변함이 없음을 지적하는 것이다. 그리고 경험의 차원에서는 이제 더 이상 다름을 설명할 수 있는 이론을 찾을 수 없다고 선언하는 것이다. 이럴 경우, 다름은 그 자체로서 숭배의 대상이 될 수밖에 없다. 다름을 그 자체로서 저주한다면, 더 이상의 삶이 불가능해 질 테니까.

2. 자연법주의 – 특히 담론이론

자연법주의가 고개를 드는 것은 이처럼 다름이 그 자체로서 숭배의 대상이 되면서부터이다. 일차적으로 주목의 대상이 되는 것은 그 다름의 주체인 인간이다. 다름의 주체인 인간이야말로 그 다름에도 불구하고 어떤 같음을 보장하기 때문이다. 그러므로 인간은 반드시 규범적인 무엇을 제공하는 원인이 되어야만 한다. 예를 들면, 인간은 반드시 인간이라는 이유만으로 목적이 되어야만 한다(또는 권리자가 되어야만 한다). 그러나 왜 그러해야만 하는가? 도대체 무엇인가, 인간이 스스로를 권리자로 주장할 수 있는 근거는?

이 즈음에서 사람들은 눈을 부라리며 서로를 감시하기 시작한다. 그 근거지움을 위하여 '하나님의 형상'(Image of God)과 같은 형이상학적 전제를 끌어들이는 행동이 발생할 수 있기 때문이다. 그것은 증명할 수 없는 전제를 끌어들인다는 의미에서 중대한 반칙이라고 사람들은 주장한다. 그 대신 인기를 끄는 것은 임마누엘 칸트가 제시한 초월(transcendental)의 방법론이다. 그것은 당위의 근거를 따져 묻고, 다시 그 근거를 따져 묻는 물음의 끊임없는 상승작용을 지칭한다. 만약 인간이 당위의 근거지움에 관하여 이처럼 경건한 물음을 지속할 수 있는 존재라면, 그를 수단이 아니라 목적으로 삼는 것이 마땅하지 않겠는가?

이른바 칸트주의는 이처럼 인간 존재의 경건성에 관하여 더 이상의 물음을 던지지 않기로 결의하는 곳에서 시작된다. '네 자신이 인격으로서 목적이듯이, 다른 사람도 인격으로서 수단이 아닌 목적으로 대우하라!' 이러한 정언명령은, 그러나, '나'로부터 시작되는 동일자의 논리의 노골적인 반영일 뿐이다. 여기서 주장되는 인격적 상호승인은 언제나 '나'로부터 시작되어 그와 동일한 '너'에게 적용되는 것이기 때문이다. 게다가 이것은 기실 아무 것도 해결해 주는 바가 없다. 가령 모든 인간이 서로를 목적적 인격으로서 대우한다고 해 보자. 그렇다고 해서 규범적 해결을 요구하는 인간들 사이의 갈등이 모두 없어지겠는가?

바로 여기서 고안되기 시작하는 것이 당위에 관한 절차이론이다. 당위에 관하여 구체적인 것을 말하지 말고, 그것을 구성하는 공정한 절차에 관하여 말해 보자고 그 주창자들은 요청한다. 공정한 절차를 거쳤다면, 그 결과로서 도출되는 것은 정의롭다고 말해야 하지 않겠는가? 이런 공정한 절차의 예로서 초기의 존 롤즈는 무지의 베일(veil of ignorance)을

60

쓰고 정의의 원칙을 선택하는 원초적 입장(original position)을 말한 바 있다. 그러나 일종의 비현실적 독백이론으로서 그 입론이 십자포화를 맞은 후 오늘날 그 자리를 차지하고 있는 것은 소위 의사소통적 합리성의 이름 아래 위르겐 하버마스가 주장하는 담론이론(discourse theory)이다.[17]

담론이론은 이른바 보편적 담화상황을 전제하는 일련의 논증규칙에서 공정한 절차의 원형을 구성한다. 그리고 이로부터 사실적 효력과 규범적 타당성을 동시에 가지는 민주주의적 법이론을 재구성하고자 한다(하버마스 2000). 하지만, 이런 구상 역시 동일자중심주의라는 점에는 변함이 없다. '나'로부터 시작되어 '너'에게 적용되는 인격적 상호승인의 방향은 동일하다. 더욱 교묘한 것은 이것이 관철되는 방식이다. 의사소통은 언제나 발화자와 수화자를 요구하는 공동적 행위이다. 그러나 이른바 논증규칙은 이 가운데 발화자만을 구속할 뿐이다.

서로를 인격적으로 존중하는 가운데, 공평한 발언의 기회를 부여받고, 모순 없이 말할 것을 요구받는 발화자들의 공동체! 이것이 의사소통적 합리성이 정초하는 담론이론의 도착점이다. 실제로 의미를 생산해야 할 수화자들을 규율할 논증규칙은 찾을 수 없다. 아니 그것이 있다 해도 수화자들을 규율하는 것은 근본적으로 불가능하다. 스스로 세운 절제와 배려라는 미덕이 아니라면, 누구라서 들음의 자유를 간섭할 수 있단 말인가?

현대의 자연법주의를 대표하는 담론이론은 이처럼 발화자중심주의로 재구성된 동일자의 논리일 뿐이다. 그리고 만약 수화자(들)의 자발적인 협조가 없다면 그것은 결코 의사소통적 합리성의 차원, 아니 의사소통 그 자체에도 다가설 수 없다. 그렇다면 이 수화자(들)의 자발적인 협조는 과연 어떤 방식으로 요청될 수 있을 것인가? 타자의 윤리로부터 무언가를 배워야 한다는 깨달음은 바로 여기서 출발하는 것이다.

---

17 Discourse theory를 대화이론으로 번역하는 것은 무리가 있다. 실상 논증 또는 효력주장으로 이루어지는 담론을 일상적 삶을 지배하는 대화로 표현하는 것은 과도하기 때문이다. 굳이 대화이론이라는 명칭이 적합한 것을 찾자면, 마르틴 부버가 말하는 총체적이고 통전적인 '대화' 정도가 아닐까?

현대 헌법이론에서 '타자(他者)'의 복권

Ⅳ. 타자의 윤리에서 배울 것

레비나스가 제안하는 타자의 윤리는 심오한 것이다. 데카르트나 하이데거와는 정반대의 방향에서 그는 다른 사람을 나와 같은 사람이 아니라 다른 사람으로 대우할 것을 요청한다. '가장 다른 것은 다른 사람이다.' 그 다른 사람의 얼굴 앞에서 우리는 무한(無限)을 만난다. 무한은 곧 무한책임이다. 동일자에게서 출발하는 관용은 기껏해야 유한책임을 말할 뿐이지만, 타자에게서 출발하는 호소는 예외 없이 무한책임을 말한다. 그러나 그것은 명령이라기보다는 호소이며, 가난하고 헐벗은 자의 알몸시위이다. 타자 앞에서 우리가 먼저 해야 할 일은 그의 얼굴이 말하도록 먼저 말을 건네는 것이다. 들음을 전제한 이 말함을 통하여 폭력으로부터 자유로운 관계가 시작된다. 어떤 의미에서 동일자보다 먼저 존재하는 것은 타자이다. 그 점을 윤리적으로 받아들일 때에만, 동일자는 존재할 수 있다.

앞서 살폈듯이 현대 헌법이론에서 이러한 타자의 윤리는 너무도 낯선 것이다. 나름대로 타자의 복권을 시도하는 기획들에서조차 타자중심의 사고방식은 도대체 이해될 수 없는 무엇이다. 물론 타자의 윤리에서 배울 것은 내용이라기보다는 태도일 것이다. 그러나 현대 헌법이론에서 타자의 복권을 시도하고자 한다면, 무언가 구체적인 교두보를 가져야만 하는 것이 아닌가? 그동안 공부하고 생각한 것들을 모아서 이제 나는 타자의 윤리에서 배울 것을 정리해 보고자 한다.

1. 타자의 존재

첫째, 타자는 반드시 존재한다는 것이다. 기실 이것처럼 명백하고도 명백하지 않은 사실은 없다. 민주주의의 전제가 되는 동그라미에서, 적과 동지를 나누는 주권국가의 동그라미에서, 합리적 계산마당인 동그라미에서 타자는 과연 어디에 존재하는가? 저 다양한 사회들 속에서, 또 의사소통의 말놀이마당에서, 그 동그라미들에서 타자는 과연 어디에 존재하는가? 타자의 존재를 확인한다는 것은 곧 동일자의 세계 속에 그것을 포섭

한다는 뜻이다. 따라서 타자의 존재는 확인되는 순간 부인되는 숙명을 가지고 있다. 그러므로 이 물음은 동일자중심주의의 미끼인 셈이다. 타자는 과연 존재하는가?

이에 대한 나의 답변은 앞서 말했듯이 타자는 반드시 존재한다는 것이다. 그러나 어디에 어떻게 존재한단 말인가? 타자는 우리의 시선 바깥에 목소리로 존재한다. 예컨대, 민주주의의 전제가 되는 동그라미에서 누군가가 다른 누군가를 돌로 쳐서 죽였다고 하자. 또는 적과 동지를 나누는 주권국가의 동그라미에서 누군가가 손바닥만한 어선을 타고 망망대해로 탈출을 감행했다고 하자. 합리적 계산마당인 동그라미에서 누군가 돌봐 줄 사람들 잃고 굶어 죽어가고 있다고 해도 마찬가지이다. 철철 피를 흘리며, 꾸역꾸역 찬 바닷물을 들이키며, 노여움을 삼킨 채 서러운 눈물을 흘리며, 그 죽어가는 사람들이 던지는 절규는 결코 사라지지 않는다. 그 목소리는 점점 작아지지만, 종내는 들으려고 해도 들리지 않는 수준으로 작아져 버리지만, 그러나 그 목소리는 결코 사라지지 않는다. 바로 이 목소리. 사라져 가는, 그러나 결코 사라지지 않는 이 목소리가 타자의 존재이다. 외마디 비명을 지르며 사라져 가는, 그러나 결코 사라지지 않는 목소리로 타자는 엄연히 존재하는 것이다.

때때로 그 목소리가 엄위한 윤리적 요청으로 우리에게 다가오는 것은 언뜻언뜻 타자의 얼굴이 우리에게 비치는 때문이다. 살해해도, 또 살해해도 결코 살해할 수 없는 그 얼굴은 그러나 반드시 '살인하지 말라'고 명령하는 단호한 얼굴이 아니다. 그 얼굴은 웃거나 울고 있으며, 반갑게 무언가를 주고 있으며, 말 건네주기를 기대하고 있는 들뜬 무엇이다. '나를 죽이지 마세요!' 그 얼굴의 명령은 청유 혹은 부탁에 가까운 것이다. 하지만 이것은 결코 그 명령의 무게를 약화시키는 것이 아니다. 왜냐하면 이 '명령'을 거부한다고, 그래서 그 얼굴을 말살한다고 윤리가 사라지는 것이 아니기 때문이다. 오히려 죽이면 죽일수록, 그 목소리는 새로운 얼굴들 속에서 다른 모습으로 살아나기 때문이다. 이처럼 사라져 가는, 그러나 결코 사라지지 않는 목소리로 타자는 존재하는 것이다.[18]

현대 헌법이론에서 '타자(他者)'의 복권

2. 소유가 아니라 관계로서의 권력

둘째, 타자의 윤리를 권력의 문제와 관련시켜야만 한다면, 그 때의 권력은 소유의 개념이 아니라 관계의 개념이어야 한다는 것이다. 물론 타자의 윤리와 관련하여 권력을 문제 삼는 것은 우스꽝스러운 일일 수 있다. 타자의 윤리는 본질적으로 권력의 차원을 넘어서는 것인 까닭이다. 그것은 권력의 행사로부터도 자유롭고 권력의 행사의 대상으로부터도 자유롭다. 극단적으로 타자를 압살한다고 해서 그 윤리마저 압살되는 것은 아니기 때문이다. 오히려 결과는 정반대이다. 죽이면 죽일수록 타자의 존재는 더욱 분명해진다. 그리고 무한책임을 요구하는 그의 명령 또한 더욱 분명해진다.

그러므로 타자의 윤리를 권력의 문제와 관련시키는 것은 타자의 윤리 그 자체의 귀결이 아니다. 그것은 차라리 여전히 동일자의 논리를 수호하려는 욕망에서 비롯되는 것이다. 다만, 동일자중심주의에 매몰되기보다는 타자의 윤리와 관련하여 어떻게 해서든 그것을 교정하고 보완하려는 노력이 첨가될 뿐인 것이다.

이럴 경우, 동일자의 논리는 좀더 완화된 모습으로 자신을 드러내게 된다. 그것은 어쩌면 몸과 시선과 지식과 권력에 관한 미셸 푸코의 말들을 뒤집어 보는 일인지도 모른다(푸코 1991). 그는 이것들의 상호관련을 분석하기 위하여 소유로서의 권력을 집어치우고 관계로서의 권력을 제안한 바 있다(사목권력). 그의 의도를 동일자에 의해 왜곡되는 타자의 모습을 보이려는 것으로 단정할 수는 없을 것이다. 하지만 그렇게 보는 것이 불가능하지 않다면, 이제 우리는 푸코와는 정반대의 방향에서 작업을 다시 시작해야 한다. 타자의 윤리 앞에서 동일자의 모습은 어떻게 재구성되

---

18 이러한 타자의 존재를 드러내는 사회내적 표지로 절대적 소수자(the absolute minority)가 매우 중요하다. 숫자로도 소수이며, 사회적으로도 약자인 이들은 비록 동그라미의 안쪽에 있을지언정, 그 바깥으로 밀려가는 사람들 또는 아예 동그라미 안쪽을 향한 모두의 시선의 바깥에 존재하는 사람들의 대표이기 때문이다. 절대적 소수자의 낯선 얼굴은 타자가 자신을 현시하는 장소이다.

어야 하는가? 실행의 덕성으로서의 법은 필수적으로 이러한 작업을 요청한다. 이때의 출발점은 소유가 아니라 관계로서 권력을 재구성하는 것이다.

3. 이제 우리들 가운데는 왕이 없다!

셋째, 타자의 윤리 앞에서 동일자의 논리를 교정하고 보완할 경우, 민주주의의 이해가 바뀔 수밖에 없다는 것이다. 동그라미의 안쪽만을 지배하는 논리로 민주주의를 이해한다면, 그것은 언제까지라도 앞서 말한 거울이론에서 벗어날 수 없다. '헌법제정권력자'라는 표현에서 잘 드러나듯이, 이는 다수 민중을 왕으로 인식하려는 주장이다. 이처럼 민주주의를 권력의 논리로 이해할 경우 그 권력의 정당성을 확보하기 위한 신화 만들기는 피할 수 없게 된다. 주지하듯 이에 관한 서구지식인들의 전매특허는 '사회계약'의 사상이다. 스스로를 왕으로 인식하는 다수 민중이 자신으로부터 국가를 도출해내는 권력적 창세신화가 바로 그것이다.

하지만 타자의 윤리는 동그라미의 바깥에서부터 민주주의를 정초한다. 그 핵심은 다수 민중의 권력자선언으로 해석되고 있는 사회계약을 탈권력적 언어로 다시 읽어내는 것이다. 그것은 결코 '왕이 되려는 욕망'에 가득 차서 스스로를 왕으로 대우할 것을 요구하는 권력자들의 자기현시가 아니다. 오히려 그것은 '왕이 되려는 욕망'을 꺾어 버리고 다른 사람을 왕으로 대우하겠다고 결심하는 탈권력적 시민들의 합의이다. 따라서 그들의 민주주의는 목소리를 모아 다음과 같이 외치는 것이어야만 한다. "나는 왕이 될 권리를 포기한다.…나도 왕이 될 권리를 포기한다.…나도 그렇다. 나도 그렇다…그러므로 이제 우리들 가운데는 왕이 없다. 모두가 자유롭고 모두가 평등한 시민들일 뿐이다."

독재자나 독재 귀족들을 내쫓은 자리에 독재 민중이 앉는 것은 '짐이 곧 국가'라는 권력정치의 논리를 끊지 못한 권력순환일 뿐이다. 이와 절연하여 왕이 되기를 포기한 시민들의 도덕적 합의로 사회계약을 다시 해석해야만 한다. 이 경우 민주주의는 타자의 윤리와 동의어가 된다. 그렇기 때문에 타자의 윤리는 민주주의를 정당화하려고 애쓰지 않는다. 타자의 윤리에서 민주주의는 너무도 당연한 전제이며, 눈앞에 닥친 실제적인 문제는 그것을 실현할 민주정치의 요청이기 때문이다.

V. 헌법적 대표관계의 삼면구조

지금까지 말한 것은 타자의 윤리 그 자체가 아니라, 현대 헌법이론에서 타자의 복권을 지향하는 내가 그로부터 우리가 배워야 할 것을 요약한 것에 불과하다. 그가 말한 것이 아니라 내가 들은 것에 관한 집착. 어쩌면 이것은 법을 직업으로 택한 사람들의 운명인지도 모른다. 때로는 감동적이지만 여전히 추상적인 철학자들의 토론에 비추어 법은, 상채기이건 수술자국이건, 항상 삶 속에 뚜렷한 자취를 남기기 마련이니까. 그러나 용기를 내서 말하자면, 이것이야말로 레비나스가 우리에게 남겨놓은 응분의 몫이라고 나는 생각한다. 법률가가 타자의 윤리의 관념성, 종교성, 애매성을 비난하는 것은 당연한 일이다. 하지만 그러한 비판은 즉각적으로 동그라미의 바깥에서 시작하지는 못하더라도, 최소한 그것을 감안하는 새로운 동일자의 법논리를 구상하지 않을 수 없게 만든다. 내가 이제 말하려는 (실정) 헌법의 재발견, 곧 헌법적 대표관계의 삼면구조에 관한 이야기도 그렇게 시작된 것이었다. 타자의 윤리는 그처럼 소리 없이 마음을 움직이는 충격이었던 셈이다.

1. 상대방으로서의 타자

로버트 필머에 맞서서 존 로크가 명예혁명의 이론적 기초를 제시할 때, 그가 내세웠던 논리의 골자는 대략 다음과 같다(김병곤 1996). 멀리 첫 번째 인간인 아담에게서부터 시작된 통치권한의 신적 위임이 스튜어트왕가에 계승되었다는 필머의 주장은 잘못된 것이다. 아담은 통치자들만이 아니라 모든 인간의 대표이기 때문이다. 아담과 마찬가지로 모든 인간은 특히 자신의 노동을 투여한 자연에 관하여, 타인이 개척할 여유가 남아 있는 한, 전속적 통치의 권한(재산권)을 가진다. 이것이 자연법이며, 국가의 설립은 이 자연법을 수호하려는 목적을 가지는 행위이다. 따라서 재산권을 가진 사람들의 동의를 받지 않고 자연법에 어긋나게 그 권한을 침탈하는 통치자의 행위는 불법적인 것이며, 시민들의 혁명권의 발동에 의해서라도 반드시 교정되어야 하는 것이다.

널리 알려진 이 소유적 개인주의의 논리를 되새기는 것은 현대 헌법이론이 출발한 지점인 그 논의 속에서 지금은 잊혀진 한 가지 타자의 자취를 찾을 수 있기 때문이다. 필머나 로크나 모두 전제하고 있는 것은 누군가의 앞에서 살아가고 있다는 사실이다. 조금 구체적으로 말하자면, 그것은 상대방의 문제이다. 거울이론으로서 민주주의는 항상 누가 누구를 대표하는가의 문제에만 골몰한다. 동그라미의 안쪽에, 그 중심에 권력이 있다고 전제하는 까닭이다. 하지만 타자의 논리는 동그라미의 바깥을 지향하며, 전혀 다른 물음을 제기한다. 누구에 대하여, 누구 앞에서 대표가 이루어지는 것인가? 누가 이 대표관계의 상대방인가?

헌법적 대표관계 속에서 타자는 상대방의 모습으로 복권된다. 그런 점에서 헌법적 대표관계의 본질은 대표와 피대표로 이루어진 이면구조가 아니라 대표와 피대표와 상대방으로 이루어진 삼면구조인 것이다. 이 가운데 우선권을 지니는 것은 대표나 피대표(본인)가 아니라 역시 상대방이다. 상대방이 누구인가를 확정하고 나서야 대표되는 것은 누구이며 대표하는 것은 누구인지를 말할 수 있게 되는 것이 아닌가? 그러므로 상대방으로서의 타자는 (헌)법논리에 곧잘 등장하는 제삼자의 주장과는 궤를 달리하는 것이다. 제삼자는 이면구조로서의 대표관계를 사후적으로 수정하려 할 때 동원되는 익명의 존재이다. 하지만 상대방은 고유한 이름을 가진 존재이며, 앞서 말했듯이, 삼면구조로서의 대표관계를 사전에 결정짓는 출발점이다.

이러한 상대방의 우선성은 곧 대표가 된다는 것을 권력의 획득과 동일시하는 현대 헌법이론의 기본 전제를 전복시키는 것이기도 하다. 동그라미의 중심에 권력이 존재한다는 풍문은 어쩌면 사실과는 정반대일 수가 있다. 상대방이 누군가에 따라 대표가 된다는 것은 오히려 권력의 상

현대 헌법이론에서 '타자(他者)'의 복권

실, 더 정확히는 희생(犧牲)을 의미하는 것일 수도 있기 때문이다. 이처럼 상대방으로서 타자의 복권은 권력이론으로서의 헌법이론을 완화하는 성격을 지닌다. 권력이론으로서의 성격은 그대로 있더라도 동그라미의 바깥을 향하여 그 시선이 역전된다.

2. 얼굴의 복수성(複數性)

상대방으로서의 타자를 경험하는 것은 다른 사람의 얼굴에서이다. 그런데 여기서 한 가지 중요한 사실이 발견된다. 비록 한 사람의 얼굴만을 대했을지라도, 얼굴은 근본적으로 복수(複數)라는 점이다. 동그라미의 바깥을 전제하고 그로부터 상대방을 확인하는 한, 반드시 따라 나오는 결론은 그 상대방이 여럿이라는 명제이다. 같음보다 다름을 우선시킨다면, 이런 귀결은 당연한 것이기도 하다. 다름은 항상 여럿을 의미하는 것이 아닌가?

상대방이 여럿이라면 대표도 여럿일 수밖에 없을 터이다. 또한 그 여럿의 상대방이 나보다 우선적이라면 그 앞에 대표를 뽑아 보내는 나도 여럿일 수밖에 없을 터이다. 이것은 삶의 근원적 다원성을 긍정하는 고백이며, 적과 동지를 구분하는 국가(법)실증주의의 논리에 결별을 고하는 선언이다. 타자의 윤리에서 세계는 이처럼 구멍이 뻥뻥 뚫린 모습이다. 복수의 상대방의 얼굴이 나타날 때마다, 그것을 알아챈 사람들은 대표를 뽑아 그 앞에 보낸다. 때로는 대표를 뽑지 못한 경우도 있고, 때로는 상대방을 확인하지 못한 경우도 있다. 그러나 그것으로 족한 일이다. 물론 그것을 강제한다고 해서, 삶의 근원적 다원성을 본질적으로 침해할 수는 없을 것이다. 상대방으로서의 타자는, 그것이 나타나는 다른 사람의 얼굴은 원래부터가 복수이기 때문이다.

이와 같이 삶의 근원적 다원성에 대한 존중은 타자의 윤리의 자연스런 귀결이다. 동그라미의 안과 밖을 나누어 단일한 논리로 지배하는 주권국가 혹은 세계국가의 기획은, 따라서, 얼굴의 복수성과 결코 공존할 수 없다. 물론 자유주의와 공동체주의의 논쟁에서 보듯, 자유와 평등, 인권과 애국심의 주장들은 항상 이러한 여럿의 다름을 불편하게 생각한다. 동일자의 논리는 항상 단일성에로 환원하려는 욕망에서 비롯되는 것인 까닭이다. 그렇다면 이제 문제는 명확해진다. 어떤 방식으로 여럿의 다름을 쓸어버리려는 동일자의 욕망을 제어할 수 있을 것인가? 헌법의 재발견이 요청되는 것은 바로 이 물음 앞에서이다.

동일자의 욕망의 근원을 '주체'라고 지목하면서, 포스트모더니즘은 과감히 그것을 해체해야 한다고 주장한다. 이 무정부주의적인 도발에 대하여 주체의 맥락을 분석하거나 주체의 범위를 확장함으로써 대처하려는 시도들과 그 한계는 앞에서 살핀 바 있다. 가장 진전된 형태로서의 담론이론까지도 여전히 발화자중심주의라는 동일자의 논리에 갇혀있음을 우리는 목격하지 않았는가? 나는 앞에서 근본적으로 실행의 덕성에 기초하는 법 그 자체에 관해서 기대를 가지고 있음을 표명한 바 있다. 그 이유는 삶을 통한 역사적 지혜의 결집으로서의 헌법이 이처럼 여럿의 다름을 쓸어버리려는 동일자의 욕망을 제어하고 삶의 근원적 다원성을 존중하는 제도들을 보유하고 있기 때문이다.

3. 헌법의 재발견

이런 점에서 헌법은 본질적으로 모순적 원리들의 길항적 공존을 전제하는 논리이다. 그러므로 자유와 평등, 인권과 애국심, 사법 우위와 입법 우위, 대항요건과 성립요건, 행위 反가치와 결과 反가치, 당사자주의와 직권주의, 적법절차와 실체진실 등 자유주의와 공동체주의의 익숙한 대립들을 어느 한 쪽으로 환원하여 해소하는 것은 헌법의 본질에 어긋나는 것이다. 그런 시도는 동일자의 논리의 반영이며, 헌법은 그 욕망의 존재를 인정하면서도, 그로 인해 동그라미 바깥의 타자가 압살되는 것을 막으려는 기획인 것이다.

따라서 헌법은 본질적으로 삶의 근원적 다원성을 수호하려는 기획이다. 그리고 그 기획의 요체는 동일자로서 세계의 주체인 '내'가 아니라 타자로서 세계의 바깥으로서 사라져 가는, 그러나 결코 사라지지 않는 상대방의 목소리를 확인하는 것이다. 그러한 확인에 입각하여 상대방 앞에 대표를 뽑아 보내는 것이 그 다음의 단계이다. 타자의 논리에 입각한다면 상대방은 항상 복수로 존재한다. 따라서 나도 복수이며, 대표관계도 복수이고, 이렇게 이루어진 헌법의 세상은 구멍이 뻥뻥 뚫린 다원적인 모습이다. 헌법이 인권이나 기본권의 이름으로 사람들의 규범적 위치를 규정하는 것은 바로 이러한 근원적 다원성을 보장하기 위함이다. 비록 어떤 경우에는 그것이 또 다른 동일자의 논리의 출발점이 되기도 하지만, 설혹 그렇더라도 삶의 근원적 다원성은 결코 침해되지 않는다. 상대방으로서의 타자는, 그것이 나타나는 다른 사람의 얼굴은 원래부터가 복수이기 때문이다. 바로 이러한 당연한 사실을 재확인하기 위하여 목숨을 걸어야 하는 것이 헌법을 보장하는 사람들의 책무이다. 그런 뜻에서 헌법의 보장의 본질은 힘이나 말이 아니고 희생이다.

그러므로 헌법 가운데 가장 아름다운 부분은 이러한 얼굴의 복수성을 정면으로 인정하고 동일자의 욕망을 적극적으로 제어함으로써 그에 대한 배려를 담으려는 장치들이다.[19] 이 권력의 견제와 균형의 체계를 이끄는바, 절대적인 권력은 절대적으로 부패한다는 명제는 동일자에게(또는 타자를 끌어들여 스스로를 강화하려는 동일자에게) 던지는 충고이다. 결론적으로 말해서, 헌법은 결코 단수의 주체를 자신의 주인으로 인정하지 않는다. 시간의 측면에서 헌법의 주인은 과거와 현재와 미래의 시간들에로 분리되어 있다. 그중 하나가(대개는 현재가) 스스로의 주인됨을 주장할 경우에, 헌법은 그보다 먼저 다른 둘을 상대방으로 받아들인 뒤 복수의 대표관계를 설정할 것을 요청한다. 공간의 측면에서도 마찬가지라고 말할 수 있다. 여기서도 헌법의 주인은 내면과 역사와 초월의 공간들에로 분리되어 있다. 그중에 어느 하나가 다른 둘을 압제하는 것을 헌법은 결코 용납하

---

19 일레인 스캐리는 이와 관련하여 헌법의 가치를 적으로도, 친구로도 상상하기 어려워 기껏해야 '하찮음의 평등' 속에 가두기 마련인 타자를 보다 적극적으로 배려하기 위한 장치라고 주장하고 있다. 헌정주의란 결국 헌법의 이름으로 표현된 타자의 윤리라는 것이다(스캐리 2003: 154).

지 않는다. 먼저 서로를 상대방으로 받아들임을 통하여 공화(共和)할 것을 요청할 뿐인 것이다.

이처럼 헌법은 삶의 중요한 영역들에 남겨진 표지들로서 우리들이 늘 직면하는 타자 상상하기의 어려움을 극복하도록 돕는다. 때문에 헌법의 구석구석에서 타자의 얼굴을 만날 수 없다면, 그것은 곧바로 헌법의 몰락으로 이어지게 되는 것이다. 물론 때때로 우리는 이러한 헌법의 명령을 간단히 무시하고 독재를 일삼는다. 이것은 시간적으로 또 공간적으로 헌법이 정한 경계를 넘어서는 일이다. 그러나 근본적으로 이러한 월경(越境)은 무용한 것에 지나지 않는다. 헌법이 정한 과거/현재/미래, 내면/역사/초월의 경계는 존재 그 자체에 부과된 동그라미이기 때문이다. 따라서 이 동그라미를 벗어나려는 욕망에 사로잡혀 있을 때, 반드시 기억해야 할 것은 헌법 속에 드러나 있는 타자의 자리, 곧 그 상대방의 얼굴들이다. 그 얼굴들의 명령은 거부한다고 거부되지 않는 종류의 것이다. 앞에서 말했듯이, 그것은 명령이라기보다는 호소이며, 가난하고 헐벗은 자의 알몸 시위인 까닭이다.[20]

VI. '전적 타자'에 관하여

현대 헌법이론에서 타자를 복권시키려는 시도는 이제 막바지에 다다르고 있다. 사라져가는, 그러나 결코 사라지지 않는 타자의 목소리 앞에서, 그와의 관계지움을 통해 나의 권력을 재조정하고, 나아가 '우리들 가

---

[20] 이 글이 처음 발표되던 장소에서 이름을 알 수 없는 한 철학교수가 세대 간의 정의문제는 존 롤즈 등의 주된 관심사가 아니었다고 단언하는 모습을 보고 나는 솔직히 많이 실망했었다. 첫째는 사회정의론의 거의 3분의 1을 할애하고 있는 존 롤즈의 논구가 간단히 무시되고 있다는 생각 때문이었고, 둘째는 그 발언자에게서 세대 간의 정의문제를 논의의 대상에서 배제하려는 어떤 욕망을 감지했기 때문이었다. 그러나 타자의 윤리에 입각할 경우, 세대 간의 정의문제는 오히려 가장 중요한 윤리문제로 등장하게 된다. 이미 떠나버렸거나 아직 오지 않은 과거와 미래의 타자를 상대방으로 설정할 경우 오늘의 우리와의 관계에서 그들과 우리를 상호대표할 대표의 문제가 등장하게 되는 까닭이다. 세대 간의 정의문제는 타자의 윤리와 상대방의 우선성에서 출발하여 헌법적 대표관계의 삼면구조가 적용되어야 하는 전형적인 예이다.

현대 헌법이론에서 '타자(他者)'의 복권

운데는 왕이 없다!'는 탈권력적 민주주의의 개념을 확인하는 곳에서 우리
는 시작했다. 그리고 그로부터 상대방으로서 타자를 확인하고, 그 얼굴의
복수성을 받아들이며, 삶의 근원적 다원성을 보장하기 위한 장치로서 헌
법을 재발견하고자 노력했다. 요컨대, 헌법적 대표관계를 일원적 이면구
조에서 다원적 삼면구조로 재구성하는 것이 이 글이 제안하려는 타자의
복권의 핵심인 셈이다.

　　그러나 문제는 '이와 같은 근본적 분열을 언제까지 지탱할 수 있을
것인가?'의 물음이다. 헌법의 차원에서 말하더라도 상대방에 따라 복수의
헌법적 대표관계를 삼면구조로 유지하는 것은 일종의 자아분열을 초래할
수도 있다. 덕성에 입각한 헌법적 시민으로서의 훈련이 그 긴장을 감내하
게 만들 수는 있으나, 궁극적인 해결책이 될 수는 없다. 여기서 등장하는
것이 바로 '전적 타자'의 문제이다. 한 없이 물러서며, 결코 통일을 허락
하지 않는 궁극적 타자의 존재. 동그라미를 아무리 확장하더라도 결코 그
내부에 포섭될 수 없는 궁극적인 바깥. 숫자도 적고 가치적으로도 열세인
절대적 소수자(absolute minority)에 의해서만 때때로 동그라미 속에서 드
러날 뿐인 그 전적 타자가 동일자에 의하여 먼저 받아들여져야만 한다는
것이다. 사실 타자의 복권에 관한 지금까지의 모든 논의는 이 '전적 타자'
의 받아들임을 전제하는 것이며, 그로부터 근본적인 동력을 획득하는 것
이다.

　　이 전적 타자의 존재 앞에서 타자의 윤리가 말하는 무한책임은 결
코 허무하지 않은 것이 되며, 오로지 그것으로부터 책임의 윤리가 정초될
수 있음을 나는 의심하지 않는다. 물론 동일자의 논리는 전적 타자의 차
원에까지 스며들어 초월을 빙자한 억압을 일삼을 수 있음을 모르지 않는
다. 하지만, 위대한 전적 타자의 종교는 곧잘 '자신의 神과 불화할 수 있
는 용기'를 그 추종자들에게 요구하곤 한다. 그들에게 보여진 전적 타자,
곧 神의 얼굴이 하나가 아니라 여럿이기 때문일 것이다(Holy Trinity!).

　　"…우리가 그리스도 안에서 비로소 볼 수 있고, 또 우리가 믿고 있는 이

른바 책임적 자아는 모든 인류가 보편적으로 그리고 영원히 응답적인 나를 가진 존재라고 하는 사실에서부터 도출된 것이다. 즉, 사회와 끝이 없는 시간 속에서, 그리고 '나'에게 과해지는 모든 행위 속에서, 모든 우리의 질병을 치유하고, 우리의 모든 불의함을 용서하고, 우리의 삶을 파괴로부터 구출하며, 영원한 자비를 우리에게 베푸는 한 분의 행위에 대하여 대답하는, 보편적이고 영원히 응답적인 '나'라는 사실로부터 이끌어내진 것이다. 그러한 삶 속에서 우리가 볼 수 있는 행위는 법에 복종하는 행위이기는 하지만 모든 법을 넘어서는 행위이다." (니이버 1983: 206)

3장

법과 '이웃': 법치의 본원적 관계형식에 관한 탐색

Ⅰ. '추격자'의 추격

'추격자(The Chaser)'는 2008년 2월에 개봉된 한국 영화다. 정통 액션 스릴러 영화로 분류할 수 있는 이 영화는 젊은 감독(나홍진)의 정석에 충실한 연출과 박진감 넘치는 추격 장면들, 그리고 주연 배우들(김윤석, 하정우)의 호연으로 2008년 전반기에 가장 흥행에 성공한 한국 영화가 되었다. 이 작품에는 그해 대종상 영화제에서 최우수 작품상을 비롯하여 7개의 상이 주어졌고, 주연 배우인 김윤석은 남우주연상을 받았다. 영화 '추격자'에 대한 관객들의 뜨거운 반응은 해외에서도 이어지고 있다고 한다.

우리 부부가 이 영화를 보게 된 것은 일간 신문의 개봉영화 소개 코너에서 영화전문기자의 찬탄으로 가득 찬 영화평을 읽은 까닭이었다. 실로 오랜만에 조조할인 영화를 보고 난 뒤, 우리 부부는 쉴 새 없이 이어진 추격 장면들의 휘몰아대는 리듬감에 빠져 한동안 극장 앞 커피마당에서 마음을 다잡아야만 했었다. 근래 보기 드문 수작(秀作)이라고 평가를 내리면서, 이 정도의 포스라면 흥행 성공은 당연하겠다는 전망을 나누었던 기억이 난다.

그러다가 나는 예기치 않은 한 사건으로 인해 이 영화의 정치사회적 의미를 곱씹게 되었다. '추격자'가 흥행몰이를 이어가던 2008년 3월초 경찰은 일가족 네 모녀 살인사건의 용의자로 프로야구단 해태 타이거즈의 대표적인 선수였던 이호성을 공개 수배했고, 그 며칠 뒤 이호성은 한강에

75

서 자살한 시체로 발견되었다. 언론을 통해 이호성에 의해 저질러진 끔찍한 살인사건의 내용을 알게 되었을 때 나는 문득 소스라치게 놀랄 수밖에 없었다. 마치 그 끔찍한 장면들을 실제로 보기라도 한 것처럼, 내 자신이 그 사건의 내용을 생생한 영상으로 재현해낼 수 있음을 알게 되었기 때문이다. 이 놀라운 발견 앞에서 나는 어쩔 줄 몰라 하며 그 신기한 능력이 어디서 기원했는지를 탐문하기 시작했다. 내 머릿속의 잔인한 장면들이 몇 주 전에 본 영화 '추격자'의 잔영이었다는 점은 금방 확인할 수 있었다. 하지만 그 확인은 더욱 근본적인 질문을 불러 일으켰다. 이 끔찍한 집단 살인사건 앞에서 나는 왜 그 잔인한 장면들을 무의식적으로 재현해 보게 되었을까?

의문을 풀기 위하여 내가 시작한 일은 영화 '추격자'를 읽어내는 한국 사회의 담론 지형을 꼼꼼히 되짚어 보는 작업이었다. 맨 처음 우리 부부를 개봉관으로 불러냈던 그 영화평에서 출발하여 나는 '추격자'에 대해 쏟아져 나온 각종 평론과 심층 취재기사들, 그리고 주연 배우들에 대한 인터뷰 기사들을 찬찬히 살펴보았다. 줄잡아 삼십여 편에 이르는 그 글들은 한 눈에도 뚜렷한 공통점을 가지고 있었다. 호평 일색인 점도 그랬지만, 호평의 근거에 관해서는 공통점이 더욱 두드러졌다. 그 글들은 미리 관객에게 정답을 알려 주고도 끝까지 휘몰아치는 추격 장면들로 관객을 휘어잡는 데 성공한 감독의 연출력, 그리고 그것을 담아내는 데 부족함이 없었던 카메라 워크, 또 각기 선악을 대변하여 관객의 공감과 혐오를 클라이맥스까지 이끌어 올렸던 두 주연 배우의 빼어난 연기력 등을 빠짐없이 언급하고 있었기 때문이다. 거기에 덧붙여 영화가 흥행몰이를 시작한 뒤에 나온 글들은 배급의 타이밍, 마케팅의 성공 요소, 해외에서의 대박 가능성 등도 언급하고 있는 것이 대부분이었다.

며칠 동안 영화 '추격자'에 대한 각종 평론과 심층 취재기사들, 그리고 주연 배우들에 대한 인터뷰 기사들을 살펴본 뒤 내가 도달한 잠정적인 결론은 상당히 씁쓸한 것이었다. 내가 보기에 이 영화를 둘러싼 한국 사회의 담론 지형은 철저하게 어떤 '형식'에 관련되어 있었다. 이야기(내용)를 어떻게 영화(형식) 속에 담아낼 것이냐? 콘티(내용)를 어떻게 화면(형식) 속에 담아낼 것이냐? 시나리오 속의 인물(내용)을 어떻게 배우가 연기(형식)할 것이냐? 만들어진 영화(내용)를 어떻게 홍보(형식)할 것이냐? 이런 질문들이 그 글들을 지배하고 있었다. 심하게 말하면, '내용'은 어찌되었든 '형식'의 미(美)가 제대로 갖추어졌다면 그 영화는 좋은 영화고, 그 배우는 좋은 배우며, 그 영화시장이나 그 영화산업은 좋은 것이라는 논리가 그 글들의 저변에 있다고 볼 수 있었다. 이런 생각을 가장 단적으로 드러내고 있었던 것은 아마도 최고의 호연을 보인 두 주연 배우, 그중에서도 악역이었던 하정우에 대한 인터뷰 기사들이었을 것이다. 거기서 돋보인 것은 인터뷰 내용보다 '어쩌면 그렇게 능글능글하게 싸이코패스 연쇄살인범의 역할을 제대로 해낼 수 있느냐?!'는 기자들의 한결같은 찬탄이었다. 그와 같은 찬탄으로 인해 인터뷰가 위에서 말한 '형식'의 차원을 넘어 '내용'의 차원으로 진입할 가능성은 아예 처음부터 봉쇄된 것이나 다름없었다. 요컨대 희대의 살인마(내용)를 얼마나 잘 연기(형식)했느냐를 두고 기자들은 찬탄을 거듭했고, 영화광들은 입소문을 냈으며, 우리 부부를 비롯한 관객들은 앞다투어 티켓을 구입했던 것이다.

전직 프로야구선수 이호성이 저지른 네 모녀 살인사건 앞에서 내가 그 끔찍하고 잔인한 장면들을 무의식적으로 재현해 볼 수 있었던 까닭은 무엇이었을까? 나는 최소한 내 자신이 영화 '추격자'를 읽어내는 한국 사회의 '형식'지향적 담론 지형과 연결되어 있다는 점을 인정하지 않을 수 없었다. 어떤 의미에서 나는 그 속에 흐르는 형식 미학에 감염되었는지도 몰랐다. 무의식적이나마 그 끔찍하고 잔인한 장면들을 재현해 보았을 때, 나는 이미 하정우나 김윤석, 나홍진과 같은 사람들이 영화 '추격자' 속에서 견지했던 관점과 입장을 흉내 내고 있었던 것이기 때문이다. 결국 이상과 같은 며칠 동안의 아마추어 영화학도 놀이를 통하여 나는 정치에서 윤리의 문제를 거세하고 국가라는 작품 만들기로서 정치를 이해하자던 속류 마키아벨리즘의 냄새를 진하게 느낄 수 있었다. 솔직히 말해서 헌법학이나 정치학 공부를 할 때보다 더욱 진하게 그 냄새를 맡은 것 같았다.

법과 '이웃': 법치의 본원적 관계형식에 관한 탐색

이 글은 법치의 본원적 관계형식을 규명하기 위한 하나의 탐색이다. 법과 '이웃'이라는 제목이 드러내듯이, 나는 한국 사회의 현실 속에서 법치의 본원적 관계형식에 대한 필요성을 확보한 뒤 '이웃'의 논리에서 그 해답을 탐색해 보고자 한다. 탐색을 시작하기에 앞서 조금 장황하게 영화 '추격자'를 거론한 것은 한국 사회에서 법치주의와 관련된 담론 지형이 근본적으로 위에서 언급한 영화와 관련된 담론 지형과 그리 다르지 않다고 생각되기 때문이다. 모든 것을 '형식'의 관점에서 바라보고 이해하는 하나의 관성이 법치주의와 관련된 한국 사회의 담론 지형을 지배하고 있다.

법치의 영역에서 '형식'에 대한 비판적 논구는 대개 그에 대항하여 '내용'의 중요성을 부각시키는 방식으로 시도되어 왔다. 자연법의 부활, 실질적 법치국가, 사물의 본성, 최소한의 도덕, 인권의 논리, 정의의 두 원칙, 인테그리티로서의 법(law as intergrity), 풍토법주의, 한국적 법치주의 등 법치의 영역에 '내용'의 차원을 복원하려는 시도는 다양한 버전을 가지고 있다. 이런 논구들의 가치와 중요성에 경의를 표시하면서도 나는 법치의 본원적 관계'형식'을 해명하는 작업에 선택적으로 집중하고자 한다. 그 이유는 아무리 '내용'의 차원이 중요하더라도 그것의 복권만으로는 법치의 문제가 해결될 수 없다는 판단, 다시 말해, 법치란 어떤 경우라도 결국 '형식'의 문제로 돌아오기 마련이라는 숙명론에 이 글이 기울어지고 있기 때문이다.[21] 이런 입장은 법의 '물화'(物化)를 비판적으로 분석하면서도 결론적으로 '이웃'을 위하여 법의 '물화'가 선용될 수 있다는 점을 내세우는 부분에서 비교적 확연히 드러나게 될 것이다(그 점에서 나는 영화 '추격자'를 여전히 근래 보기 드문 수작이라고 생각한다).

---

21 구스타프 라드부르흐에 의하면 법치의 내용이랄 수 있는 법의 이념의 영역은 적어도 세 가지 이념들, 즉 정의와 법적 안정성과 합목적성의 이념들이 끝없이 각축하는 현장이다(라드브루흐 1975). 따라서 법치의 '형식'을 문제 삼아 법치의 '내용'으로 차원을 바꾸더라도 그것은 본질적으로 문제를 문제로 답하는 것 이상이기 어렵다. 나는 법의 이념들 사이의 각축까지도 법치의 본원적 관계형식인 '이웃'의 논리에 수용될 수 있지 않을까 하는 기대를 가지고 있다.

Ⅱ. 예비적 고찰: 민주와 법치의 동학(動學, dynamics)을 넘어서

1. 임페리움(imperium)과 도미니움(dominium)

한국 사회의 법치주의의 담론 속에서 흔히 발견되는 관성은 법치주의를 민주주의와 대당(對當)관계로 이해하는 것이다(최대권 2012). 이러한 태도는 민주와 법치의 관계 문제를 푸는 정치경제이론가들의 접근방식과 깊은 관련을 가지고 있다. 아리스토텔레스 이래로 정치이론가들은 대체로 '민주주의 vs. 법치주의'를 '인민주의 vs. 엘리트주의'와 등치시키면서 양자의 공존을 위한 최적의 조건을 찾으려는 경향을 계승해 왔기 때문이다. 이 맥락에서 민주와 법치는 대당관계로 이해되는 것이 자연스럽다. 인민이 승하면 엘리트가 졸하고, 엘리트가 승하면 인민이 졸하는 것은 논리적 필연이 아닌가? 이 대당관계의 해결은 민주와 법치가 조화되는 황금비례를 확보하는 방식으로 이루어질 것이 기대된다. 그런 뜻에서 주석헌법학이 골몰하는 비례의 원칙은 바로 민주와 법치가 조화되는 황금비례의 계산법에 다름 아니다.

그러나 '민주 vs. 법치'를 '인민 vs. 엘리트'로 등치시키는 것은 어디까지나 민주와 법치의 정치적 효과에만 주목하는 이름 바꿔 부르기일 뿐이다. 그런 이름 바꿔 부르기를 통해서는 법치의 본원적 관계형식에 한 걸음도 다가설 수 없다. 이 논리에서 민주와 법치는 서로에게 아무 관련이 없는 것으로 나타난다. 하지만 그처럼 양자가 아무 관련이 없다면 도대체 그것들을 대당관계로 놓을 이유가 무엇이란 말인가? 우리는 오히려 민주는 법치와 결합될 수도 있고, 그렇지 않을 수도 있다는 명제로부터 새로 시작할 필요가 있다. 양자가 결합될 경우, 민주는 법치의 목적이 되고 법치는 민주의 수단이 된다. 양자가 결합되지 않을 경우, 민주는 법치의 타락이 되고 법치는 민주의 장애가 된다(정태욱 2002: 3장).

오히려 더욱 주목해야 할 것은 법치주의의 오랜 전통 속에 대립적인 흐름이 존재한다는 사실이다. 국내 헌법학계에서 흔히 '법치국가(rechtsstaat) vs. 법의 지배(rule of law)'의 대립으로 소개되곤 하는 '임페리움(imperium)으로서의 법 vs. 도미니움(dominium)으로서의 법'의 대립이 그것이다. 전자는 명령으로서의 법의 본질에 주목하고 후자는 지배로서의 법의 본질에 주목한다. 양자는 모두 민주와도 결합할 수 있고, 그렇지 않을 수도 있다. 흔히 현실 속에서는 '법치국가'의 사상을 민주주의와 관련 없는 권위주의적 헌법논리로만 격하시키는 경향을 볼 수 있지만, 이는 '법의 지배'를 민주주의에만 관련시키는 것과 마찬가지로 사태의 일면만을 부각시키는 것이다.

그러면 임페리움과 도미니움은 민주와 결합될 때 각기 어떤 특징을 지니게 되는가? 먼저 임페리움은 명령관계에서 법을 이해하므로 본질적으로 규칙친화적인 특성을 가지고 있다. 여기서의 규칙은 명령관계에 전제되는 '인간 vs. 인간'의 관계를 배경으로 삼고 있으며 인간으로부터 인간에게 적극적으로(positive) 선포되는 것일 수밖에 없다. 따라서 임페리움이 민주와 결합된다는 것은 그 규칙이 비록 상하관계와 유사한 명령─복종관계에서 집행되더라도 규칙의 내용은 정치공동체의 구성원들이 함께 결정해야만 한다는 의미가 된다(예를 들어 '의회주권'). 이에 비하여 도미니움은 지배관계에서 법을 이해하므로 본질적으로 권리친화적인 특성을 가지고 있다. 여기서의 권리는 일정한 시공간에 대한 배타적인 점유, 수익, 사용, 처분을 보장받는다는 의미이며, '인간 vs. 인간'의 관계는 단지 배타적인 권리의 실현을 방해하지 않을 의무를 부담한다는 소극적인(negative) 차원에 머무르게 된다. 따라서 도미니움이 민주와 결합된다는 것은 배타적인 권리실현을 방해할 가능성이 있는 여러 가지 형태의 권력에 대하여 합리적인 대비책들이 마련되어야 한다는 의미가 된다(예를 들어 '적법절차').[22]

이처럼 임페리움과 도미니움은 각각 민주와 결합될 경우 독특한 장단점을 가지고 있다. 임페리움은 명령─복종관계를 전제하므로 비민주적인 권력에 의해 오용되기 쉽고, 그 점에서 민주와 안정적으로 결합되는

---

22 이상의 설명은 표준적인 법학강의 중 물권법 또는 채권총론에서 행해지는 채권과 물권의 구분론에 대체로 상응한다.

것 자체가 어렵지만, 한번 안정적인 결합이 이루어지면 민주와 법치의 결합을 유연하게 운용해 갈 수 있는 장점이 있다. 도미니움은 권리-의무관계를 전제하므로 비민주적인 권력을 응징하거나 견제하는 데 활용되기 쉽고, 그 점에서 민주와의 안정적인 결합이 상대적으로 쉬운 반면, 그러한 결합이 어디까지나 배타적 권리의 실현을 방해하지 않는다는 소극적인 차원에 머무르는 까닭에 법치의 고착화를 야기할 수 있는 단점이 있다. 다시 말해, 전자는 민주와 법치의 안정적인 결합 자체가 어렵지만 안정적으로 결합되기만 하면 유연한 동작을 기대할 수 있고, 후자는 상대적으로 민주와 법치의 안정적인 결합이 용이하지만 언제든 수구적인 방어논리로 고착화될 위험을 배제하기 어렵다는 것이다.

2. 민주와 법치의 동학을 어떻게 회복할 수 있는가?

그렇다면 임페리움으로서의 법과 도미니움으로서의 법을 하나로 묶어서 민주와 법치를 연결시킬 수 있는 방법은 없을까? 오랫동안 나는 '법창조와 법발견의 다이내믹스'라는 명칭으로 이에 관한 이론을 발전시켜왔다(이국운 1999). 애초에 내가 출발했던 곳은 강단법학이 지나치리만큼 민주에는 무관심하고 법치에만 매몰되어 있다는 깨달음이었다. 그러나 이런 집착은 번지수를 잘못 찾은 것이었다. 주권의 민주화를 선언하는 헌법정신을 감안할 때, 민주를 도외시하는 법치의 정학(靜學, the statics of legalism)은 일단 정당성의 관점에서부터 입지가 불완전했다. 나는 민주와 법치를 분리시키지 않기 위해서는 민주의 관점에서 법치를 읽어내고 다시 법치의 관점에서 민주를 읽어낼 수 있는 동학(dynamics)이 필요하다고 생각했다. 그리고 이와 같은 법치의 역동성을 회복하기 위해서는 민주와 법치를 분리한 뒤 민주를 법치로 끊임없이 환원하는 '자유주의적 법치주의 (liberal legalism)'의 논리를 우선적으로 극복해야 한다고 보았다.

이 점에서 공화주의의 논리에는 배울 것이 많았다. 무엇보다 그것은 민주라는 욕망과 법치라는 이성 사이에 의지(will)를 위치시키는 역동성의 논리였고, 그 역동성을 관리하기 위한 중용의 정치적 기제로서 덕성

법과 '이웃': 법치의 본원적 관계형식에 관한 탐색

(virtue), 견제와 균형(check & balance), 혼합정체(mixed government)와 같은 개념과 장치들을 포함하고 있었기 때문이다. 하지만 이 개념과 장치들은 모두 철학적, 역사적, 정치적, 정책적 입장에서 고안된 것들이었을 뿐 법치의 입장에서 민주와 결합할 수 있는 고유한 논리를 제시한 것은 아니었다. '법창조와 법발견의 다이내믹스'는 이 간극을 메우려는 시도였다.

'법창조와 법발견의 다이내믹스'는 네 가지 핵심 논리로 구성된 주장이었다. ① 민주와 법치는 법획득(law-obtainment)의 두 방식인 법창조(law-making)와 법발견(law-finding)에 각기 대응될 수 있으며, 이 둘은 근본적으로 상이한 정당화구조를 가진다.[23] ② 법창조와 법발견은 모순적 길항관계를 형성하며, 따라서 비결정성(indeterminacy)에 입각한 끊임없는 상쟁(相爭)이야말로 이 메커니즘의 본질일 수밖에 없다. ③ 정학으로 넘어가는 것은 오로지 법집행(law-enforcement)이 개입할 때 가능하며, 여기서의 법집행은 곧 사실적 권력의 작동이다. ④ 자유민주주의의 묘미는 체제의 정당성을 법집행이 아니라 법획득에서 찾는다는 것이며, 따라서 비록 법집행에 의해 체제가 사실적으로 안정되더라도 정당성에 관해서는 법

---

23 법적 담론은 근본적으로 적법(適法)과 불법(不法)의 두 코드(code)로 구성되는 특수한 기호체계를 통해서 이루어진다. 따라서 정치과정 속에 법적 담론을 구조화한다는 것은 곧 이 두 가지 코드를 조합하여 법을 획득하는 특수한 방식들을 정치과정 속에 제도화한다는 것을 의미한다. 그렇다면 여기서 적법과 불법의 코드를 조합하여 법을 획득하는 특수한 방식들이란 또 무엇을 말함인가? 이 점에 관하여 주목할 것은 법적 담론 내부에 존재하는 '법창조'와 '법발견'의 모순적 공존관계이다. '법창조'와 '법발견'은 적법과 불법의 코드를 조합하여 법을 획득하는 데 동원되는 유이(唯二)한 방식이다. 적법과 불법의 경계가 문제될 때, 전자는 그에 관한 새로운 기준을 스스로 '창조'함으로써 적법과 불법을 구분하는데 비하여, 후자는 보다 상위의 법원리 속에서 그러한 기준을 '발견'함으로써 적법과 불법을 구분한다. 그런 뜻에서 법창조의 경우에 법획득의 기본수단이 '제정(legislation)'이라면, 법발견의 경우에 법획득의 기본수단은 '해석(interpretation)'이다. 한 걸음 나아가 법획득방식에 있어서의 이런 차이는 법정당화방식에 있어서의 차이에도 반영된다. 전자가 제정법(lex)의 우위를 내세우면서, 궁극적으로 법을 제정한 자의 의지(will)에서 정당성의 근거를 찾으려는 것이라면, 후자는 해석법(ius)의 우위를 내세우면서, 궁극적으로 그러한 의지조차 구속하는 보다 상위의 법원리(이른바 고차법(高次法), the higher law)에서 정당성의 근거를 찾으려는 것이기 때문이다. 전자가 법의 세계가 궁극적으로 그것을 운영하는 인간의 의지에 좌우되는 것임을 내세울 때, 후자는 그러한 의지조차 굴복하여야 할 보다 상위의 법의 세계가 존재함을 주장한다. 예컨대 법철학적 논의에 등장하는 법실증주의와 자연법론의 고전적인 대립은 법창조와 법발견의 모순적 공존관계에 대응되는 것이다.

창조와 법발견의 다이내믹스에 의존적일 수밖에 없다.[24]

'법창조와 법발견의 다이내믹스'라는 착상에 관해서 나는 약간의 자부심을 가지고 있다. 이를 통해 민주의 관점에서 법치의 역동성을 포착할 수 있었기 때문이다. 그럼에도 불구하고 이 주장에는 결정적인 두 가지 문제가 존재한다. 하나는 민주와 법치의 동학, 즉 '법창조와 법발견의 다이내믹스'를 추진하는 에너지를 밝히지 못했다는 것이고, 다른 하나는 그와 관련하여 법창조와 법발견 모두가 전제할 수밖에 없는 법치의 본원적인 관계형식을 밝히지 못했다는 것이다. 이 두 문제를 해결하지 않는 한 '법창조와 법발견의 다이내믹스'라는 착상은 법정치학의 영역에서 제한된 효용만을 가질 수 있을 따름이다.

전자와 관련하여 나는 여태껏 타자에 의해 인정받고자 하는 욕망과 그로 인한 인정투쟁에 주목하는 헤겔-사르트르-호네트 식의 논리(인정욕망)와 그것을 넘어 타자에 대한 윤리적 긍정 또는 타자에 대한 욕망 그 자체를 강조하는 레비나스 식의 논리(타자욕망) 사이에서 오락가락 하고 있다. 이는 마치 속물적인 인생들에 대한 분개(憤慨)와 투지(鬪志)를 강조하는 변증법의 팍팍함과 그 존재들에 대한 초연(超然)과 용서(容恕)를 충고

---

24 그렇다면 법창조와 법발견의 다이내믹스는 어떻게 움직이는가? 비교적 간단한 사고실험을 통해서 이를 해명해 보자. 예컨대 법을 둘러싼 만인 對 만인의 투쟁을 정치공동체의 구성원들이 각각 자신의 의지에 기초하여 법을 획득하려는 법창조를 통한 투쟁으로 간주해 보라. 이와 같은 투쟁을 통하여 이들 가운데 다수를 점하는 구성원들이 그들의 법을 모두에게 적용할 수 있게 되는 것은 당연하다. 그러나 그런 상황이 비교적 오랜 기간 지속될 수밖에 없다면, 계속하여 소수로 몰리는 구성원들은 드디어 법창조의 방식을 버리고 정치공동체의 모든 구성원들이 받아들여야 할 보다 상위의 법원리를 전제한 뒤 그 해석을 통해 법을 획득하려는 법발견의 방식을 법획득의 과정에 동원하게 될 수밖에 없다. 이러한 새로운 법획득의 방식이 효과를 거두어 다시 새로운 다수가 확보될 경우에 정치시스템은 다시금 안정을 되찾을 수 있을 것이다. 하지만 이러한 안정은 어디까지나 잠정적인 것에 지나지 않는다. 다수에 도전하는 새로운 소수는 법발견의 방식을 이용하여 다수가 전제하는 것과는 상이한 내용의 법원리를 보다 상위의 법원리로 주장하기 시작할 것이고, 그런 과정이 계속되면 될수록 결국 극단적으로는 법발견의 방식만을 공유할 뿐, 실제로는 각양각색의 보다 상위의 법원리를 주장하는 상황이 발생하게 될 것이기 때문이다. 이와 같은 극단적인 상황에 이르러서는 또 다시 정치공동체를 안정시키기 위한 법획득의 필요성이 부각될 수밖에 없으며, 바로 이 국면에서 법을 둘러싼 만인 對 만인의 투쟁은 다시 법창조를 통한 투쟁으로 되돌아오게 된다. 이처럼 '법창조의 우위-법발견의 요청-법발견의 우위-법창조의 요청'과 같은 방식으로 법창조와 법발견의 다이내믹스는 질서와 정의에의 모순된 요청을 담아낼 수 있는 것이다.

법과 '이웃': 법치의 본원적 관계형식에 관한 탐색

하는 메시아니즘의 덧없음 사이에서 기약 없이 방황하고 있는 것과 같다. 한 순간에는 앞의 논리에 기울다가 다음 순간에는 뒤의 논리에 기울어지는 시계추 놀이를 나는 지금도 계속하고 있다. 이 방황을 어떻게 끝낼 수 있을지는 아직 오리무중(五里霧中)이다.

이 글에서 나는 이 지독히도 어려운 문제에 정면으로 도전해 볼 생각은 없다. 아마도 이 글은 인정욕망에서 출발하더라도 그 인정욕망을 타자욕망으로 전환시켜야만 한다는 주장으로 읽힐 가능성이 많을 것이다. 이런 독해를 굳이 부인할 생각은 없지만, 그럼에도 나는 인정욕망의 보편적인 힘을 결코 부인하지는 못할 것이다. 이 글에서 내가 생각해 보려는 것은 후자의 문제다. '법창조와 법발견의 다이내믹스'를 추진하는 에너지가 인정욕망이든 타자욕망이든 그 모두가 전제할 수밖에 없는 법치의 본원적 관계형식이 존재한다고 나는 생각한다. 제목을 법과 '이웃'이라고 한 이유는 법치의 본원적 관계형식이 무엇보다 '이웃'으로 상징되는 관계 속에서 잘 드러나는 것 같기 때문이다.

Ⅲ. 법과 '물화'(物化)

1. 인정망각으로서의 '물화', 그리고 법

법은 사회적 규범이라는 당연한 사실로부터 논의를 시작해 보자. 어떤 경우에도 법은 사람과 사람 사이에 존재한다. 그 점에서 법은 사람과 사람 사이의 관계지움에 봉사하는 사회적 규범이다. 따라서 만약 사람과 사람 사이의 관계지움을 이끌어가는 근본적인 동력이 인정욕망이라면 법도 인정욕망에 의하여 좌우되는 것일 수밖에 없다. 법은 인정욕망에서 비롯되는 인정투쟁의 대상이며 도구이다.

헤겔 이후 전개된 인정투쟁의 논리를 현대적으로 재해석하고 발전시켜 온 악셀 호네트는 최근 자신의 인정이론에 한 가지 근본층위가 빠져 있었음을 자인하면서 게오르그 루카치의 고전적인 분석(루카치 1992) 이래 오랫동안 잊혀졌던 '물화'(verdinglichung, reification)의 문제를 다시금 제기하고 있다(호네트 2006). 루카치 이래의 전통에서 '물화'는 한 마디로 어떤 대상을 '물건화'(objectification)함으로써 그 본질로부터 소외시키는 것이다. 루카치는 '물화'를 자본주의적 생산양식의 보편화, 즉 상품교환의 확장과 연결하여 객관세계, 사회 그리고 자기 자신에 대한 태도의 변화와 관련시키고자 했다. 왜냐하면 "상품교환에서 주체들은 ① 눈앞의 대상들을 잠재적으로 이익을 가져올 수 있는 '물건'으로만 지각하도록, ② 자신들의 상대편을 이익을 가져올 거래의 '객체'로만 여기도록, ③ 결국에는 자신들의 능력을 가치증식의 기회계산에서 추가적인 '자원'으로만 고려하도록 서로에게 요구"하게 되며, 이처럼 "강제된 관점의 전환은 다양한 방향으로 영향을 미쳐" 그 방향의 다양함만큼 많은 수의 물화형식을 발생시키게 되기 때문이다.

루카치의 이런 분석에 일면 동의를 표하면서도 호네트는 '물화'에 대한 그러한 이해가 과연 충분한 것인지를 되묻는다. 그는 하이데거의 '마음씀'(sorge)과 듀이의 '실천적 관여'(practical involvement) 개념을 원용하면서 루카치의 '물화' 개념 역시—비록 루카치 자신이 선명하게 표현하지는 못했을지라도—행위하는 존재가 실존적 직접성을 통해 세계와 관련되어 있다는 사실을 전제하고 있다고 주장한다. 다시 말해 "우리는 다른 사람들을(그리고 사물들과 자기 자신까지도) 객관적으로 인식하고 평가하기 전에 먼저 인정하는 자세에서 만난다"는 것이다. 호네트는 발달심리학과 인정의 개념적 구조를 동원하여 인정의 우선성을 증명하고자 한다(호네트 2006: 3장).

그렇다면 호네트에 있어서 '물화'란 결국 무엇을 의미하는가? 그가 내세우려는 것은 '물화란 인정망각(anerkennunsvergessenheit)'이라는 명제이다. 그에 따르면 "우리의 인식과 행동에서 우리가 다른 사람들에 대한(그리고 사물들과 자기 자신까지도) '선행하는 인정'을 망각할 때" 우리는 그들을 '물화'하게 된다는 것이다. 내 방식으로 표현하자면, '물화'란 그러니까 다른 사람들을(그리고 사물들과 자기 자신까지도) 어떤 선행하는 프레임 속에서 이해하는 것이다. 그리고 이를 통하여 그 다른 사람들(그리고 사물

법과 '이웃': 법치의 본원적 관계형식에 관한 탐색

들과 자기 자신까지도)에 관한 '선행하는 인정'을(그리고 심지어는 그것을 회복할 필요성까지도) 망각하는 것이다. 타자에 대한 인정을 망각하고서도 마치 인정한 것처럼 인정받으려는 것이다.

호네트는 인정망각으로서의 '물화'가 발생하는 대표적인 경우를 두 가지로 설명하고 있다. 하나는 어떤 하나의 목적을 지나치게 일면적으로 추구하다가 그 외의 다른 모든 목적들에 대한 주의를 상실하는 경우이고, 다른 하나는 이익을 위해서 또는 고정관념 때문에 인정이 차후에 부정되는 경우이다. 두 경우 모두 앞서 직관적으로 지배적이던 것을 후에는 망각한다는 특징을 가지고 있지만, 전자의 원인이 특정한 실천의 수행인 것에 비해 후자의 원인은 특정한 세계관과 이데올로기의 인수라는 점이 다르다. 이런 까닭에 호네트는 후자를 '망각'이 아니라 '부정'(leugnung) 또는 '방어'(abwehr)라고 부르는 것이 보다 적절할 수도 있겠다고 말한다(호네트 2006: 71-72, 96).[25]

이상과 같은 악셀 호네트의 '물화' 분석은 법에 관해서도 시사하는 바가 적지 않다. 뒤에서 나는 법이라는 사회적 규범에 전제된 '선행하는 인정'을 '이웃'의 논리로 표현해 볼 것이다. 여기서는 우선 '선행하는 인정'의 망각이 한국 사회의 법치의 현장에서 어떤 형태로 진행되고 있는지를 포착할 필요가 있다. 법치의 영역에서 '선행하는 인정'의 망각을 수행하는 프레임들은 특정한 사회적 원천을 가지고 있다. 따라서 법의 '물화'를 수행하는 프레임들을 문제 삼는 것은 곧바로 그 사회적 원천을 문제 삼는 것과 직접적으로 연결될 수밖에 없다. 한국 사회의 법률가집단에 대한 연구들을 기초로 이 점에 관하여 간략한 스케치를 제시하고자 한다(김두식, 2009; 이국운 2012). 이는 법의 '물화'에 대한 일종의 사회적 병인(病因)학이다.

---

25 법의 '물화'에 관련하는 주목되는 양상은 당연히 후자이다. 하지만 전자 역시 기억해 둘 필요가 있는데, 그 이유는 법의 '물화'를 선용할 수 있는 가능성이 여기서 비롯되기 때문이다.

2. 한국 사회와 법의 '물화'

(1) 다섯 이분법의 중첩

한국 사회에서 법의 '물화'는 우선 다음의 다섯 이분법이 중첩되는 양상으로 펼쳐지고 있다. 다섯 이분법은 모두 비대칭적이며, '정(正)과 반(反)'이 아니라 '안과 밖' 또는 '원칙과 예외'에 유사한 관계를 가지고 있다. 이런 까닭에 그것들은 한국 사회에서 법을 통해 사람들을 관계지우는 동시에 사람들을 비대칭적으로 분리시키고 있다. 다섯 이분법이 법의 '물화'에 연결되는 고리는 '합법 vs. 불법'이라는 법의 고유한 코드에 스스로를 대응시키는 것이다.

① 유식 vs. 무식: 이 가운데 가장 밑바탕에 깔린 이분법은 유식과 무식이다. 한국 사회에서 법은 유식의 편에 있고 무식과 함께 거주하지 않는다. 합법은 유식이며 불법은 무식이다. 법을 추구한다는 것은 지식을 가지려고 한다는 것, 즉 유식(有識)해지려고 한다는 것이다. 사회적 효용에 관한 한 법은 지식 중에서도 으뜸을 차지한다. 문과의 경우 대학입학시험에서 법을 지망하는 학생들이 최상위권을 차지하는 것은 지난 50여년 동안 변함이 없었다. 아니 거꾸로 말하는 것이 옳다. 최상위권을 차지하는 학생들이 법을 지망하는 경향에는 변함이 없었다. '…사'자가 붙은 일등 사윗감 중에 법조삼륜(판사, 검사, 변호사)의 이름이 빠지는 일은 없다.

② 승자 vs. 패자: 유식의 방향성 속에서도 한국 사회의 법은 다시 경쟁을 재촉한다. 경쟁은 언제나 승자와 패자를 낳지만, 한국 사회에서 법을 향한 경쟁은 시험을 도구로 삼는다는 특이성을 지니고 있다. 여기서의 시험은 두 가지 효과를 지닌다. 하나는 시험에 불합격한 사람들에게 자격을 주지 않는다는 것이고, 다른 하나는 시험에 합격한 사람들에게도 석차를 부여한다는 것이다. 전자의 세계에선 승자와 패자의 세계가 확연히 구분되지만, 후자의 세계에선 그렇지 않다. 승자도 더 큰 승자에겐 패자가 되기 때문이다. 어떤 경우든 한국 사회에서 법은 승자의 편에 있다. 승자는 법을 운용할 수 있고, 패자는 법의 지시에 따를 뿐이다. 더 큰 승

자는 더 큰 법을 운용할 수 있다.

③ 중심 vs. 주변: 한국 사회에서 앞서 언급한 승자들 사이의 석차는 서열로 전화된다. 어디나 그렇듯이 서열은 중심과 주변의 구조를 가지고 있다. 가장 큰 승자가 법의 중심에 서고 그 주변으로 서열에 따라 승자들이 배열된다. 흥미로운 것은 법의 세계에 존재하는 중심과 주변의 구도가 그 바깥에도 그림자를 드리운다는 점이다. 법에 관한 한 한국 사회에는 일반 시민들도 중심과 주변의 동심원 구조로 편성되어 있다. 어떤 형태로든 법의 중심에 접근할 수 있다면 그는 중심적 시민이다. 허나 어떤 형태로도 법의 주변을 들락거릴 수밖에 없거나 아예 접근조차 할 수 없다면 그는 주변적 시민이거나 아예 시민조차 못되는 존재이다.

④ 공(公) vs. 사(私): 유식을 추구하는 경쟁의 승자들에게 한국 사회는 법을 맡긴다. 여기서의 법은 공적 규율(public discipline)의 상징이며 공권력을 운용할 수 있는 재량권한의 표지이다. 중심에 가까울수록, 그리하여 더 큰 승자가 존재할수록, 공적 규율로서 법의 무게는 더해진다. 위에서 말한 법에 대한 일반 시민들의 접근성은 다른 입장에서 보자면 공적 규율의 혜택, 즉 공권력의 재량권한이 미치는 범위이다. 따라서 일간신문마다 1면 구석의 네모상자에 등장하는 퇴직 판검사들의 이력서는 자신이 미칠 수 있는 공적 규율의 혜택이 어디까지인지를 표시하는 암호(暗號)이다. 퇴직 이후에도 그들은 마치 현직인 듯 행동한다. 한국 사회에서 법은 사적 공간에서도 여전히 공적 규율의 상징이기 때문이다.

⑤ 동지 vs. 적: 지금까지 거론한 네 개의 비대칭적 이분법은 차례로 중첩되어 있다. 그리고 그것들은 동지와 적이라는 가장 근본적인 이분법에 의해 지지되고 있다. 민주화 이후 반공위기정부의 성격이 약화되면서 국가보안법으로 상징되는 동지와 적의 이분법은 효용이 줄어든 것이 사실이다. 하지만 더 근본적인 차원에서 그것은 체제와 반(反)체제의 이분법으로 대체되는 경향이 존재한다. 위에서 거론한 네 개의 비대칭적 이분법을 노골화시키는 것, 그리하여 유식-승자-중심-공(公)의 입장이 아니라 무식-패자-주변-사(私)의 입장에서 법을 비판적으로 바라보려는 것은

반(反)체제의 논리로 규정당할 위험에 노출되어 있다. 합법과 불법의 이분법이 동지와 적의 이분법으로 전화하고 있다는 것이다.[26]

(2) 법치의 동원

이상에서 논의한 다섯 이분법의 중첩은 한국 사회에서 법의 '물화' 현상에 대한 정적 묘사(static description)일 뿐이며, 더욱 입체적인 이해를 위해서는 동적 분석이 덧붙여져야 한다. 인정망각으로서의 '물화'는 망각 그 자체에 머물지 않는다. 앞서 말했듯이 망각은 부정 또는 방어라고 말할 수 있는 보다 적극적인 기능을 수행하며, '물화'의 분석을 위해서는 그 메커니즘의 분석이 반드시 필요하다. 이하에서는 민주화 이후 최근에 이르기까지 한국 사회를 대상으로 법의 '물화' 현상에 대한 간략한 동적 분석을 제시해 보고자 한다. 권리의 관점에서, 그리고 통치의 관점에서 진행되고 있는 법치의 동원이 그 초점이다.

① 권리의 관점: 민주화 이후 한국 사회의 지배적인 특징은 '모든 이익, 모든 가치의 권리화(權利化)'이다. 권리로 표기될 수 있는 것은 무엇이든 모두 권리로 표기하려는 경향성이 지난 30년 간 한국 사회를 움직여 왔다. 권리화 한다는 것은 그 권리의 주장을 전제하는 것이며, 권리의 주장은 누군가에게 그 권리에 대응하는 의무를 부과한다는 것이다. 그런 뜻에서 지난 30년 동안 한국 사회를 움직여 온 것은 모든 것을 권리-의무관계로 바꾸어 놓는 도미니움의 일반화이자 도미니움으로서의 법치의 동원이었다.

이처럼 도미니움의 형태로 법치가 동원된 까닭은 앞서 언급한 한국 사회에서의 법의 '물화', 즉 그 다섯 이분법의 중첩을 뒤집어 놓기에 효과적이었기 때문이다. 다시 말해, 도미니움은 무식-패자-주변-사(私)의 입장에 처한 사람들이(심지어는 적의 입장에 처한 사람들까지도) 스스로를 권리

---

26 이 점에서 2007년 발생한 소위 '석궁테러사건'과 그 이후 사태의 전개과정은 주목할 가치가 적지 않다. 합법과 불법의 이분법이 체제와 반(反)체제 또는 동지와 적의 이분법으로 전화할 가능성과 그에 대한 근본적인 저항의 징후를 이 사태로부터 동시에 읽을 수 있기 때문이다.

자로 놓고 유식-승자-중심-공(公)-동지의 입장을 가진 사람들에게 그 권리의 배타적인 실현을 방해하지 말아야 할 의무를 부과할 수 있는 대단히 편리한 방식이었던 것이다. 여기에 양자 사이에 일정한 계약관계가 존재하는 한 권리자가 아니라 의무자에게 의무의 부존재를 입증할 책임을 지우는 계약법적 논리는 도미니움으로서의 법치의 동원이 사법적 방식으로 이루어지게 만든 또 하나의 요인이 되었다. 정치적 소수자들에 의하여 헌법재판소가 적극적으로 활용된 것과 같은 공법적 차원의 변화만이 아니라, 이혼소송을 비롯한 민사소송의 대폭적인 증가와 같은 사법적 차원의 변화에 이르기까지 도미니움의 형태로 법치가 동원되는 것은 한국 사회에서 이미 일상사가 된 지 오래다.

　　그러나 문제는 이와 같은 도미니움으로서의 법치의 동원이 그 자체로서 법의 '물화'를 구조적으로 존속시킬 위험을 내포한다는 점이다. 그 이유는 도미니움으로서의 법치에는 언제나 민주와의 결합을 정지시킨 뒤 수구적인 방어논리로 스스로를 고착화할 위험이 존재하는 까닭이다. 특히 신자유주의가 규범적 표준으로 작동하기 시작한 1997년 이후의 한국 사회에는 이런 위험이 현실적인 가능성으로 상존해 왔다. 2008년 미국발 경제위기의 여파로 신자유주의에 대한 신뢰가 상당히 약화된 상황에서 아이러니하게도 한국 사회에서는 이 우려할 만한 위험이 노골화되고 있다. 도미니움으로서의 법치가 통치의 관점에서 역이용되는 징후가 역력하기 때문이다.

　　② 통치의 관점: '법치'라고 할 때, 시민들은 보통 '정의로운 통치'를 떠올린다. 그리고 그 정의로운 통치의 전제로서 상식에 입각한 합리적인 규칙들과 그 규칙들의 공평무사한 적용을 기대한다. 하지만 법치주의의 사상 전통 속에는 전혀 다른 흐름도 존재한다. 정의와 직접 결부되지 않는 규칙 그 자체에 의한 체계적인 통치, 즉 임페리움으로서의 법치가 바로 그것이다. 양자의 결정적인 차이는 법치를 바라보는 방향이다. 전자는 지배받는 시민들의 입장에서 법치를 이해한다. 그렇기에 시민들의 상식과 합리성에 근거한 정의와 공정성, 즉 보통법(common law)이 법치의 기준

이 된다. 이에 비하여 후자는 통치자의 입장에서 법치를 바라본다. 이 경우에는 통치의 효율성과 예측가능성의 확보, 그리고 무엇보다 통치 그 자체의 철저한 관철이 법치의 목표가 된다.

흥미롭게도 최근의 한국 사회에서 도미니움으로서의 법치는 임페리움으로서의 법치에 의하여 역이용되고 있는 것 같다. 2008년 하반기부터 진행된 정치적 분쟁들의 처리과정, 특히 촛불집회, 미네르바사건, 용산참사 등의 처리과정에서 잘 나타나듯, 통치 권력은 적극적으로 분쟁을 사법화(司法化, judicialization)하거나 적어도 사법화를 방기하는 태도를 일관되게 유지하고 있다. 따지고 보면, 통치자의 입장에서 '문제를 사법화'하는 이 방식은 많은 이점들을 지니고 있다.[27] 그중에서 가장 중요한 것은 시민들 사이에 서로에 대한 정치적 무관심, 보다 정확하게는 일종의 정치적 귀차니즘을 배양할 수 있다는 점이다. 시간을 끌고, 정치적 반대자를 줄이는 동시에, 집권세력의 피해를 최소화하면서 전반적인 승률을 높여가는 합리적인 통치 속에서 사람들은, 자기 자신의 이해관계가 걸려 있는 긴절한 문제가 아닌 한, 점점 서로에 대한 무관심에 익숙해져 가게 된다. 그 속에서 통치가 일상적으로 관철되는 것은 시간문제다.

다섯 이분법의 중첩으로 구조화된 한국 사회의 법의 '물화' 속에서 시민들이 민주화와 함께 도미니움으로서의 법치를 동원했던 것은 이해할 만하다. 하지만 그로 인한 긍정적인 효과가 채 성숙되기도 전에 통치자마저 도미니움으로서의 법치를 동원하는 어이없는 사태가 발생하고 있다.

---

27 간단히 살펴보자. 첫째는 급박한 정치적 대결구도에서 벗어나서 시간을 끌 수 있다는 점이다. 여론이 잠잠해질 때까지 시간을 끄는 것만으로도 통치에는 상당한 여유가 생길 수 있기 때문이다. 둘째는 시간을 끄는 과정에 정치적 반대자의 숫자를 줄이고 특정할 수 있다는 점이다. 살아있는 권력과 싸우면서 기나긴 재판과정을 견뎌낼 사람들은 얼마 되지 않기 때문이다. 셋째는 시간을 끌고 정치적 반대자를 줄이면서도 합리적 통치의 외관을 유지할 수 있다는 점이다. 어쨌든 적법절차를 통해 사실을 확인하고 옳고 그름을 따져보는 것이기 때문이다. 넷째는 종국적으로 집권세력 쪽의 승률을 높일 수 있다는 점이다. 정부를 장악하고 있는 이상 재판과정에 동원할 수 있는 인적, 물적 자원의 규모는 상대가 되지 않기 때문이다. 다섯째는 최악의 경우 패소하는 경우에도 정치적 피해를 최소화할 수 있다는 점이다. 사법절차에 참여하지 않은 사람들에게는 '권리 위에 잠자는 자는 보호받지 못한다'는 법언(法諺)을 제시하면 되기 때문이다.

법과 '이웃': 법치의 본원적 관계형식에 관한 탐색

그리고 양자 모두에서 우리는 '형식에의 매몰', 즉 특정한 목적을 달성하기 위하여 법치를 수단이자 형식으로만 활용하고 그 활용의 완성도만으로 가치를 측정하려는 형식 미학에 감염되고 있다. 그렇다면 이제 우리는 어떻게 해야 하는가? 정당민주주의의 확립을 고집스럽게 주장하는 사람들이 말하듯이(최장집 외, 2007), 민주를 임페리움으로서의 법치와 연결하는 프로젝트에 지금이라도 전심으로 매달려야 하는가? 그렇게 하려면 또 과연 어디서 출발해야 하는가? 법치에 관하여 '물화'를 극복하기 위하여 우리는 지금 무엇을 해야 하는가? 악셀 호네트가 말한대로 '인정의 우선성'을 인정해야 한다면, 법의 '물화'에 선행하는 그 인정을 무엇이라고 말해야 하는가?

3. 촛불집회의 숙고

미군 장갑차에 치여 두 여중생이 사망한 이후 한국 사회에는 촛불집회라는 독특한 형식의 대중적 정치표현형식이 자리를 잡기 시작했다. 아마도 직접행동민주주의라고 이름 붙여야 할 이 대중적 정치표현형식은 2008년 5월에서 9월에서 이르는 기간 동안 가히 절정에 달했다. 그러나 촛불집회에 대한 평가는 여전히 양극으로 갈리고 있다. 찬성하는 쪽에서는 '어둠은 빛을 이길 수 없다'고 하고(참여사회연구소 2008), 반대하는 쪽에서는 '촛불에 길을 잃었다'고 한다(고종원 등 2009). 앞에서 우리는 한국 사회에서 법의 '물화'가 다섯 이분법의 중첩과 법치의 동원으로 심화되고 있는 모습을 간략하게 살펴보았다. 그 연장선상에서 숙고할 경우 촛불집회는 정치적 찬반론과는 전혀 다른 느낌으로 다가 온다. 혹시 촛불집회를 통하여 시민들은 법의 '물화' 속에서 무언가 잘못되었다는 느낌을 집단적으로 표현하려던 것은 아닐까? 혹시 시민들은 다섯 이분법의 중첩에 맞서기 위해 시도했던 도미니움으로서의 법치의 동원이 잘못된 방향으로 자신들을 이끌고 있다는 느낌에 집단적으로 봉착하게 되었던 것이 아닐까?

촛불집회에 대한 입장이 어떠하든 나는 그곳에 함께 있었던 일반 시민들의 평가는 대체로 일상의 소박한 양가감정이 아닐까 생각한다. 감동이 있었고, 허탈함도 있었다는 익숙한 느낌말이다. 촛불집회는 직접행동민주주의의 현장이었으며, 헌법의 주어인 우리 대한국민이 현현하는 헌법적 현장이었다. 그곳에서 모두가 함께 부르던 노래는 '대한민국은 민주공화국이고 모든 권력은 국민으로부터 나온다'는 대한민국 헌법 제1조가 아니었던가? 그곳은 대한국민이 대한민국 헌법 제1조를 함께 노래하는 현장이 아니었던가? 그럼에도 불구하고 촛불집회라는 헌법적 현장은 영속적일 수 없다. 우리 대한국민 전체가 항상 광화문과 청계광장에 모여 있을 수는 없기 때문이다. 촛불을 함께 들었던 시민들도 종내는 그렇게 뿔뿔이 흩어질 수밖에 없었던 것이 아닌가?[28]

그렇다면 이제 마땅히 제기되어야 할 과제가 무엇인지는 명확하다. 촛불집회라는 헌법적 현장에서 우리는 무엇에 주목할 것인가? 나는 바로 이 지점에서 우리가 법치의 본원적 관계형식으로서 '이웃'의 논리에 주의를 기울여야 한다고 믿는다. 촛불집회에서 우리가 경험했던 것은 무엇이었던가? 또는 직접행동민주주의의 또 다른 현장이었던 2008년 봄 태안 바닷가의 자원봉사현장에서 우리가 경험했던 것은 무엇이었던가? 얼굴을 가지고 만난 대한국민들의 현현은 혹시 악셀 호네트가 말하는 '선행하는 인정', 즉 '물화'에 의해 망각되기 이전의 원초적 인정상태에 가까운 것이 아니었을까? 아쉽게도 호네트는 그 인정상태가 구체적으로 무엇을 의미하는지에 관해서는 별로 이야기하지 않는다. 그는 그저 그 인정이 상황과 조건에 따라 어떻게 분화하는지 또 분화된 내용은 무엇인지에 깊은 관심을 기울이고 있는 것 같다(호네트 1996). 나는 그 분화되기 이전의 '선행하는 인정상태'를 '이웃'의 논리로 규정하고자 한다. 그것은 인정망각으로서 법치의 '물화'에 선행하는 법치의 본원적 관계형식이다.

---

28 촛불집회에 관한 소박한 일상적 양가감정을 보존하는 것은 매우 중요하다. 촛불집회에 대한 험담보다 더욱 무서운 것은 그 무용론이다.

법과 '이웃': 법치의 본원적 관계형식에 관한 탐색

Ⅳ. '이웃'의 논리: 법치의 본원적 관계형식으로서

1. 텍스트의 요약

신약성서 누가복음 10장에는 법과 '이웃'의 논리에 관한 유명한 에피소드가 실려 있다(25-37절). 나는 법치의 본원적 관계형식으로서 '이웃'의 논리에 관한 탐색을 이 텍스트에 대한 독해와 주석을 통해 시도하고자 한다. 우리에게는 조금 낯설지만 서구의 법학에서 이 텍스트는 '이웃'에 대한 법신학적 탐색의 핵심적인 토대였다(최종고 1990). 텍스트를 간단히 요약하면 다음과 같다.[29]

이 이야기가 시작된 계기는 이러하다(25-28절). 예수를 시험하기 위하여 한 법률가가 영생(永生)을 얻는 방법을 물었다. 예수는 법의 명령이 무엇이며 그에 대한 그의 해석이 무엇인지를 되묻는다. 법률가가 '마음과 목숨과 뜻을 다하여 神을 사랑하고 이웃을 내 몸과 같이 사랑하라'고 읽는다고 대답하자, 예수가 다시 대답한다. "네 대답이 옳도다. 이를 행하라. 그리하면 살리라."(28절)

법과 '이웃'의 논리에 대한 에피소드가 시작되는 것은 그 다음이다. 자기가 이미 아는 대답을 얻은 법률가가 '자기를 옳게 보이려고' 예수에게 또 다시 질문을 던진 것이다. "그러면 내 이웃이 누구입니까?"(29절) 선한

---

29 25. 어떤 율법교사가 일어나 예수를 시험하여 이르되 선생님 내가 무엇을 하여야 영생을 얻으리이까 26. 예수께서 이르시되 율법에 무엇이라 기록되었으며 네가 어떻게 읽느냐 27. 대답하여 이르되 네 마음을 다하며 목숨을 다하며 힘을 다하며 뜻을 다하여 주 너의 하나님을 사랑하고 또한 네 이웃을 네 자신 같이 사랑하라 하였나이다 28. 예수께서 이르시되 네 대답이 옳도다 이를 행하라 그러면 살리라 하시니 29. 그 사람이 자기를 옳게 보이려고 예수께 여짜오되 그러면 내 이웃이 누구니이까 30. 예수께서 대답하여 이르시되 어떤 사람이 예루살렘에서 여리고로 내려가다가 강도를 만나매 강도들이 그 옷을 벗기고 때려 거의 죽은 것을 버리고 갔더라 31. 마침 한 제사장이 그 길로 내려가다가 그를 보고 피하여 지나가고 32. 또 이와 같이 한 레위인도 그 곳에 이르러 그를 보고 피하여 지나가되 33. 어떤 사마리아 사람은 여행하는 중 거기 이르러 그를 보고 불쌍히 여겨 34. 가까이 가서 기름과 포도주를 그 상처에 붓고 싸매고 자기 짐승에 태워 주막으로 데리고 가서 돌보아 주니라 35. 그 이튿날 그가 주막 주인에게 데나리온 둘을 내어 주며 이르되 이 사람을 돌보아 주라 비용이 더 들면 내가 돌아올 때에 갚으리라 하였으니 36. 네 생각에는 이 세 사람 중에 누가 강도 만난 자의 이웃이 되겠느냐 37. 이르되 자비를 베푼 자니이다 예수께서 이르시되 가서 너도 이와 같이 하라 하시니라

94

사마리아 사람의 비유로 알려진 유명한 이야기는 법률가의 이 질문에 대한 답변으로 주어진 것이다. 그 내용에 관해서는 신약성서에 무지한 사람들도 대강은 알고 있다. 예루살렘에서 여리고로 내려가는 길에 강도 만난 사람을 존귀한 엘리트들인 제사장과 레위인은 모른 체하며 피하여 지나쳤는데, 배교자이자 불가촉천민이라 할 선한 사마리아인은 불쌍히 여겨 친절하게 돌봐 주었다는 것이 그 대강이다(30-35절). 흥미로운 것은 이 비유를 마친 다음에 예수가 법률가에게 던진 질문의 내용이다. "네 의견에는 이 세 사람 중 누가 강도 만난 사람의 이웃이 되겠는가?" 누가는 이 에피소드를 법률가와 예수가 나눈 마지막 대화로 마무리하고 있다. "자비를 베푼 자입니다." "가서 너도 이와 같이 하라."(36-37절)

2. 독해와 주석

(1) '이웃'과의 관계에서 법은 발생한다.

텍스트는 영생, 곧 인생의 궁극적인 의미를 얻는 방법이 법에 표현되어 있다는 전제에서 펼쳐지고 있다. 이와 관련해서 텍스트가 제시하는 열쇠 말은 '神', '사랑', 그리고 '이웃'이다. 神과 사랑, 이 두 단어는 사실 법의 세계에서 이미 추방된 지 오래다. 하지만 텍스트는 그 두 단어를 '이웃'과 관련짓고 다시 그로부터 법과 인생의 궁극적인 의미를 연결시키고 있다. 그렇다면 神과 사랑은 어떻게 '이웃'과 연결될 수 있는가?

우선 神은 '이웃'과 관련하여 초월로 풀 수 있을 것이다. 왜냐하면 神은 눈앞에 존재하는 '이웃'이 결코 일의적으로 해명될 수 없는 신비로운 존재라는 사실을 담보하는 궁극적인 보증자이기 때문이다. 법의 '물화'에도 불구하고 선행하는 인정이 가능하다는 점을 神은 '이웃'에 대한 어떠한 규정도 의심할 수밖에 없도록 만드는 끝없는 물러섬을 통해 보장하는 것이다. 그리하여 끝없는 해석과 재해석을 가능케 하는 무한한 상징으로서 '이웃'을 받아들일 수밖에 없도록 만드는 것이다(윤성우 2004: 4장). 이처럼 神을 초월로 푼다면 사랑은 비밀로 풀어야 할 것이다. 텍스트는 사랑을 神과 '이웃'에게, 그리고 자세히 보면 자기 자신에게 동일하게 적용하고

법과 '이웃': 법치의 본원적 관계형식에 관한 탐색

있기 때문이다. 다시 말해, 사랑은 神이 보장하는 '이웃'(타자)의 신비를 비밀로 받아들이는 것을 의미한다고 보아야 할 것이다. 폴 리쾨르를 따라 말하자면, 이것은 자기 자신 역시 일종의 '이웃'으로 받아들이고 그 신비를 비밀로 인정하는 것을 의미한다(리쾨르 2006: 서문 중 특히 '코기토의 깨짐').

이처럼 神을 초월로 풀고 사랑을 비밀로 푼다면, 법이 '이웃'과의 관계에서 발생한다는 것의 의미에 우리는 조금 더 가까이 갈 수 있을 것이다. 왜냐하면 그러한 독해는 법치의 상대방인 '이웃'이, 그리고 그 '이웃'의 상대방인 자기 자신까지도, 결코 완전히 해명될 수 없는 신비로운 존재라는 점을 확인해 주기 때문이다. 물론 여기서의 신비로운 존재란 반드시 호의적인 의미로 이해될 필요는 없다. 후술하듯 '이웃'은 내게 동지가 될 수도 있지만 적이 될 수도 있는 까닭이다. 이처럼 법은 초월로서의 神과 비밀로서의 사랑이 보증하는 '이웃'과의 관계에서 발생하는 것이다.

(2) '이웃'은 동지도 아니고 적도 아니다.

텍스트는 '이웃'의 논리가 동지와 적의 경계를 흐릿하게 만든다고 말한다. 통상의 해석대로 강도당한 사람이 유대인이라면 그는 평소 동지로 생각했던 제사장과 레위인에 의해 배신을 당한 것이다. 반면 배교자이자 불가촉천민으로서 유대인에게 적이나 다름없는 사마리아인이 그의 동지가 되었다. 그렇다면 이 새로운 동지와 적은 과연 얼마나 지속적일 수 있을까? 텍스트는 선한 사마리아인은 여전히 사마리아인이며, 제사장과 레위인도 여전히 그 자리에 머문다고 말하고 있다. '이웃'은 동지와 적의 관계를 허물지 않는다. 다만 동지도 아니고 적도 아닌 사람들 사이의 보다 원초적인 관계를 회복시킬 뿐이다.

그렇다면 '이웃'의 논리의 희망은 어디에 있는가? 케네스 라인하르트는 자크 라캉과 알랭 바디우에 의존하면서 '이웃'의 정치신학이 동지와 적을 무한(infinite)에 의해 연결하는 뫼비우스의 띠를 열어젖힌다고 말한다. 그것은 달리 표현하자면 동지를 만드는 사랑(여기서의 사랑은 위에서 말한 비밀이 아니라 라인하르트의 맥락에서 쓰인 것이다)과 적을 만드는 정치는 오로지

'이웃'의 논리에 의하여 공존할 수 있다는 것이다(Reinhard 2005: 11-75).
이처럼 '이웃'의 논리의 희망은 동지와 적의 경계를 흐릿하게 만들고, 그
리하여 양자의 공존을 가능하게 할 수 있다는 점에 있다. '이웃'은 동지도
아니고 적도 아니다. 샹탈 무페가 지적했듯이 우리는 때때로 동지로 나아
가는 길목에서 친구를 만나기도 하고 적을 찾는 길목에서 경쟁자를 만나
기도 한다(무페 2007). '이웃'의 논리는 친구와 경쟁자의 자리에서 멈추어
선 뒤 더 전진하지 않는 것이다. 그 수준에서 표정을 수습하고 너무 온화
하지도 너무 험상궂지도 않은 일상의 얼굴로 돌아오는 것이다.

법치에 관하여 '이웃'의 논리의 이러한 희망을 과장할 필요는 없을
것이다. 그 의미는 '이웃'의 논리가 동지와 적의 공존도 가능케 하지만,
동시에 그 어느 쪽으로도 전화될 수 있는 가능성을 보유한다는 것이기
때문이다. 이 점에서 '이웃'의 논리는 무지의 베일을 쓰고 정의의 두 원칙
에 합의하는 서로에게 합리적으로 무관심한 존 롤즈의 사람들처럼 무색무
취한 사람들인지도 모른다. 무지의 베일이 벗겨지는 순간, 그들이 비폭력
과 용서의 은총만으로도 세상이 재구성될 수 있다는(그리하여 모두가 동지라
는) 톨스토이의 주장을 따르게 될지(톨스토이 2007), 동지와 적의 주권적
선택은 누구도 피해갈 수 없다는(그러므로 너는 나의 적일 수도 있다는) 칼 슈
미트의 주장을 따르게 될지(슈미트 1992)는 누구도 장담할 수 없다.

(3) '이웃'은 '몸'의 아픔에 다가서는 '몸'이다.

이와 같은 '이웃'의 논리의 불확정성에도 불구하고 텍스트는 '이웃'의
논리만으로도 타자와 자기 자신에게 다가설 수 있는 가능성이 존재한다고
말하고 있다. 그것은 바로 '몸'을 통해서이다. 텍스트는 '이웃'의 관계가
'이웃'의 '몸'이 찢기고 아픔을 당할 때 그 '몸'에 다가서는 또 다른 '몸'에
의하여 발생했음을 드러내고 있다. 그리고 이 두 번째 '몸'도 '이웃'이라고
부르고 있다. '몸'의 아픔에 다가서는 '몸'을 통하여 '이웃'의 논리는 동지
와 적으로 구분되는 것과 상관없이 타자와 자기 자신에게 다가설 수 있다.

철학적으로 말해서 텍스트에 등장하는 모든 존재는 궁극적으로 확인

이 불가능하다. 神도 그렇고, '이웃'(타자)도 그렇고, 심지어는 자기 자신도 그렇다. 그럼에도 불구하고 텍스트는 단 하나의 예외가 존재한다고 말한다. 그것은 바로 그 모든 것이 깃든 '몸'이다. 기실 '이웃'의 '몸'의 아픔을 느끼는 것은 나의 '몸'이다. '이웃'의 '몸'에 다가가는 것도 나의 '몸'이며, 그의 '몸'을 돌보고 말을 걸고 친절을 베푸는 것도 나의 '몸'이다. 그런 뜻에서 '이웃'의 논리는 지각의 현상학 또는 '몸'의 현상학에 의존한다. 오로지 그것에만 의존한다. 만약 '이웃'의 논리가 인권의 논리에 의하여 표현방식을 얻어야만 한다면, 이 '몸'의 현상학에 의존하는 것만으로도 그 존재론적 기초를 충분히 확보할 수 있다고 나는 믿는다.

그러나 여기서의 '몸'을 정주하는 시민들의 '몸'에 곧바로 대응시키는 것은 온당치 못하다. 모두가 알고 있듯이, 이방인도, 떠돌이(nomad)도 '몸'을 가지고 있기 때문이다. 결코 놓치지 말아야 할 것은 텍스트가 서로를 이방인이자 떠돌이, 심지어는 서로를 적이자 원수로 볼 수밖에 없는 두 사람(강도 만난 사람과 선한 사마리아인)의 '몸'이 접근하는 장면에서 '이웃'의 논리를 도출하고 있다는 점이다. 그 두 '몸'의 접근을 가능케 한 것은 한 '몸'의 아픔을 다른 '몸'이 자기 '몸'의 아픔처럼 받아들였기 때문이다. 거기서 '이웃'의 관계가 더욱 두터워질(thick) 수 있었다. 하지만 한 '몸'의 아픔을 다른 '몸'이 알아채더라도 자기 '몸'의 아픔처럼 받아들이지 않는 것도 여전히 가능하다. 물론 그 경우 '이웃'의 관계는 한없이 얇아질(thin) 수밖에 없었다(Walzer 2006).

(4) '이웃'은 찾는 문제가 아니고 되는 문제다.

텍스트는 법률가와 예수가 주고받는 물음들의 연쇄로 전개되고 있다. 영생을 얻는 방법은 무엇인가?(법률가) 법은 무엇인가?(예수) 누가 '이웃'인가?(법률가) 누가 '이웃'이 되었는가?(예수) 앞의 두 물음은 법을 가진 법률가가 의외로 법을 통해서는 인생의 궁극적인 의미를 발견하려 하지 않는다는 함축을 담고 있다. 예수에 의하면 그 이유는 법률가가 법을 행하려 하지 않기 때문이다. 뒤의 두 물음은 법을 행하는 문제와 관련하여

'이웃'을 보는 시각 차이를 극명하게 드러내고 있다. 법률가는 '이웃'을 찾으려 하고 예수는 '이웃'이 되라고 말한다. 이것은 근본적인 방향의 문제다. 텍스트는 '이웃'을 물어서 찾을 수 있는 존재가 아니라고 말한다. 그 이유는 '이웃'이 감추어져 있기 때문이 아니다. 도리어 '이웃'은 어디에나 있기 때문이다. 그렇기에 '이웃'은 되는 문제일 수밖에 없다는 것이다.

그러므로 '이웃'의 논리는 결코 말로는 완성될 수 없다. 앞에서 '몸'이 다가가야 한다고 말한 것처럼, '이웃'의 논리는 '몸'이 그렇게 바뀌어야 완성을 기약할 수 있는 것이다. 물론 그렇다고 해서 이것이 말이 중요하지 않다는 의미는 아니다. 핵심은 말은 언제나 말하는 사람의 '몸'을 드러내게 마련이라는 것이다. 이런 이유로 말하는 '몸'은 그 말을 듣고 응답의 여부를 고민하는 다른 '몸'에게 선택의 자유를 부여하는 디딤돌이 되는 셈이다. 이처럼 '이웃'에게 말을 건넨다는 것은 그 '이웃'의 선택의 자유의 대상으로 자신의 몸을 내놓는다는 뜻이다. 텍스트는 그것이 누가 '이웃'인가를 묻는 방식으로 입증책임을 상대에게 전가하는 방식이 아니라 먼저 '이웃'이 되어 말을 건네는 방식으로만 가능하다고 말하고 있다(서동욱 2005: 1장).

법의 '물화'는 '이웃'이 되려하지 않은 채로 누가 '이웃'인지를 묻기만 할 때 이미 시작된 것이다. 텍스트는 그 물음이, 그리고 그로 인해 시작된 법의 '물화'가 법률가의 독특한 의도에 의하여 촉발되었음을 암시하고 있다. 법률가가 누가 '이웃'인지를 물었던 까닭은 '자기를 옳게 보이기 위해서'였다. 달리 설명하면, 그는 자신을 법을 준수해야 하는 사람이 아니라 법을 집행해야 하는 사람으로 내세우고 싶었던 것이다. 여기서 얻을 수 있는 깨달음은 적어도 다음의 두 가지이다. 하나는 법의 '물화'가 시작되는 것은 근본적으로 법률가에 의해서라는 것이다. 일반 시민이 의도적으로 법의 '물화'를 목적하는 경우를 본 적이 있는가? 다른 하나는 법의 '물화'는 법률가가 스스로를 법의 준수로부터 제외시킬 때 시작된다는 것이다. '자기를 옳게 보이려고' 누가 '이웃'인지를 물을 때 그는 이미 '이웃'이 되지 않기로 작정한 것이나 다름없기 때문이다.

V. '이웃'을 위한 법의 '물화': 대한민국의 현장에서

이상에서 주장했듯이 '이웃'의 논리는 법치의 본원적 관계형식이다. 한국 사회를 지배하는 다섯 이분법의 중첩과 법치의 동원, 그리고 그것에 의한 법의 '물화'를 진정으로 극복하기 원한다면, 우리는 우선적으로 동지와 적의 구분을 희미하게 만드는 '이웃'의 논리에 되돌아와야만 한다. 그것은 법의 '물화'에 선행하는 인정, 즉 법치가 시작되는 원형질과 같은 관계이기 때문이다. 법치와 관련하여 인정망각을 벗기 위해서는 '이웃'의 논리가 회복되어야 한다. '몸'의 아픔에 다가서는 '몸'이 되는 문제를 '몸'으로 느낄 수 있어야만 한다.

이 글을 마무리하면서 가장 염려되는 것은 자칫 '이웃'의 논리가 그로부터 시작하여 법의 '물화'를 극복하고 좋내는 법치의 재구성을 완성할 수 있는 환원주의적 명제로 이해되는 사태다. 하지만 '이웃'의 논리는 결코 그렇게 될 수 없다. 임페리움이나 도미니움으로서의 법치에 비하여 그것은 깨어지기 쉽고(fragile) 취약하기 짝이 없는(vulnerable) 윤리적 캐노피(canopy)와 같은 것일 뿐이다. 그렇기 때문에 '이웃'의 논리는 일단 법치가 '물화'에 감염되었을 경우에 그 감염으로부터 벗어나기 위한 최후 수단으로 상정되는 것이 마땅하다. 오히려 법치는 '이웃'의 논리를 끊임없이 고려하면서도 그 논리가 등장하지 않아도 되도록 사태를 관리하는 공화주의적 슬기에 의해 인도되는 것이 바람직하다. 이는 '이웃'을 위하여 법의 '물화'를 선용하는 문제이다. 나는 대한민국의 현장에서 이에 관한 짧은 감상을 피력하는 것으로 소론을 맺고자 한다.

영화 '추격자'에 대한 아마추어 영화학도 놀이가 끝나고 이호성의 네 모녀 살인사건의 여파도 잠잠해진 뒤 사람들은 모두 평범한 일상으로 돌아갔다. 그리고 일 년 가량이 지났을 때 한국 사회는 영화 '추격자'와 유사한 실제의 살인사건을 마주하게 되었다. 일곱 명의 여성을 연쇄 살인했다고 자백한 희대의 살인마 강호순 사건이다. 이 사건은 영화 '추격자'에서 연쇄살인범의 모델이 되었던 유영철 사건의 잔영을 다시금 불러일으키면서 한국 사회 전체를 공포와 경악에 떨게 했다.

흥미로운 것은 이 사건의 전모가 소개되는 과정에서 난데없이 '이웃'의 논리가 동원되었다는 사실이다. 조선일보는 아직 수사 중인 피의자의 얼굴은 보도하지 않는다는 금기를 깨고 신문 일면에 대문짝만하게 강호순의 얼굴을 실었다. 커다란 개와 함께 환하게 웃고 있는 강호순의 잘생긴 얼굴은 다시 한번 한국 사회에 소름끼치는 긴장감을 조성했다. 문제는 여기서 조선일보가 강호순의 얼굴을 신문 일면에 공개하는 근거로서 '이웃'의 논리를 제시했다는 점이다. 그 신문은 이 웃고 있는 잘생긴 사나이가 우리의 '이웃' 중 확실히 밝혀진 것만 일곱 명의 여성을 살해한 살인마이며, 바로 그 '이웃'을 위해서라도 피의자의 얼굴을 공표하지 않는 금기는 깨야만 한다고 주장했다.

조선일보의 보도는 이후 피의자의 인권보호와 관련된 심각한 토론을 한국 사회 전반에 야기했다. 하지만 그 토론에 참여하기도 전에 나는 이미 두 가지 교훈을 얻을 수 있었다. 하나는 다른 모든 논리와 마찬가지로 '이웃'의 논리 또한 오용될 수 있다는 것이었고, 다른 하나는 그렇기 때문에 때때로 우리는 법의 '물화'를 '이웃'을 위하여 선용해야 한다는 것이었다. 원래 피의자의 얼굴을 언론이 공개하지 않았던 까닭은 그 피의자가 밉지 않아서도 아니었고 피해자들이 가엾지 않아서도 아니었다. 그 이유는 오히려 수사와 진상규명이라는 목적을 추구하다가 자칫 망각할 수도 있는 다른 목적들(예를 들면 피의자의 인권보호)을 환기하기 위해서였다. 그 점에서 종래의 관행은 일면 법의 '물화'를 '이웃'(이 경우에는 피의자)을 위하여 선용하려는 의도를 가지고 있었다. 하지만 조선일보는 동일한 '이웃'의 논리를 들어 정반대의 선택을 감행했다. 그렇다면 조선일보는 과연 '이웃'의 논리로 법의 '물화'를 넘어섰던 것일까?

신문 일면에 나온 강호순의 사진을 보았을 때 나는 영화 '추격자'에서 싸이코패스 연쇄살인범(하정우 분)이 카메라를 보면서 실실 웃던 생각이 났다. 영화 '추격자'가 그 연쇄살인범의 얼굴을 내게 소개했듯이, 조선일보는 강호순의 얼굴을 내게 소개한 셈이었다. 그렇다면 그들과 나 사이

법과 '이웃': 법치의 본원적 관계형식에 관한 탐색

에는 인정망각으로서의 '물화'를 걷어치운 선행하는 인정상태, 즉 '이웃'의 관계가 회복된 것일까? 굳이 한 사람의 얼굴을 보아야만 한다면, 나는 오히려 강호순에게 죽임당한 그 억울한 젊은 여대생의 얼굴을 보고 싶을 것 같았다. 인정망각을 걷어치우고 반드시 '이웃'의 관계를 회복해야 한다면, 나는 그쪽을 선택하고 싶었다. 그러나 조선일보는 이 보고 싶은 얼굴 대신 저 보고 싶지 않은 얼굴을 대문짝만하게 실었다. 그리하여 보도되지 못한 죽은 여대생의 얼굴을 생각하면서, 나는 영화 '추격자'의 마지막 장면 즈음에 커다란 어항에 담긴 채 목이 잘린 모습으로 잠시 비쳐졌던 희생자(서영희 분)의 얼굴을 떠올렸다. 과연 조선일보는 그 죽임당한 젊은 여대생에게 '이웃'이 된 것일까?

4장
'헌정적인 것'의 개념

I. 헌법 개념론의 익숙한 공백

이 글은 '헌정적인 것'의 개념을 밝힘으로써 오늘날 한국 사회에 존재하는 헌법이론 연구의 공백을 메우기 위한 시도이다. 따라서 어디에 어떠한 공백이 존재하는지를 밝히는 작업에서부터 논의를 시작해야 마땅할 것이다.

예나 지금이나 헌법 강의는 헌법의 개념에 관한 토론에서 출발한다. 로스쿨체제가 출범한 이후 전문법학교육의 목적에 비추어 통치구조에서부터 헌법강의를 시작하는 경향이 생기기도 했지만, 그 경우에도 처음에 헌법의 개념을 논의하지 않을 수는 없다. 강의의 주된 내용은 어디까지나 '헌법상' 통치구조에 대한 체계적 해설이며, 현행 실정헌법의 이해는 그 대상인 헌법의 개념적 이해를 전제로 하기 때문이다.

하지만 헌법 교과서에서는 헌법의 명확한 개념 정의를 찾아보기 어렵다. 헌법 교과서는 오히려 일반적이고 추상적인 헌법 개념이 '지금 그리고 여기에서' 제기되는 헌법적 문제들에 관련된 실정헌법학에 큰 도움이 되지 않음을 토로하거나(헷세 2001: 3), 무심하게도 헌법의 개념에 대한 상충하는 주장들을 간명하게 정리하여 제시할 뿐이다. 논자에 따라 분류법은 다르지만, 크게 보아 세 차원의 대비를 확인할 수 있다. 첫째는 본래적 헌법, 즉 단체가 가지는 헌법[30]과 정치적 헌법, 특히 국가가 가지는 헌법의 구분이다. 둘째는 사실적 헌법, 즉 정치공동체의 권력적 또는 가치적 토대를 이루는 사실로서의 헌법과 법적 헌법, 즉 정치공동체의 최고 규범으로서의 헌법의 구분이다. 셋째는 고전적 헌법, 예컨대 고대 아테네나 로마의 헌법과 근대적 헌법, 예컨대 미합중국 헌법이나 바이마르 공화국 헌법의 구분이다.

헌법 교과서는 국가의 정치적 통일과 법질서의 수립이라는 과제를 암암리에 전제하면서, 이러한 대비를 후자들, 즉 국가의, 법적 의미의, 주권적 국민국가의 헌법 개념을 위주로 갈무리한다. 예를 들어, 헌법을 "국가적 공동체의 존재형태와 기본적 가치질서에 관한 국민적 합의를 법규범적인 논리체계로 정립한 국가의 기본법"이나, "공동체의 법적 형성을 위한 특정의 의미 원리를 지향하는 구조적 계획"으로 개념화하거나(권영성 2008: 3; 헷세 2001: 15), 한 걸음 더 물러서서 "권력과 자유의 조화의 기술"로 정의하는 것이다(성낙인 2015: 3-5).[31] 그 다음엔 정치성, 불확정성, 개방성과 같은 헌법의 특성을 거론하고, 현행 실정헌법의 해설에 필요한 이론들을 설명한다. 성문 헌법과 불문 헌법을 구분하여 헌법전의 규범적 위상을 확인하고, 경성 헌법과 연성 헌법을 구분하여 헌법의 최고 규범성을 확인하는 식이다.

이와 같은 논의의 불충분성을 만회하려는 듯, 1980년대 중반 이후 한국 사회의 헌법이론 연구는 헌법관 논의를 진척시켜 왔다. 그 대요는 헌법의 개념이 헌법을 바라보는 관점의 문제임을 전제한 뒤, 예컨대 '국가의 조직과 작용에 관한 근본 규범'(규범주의), '정치적 통일체의 종류와 형태에 관한 주권자의 결단'(결단주의), '사회통합을 위한 공감대적 가치질서'(동화적 통합론) 등의 입장 및 논거를 비교하고, 각각의 장단점을 검토하는 방식으로 헌법의 개념론을 전개하는 것이다.

하지만 헌법관 논의가 넘쳐 나는 상황에서도 정작 국내 학계에서

---

30 "어떠한 계속적인 단체도 질서를 필요로 한다. 그 질서에 따라서 단체는 의사를 형성하고 시행하며, 범위를 확정하고, 단체에 대한 그 구성원의 지위를 규정한다. 이와 같은 질서를 헌법이라고 한다." (옐리네크 1990: 491)
31 이 정의는 앙드레 오류(André Hauriou)의 표현을 따른 것이다.

헌법의 개념화에 관하여 특정한 헌법관을 고집하는 경우는 찾아보기 어렵다. 오히려 여러 헌법관의 차이를 헌법의 요소(규범성, 사람에 의한 결정성, 가치지향적 통합성)로 이해하여 크게 아우르거나(허영 1990: 19), 독일 헌법학에 기울어진 헌법관 논의가 헌법이론구성에 있어 편협성을 가져올 것을 우려하면서 '권력 vs. 자유' 또는 '존재 vs. 당위'와 같은 모순적 요청들을 다시 강조함으로써 종래의 헌법 개념론으로 돌아가는 것이 보통이다(성낙인 2015: 12-13, 17-26). 결국 헌법관 논의를 거쳤음에도 헌법 개념론의 불충분성에는 큰 차이가 없는 셈이다.

그렇다면 도대체 왜 이와 같은 상황이 계속되는 것일까? 혹시 헌법 개념론에는 실정헌법학이 그동안 간과해온 그 나름의 지식정치학적 이유가 존재하는 것은 아닐까? 만약 그렇다면 헌법이론 연구는 권력과 지식의 끊을 수 없는 연계에 주목하여 무엇보다 이 점을 면밀히 분석해 보아야 하는 것은 아닐까?[32] 그러나, 이러한 질문들을 의식하면서도, 이 글에서 나는 헌법 현상 그 자체에 대한 탐구에 집중하고자 한다. 현재의 헌법 개념론에 중대한 개념적 공백이 있다고 보기 때문이다.

칼 슈미트가 강변하듯 결단주의는 적과 동지의 구분이라는 '정치적인 것'(the political)의 개념에서 출발하여 헌법의 개념으로 나아간다. 한스 켈젠의 규범주의는 존재 요소와 관련 없는 순수 당위로 '법적인 것'(the legal)을 개념화해야만 가능하다. 루돌프 스멘트의 동화적 통합론 역시 가치질서에 의한 통합이라는 '사회적인 것'(the social)의 개념을 암암리에 전

---

32 헌법이 최고의 법이 되면, 법률가들에게 엄청난 부담이 생긴다. 헌법이 무엇인지를 정의해야하기 때문이다. 그러나 이 정의는 만만한 것이 아니다. 왜냐하면 헌법을 정의하는 순간 그 정의는 모든 법률을 지배하는 규범적 정의가 되기 때문이다. 그렇게 되면 법률가들은 법률을 다룰 때 재량의 여지가 줄어들고, 그 규범적 정의에 구속될 수밖에 없다. 이를 회피하기 위하여 사용되는 전형적인 방식은 헌법의 개념을 확정하지 않은 채, 지루한 논쟁을 계속하는 것이다. 결정적인 순간에, 특히 권력의 향배가 최종적으로 문제될 때, 한 번씩 개념화를 시도하기는 하지만, 그 성격은 이중적이다. 문제된 상황과 당사자들에게는 정언적(categorical)이지만, 법률가들에게는 가설적(hypothetical)이라는 말이다. 법률가들의 일차적인 관심은 헌법의 개념화를 완성시키는 것이 아니라 주어진 문제 상황을 해결하는 것이다. 때문에 과거의 개념화를 놀라우리만큼 쉽게 포기하고 전혀 모순되는 헌법의 개념을 채택하는 일도 벌어진다. 헌법의 개념이 법률가들에게는 가설적이기 때문이다.

제하고 있다(슈미트 2012; 켈젠 1999; 스멘트 1994). 이렇듯 헌법관 논의는 헌법의 개념을 정치나 법이나 사회라는 별개의 범주에서 찾아보려는 시도로 생각할 수 있다. 그렇다면 정반대의 접근 방식을 채택하면 어떻게 될까? 헌법이론 연구는 헌법 현상의 고유성을 전제로 추구해야 하지 않을까?

헌법관의 차이를 헌법의 요소로 치환하여 아우르거나 헌법관 논의가 편협해질 가능성을 우려하는 태도의 이면에는 헌법 현상의 고유성에 대한 확신이 존재할 것이다. 하지만 그 확신에는 아직 근거가 부족하다. 왜냐하면 헌법 개념론의 전제인 헌법 현상 그 자체에 대한 질문을 한국 사회의 헌법이론 연구가 아직 제기하지 않고 있기 때문이다. '헌정적인 것'(the constitutional)이란 무엇인가? 이 글은 바로 이 질문에 대하여 정면으로 답변함으로써 헌법 개념론의 익숙한 공백을 메워 보려고 한다.[33]

Ⅱ. '헌정적인 것'의 구도와 맥락

물론 국내외 헌법학계에도 헌법 현상의 고유성을 기초로 헌법의 개념화를 시도하는 경우가 없는 것은 아니다. 대표적으로 입헌주의 헌법이론을 들 수 있다. 이는 "국민의 자유와 권리를 헌법에 선언해 두고 자유와 권리가 국가권력에 의하여 침해당하지 않고 보호되도록 국가권력의 근거와 행사에 관한 규범을 헌법에 규정해 둠으로써 국가권력 작용이 헌법에 구속되도록 하는 통치원리"를 입헌주의로 명명하면서, 그 관점에서 헌법을 "국가의 근본법으로서 국민의 기본권을 보장하고 국가의 통치 작용의 원리를 정하는 최고법"으로 개념화한다(김철수 2013: 1-8). 이 입론은 헌법 개념의 이중성, 즉 사회학적 헌법 개념과 법학적 헌법 개념의 존재를 인정하면서도, 후자, 즉 "현실과 대립하여 현실을 규제하고 정치생활,

---

33 왜 '헌법적인 것'이 아니라 '헌정적인 것'을 문제 삼는가라는 질문이 있을 수 있다. 이는 헌법 개념론에서 법규범성을 어떻게 이해할 것인가와 깊이 연계된 질문이기도 하다. 후술하듯 나는 성문헌법주의나 권리장전의 채택에 따른 헌법의 법규범성 강화를 모더니티가 초래한 특수한 현상으로 이해하면서, 모더니티 이전과 이후까지를 아우르는 보편적인 차원을 '헌정적인 것'의 개념을 통하여 포괄해 보려고 한다. 입헌주의가 아니라 헌정주의라는 용어를 쓰는 것도 같은 맥락이다.

국민생활의 있어야 할 모습을 실현하기 위한 법규범으로서" 헌법을 파악해야 한다고 주장한다(김철수 2013: 10). 이러한 논지에 따르면 헌법적 당위의 중핵은 기본적 권리의 보장이고, 소위 고유의 의미의 헌법은 근대적 입헌주의 헌법이 발생해 온 전사(前史)일 뿐이며, 현대적 복지주의 헌법은 입헌주의의 발전으로 이해되어야 한다.

　이러한 입론이 자연적 인권(natural human right)을 최고의 가치로 삼는 윤리적 지향에서 유래했음은 분명하다. 하지만 헌법이론의 관점에서 그와 같은 지향은 헌법의 개념을 과도하게 좁히는 결과로 이어질 수밖에 없다. 일단 입헌주의 헌법이 아닌 헌법은 헌법이 아니게 되며, 입헌주의를 모더니티의 내용으로 이해할 경우에는, 근대적 입헌주의 헌법이 아닌 헌법 모두가 헌법이 아니게 되기 때문이다.[34] 나아가 입헌주의 헌법이론에 대하여 동어반복이라는 비판을 제기할 수도 있다. 입헌주의의 관점에서 헌법을 좁게 개념화한 뒤, 다시 그 헌법의 개념을 입헌주의의 본질로 삼는 것은 순환 논증인 까닭이다. 또한 헌법 현상의 실제와 거리가 멀다는 점도 문제될 수 있다. 헌법 현상에는 다양하고 심지어 서로 모순되는 이념과 관점들, 그리고 권력의 형식과 규범의 형식, 포함의 형식과 배제의 형식이 실제로 공존함에도 입헌주의 헌법이론은 그 가운데 법적, 윤리적 측면만을 부각시키기 때문이다.

　당위의 실천을 전제하지 않고 논할 수 없다는 점에서 법은 궁극적으로 참여자의 관점을 요구한다. 따라서 입헌주의 헌법이론이 당위론의 입장에서 헌법을 개념화하는 것은 가능한 입론일 뿐 아니라, 헌법의 실효성을 확보하려는 입장에서는 반드시 지지해야 할 것일 수도 있다. 그러나 헌법 현상의 안팎을 부단히 오가며 참여자의 관점과 관찰자의 관점을 교차시키려는 입장에서는, 입헌주의 헌법이론이 당위론에 치우쳐 있음을 부정하기 어렵다. 자연적 인권을 최고의 가치로 내세우면서 입헌주의 헌법

---

34 이러한 결과는 '공사(公私)이원론'과 '가치관의 다원성'을 축으로 입헌주의를 이해하는 하세베 야스오의 입론에서도 마찬가지로 발생한다. 그는 입헌주의가 근대 이후의 현상이라고 단정한다(야스오 외 2010: 15).

이론은 '헌정적인 것'이 아니라 '윤리적인 것'(the ethical) 또는 '규범적인 것'(the normative)을 중심 범주로 삼은 것이다.

이에 비하여 독특하게도 헌법 현상을 법사회학적으로 해명하려는 법사회학적 헌법이론은 '헌정적인 것'의 구도와 맥락에 관하여 흥미로운 통찰을 보여 준다. 특히 헌법을 실정 도덕으로 치부하는 존 오스틴의 주장을 성찰의 대상으로 삼아 헌법의 법적 성격을 구명하는 논구는 매우 유용하다 (최대권 1989: 1장). 법사회학적 헌법이론은 법의 속성으로 제재(sanction)와 공적 권위(public authority)를 지목한 뒤, 국민이 감시자가 되어 권력담당자의 권력행사를 규율하는 헌법의 독특한 규범구조 속에서 이 둘이 어떻게 이해되어야 하는지를 탐색한다. 이에 따르면, 헌법적 제재는 "정치과정에의 참여를 통한 국민의 정부에 대한 통제장치와 사법부의 독립을 전제로 한 사법심사제도"라는 독특한 방식으로 이루어지고, 헌법의 효력은 그러한 과정에서 얻어지는 사회적 승인에 의하여 담보되므로, 그런 의미에서 헌법도 법이라고 볼 수 있다. 다만, 이때의 헌법적 제재나 사회적 승인은 반드시 다원적이고 복합적인 동태적 현상으로 이해되어야 한다. "헌법적 제재의 형식은 동시에 헌법의 사회적 승인을 인식하는 자료"이기 때문이다.[35]

비록 헌법도 (독특한 의미에서) 법임을 논증하는 단계를 넘어 헌법의 적극적인 개념화로 나아가고 있지는 않지만, 또한 '국민'이라는 용어가 주권적 국민국가를 전제하는 뉘앙스를 풍기기도 하지만, 법사회학적 헌법이론에는 그럼에도 '헌정적인 것'이 등장하는 구도와 맥락이 선명하게 드러나 있다. 이에 따르면, '헌정적인 것'은 통치자와 피치자의 구분을 받아들이면서도, 두 가지 방식으로 양자를 연결한다. 하나는 권력으로서, 통치자는 권력담당자가 되어 피치자에게 권력을 행사한다. 다른 하나는 헌법으로서, 피치자가 헌법을 통하여 통치자에게 헌법적 제재를 가하거나 사회적 승인을 발한다. 통치자와 피치자 사이의 연결은 권력이 없어져도 무

---

35 최대권은 이러한 논지를 헌법의 전제조건, 헌법의 보장, 헌법의 변천, 헌법의 해석에까지 확장하고, 입헌주의의 개념 또한 근대 이전으로 소급시킨다.

화(無化)되지만, 헌법을 통한 사회적 승인이 없어져도 무화된다.

쉽사리 식별되지는 않지만, 교과서 헌법학의 틈바구니에는 헌법의 개념 안에 '헌정적인 것'의 구도와 맥락을 담아보려는 시도가 존재한다. 예를 들어, 칼 프리드리히는 헌법을 "페어플레이를 보증하고 그리하여 정치를 책임 있는 것으로 만드는 규범체계"로 정의한다(프리드리히 1987: 38).[36] 여기서 페어플레이의 보증은 피치자로부터 통치자를 확보하는 과정의 문제이고, 정치의 책임성 확보는 통치자에 대하여 피치자가 헌법적 제재를 가하는 과정의 문제이다. 또 규범체계란 피치자가 통치자에게 부여하는 사회적 승인의 결과를 말한다.

이처럼 '헌정적인 것'은 권력 관계를 전제로 그로부터 출발하되, 권력 관계의 정당성을 확보하는 문제와 본질적으로 연관된다. 따라서 그것에 대한 의문은 양자의 연결이 처음 발생하거나 아니면 끊어질 때, 즉 권력 관계의 존부(存否)와 정당성이 문제되는 맥락에서 등장한다. 예컨대 오늘날 한국 사회에서 정치의 사법화, 즉 헌법재판소나 대법원이 민주정치과정을 과도하게 대체하는 현상에 대한 문제제기는 곧잘 '헌법이란 무엇인가?'라는 질문으로 연결되고 있다. 이때 우리가 진정으로 묻고자 하는 것은 과연 헌법 그 자체의 내용인가 아니면 그 헌법을 통하여 제재하거나 승인하는 권력의 정당성인가? 단언컨대, 나는 후자가 진실이라고 생각한다. 현실 속에서 헌법의 본질에 대한 질문이 집단적으로 제기되는 것은 언제나 현존하는 권력 관계의 정당성을 헌법을 고리로 문제 삼을 때이다. 헌법의 본질을 묻는 사람들 앞에는 권력이 현존한다. 바로 그 현존하는 권력 관계의 정당성을 문제 삼기 위하여 사람들은 헌법의 본질을 묻는다. '헌정적인 것'의 개념은 바로 이러한 구도와 맥락에서 요구되는 것이다.

---

36 "대체로 헌법 또는 권력의 분할은 통치행위에 대한 효과적인 억제의 체계를 제시하는 것이다. 그것을 연구할 경우에는 이와 같은 억제가 확립·유지되는 방법 및 기술을 규명하지 않으면 안 된다. 그것을 비록 덜 정교하나 우리에게 친숙한 다른 말로 표현한다면, 헌법이란 페어플레이를 보증하고 그리하여 정치를 '책임 있는 것'으로 하는 규범체계이다."

'헌정적인 것'의 개념

III. 인간의 정치의 현상학

그러므로 '헌정적인 것'의 개념화를 위해서는 먼저 통치자와 피치자의 구분 및 권력 관계가 어떻게 발생하고 또 끊어지는지를 고찰해야만 한다. 한마디로 인간의 정치 그 자체에 대한 현상학적 이해가 필요하다는 말이다. 여기서는 편의상 인간의 정치를 신의 정치와 동물의 정치에 비교하여 논의를 진행하고자 한다.

인간의 정치는 신의 정치에 비교하여 시공간의 제약 속에 있다. 이 점은 인간의 정치와 동물의 정치가 공유하는 것이기도 하다. 따라서 인간의 정치에서 신의 정치는 우연의 도래, 즉 무의미한 소여(所與)로 나타난다. 이를 은총이나 저주로 의미화 하는 것은 인간의 정치가 늘 시도하는 바이다. 그러나 신의 정치는 그러한 의미화와 아무런 관련이 없다. 인간의 정치는 때때로 신의 정치와 유사한 결과를 목적적으로 실행하려고 하지만, 그 결과를 확실히 보증하지 못한다. 반면, 신의 정치가 도래할 경우, 인간의 정치가 그로부터 영향을 받지 않는 것은 불가능하다. 시공간의 제약 속에 있는 인간의 정치는(그리고 동물의 정치도) 그 바깥으로부터 침입하는 신의 정치에 대하여 전적으로 취약하다.[37]

그러면 인간의 정치와 동물의 정치는 어떻게 구분될 수 있는가? 맹수들의 세계에서 관찰되는 동물의 정치는, 적어도 지배영역이라는 관점에서 보건대, 절멸 정치(politics of extinction)에 가깝다. 자신을 절멸시킬 가능성이 있는 타방의 존재가 지배영역에 출현할 경우, 동물은 (아마도 자신과 그 새끼들의 생존을 위하여) 어떤 형태로든 침입자, 즉 타방의 존재에 대한 절멸을 시도한다. 죽이든, 내쫓든, 먹어버리든, 그 타방의 존재를 말살하고자 한다. 이 점이야말로 동물의 정치, 특히 맹수의 정치에서 지배영역이라는 개념이 가지는 근원적 의미이다.

이에 비하여 인간의 정치는 동물의 정치, 즉 절멸 정치에 머무를 수

---

37 이 부분의 서술은 발터 벤야민의 신적 폭력 개념에서 아이디어를 얻었다(데리다 2004: 부록).

없는 본질을 지니고 있다. 왜인가? 구태의연한 답변이지만, 인간은 (신의 정치를 의식할 수 있어서건 아니건) 사유하는 또는 적어도 사유할 수 있는 존재이기 때문이다. 인간의 정치는 정신의 삶을 사는 또는 적어도 정신의 삶을 살 수 있는 인간 고유의 특성과 깊은 관련을 가진다. 인간도 동물이기에 인간의 정치는 때때로 절멸 정치로 퇴행한다. 그러나 바로 그 인간은 자신이 벌인 절멸 정치마저도 다시금 정치적 사유의 대상으로 삼을 수 있다.

이처럼 인간의 정치는 언제나 다시 사유의 차원으로 돌아와 새로 시작할 수 있다는 점에서 사유하는 정치(thinking-politics)이다. 인간의 정치는 언제나 타자와의 관계에서 발생한다. 그 속에서 타자는 동지나 동료가 되기도 하고, 적이나 침입자가 되기도 한다. 이때 동지나 동료나 적이나 침입자는 정치적 사유의 대상이 되는 방식으로 인간의 정치, 즉 사유 정치에 출현한다. 인간의 정치는 사유를 통해 이루어진다.

그러면 타자를 동지나 동료나 적이나 침입자로 사유한다는 것은 또 무슨 의미인가? 한나 아렌트는 정신의 삶을 사유하기(thinking), 의욕하기(willing), 판단하기(judging)로 범주화하면서 그 출발점을 사유로 이해했다(아렌트 2004). 인간의 정치는 사유에서 출발하여 이 세 범주를 관통하는 방식으로 발생한다. 자신의 내면과 독백을 나누는 자아, 즉 사유하는 자아는 미래를 향하여 아직 존재하지 않는 무언가를 의욕하는 과정에서 그 의욕을 막아서는 다른 의욕에 부딪힌다. 아렌트에 의하면 이때 그 맞서는 의욕에 대하여 자아가 선택할 수 있는 해결책은 사랑이거나 투쟁이거나 둘 중의 하나일 수밖에 없다. 그리고 이 둘은 어느 것이든 이미 존재하는, 즉 이미 돌이킬 수 없는 과거가 된 상대방에 대한 판단을 전제할 수밖에 없다. 그렇다면 이러한 판단, 즉 적이나 동지로 판단하는 그 판단은 어떻게 가능한가? 아니 그 판단을 가능케 하는 의욕은, 그리고 그 의욕에 전제되는 사유는 어떻게 가능한가? 간단히 말해서, 타자를 적 또는 동지로 사유한다는 것은 도대체 어떤 의미인가?

현상학자들에 의하면 이 과정은 표상에 의해서 이루어진다(서동욱

2000: 서문). 여기서 표상이란 대상을 그를 가리키는 무언가로 놓는 것, 달리 말해 그 무언가로 대상을 자신의 사유 앞에 세우는 것(vorstellung)이다. 세워지는 것은 표상이고, 세우는 것은 무언가(X)를 무엇(Y)으로 표상하는 의식이다. 따라서 타자를 적 또는 동지로 사유하는 것은 그 타자를 적 또는 동지로 자신의 사유 앞에 세우는 것이 된다. 이는 타자에게 적 또는 동지라는 표상을 부여함으로써 그 타자를 자신의 사유 속에 다시-현재화 하는 것(re-present)이기도 하다. 그러므로 인간의 정치, 곧 사유 정치는 표상을 통한 정치이다. 타자를 적이나 동지라는 표상을 통해 사유한다는 점에 인간의 정치의 독특성이 있다.

인간의 정치는 동물의 정치에 비하여 복잡하고, 고민스럽고, 고통스럽고, 고달플 수밖에 없다. 표상 세계에 등록된 적 또는 동지는 심지어 그 실재를 절멸하는 경우에도 사라지지 않은 채, 여전히 인간의 정치에 남아 있다. 예컨대 덩컨 왕을 죽이고, 뱅코우를 암살한 맥베드가 밤마다 지옥 같은 불면에 시달려야만 했던 이유는 무엇이었는가? 그의 표상 세계에 그 주검들이 여전히 살아 있었기 때문이지 않은가?[38] 그러므로 인간의 정치, 즉 사유 정치나 표상 정치를 한번이라도 경험한 존재는, 사유가 계속되는 한, 다시 동물의 정치, 즉 절멸 정치로 돌아가는 과정에서 극심한 심리적 지옥을 경험할 수밖에 없다. 그것은 동물의 정치에로의 퇴행을 목적하는 자들이 감당해야만 하는 정치적 징벌이다.

그러나 인간의 정치가 적 또는 동지의 표상에서 출발하는 것은 동시에 구원의 가능성이기도 하다. 왜냐하면 인간의 정치는 그러한 표상들 자체를 다시금 정치적 사유의 대상으로 삼을 수 있기 때문이다. 달리 말해, 인간의 정치는 사유를 다시 사유할 수 있다는 점에서 독특성을 지니고 있다. 그렇다면 인간의 정치의 이와 같은 갱신, 즉 정치적 사유의 재

---

38 "그대는 뱅코우의 유령과 너무나 흡사하구나. 꺼져 버려라! 그대의 왕관을 보니 내 눈알이 타는 듯하다…(중략)…이제 이것이 사실임을 알겠다. 그 머리카락에 피가 엉겨붙은 뱅코우가 나에게 미소지으며 그들을 제 자손이라고 손가락질 하는 것을 보니. 아니! 이게 사실이냐?" 셰익스피어, 맥베스, 제4막 1장에 나오는 맥베스의 대사 일부.

사유, 정치적 표상의 재표상은 어떻게 가능한가? 흥미롭게도 인간의 정치에서 지금 상대방을 적 또는 동지로 표상한 그 관계는 언제든 타자에 의하여 정반대로 역전될 수 있다. 쉽게 말해, 내가 너를 나의 사유 속에서 적으로 표상할 때, 너도 나를 너의 사유 속에서 적으로 표상할 수 있는 것이다. 인간의 정치는 심지어 서로를 적으로 표상하는 가장 암울한 상황에서조차 동일자와 타자의 관계의 역전을 도모할 수 있는 가능성을 내포한다.

오늘날 헌법이론 연구에는 인간의 정치의 본질에 관하여 크게 두 가지 다른 견해가 각축하고 있다. 한 쪽에서는 자원의 권위적 배분이라고 하고, 다른 쪽에서는 적과 동지의 구분이라고 한다.[39] 이 두 가지 중에는 어느 것이 옳은가? 과연 이 두 가지 중에 하나를 택하는 것 외에 다른 가능성은 없는가? 일상 속에서 경험하는 인간의 정치의 현상은 곧잘 어제의 적이 오늘의 동지가 되거나 오늘의 동지가 내일의 적이 되는 경우를 보여 준다. 인간의 정치에서 이러한 변환이 가능한 이유는 무엇인가? 아마도 이러한 질문 앞에서 미셸 푸코는 사목 권력(pastoral power)의 개념을 안출했을 것이다(푸코 1995: 2장). 하지만 그에게도 유사한 질문을 제기할 수 있다. 사목 권력은 인간의 정치에 어떻게 출현하는가?

이는 정치적 표상의 공유를 통하여 가능하다. 예컨대, 적과의 사이에 공동의 적, 더 정확히는 새로운 공동의 적의 표상을 도입하는 것이다. 이 새로운 공동의 적의 표상은 애초의 적과 정치적 표상의 공유를 가능하게 한다. 푸코가 말한 사목 권력 또는 규율 권력은 표상의 공유가 너와 내가 아니라 제3의 존재인 목자(牧者)의 주도 아래, 개인을 지향하여 개별화하면서, 부단히 그리고 영구적으로 지배하는 권력 테크닉이 추진될 때 출현한다(푸코 1995: 53). 이처럼 표상의 공유는 적의 공유가 아니라 통치자의 공유에 의해서도 얼마든지 가능하다. 한 걸음 더 나아가 르네 지라르가 설파했듯이, 그것은 희생양 또는 희생제물의 공유를 통해서도 이루

---

39 예컨대 정태욱은 이 구도에서 존 롤즈와 칼 슈미트의 정치 개념을 비교한다(정태욱 2002: 2장).

어질 수 있다(지라르 2007). 적을 공유하든, 통치자를 공유하든, 희생양을 공유하든, 이를 통하여 인간의 정치는 홀로 사유하는 정치로부터 함께 사유하는 정치로 진화한다.

이처럼 공동의 정치적 표상을 통하여 함께 사유한다는 점에서 인간의 정치는 표상 정치(representation-politics)이다. 표상 정치는 말의 문제이자 몸의 문제이다. 왜냐하면 표상 정치는 공동의 정치적 표상을 통하여 함께 사유하는 말의 정치인 동시에 절멸될 수 있는 각자의 몸 이외에 다른 어느 곳에서도 사유의 출발점을 찾을 수 없는 몸의 정치이기 때문이다. 그러므로 인간의 정치에서 재앙은 두 단계로 발생한다. 처음에는 함께 사유하기를 포기하고 홀로 사유하기에 머무르며, 다음에는 홀로 사유에 매몰된 채 타자의 몸을 절멸시킨다. 이 두 단계를 거치면서 인간의 정치는 동물의 정치로 내려앉는다.

Ⅳ. 동일자와 타자, 그리고 '헌정적인 것'

'헌정적인 것'은 인간의 정치를 재앙에 빠지지 않게 하려는 시도 속에서 출현한다. 당연한 말이지만, 정치적 표상의 공유가 이루어진 이후에는 두 가지 정치적 과제가 제기될 수밖에 없다. 첫째, 공동의 정치적 표상을 안정화시켜야 한다. 이는 인간의 정치가 다시 동물의 정치로 퇴행하지 않도록 방비하는 문제인 동시에, 표상과 표상되는 것 사이의 관계를 어떻게든 합리화하는 문제이기도 하다. 둘째, 정치적 표상의 절대화를 방지해야 한다. 만약 정치적 표상의 절대화를 방치하면, 절대화된 표상을 빙자하여 통치 자체가 절대화되고, 그로 인해 인간의 정치가 붕괴될 수 있기 때문이다. 공동의 정치적 표상의 안정화와 탈절대화는 표상 정치의 근본적 문제 상황이다.[40]

철학적으로 말해서, 이와 같은 문제 상황은 동일자의 요구와 타자의

---

40 수년 전에 나는 표상 정치의 이와 같은 문제 상황을 설명하기 위하여 호머의 일리아드를 다룬 한 할리우드 영화(트로이)에 대한 분석을 제시했다(이국운 2010a: 1장).

요구 사이에서 정치를 수행해야 하는 인간의 정치의 숙명과도 같다. 표상은 시간적 차원에서 현재에 특권을 부여하며(현존의 우선성), 그것을 무기로 잡다한 것을 하나로 그러모으는 동일성의 차원을 지향한다. 기실 표상정치가 가능한 까닭은 표상과 표상되는 것 사이에 닮음, 즉 유사성이 존재하기 때문이다. 그러나 바로 여기에 표상 정치의 한계가 존재한다. 표상 정치의 근거가 되는 닮음은 어떤 경우에도 같음, 즉 동일성이 될 수 없기 때문이다. 동일자, 즉 같음의 요구 앞에서 표상 정치는 사이비의 처지를 벗어날 수 없고, 타자, 즉 다름의 요구 앞에서 표상 정치는 변절자의 처지를 벗어날 수 없다. 사랑에 의해서든 탐욕에 의해서든 표상의 진리성을 문제 삼는 개입의 논리 앞에서 표상 정치는 오래 버티지 못한다. 동일자에게도, 타자에게도, 표상 정치는 취약하고(fragile) 상처받기 쉽다(vulnerable).

이처럼 인간의 정치에서 표상 정치는 필연적인 귀결이지만 불완전하고 또 불안정하다. 표상 정치는 인간의 정치에 제기되는 정치의 요구를 완벽하게 해결하지 못하며, 바로 이 틈을 비집고 무한한 정치적 개입이 발생한다. 그러나 그러한 개입이 정치적 표상을 무너뜨리고 새로운 정치적 표상을 수립하는 순간 표상 정치의 한계는 다시금 드러날 수밖에 없다. 아울러 표상 정치에는 표상 정치를 수행하는 사람들의 이익과 관점이 과잉 대표되는 문제점도 도사리고 있다. 표상되는 사람들의 이익과 관점은 간접적으로만 반영될 뿐이다. 이 점에서도 표상 정치의 한계는 뚜렷하다. 표상 정치는 찌그러져 있다.

표상 정치의 이러한 한계는 인간의 정치에 유혹 또는 회피의 가능성이 잠재되어 있음을 암시한다. 여기서 유혹이란 표상 정치의 한계를 교활함을 가지고 돌파하라는 은밀한 요구를 말한다. 예컨대 오디세우스가 트로이 목마 작전을 통해 보여주었듯, 타자와 공유하는 정치적 표상을 그 타자를 기만하여 승리를 훔치기 위한 수단으로 활용하는 것이다. 하지만 이 유혹을 받아들일 경우 표상 정치는 진정성을 잃게 되고, 기껏해야 환영으로만 존재할 수 있다. 이 환영을 걷어내고 표상 정치를 다시 수립하기 위해서는 합당한 대가를 치러야만 한다.[41] 다음으로 회피란 아예 인간의 정치 자체를 포기한 뒤 동물의 정치로 내려앉거나, 아니면, 신의 정치의 이름으로 인간의 정치보다 더욱 고상한 가치를 전면적으로 추구하는 것을 말한다. 예컨대 만년의 레프 톨스토이가 제창했듯이, 국가를 폭력이라고 놓고, 끝까지 철저하게 이타적이고 초월적인, 종교적 선행을 실천하는 것이다(톨스토이 2008). 이 경우 표상 정치는 더 이상 고민거리가 되지 못한다. 모든 것은 신적 가치와 연결된 참으로 윤리적인 실천으로 환원되기 때문이다.

그러나 '헌정적인 것'은 표상 정치의 한계 앞에서도 이와 같은 유혹과 회피를 공히 거부한다. 속물근성에 휩싸여 인간의 정치를 동물의 정치로 전락시키지도 않고, 희생을 각오하면서 인간의 정치를 신의 정치로 환원하지도 않는다. '헌정적인 것'은 인간의 정치를 옹호한다. 공동의 정치적 표상을 통하여 함께 사유하는 표상 정치의 차원을 포기하지도 않고, 절대화하지도 않는다. 이처럼 '헌정적인 것'의 근본에는 모순이 존재한다(Cappelletti 1989: 12-14). 그 모순은 '헌정적인 것'이 표상 정치에 제기되는 동일자의 요구와 타자의 요구를 함께 받아들이는 데서 유래한다.

그러므로 '헌정적인 것'의 일차적인 의미는 표상 정치의 모순을 긍정하는 것이다. 그것은 우선 표상 정치의 불가피성을 인정하는 데서 출발한다. 특히 표상 정치가 이미 붕괴되었거나 붕괴될 위험에 처했을 때, '헌정적인 것'은 심지어 정치적 표상의 잠정적 절대화(헌정적 독재)를 용인하기까지 한다. 그러나 표상 정치에 대한 긍정은 거기까지이다. '헌정적인 것'은 표상 정치의 한계를 직시하면서 그 극복을 위해 주어진 조건 속에서 모순을 화해시키는 방식으로 끊임없이 현실적이고도 효과적인 대안을 마련한다. 그리고 이러한 애씀 속에서 인간의 정치에는 헌법이 구성되기 시작한다.

---

41 정치적 승리를 목표로 타자를 기만하려는 이와 같은 유혹은 감상적, 비합리적 측면에 호소하는 정치적 정당화의 방식으로서 미란다(miranda)와 관련되기 쉽다. 이에 비하여 후술하듯 표상 정치의 한계를 목도하면서도 그러한 유혹과 회피를 거부하는 '헌정적인 것'은 합리적 설득에 의한 정치적 정당화로서 크레덴다(credenda)와 친화적이라고 말할 수 있을 것 같다.

앞서 말했듯 헌법의 개념에는 여러 겹의 이중성이 깃들어 있다. 존재와 당위, 권력과 규범, 국가와 사회, 사실성과 타당성, 정치적인 것과 법적인 것 사이의 이중성은 마치 해명할 수 없는 신비처럼 헌법의 개념을 감싸고 있다. 하지만 '헌정적인 것'의 차원에서 출발할 경우, 이러한 이중성은 더 이상 해명할 수 없는 신비가 아니다. 그것은 오히려 인간의 정치, 즉 공동의 정치적 표상을 통하여 함께 사유하는 표상 정치에 내재된 고유한 모순의 표명일 뿐이다. '헌정적인 것'이란 그와 같은 모순을 긍정하고, 이에 대응하기 위하여 현실적이고도 효과적인 방안을 마련하려는 것이다. 헌법은 그러한 방안의 제도적 결집이며, 이 점에서 헌법은 표상 정치의 한계를 극복하기 위한 정치적 기획이다.

그러면 '헌정적인 것'은 어떻게 헌법을 구성하는가? 표상 정치에 내재된 동일자의 요구와 타자의 요구는 인간의 정치가 시도되는 역사적—사회적 맥락에 따라 다양한 형태로 나타난다. 주관적 조건, 객관적 조건이 다 다르다. 따라서 개개의 고유한 맥락을 무시하고 특정한 제도적 질서만을 헌법과 동일시하는 태도는 '헌정적인 것'과 어긋난다. '헌정적인 것'은 오히려 역사적—사회적 맥락에 따라 다르게 나타나는 정치공동체 안팎의 고유한 모순을 통찰하고, 바로 그 모순과의 긴밀한 관련 속에서 표상 정치를 재구축하려는 태도를 말한다. 바로 이 점에서 '헌정적인 것'은 역동적인 중용을 통하여 정치적 엔트로피를 정치적 에너지로 변환시키는 시중(時中)의 정신과 맞닿아 있다. 정치공동체의 근본 모순을 회피하지 않고 오히려 그것을 표상 정치의 모순에 연결시킴으로써 '헌정적인 것'은 정치공동체를 이끌어갈 동력을 확보한다.

'헌정적인 것'은 '사회적인 것', '정치적인 것', '법적인 것'을 배제하지 않는다. 오히려 이 셋에서 출발하여 셋을 아우른다. 이렇게 보자면, 현재의 헌법관 논의는 가치질서에 의하여 통합된 사회가, 적과 동지의 구분을 통해 공적 권위를 수립하고, 그 규칙을 통해 사회 속에서 당위를 실현하는 단순한 순환 모델을 전제한 채, 단지 그 속에서 어떤 측면이 더욱 본질적인지를 다투고 있는 셈이다. 이에 비하여 내가 주목하는 바는 이 셋

모두가 표상 정치라는 공통의 기반을 딛고 있으며, 또한 동일자와 타자의 요구를 모두 좌절시키는 고유한 한계에 직면하고 있다는 사실이다. 바로 이 지점에서 표상 정치의 한계를 극복하기 위한 메타−정치의 기획으로서 헌법을 시도하는 '헌정적인 것'의 차원이 비롯될 수 있다. 요컨대, '헌정적인 것'은 '사회적인 것', '정치적인 것', '법적인 것'에서 출발하여 그 모두를 아우르는 동시에 다시 새롭게 만드는 메타−정치의 플랫폼(platform)이며, 이를 통해 인간의 정치를 갱신하는 초월적 지평(transcendental horizon)이다.

　　표상 정치의 한계를 극복하기 위한 정치적 기획으로 헌법을 이해하고 정치적 사유와 실천의 중심에 헌법을 놓으려는 정치적 지향성을 나는 헌정주의(constitutionalism)라고 부른다. 인간의 정치가 수립한 성숙한 문명은 각각 나름의 방식으로 '헌정적인 것'을 알고 있으며, 나름의 헌정주의에 입각하여 나름의 헌법을 구성한다. 아니 반대로 어떤 문명이건 헌정주의가 문명을 이끌어 갈 때만 정치적 성숙을 경험할 수 있다. 지중해 주변에서 발생한 그리스−로마 문명이 고차법의 논리와 혼합정체의 사상을 헌법의 중핵으로 내세웠던 것이나, 14세기 이후 동아시아에서 꽃핀 성리학적 유교 문명이 예주법종(禮主法從)의 토대 위에서 왕권과 신권의 균형을 추구하는 헌법을 제도화했던 것은 좋은 예이다(이국운 2010a: 2장).

　　역사에 등장하는 헌법의 구체적인 내용에는 차이가 크지만, 표상 정치의 한계를 극복하기 위하여 헌정주의가 동원하는 방책은 크게 두 가지로 요약할 수 있다. 하나는 공유되는 정치적 표상을 다시 복수화 하는 것이고, 다른 하나는 어떠한 정치적 표상도 절대적 지위를 갖지 못하도록 방비하는 것이다. 달리 말해, 표상 정치를 단 하나의 절대적 표상이 아니라 서로 경쟁하거나 서로를 보완하는 여럿의 정치적 표상으로 수행하도록 하는 것이다. 이러한 두 방책은 여럿의 정치적 표상을 메타적으로 관련짓는 제3의 방책에 의하여 완결된다. 이 셋은 정치적 표상의 재복수화와 탈절대화, 그리고 중층화로 명명할 수 있다.

　　표상 정치의 한계를 극복하기 위한 정치적 기획으로서 헌법은 법의 법, 즉 현실을 지배하는 1차 규칙이 아니라 1차 규칙의 규칙성을 승인하고 보증하는 2차 규칙으로 나타난다. 홍범(洪範), 국제(國制), 데칼로그(Decalogue), 노모스(Nomos), 폴리테이아(Politeia), 컨스티튜션(Constitution), 페어파숭(Verfassung), 펀더멘탈 로(Fundamental Law) 등 어떤 이름으로 불러도 마찬가지다. 인간의 정치에서 권력관계의 출현, 즉 통치자와 피치자의 현상적 분리는 피할 수 없으며, 그 속에서 법은 권력의 형식이자 배제의 형식으로 활용된다. 하지만 헌정주의는 여기에 머물지 않고, 그 위에 권력관계의 정당성을 문제 삼을 수 있는 메타-정치의 차원을 설정함으로써, 법을 자유의 형식이자 포용의 형식으로 활용할 수 있는 통로를 만든다.

　이 두 차원, 즉 구체적이고 특수한 표상의 차원과 추상적이고 보편적인 표상의 차원을 연결하는 문제는 헌정주의의 영원한 숙제이다. 헌정주의의 역사는 이 난제를 해결하기 위하여 보편성의 이름으로 신이나 이성이나 자연법이나 민족정신이나 근본 규범이나 해방적 이념들을 호명해왔던 기록과 다름없다. 그러나 그 역사의 세세한 굴곡이 어떠하든, '헌정적인 것'의 관점에서 그 역사를 이끌어온 근본 동기가 무엇인지는 명백하다. 그것은 사유 정치로서의 인간의 정치가 표상 정치의 한계에 부딪혀 와해되거나 절대화되는 것을 막기 위하여 기존의 표상 정치를 다시금 정치적 사유의 대상으로 삼으려는 것이다. 정치적 표상의 재복수화와 탈절대화, 그리고 중층화라는 헌정주의의 방책은 인간의 정치를 다시 사유하려는 '헌정적인 것'으로부터 비롯된다. 이와 같은 메타-정치의 기획, 즉 정치적 사유의 재사유, 정치적 표상의 재표상의 시도야말로 '헌정적인 것'의 본질이다.

V. 모더니티와 헌정주의

　모더니티 이전의 세계에서 헌정주의는 면식공동체를 기반으로 메타-정치를 추진할만한 중용적 탁월성을 요구했다. 이러한 덕성은 '존재의 대연쇄'에 기초하여 인간 사회의 자연적 위계질서를 정당화하는 까닭에(러브조이 1984), '자연적 좋음의 보수주의'로 비판받을만한 측면을 가지고 있었다. 앞서 말한 그리스-로마의 헌정주의나 동아시아의 성리학적 헌정주의가 공히 노예제도나 신분질서를 당연하게 전제하고 있었음은 주지의 사실이다. 이에 비하여 모더니티는 이와 같은 전제를 완전히 전복시킨다. 전복의 출발점은, 그 자체로서 모더니티의 매혹이기도 한, 초월적/정언적 자유의 명령이다.

모더니티는 모든 인간을 원래부터 자유롭고 평등한 존재로 규정한 뒤, 그 반대의 논증을 차단하는 동시에 그 자유의 실현을 명령한다. 모든 인간에게 선험적 오성능력이 존재함을 주장한 뒤, 모든 인간을 목적으로 대우하라는 실천이성의 정언 명령을 논증하고, 나아가 모든 인간에게 그 명령의 실천을 윤리적으로 요구하는 임마누엘 칸트의 입론은 전형적인 예이다. 이러한 논리는 미국의 독립선언서나, 프랑스대혁명의 권리헌장이나, 국제연합의 세계인권선언에 동일하게 깔려 있으며, 매혹적인 당위로서 인간에게 그 실천을 명령한다.

흥미롭게도 초월적/정언적 자유의 명령은 인간의 정치에 근원적인 불안정을 초래한다. 우선 초월적/정언적 자유는 그 자체에 기초하지 않은 모든 종류의 정치체제를 부정하는 까닭에 저항에 부딪힌다. 혁명과 반혁명의 투쟁은 모더니티의 특징이다. 그러나 더욱 원초적인 불안정은 초월적/정언적 자유의 명령 그 자체에서 비롯된다. 초월적/정언적 자유의 명령은 그 자체를 제어할 수 있는 더 근원적인 심급을 부정한다. 이로 인해 모더니티 속에서 자유와 자유가 부딪히고 끊임없이 투쟁하는 것은 불가피하다. 이처럼 모더니티의 정치적 조건은 자유와 비자유가 투쟁하고, 다시 자유와 자유가 투쟁하는 이중적 갈등의 항상적 공존이다. 자유화, 산업화, 도시화, 세계화, 정보화의 경향성이 보여주듯, 모더니티는 인간 사회의 익명성을 강화하는 방향으로 전개되었으며, 이는 다양한 면식 공동체를 해체함으로써 더욱 커다란 정치적 불안정을 초래한다. 비유컨대, 모더니티의 정치적 조건은 초월적/정언적 자유의 명령에 뿌리박은 익명의 왕들이 서로에 대하여 자신의 자유를 내세우면서 끊임없이 정치적 불안정을 축적하는 상태이다.

그렇다면 모더니티가 가져 온 이와 같은 초유의 정치적 조건에 대하여 헌정주의는 어떻게 대응할 수 있었는가? 초월적/정언적 자유의 명령이 초래한 정치적 불안정은 모더니티 이전의 세계에서 헌정주의가 발전시킨 기왕의 정치적 표상을 무력화한다. 따라서 헌정주의는 그 공백을 채우기 위해 새로운 정치적 표상을 수립할 수밖에 없다. 이를 위하여 모더니티가 안출한 대표적인 정치적 표상은 주권국가(sovereignty state)였다. 원래 창조주의 전지전능한 권력을 표현하는 신학적 개념이었던 주권은 16-7세기 유럽을 휩쓴 종교적 내전을 종식시키려는 정치신학적 시도를 통하여 모더니티의 정치적 표상인 주권국가로 탈바꿈했으며, 대내적 최고성과 대외적 독립성을 핵심 징표로 삼아 정치공동체를 재구성했다. 1648년 유럽의 종교전쟁을 마무리한 베스트팔렌 조약에서 제도화된 주권국가론은 오늘날까지도 모더니티를 대표하는 정치적 표상으로 군건하게 작동하고 있다.

주권국가론은 초월적/정언적 자유의 명령이 야기한 정치적 불안정을 해소하고 표상 정치를 복원시킨다. 하지만 그와 동시에 전쟁이나 식민 통치를 주권국가의 결단으로 탈도덕화함으로써 모더니티를 끊임없는 전쟁으로 몰고 간 측면도 부인할 수 없다. 개념상 최강의 정치적 표상인 주권국가의 수립 그 자체가 정치적 투쟁의 직접적인 목적이 되는 경우도 비일비재하다(독립전쟁). 이처럼 주권국가 안팎에서 전쟁이 일상화되면 초월적/정언적 자유의 명령이 훼손되는 것은 당연하다. 주권국가가 전쟁을 이유로 비상사태를 정당화하고, 시민의 자유에 대한 억압을 일상화할 뿐만 아니라 주권국가 바깥에는 제국주의나 식민통치를 통하여 더욱 극심한 고통을 전가하게 되기 때문이다. 이는 초월적/정언적 자유의 명령이 초래한 정치적 불안정을 해결하기 위해 구성된 주권국가가 도리어 인간의 자유를 일상적으로 침해하게 되는 결과나 다름없다. 그렇다면 이와 같은 상황에 대하여 헌정주의는 다시 어떻게 대응할 수 있는가?

앞에서 밝혔듯이 '헌정적인 것'은 표상 정치의 한계 속에서 동일자와 타자의 모순적인 요구를 읽어낸다. 그리고 그 기초 위에서 역사적-사회적 맥락에 따라 다르게 나타나는 정치공동체 안팎의 고유한 모순을 통찰하며, 바로 그 모순과의 긴밀한 관련 속에서 표상 정치를 재구축하려고 시도한다. 또한 주어진 조건 속에서 모순을 잠정적이나마 화해시킴으로써 정치공동체 안팎의 엔트로피를 에너지로 변환시킨다. 이러한 접근방식은 모더니티에 대한 헌정주의의 대응과정에도 그대로 드러난다. 핵심은 초월적/정언적 자유의 명령을 메타-정치의 기획 속에 포괄하는 것이다.

초월적/정언적 자유의 명령은 평등을 당연한 결과로 정초한다. 이 점에서 모더니티는 자유를 평등의 출발점으로 전제하며, 자유 그 자체를 부정함으로써 평등을 정초하려는 일체의 시도들과 구분된다. 그렇다면 인간의 정치에서 평등은 어떤 방식으로 구현될 수 있는가? 주지하듯 평등의 정치적 표현 형태는 단연 민주정치이지만, 이는 구체적인 방식에 따라 상이한 결과를 낳는다. 예를 들어, 추첨에는 무책임이라는 부작용이 따르고, 만장일치에는 소수의 거부권이 수반된다. 이에 비하여 다수결주의는 상대적으로 합리적인 장점이 있지만, 구조적 소수의 인권 침해라는 결정적인 위험을 노출한다. 흥미롭게도 바로 이 상황에서 헌정주의는 헌법을 문서화하고, 그 문서 안에 권리장전을 포함시키는 방식으로 구조적 소수에게 스스로의 자유를 수호할 수 있는 결정적인 버팀목을 제공한다. 구조적 소수는 자신들의 자연적 인권을 행사하는 방식으로 초월적/정언적 자유의 명령을 전유함으로써 다수자의 결정에 대항할 수 있을 뿐만 아니라 자연적 인권의 보장이 주권국가의 규범적 목적이라는 점을 주장할 수 있게 되기 때문이다.

자유와 평등, 자유와 민주의 모순적 길항관계에 착목하여 자연적 인권과 민주정치의 제도적 길항관계를 구축하는 것은 모더니티에 대응하는 헌정주의 프로젝트의 결정적 국면이다. 하지만 이 프로젝트의 실천은 결코 쉬운 일이 아니다. 자연적 인권을 도덕의 요구가 아니라 권리의 명령으로 받아들이고, 민주정치가 아니라 민주주의를 실천하는 것은 심지어 자연적 위계질서에 기초한 중용적 탁월성을 갖춘 사람들에게도 지난한 과제로 다가온다. 따라서 이 프로젝트를 추진하기 위해서는 중용적 탁월성

을 넘어서는 새로운 덕성이 필요하다. 그것은 초월적/정언적 자유와 주권
국가의 명령이 모순을 일으키는 모더니티의 정치적 조건 속에서 자발적으
로 '사적 공간'을 창출하는 덕성일 수도 있다.[42] 나는 이와 같은 모더니티
의 새로운 덕성을 똘레랑스라는 새로운 윤리 속에서 발견한다. 타자가 동
일자와 동등한 대우를 받을 권리를 가지고 있음을 '자발적으로' 받아들이
는 똘레랑스의 덕성은 모더니티의 정치적 조건 속에서 헌정주의가 발굴한
인간성의 새로운 차원이다. 자연적 위계질서를 거부하고 초월적/정언적
자유의 명령을 받아들일 뿐만 아니라 타자를 적과 동지가 아니라 이웃으
로 표상하는 똘레랑스의 정치신학은 지금도 형성되고 있다.

　　자유와 평등, 자유와 민주의 모순적 길항관계를 중심으로, 똘레랑스
의 덕성을 추구해 가면서, 헌정주의는 모더니티 속에서 정치적 표상의 재
복수화와 탈절대화, 그리고 중층화를 기획하고 추진한다. 근대 서구의 경
험에 비추어 보자면, 앞서 언급한 성문헌법에 의한 권리장전의 수립 말고
도, 17세기에는 종교전쟁의 틈바구니에서 공사(公私)이원론에 입각하여 정
치의 탈종교화를 위한 장치들이 고안되었고, 18세기에는 주권국가의 민주
화를 위한 각종 장치들, 예를 들어 대의제(의회주의), 기능적 권력분립과
공간적 권력분립, 법의 지배 또는 법치국가주의가 안출되었다. 19세기에
는 독점금지나 노동조합주의와 같이 자유시장의 각종 폐해를 제어하기 위
한 장치들이 나왔고, 20세기에는 국제평화주의 및 보편적 인권이론으로
대표되는 초국가적 권력통제수단들이 등장했으며, 21세기에 들어와서는
그 연장선상에서 환경주의 및 생태주의 영향력이 급속하게 강화되고 있
다. 이 전 과정은 주권국가론의 정치적 구심력에 대항하여 헌정주의가
'분리의 정치적 기예'(art of separation)를 동원하여 정치적 원심력을 확보
하고자 애쓴 기록으로도 이해할 수 있을 것이다(왈저 2009: 4장). 오늘날

---

42 이는 모더니티의 정치적 조건 속에서 헌정주의가 과도한 정치적 에너지를 요구하는 문
　　제들을 국지화시키는 '생략의 정치'(politics of omission)를 시도할 수 있는 기초이기
　　도 하다. 스테판 홈즈는 17세기의 유럽이 달성한 종교의 제도적 탈정치화를 대표적인
　　예로 제시한다(Holmes 1995: ch.7).

한국 사회에는 모더니티 속에서 헌정주의가 안출한 다양한 제도적 장치들 가운데, 어느 일부분만을 배타적으로 옹호하려는 태도가 지배적이다. 어떤 집단은 주권국가론을, 다른 집단은 대의제의 확립을, 또 다른 집단은 경제민주화나 생태적 세계관의 확립을 시대적 과제로 내세운다. 하지만 아무도 이 모두가 헌정주의의 맥락에서 포괄될 수 있음을 인식하지 못하고 있다. 이와 같은 지성적 협애함이야말로 한국 사회가 마주하고 있는 정치적 질곡의 근본 원인이다.

VI. 헌정주의의 미래

오늘날 헌법이론 연구에서 모더니티에 대한 평가는 크게 두 축으로 진행되는 것으로 보인다. 하나는 '모던 vs. 포스트모던'의 대결 구도에서 특히 주권국가론의 미래를 두고 벌어지는 토론이다. 한 쪽에서는 계몽의 이상을 주장하면서 합리성의 재구성을 통해 주권국가의 활로를 개척하려고 하고(하버마스 2007), 다른 쪽에서는 삶의 원초적 다원성을 전면적으로 수용하는 탈중심/무중심의 체계이론으로 주권국가를 해체하려고 한다(루만 2014). 다른 하나는 헌정주의의 핵심을 자유에 대한 이해로 등치한 뒤, 자유의 본질을 재규정하려는 토론이다. 한 쪽에서는 공화주의 정치철학의 계보를 따라 모더니티 이전, 자유주의 이전의 자유에 주목하면서 '아테네 공화주의 vs. 로마 공화주의'의 사상적 대립을 부활시키려고 하고(스키너 2007; 페팃 2012), 다른 쪽에서는 초기 모더니티가 똘레랑스의 덕성을 발견해 간 과정에 주목하면서, 아직 도래하지 않은 고상한 휴머니티를 기다리는 태도로 자유주의를 재규정하려고 한다(슈클라 2011).

이 글은 이와 같은 헌법이론 연구의 동향을 염두에 두면서도, 여태껏 제대로 주목받지 못해 온 '헌정적인 것'의 개념을 초점으로 삼아 헌법과 헌정주의의 고유한 본질을 밝혀 보고자 했다. 인간의 정치가 가지는 독특성을 사유 정치(thinking-politics), 특히 공동의 정치적 표상을 통하여 함께 사유하는 표상 정치(representation-politics)로 파악한 뒤, 엠마누엘 레비나스가 말하는 타자 윤리의 관점에서(레비나스 1996) 표상 정치의 한계를 구명하고, 이를 극복 또는 보완하기 위한 메타-정치의 기획이자 운동으로 헌법과 헌정주의를 재규정하는 것이 이 글이 내놓을 수 있는 결론이다.

그러면 이와 같은 맥락에서 헌정주의의 미래는 어떻게 전망할 수 있을 것인가? 나는 '헌정적인 것'의 개념을 일반이론의 차원에서 주장한다. 과거에 그랬듯이 미래에도 '헌정적인 것'의 개념 자체는 변하지 않을 것이다. 따라서 헌정주의의 미래는 오히려 이 글이 모더니티로 말한 초월적/정언적 자유의 명령이 앞으로의 세계에서 어떻게 받아들여질 것인지에 달려 있다. 그렇다면 조심스럽지만 크게 세 가지 방향을 생각해 볼 수 있지 않을까?

첫째는 초월적/정언적 자유의 명령을 전혀 의심하지 않으면서 그로 인한 다양한 부작용에 대하여 헌정주의의 혁신을 추구하는 것이다. 예를 들어, 울리히 베크의 위험사회론의 주장을 청종하면서, 자유, 민주, 법치, 주권, 인권, 권력분립 등의 개념들이나 이를 담는 정치적 표상들을 재구성하는 방향이다. 둘째는 초월적/정언적 자유의 명령을 인간의 범위를 넘어 생명을 가진 모든 존재에로 확대하고, 그 관점에서 아예 새로운 정치적 표상들을 개발하는 것이다. 이 경우 앞서의 개념들은 예컨대 생태주의의 관점에서 근본적으로 재검토될 수밖에 없을 것이다. 셋째는 초월적/정언적 자유의 명령 자체를 의심하거나 포기하는 방식으로 모더니티를 벗어나는 것이다. 이를 통하여 존재의 대연쇄와 사회적 위계질서에 근거한 모더니티 이전의 정치적 표상들이 부활할 것인지는 아직 예단하기 어렵다.

'헌정적인 것'의 개념에서 출발하는 한, 헌정주의는 어떤 경우에도 사유 정치로서의 인간의 정치가 표상 정치의 한계에 부딪혀 와해되거나 절대화되는 것을 막기 위하여 기존의 표상 정치를 다시금 정치적 사유의 대상으로 삼으려는 시도를 중단할 수 없다. 이런 뜻에서 헌정주의의 미래가 어떤 방향으로 펼쳐지든, 인간의 정치를 다시 사유하려는 메타-정치의 기획은 계속될 것이 틀림없다. 그리고 그 과정에서 헌정주의는 중용적 탁월성과 똘레랑스의 덕성을 넘어서는 방식으로 인간성의 새로운 차원을 개척하게 될 것이다.

5장

헌법학 방법론 연구 – 해석학에서 현상학으로

I. 헌법학 방법론의 요청

어떤 학문 분야든 방법론은 연구의 처음과 마지막을 장식하는 가장 심오한 분야다. 방법론은 단지 연구 결과의 합당성과 유용성을 담보하는 것만이 아니라, 진리에 대한 탐구로서 해당 연구의 의미와 가치를 근거지우는 것이며, 궁극적으로는 연구자의 진리에 대한 지향과 태도를 확인케 하는 것이기도 하다. 모든 학문은 학적 질문 그 자체에 대한 근본적인 정당화의 요구, 즉 누가, 무엇을, 어떻게, 그리고 왜 묻는지에 관한 방법론적 질문과 함께 시작되며, 또 그에 대한 답변 및 비판과 토론으로 계속된다.

이상의 진술은 법학 일반에 그대로 타당하지만(Larenz 1991: Einleitung), 오늘날 특히 헌법학에 대하여 더욱 엄중하게 제기되는 측면이 있다. 민주화 이후 한국 사회에서 여실히 드러나고 있듯이, 사회 속에서 법이 독자적인 시스템이 될수록, 법시스템 그 자체의 정당화를 담당하는 '승인 규칙'(rule of recognition)이자 '경계선 법'(law of border line)으로서 헌법의 역할이 결정적으로 중요해지기 때문이다. 헌법의 시대에는 법학의 학문성을 보증하는 최종적인 임무가 헌법학에 맡겨지기 마련이다. 그렇다면 한국 사회의 헌법학 연구는 이러한 요청에 부응하고 있는가?

헌법 교과서들은 대개 헌법학을 광의와 협의로 나누는 방식으로 암암리에 헌법해석학의 우위를 전제하면서 헌법철학적, 헌법사회과학적, 헌법사적, 헌법정책학적 접근에 일종의 보조적 위상을 부여한다.[43] 하지만 헌법학연구의 출발점으로서 헌법해석의 필연성을 언급하는 정도(성낙인 2015: 32) 외에 좀처럼 헌법해석학의 우위 그 자체를 방법론적으로 정당화하지는 않는다. 헌법해석의 필연성을 성문헌법주의의 요청으로 볼 수도 있겠지만, 헌법재판소의 소위 '관습 헌법 결정'[44]에 대한 수많은 비판에도 불구하고, 방법론적 차원에서 성문헌법주의를 정면으로 정당화하려는 노력도 찾아보기 힘들다.[45]

한국 헌정사의 맥락에서 이러한 현상의 이면에는 민주화에 따른 헌법재판의 활성화와 헌법의 생활규범화에 대한 헌법학자들의 기대가 배어 있을 수도 있다. 이들에겐 군사정권 시절 화석화되었던 헌법해석학의 기능 회복이야말로 헌법의 복권이기 때문이다. 권위주의하에서 헌법학 대신 법사회학이론연구에 매진했던 양건은 민주화의 시점에 헌법해석학의 정립을 주장한 바 있다.

"…권위주의 하에서 헌법해석의 작업이 단순한 정치적 주장으로 떨어지고 마는 것은, 정치권력이 본래적 의미의 법해석이 아니라 정치적 도구로서의 가짜 법해석을 요구하거나, 또는 해석자 스스로 정치적 도구의 제공자이기를 자원하기 때문이다…권위주의 하에서는 그 비판의 입장에서도 역시 본래 의미의 헌법해석학을 기대하기는 어렵다…권위주의에 대한 비판, 반대라는 그것만 가지고 모든 것이 정당화된다고 생각하기 쉬우며, 따라서 그만큼 치밀한 논증을 소홀히 하게 된다…법의 관점에서 보면 민주화란 곧 법의 지배를 뜻하며, 법의 지배의 토대는 헌법의 지배에 있다. 그리고 헌법의 지배는 본래의 헌법해석학의 정립 없이는 이루어질 수 없다. 이제 진정한 헌법해석학에 대한 수요가 생긴 것이다." (양건 1995: 4-6)

---

43 예컨대 김철수는 광의의 헌법학을 헌법철학과 헌법과학으로, 협의의 헌법학을 헌법사학과 헌법이론학과 헌법정책학을 포괄하는 헌법과학으로, 그보다 협의의 헌법학은 헌법해석학과 헌법사회학을 포괄하는 헌법이론학으로, 그리고 최협의의 헌법학은 헌법해석학으로 구분한다(김철수 2013: 20-22).
44 헌재 2004. 10. 21. 2004헌마554 등 신행정수도의건설을위한특별조치법 위헌확인(위헌).
45 이는 '수도' 문제가 다시 정치적 쟁점이 될 경우 관습헌법 결정을 재평가하는 방식으로 헌법학 방법론 논의가 촉발될 수 있음을 의미한다.

그러나 민주화와 함께 헌법해석학이 기능을 회복하는 것과 헌법해석학의 우위를 방법론적으로 정당화하는 것은 차원이 다른 문제이다. 전자는 후자의 출발점이나, 후자 없는 전자는 헌법해석의 미명 하에 권위주의의 재현을 초래할 수도 있다. 지난 30년간 다양한 분야에 헌법재판소의 판례가 축적되면서 헌법소송법이 새로 생겨났고, 기본권 및 통치구조의 법규들(legal dogmatics)이 구체성을 가지게 되었으며, 특히 기본권 제한의 일반 법리에 관련하여 일정한 심화가 있었다. 하지만 이러한 성취가 헌법학 방법론에 대한 심오한 토론으로 이어지고 있는가? 오히려 방법론적 토론을 도외시하는 헌법학계의 풍토를 틈타, 헌법해석을 통한 최종적 문제해결 그 자체에 관하여 정치적인 불만이 축적되고 있지는 않은가?

이 문제와 관련하여 헌법 교과서들은 헌법의 규범적 특성에 비추어 해석법학의 방법론과 다른 헌법학 고유의 방법론이 필요하다는 주장을 내세운다. 토픽적 방법이나 규범조화적 해석론이 그렇고, 소위 헌법관 논의나 철학적·역사적·사회적 접근을 강조하는 입장들도 마찬가지다(허영 1998: 86-104). 하지만 정작 헌법학 고유의 방법론에 입각한 새로운 헌법학의 시도는 찾아보기 어렵다. 때문에 이러한 주장은 솔직히 방법론 논의의 공백에 대한 변명으로 들리기까지 한다.

한국 사회에서 헌법학 방법론의 요청은 절실함에도 불구하고 쉽사리 무시되어 온 무엇이다. '방법론의 문제에 대한 무관심 내지 소홀'을 헌법학의 큰 문제로 꼽으면서, '우리에게는 독자적 학문으로서의 헌법학'이 없다고 탄식하는 원로 헌법학자들의 토로는 이를 잘 보여 준다. 1980년대부터 헌법학 방법론에 관한 고민에 찬 논의의 필요성을 역설해 온 최대권의 문제제기를 보라.

"…독자적 학문으로서의 우리의 헌법학을 위하여 헌법학적 방법론을 우리가 이야기 하는 것임은 이제 분명해진다. 우리에게는 독자적 학문으로서의 헌법학이 없으며, 그것은 이를 위한 헌법학적 방법론이나 방법론에 관한 고민에 찬 논의가 없는 점에 비추어 알 수 있기 때문이다. 방법론

헌법학 방법론 연구 – 해석학에서 현상학으로

은 길이 없는 목적지도 혼자 찾아갈 수 있도록 만들어주는 독도법이라 할 수 있다. 그러므로 우리에게 중요한 것은 혼자라도 길을 찾아갈 수 있는 능력이지 선진외국법학이 찾아 놓은 길을 따라 갈 수 있을 뿐 혼자 서는 한 발자욱도 옮기지 못하는 타인에 대한 거의 맹목적 의존성은 아닐 것이다. 이러한 무비판적 의존성이 학자의 세대를 뛰어 넘어 전승되고 있다는 점에서 위기의식까지 느끼게 만든다. …"(최대권 2002: 50)[46]

최대권에 따르면, 교과서 헌법학이 수입 헌법학 및 수험 헌법학에 치우친 까닭은 우리의 헌법 문제가 아니라 선진외국법학의 성과를 습득하거나 수험가의 수요에 부응하는 것을 대상으로 삼기 때문이다. 그러니 방법론적 고민이 있을 턱이 없다는 것이다. 이에 대항하여 그는 우리의 헌법 문제를 대상으로 삼는 곳에서 헌법학을 새로 시작해야 한다고 단언하면서, 이를 '법사회학적 접근'으로 명명한다. 이는 우리의 문제를 우리가 이해하고 해결해 보자는 입론이며, 따라서 헌법학의 대상은 물론 그 주체와 목적에 대한 관점의 변화를 포괄하는 것이다. 헌법학 방법론에 대한 고민에 찬 논의도 당연히 수반된다.

최대권의 문제제기는 일차적으로 수입 헌법학 및 수험 헌법학에 대한 것이지만, 방법론의 본질에 관한 통찰을 담고 있다는 점에서는 오늘날에도 여전히 설득력이 있다. 헌법해석학의 우위를 전제하는 헌법 교과서들은 헌법을 헌법문서와 동일시한 뒤, 그 해석을 통해 헌법의 의미를 파악하려는 '어떻게'의 차원에 머물러 있다. 이에 비하여 최대권은 우리의 헌법 문제에 부딪혀 '무엇을'과 '누가'와 '왜'의 차원을 묻지 않는 한 학문

---

46 유사한 구절은 1989년에 출간한 논문집의 서문에도 나타난다(최대권 1989). 계희열의 언급도 비슷하다. "…헌법의 경우 어떤 관점에서 헌법규범을 해석하느냐의 문제는 다른 법률의 해석에서보다 훨씬 중요한 의의를 갖는다. 즉 어떤 관점에서 헌법적 문제를 보느냐에 따라 그 해결의 결과가 달라질 수 있다. 그렇기 때문에 헌법적 문제를 해결하는 데 있어서 중요한 것은 그것을 보는 관점이다. 해방 후 지금까지 반세기에 가까운 기간 우리 헌법학계가 학문적으로 크게 발전한 것이 사실이지만 우리 학계가 지난 큰 문제 중의 하나는 바로 이 방법론의 문제에 대해 무관심 내지는 소홀했다는 점일 것이다. …"(계희열 1993: 21-2).

으로서의 헌법학은 결코 완결될 수 없다고 통박한다. 그가 제안하는 법사회학적 접근은 이와 같은 문제의식 그 자체라고 말할 수 있을 정도다.[47]

이 글은 최대권이 말하는 '헌법학 방법론에 관한 고민에 찬 논의'를 자처한다. 다만, 나는 '법사회학적 접근'이라는 명명을 고집하기보다 헌법현상학이라는 새로운 이름으로 문제의식 자체를 재구성해보려고 한다. 새로운 방법으로 새로운 대상을 탐구할 때, 헌법학은 '질문을 던지는 우리는 누구이며, 우리는 왜 그러한 질문을 던지는가?'라는 근본적인 요청을 마주할 수밖에 없다. 방법의 변화는 대상의 변화를 가져오고, 대상의 변화는 주체의 변화로 연결되며, 주체의 변화는 다시 목적의 변화를 추동하게 되는 것이다. 흥미롭게도 헌법은 이와 같은 방법론적 질문의 연쇄를 전제하고 있으며, 이는 헌법이 민주주의를 정면으로 받아들인 경우에 더욱 뚜렷해진다. 결론부터 말해서 나는 헌법학이란 결코 헌법해석학에 머무를 수 없고, 반드시 헌법현상 그 자체의 이해, 즉 헌법현상학으로 나아가야 한다고 생각한다. 일단 헌법해석학의 필요성과 한계에서부터 논의를 시작해 보자.

Ⅱ. 헌법해석학을 넘어 헌법현상학으로

기실 헌법해석학의 필요성은 당연한 것이다. 굳이 법수사학 또는 문제변증론에 의존하지 않더라도 현실의 삶 속에서 법의 필요성은 언제나 분쟁으로부터 비롯되며 이는 헌법의 경우도 마찬가지다. 해결을 요구하는

---

47 그러면, 법사회학적 접근은 헌법학의 본래적 문제의식을 회복하기 위한 교정적 차원에서 필요한 것인가? 아니면 헌법학은 본래부터 법사회학적 문제의식을 필수적으로 필요로 하는가? 최대권의 논의 맥락에서 이 질문은 '우리의 헌법 문제를 대상으로 놓을 때는 어떤 결과가 발생하는가?'의 문제이기도 하다. 흥미롭게도 이 질문과 관련하여 최대권은 의외의 대답을 내놓는다. 법사회학적 접근도 법적 합리성을 높이려는 목표에서는 통상의 법학과 동일하다고 말하기 때문이다. 그는 법의 속성을 합리성으로 단언하면서, 법사회학을 사회과학이 아니라 법적 합리성을 높이기 위한 법학의 한 분과로 규정한다 (최대권 2002: 64). 이 지점에서 최대권의 논변이 전형적인 법학원론으로 회귀하는 까닭은 무엇일까? 나는 그 이유를 1970년대 이래 그가 천착해 온 법의 독자성에 대한 이해의 변화에서 찾고자 한다. 이에 관하여는 가까운 장래에 별도의 논의를 전개할 것이다.

헌법적 분쟁 앞에서 헌법학은 크게 두 가지로 대응한다. 하나는 분쟁을 해결하기 위하여 규칙을 창조하는 것(입법)이고, 다른 하나는 어디로부턴가 규칙을 발견하는 것(해석)이다(이국운 1999). 이때의 해석은 당연히 헌법문서의 범위에 국한되지 않는다. 판례나 헌법적 법규는 물론이려니와 헌법적 관행이나 역사적 사건, 심지어는 양심의 명령이나 사물의 본성 또는 신의 뜻과 같은 것도 해석의 대상이 된다. 결국 헌법적 분쟁은 있고, 헌법적 해결책이 없을 때, 그리고 그 해결책을 새로운 규칙을 창조하는 방식으로 확보하기 어려울 때, 헌법적 규칙을 발견하기 위한 헌법해석은 불가피하다. 그리고 이때의 해석은 불가불 이미 존재하는 무언가, 즉 헌법텍스트(constitutional text)로부터 시작할 수밖에 없다.

그러나 해석에는 언제나 한계가 있다. 우선 텍스트 자체가 완전하지 않기 때문이다. 게다가 헌법텍스트의 특성으로 흔히 거론되듯, 비의도적인 흠결만이 아니라 고의적인 누락이 있을 경우에 해석의 한계는 피할 수 없다. 나아가 텍스트의 불완전성을 차치하더라도 해석이라는 방법 자체의 순환적 특성을 인정하지 않을 도리가 없다. 한스 가다머가 밝혔듯이, 헌법학을 포함한 문화과학 또는 정신과학 일반은 인간이 자신의 작품이자 자신을 구성하는 역사 또는 문화를 대상으로 학문을 추구하는 까닭에 방법론적으로 해석학적 순환에 의존할 수밖에 없다(가다머 2012: 특히 2부 II-2-3). 1980년대 미국 헌법학의 '주석주의(interpretivism) vs. 비주석주의(noninterpretivism)' 논쟁을 세밀하게 검토한 바 있는 한상희의 논의를 따라 이 점을 생각해 보자(한상희 1998).

주석주의에 따르면 헌법해석은 헌법문서의 주석 이상을 담당해서는 안 된다. "사법판단의 가장 궁극적인 근거는 관련 법조문의 의미와 그에 담긴 입법자의 의도"이며, 주석주의는 이를 역사적 사실에 의하여 도출해 낼 수 있다고 전제한다. 하지만 헌법텍스트의 이해는 단순하지 않다. "발화자-텍스트-독해자(청자)로 이어지는 가장 간단한 해석의 과정에서도 발화자와 독해자간의 완전한 의사소통이 가능하게 되기 위해서는 그들의 인식 및 표현의 준거가 동일할 것이 요구된다." 그러나 "인식-표현-이해로 이어지는 일련의 행위가 상당히 많은 부분 개인적 생체험을 바탕으로 형성된다는 점과 또한 헌법해석에 있어서의 시간적 간격(제헌시와 헌법적용시의 차이)을 고려한다면" 헌법해석에서 완전한 의사소통이라는 전제는 거의 허구에 가깝다(한상희 1998: 182-3).

한상희는 헌법텍스트를 포함한 어느 한 요소만을 따로 떼어 사법심사의 유일한 준거로 주장하는 것을 지나친 일반화로 비판한다. 그의 대안은 해석적 지평의 종합을 통한 해석공동체의 확장으로서 이를테면 가다머의 주장을 헌법적으로 수용하는 것이다.

"…오히려 헌법재판을 중심으로 하는 사법심사에 있어서는 진정한 의미에서의 해석, 즉 일정한 법공동체를 상정하면서 그 구성원들이 시대의 흐름 속에서 그때그때의 특유한 상황들을 해결하는 과정 중에 각자 및 서로의 행위에 부여하는 의미에 의하여 형성되는 일종의 상호주관적 네트워크 속에서 보다 의미 있는 법상황을 도출하는 일련의 작업 또는 새로이 재생산되는 일단의 의미들의 결합 내지 통합체로 파악하는 것이 바람직할 것이다." (한상희 1998: 197-8)

이처럼 해석공동체를 중심에 세울 경우 헌법해석학은 더 이상 헌법텍스트의 해석에 그칠 수 없게 된다. 더구나 대한민국 헌법처럼 민주주의를 정면으로 천명하는 헌법텍스트는 문제를 더욱 심각하게 만든다. 헌법텍스트의 정당성 자체가 해석자들로부터 나오는 셈이기 때문이다. 예를 들어 스스로를 "유구한 역사와 전통에 빛나는 우리 대한국민"의 일원으로 자부하는 해석자에게 대한민국 헌법의 해석은 헌법텍스트의 저자가 자신의 작품을 해석하는 작업이 된다. 이때 헌법적 주체는 자신의 선언을 다시 읽으면서 과거를 평가하고 미래를 방향 지우는 독특한 상황에서 수범자(受範者)이자 입법자이며, 참여자이자 관찰자인 위상을 가지게 된다. 이렇게 보자면, 대한민국 헌정체제는 헌법 → 법률 → 명령 → 조례 → 규칙의 해석적 구조가 아니라 그 단계들 사이에 국민들이 쌍방으로 움직이는 실천적 구조, 즉 국민↔헌법↔국민↔헌법률↔국민↔법률↔국민↔명령↔국민↔조례↔국민↔규칙↔국민의 형태로 나타난다.

이러한 사태는 헌법 해석의 대상과 주체의 관계에 변화를 가져 온다. 해석의 대상인 대한민국 헌법 안에 해석의 주체가 '우리 대한국민'으로서 이미 포함되기 때문이다. 그렇다면 마치 뫼비우스의 띠처럼 대상과 주체가 꼬리에 꼬리를 무는 이 사태는 어떻게 해결되어야 하는가?

이 질문 앞에서 헌법학은 두 갈래로 분열한다. 하나는 어떻게 해서든 헌법텍스트를 매개로 삼아 헌법적 주체를 그의 말과 글로 전제된 헌법텍스트의 해석을 통해 다시 확인하려는 시도이다. 이 경우 헌법해석은 거울보기와 같이 진행되며, 그 과정에서 확인할 수 있는 것은 결국 헌법적 주체가 남긴 말과 글의 의미이다. 헌법해석을 헌법적 주체 모두의 과제로 받아들이면서 시간 축과 공간 축에서 헌법해석공동체를 끊임없이 확장하고 또 해석학적 순환을 양방향으로 체계화하더라도(헤벌레 1993; 이계일 2012a/b) 이 점에는 아무런 차이가 없다.

다른 하나는 헌법적 주체를 말 그대로 헌법의 주어로 받아들인 뒤, 헌법텍스트를 통해서건 우회해서건 헌법적 주체 그 자체를 탐구하려는 시도이다. 이는 마치 헌법적 주체가 거울을 보다 말고 자신의 몸을 스스로 살피기 시작하는 것과 같다. 이러한 접근은 헌법텍스트의 해석이 아니라 헌법적 주체 그 자체, 특히 헌법적 주체의 몸을 헌법현상의 초점으로 받아들인다. 왜냐하면 바로 그 몸에 의하여 헌법텍스트가 선언되었을 뿐만 아니라 헌법텍스트의 의미도 그 몸에 구현되기 때문이다. 대한민국 헌법에서 이는 '우리 대한국민'은 과연 누구이며 그들은 왜 헌법을 선언하는가의 질문을 던지는 것과 같다. 이 질문에 대한 답변은 궁극적으로 헌법텍스트를 선포하는 헌법적 주체를 통해서만 얻을 수 있다. 나는 이 후자의 방향을 헌법현상학으로 부르고자 한다.[48]

---

48 이 점에 관하여 혹자는 사적 계약에서 계약의 당사자가 계약서를 해석하는 것은 당연하다는 이유로 법에 대한 현상학적 입론에 별도의 지위를 부여할 수 없다고 주장할 수도 있을 것이다. 하지만 나는 바로 이러한 주장 자체에 답이 있다고 생각한다. 왜냐하면

헌법은 '법의 법'으로서 법체계에 정당성을 부여하는 동시에 그에 대한 비판과 성찰을 수행한다. 따라서 체제와 반(反)체제의 경계선까지 내려가 비판적 정당화를 수행하지 못하는 헌법학은 의미가 없다. 해석학에서 현상학으로 방법론적 지평이 옮겨가는 것은 헌법학적 문제의식의 자연스러운 심화이다. 이를 도외시할 경우 헌법담론은 체제담론으로 전락하고, 헌법규범은 재판규범으로 축소되어 헌법물신주의(constitutional fetishism)가 발행할 위험이 있다.

헌법현상학은 결코 헌법해석학을 배척하지 않으며, 오히려 헌법적 주체를 초점으로 삼아 헌법해석학을 넘어서고 또 포괄하려는 시도이다. 이처럼 헌법학을 해석학에서 현상학으로 확대할 경우, 방법론의 문제는 더욱 심각해진다. 헌법현상학은 주어진 헌법텍스트의 의미를 확정하는 차원에 머무를 수 없으며, 오히려 헌법텍스트를 선포하는 헌법적 주체의 존재를 문제 삼기 때문이다. 그러므로 헌법현상학의 입장에서 우리는 20세기 동안 현상학자들이 애써 확보한 현상학적 방법론을 수용하는 데 인색할 필요가 전혀 없다. 현상학적 철학이나 현상학적 사회학이 그렇듯이, 헌법현상학은 일단 헌법 현상에 대한 있는 그대로의 기술을 목표로 다양한 방법을 발전시켜야 하고, 그러한 시도 자체를 의미 있게 만드는 선험적 근거를 정당화해야 하며, 헌법 현상이 주체에 대하여 가지는 의미를 해석하고, 나아가 헌법적 주체의 존재 자체를 근거 지워야 한다(Natanson 1973; 질라시 1984; 김홍우 1999; 이남인 2004; 버거/루크만 2014 등).

이러한 맥락에서 헌법현상학은 우선 종래 좁은 의미의 헌법해석학을 보완·보충하기 위한 보조적 수단으로 치부되어온 소위 '기초법학', 즉 법철학, 법사학, 법사회과학 등을 포용할 필요가 있다. 헌법적 주체를 있는 그대로 이해하는 것은 헌법텍스트의 해석만큼이나 중요한 과제이기 때문

계약의 당사자는 기존 계약서의 해석에 머무를 수도 있지만, 더 나아가 그 계약의 변경을 추구할 수도 있을 것이기 때문이다. 그리고 이 후자를 선택하기 위해서는 우선 해당 계약에 관하여 스스로의 목적, 동기, 전망 등을 재검토하지 않을 수 없을 것이다. 이는 곧바로 해석학을 넘어 현상학의 차원으로 진입하는 것이 아닌가?

헌법학 방법론 연구 – 해석학에서 현상학으로

이다. 나아가 입법학 및 입법변론을 포괄하는 '헌법정책학'의 위상도 헌법현상학의 시도로서 재정립해야 한다. 헌법적 주체의 실천을 합당하게 방향지우는 것 역시 헌법현상학의 과제인 까닭이다. 헌법정책학은 기초법학의 충분한 축적 위에서만 비로소 만개할 수 있으며, 그 꽃은 헌법텍스트의 교체 요청 및 그 방안에 대한 연구일 것이다.

이렇게 볼 때, 2000년대에 들어 국내 헌법학계에 헌법해석학의 범주를 벗어나는 일련의 연구들이 축적되고 있는 것은 주목할 만하다. 헌정의 정통성 문제와 관련하여 제헌 공간을 중심으로 헌정사 연구가 본격화된 것이나, 공화주의 정치사상의 헌법이론적 수용이 모색되고 있는 것이 대표적이다(이영록 2006; 신우철 2008; 김수용 2008; 문준영 2010; 김동훈 2011; 서희경 2012 등). 앞으로 이 두 방향의 연구가 축적되면, 예컨대 5.16 군사정변 이후 헌정의 단절이나, 유신체제의 헌정사적 위상 문제, 남북한 UN 동시가입 등의 헌법적 의미 등을 두고 헌법현상학적 논구가 이루어지게 될 것이다. 또한 소위 87년 체제의 극복이나 한반도의 재통일과 관련해서는 헌법적 주체의 실천을 방향지우기 위한 헌법현상학적 논구가 시도될 것이다.

헌법현상학의 심화는 결국 헌법정치로 이어진다. 헌법텍스트의 해석에 머무르던 헌법적 주체는 문득 그 텍스트의 저자가 바로 자신임을 깨달은 뒤, 거울보기를 그만두고 헌법현상을 자신의 몸을 살피는 것으로부터 이해하기 시작한다. 이를 통하여 헌법적 주체는 헌법현상의 이해를 넘어 문제와 지향점과 대안을 찾고 나아가서는 이를 실현하기 위한 행동에 돌입한다. 기존 헌법텍스트 안에서 목표 달성이 가능하다면 헌법해석만으로도 충분할 것이다. 하지만 그렇지 못할 경우에는 헌법텍스트 자체의 교체, 즉 헌법의 개정 또는 새로운 헌법의 제정을 위한 헌법정치에 돌입해야 한다. 헌법정치는 그 자체가 헌법현상이면서 헌법해석학의 새로운 연구 대상인 헌법텍스트를 산출한다. 헌법해석과 헌법정치는 헌법현상학에 의하여 연결된다.[49]

Ⅲ. 헌법적 주체들 사이의 신뢰 확보

방법론의 관점에서 헌법현상학의 결정적인 문제는 헌법적 주체들 사이의 관계를 정립하는 것이다. 앞서 언급했듯이 헌법현상학은 제정 주체와 해석 주체의 분열과 연결을 동시에 감촉한다. 현실에서 이 둘은 엄연히 분열되어 있지만, 정당성의 차원에서는 반드시 하나로 연결되어야 한다. 헌법적 주체의 사실적 분열과 당위적 연결의 문제는 대한민국 헌법의 주어인 '우리 대한국민'과 헌법 제2조에 출현하는 '대한민국의 국민'의 관계에서도 나타나고, 70년 전 헌법의 아버지들과 현재의 시민들의 관계에서도 나타난다. 헌법재판관들과 일반 시민들, 헌법교수와 학생의 관계도 유사한 측면을 가진다. 이 문제를 어떻게 해결할 수 있는가? 헌법적 주체의 분열에도 불구하고, 어떻게 그 분열된 주체가 서로를 배제하지 않고 공존할 수 있는지를 헌법현상학은 설명해야만 한다.

이 대목에서 한상희는 헌법적 주체들 사이의 신뢰 문제를 제기한다. "신뢰는 사실들을 규범으로 승화시키는, 즉 존재가 당위로 전화되는 창구"이기 때문이다. 그에 따르면 사회적으로 형성되는 일상적인 언어관행은 헌법텍스트의 의미내용의 내연적 범위를 설정하고, 법적 도그마는 정당성의 관점에서 그 외연적 한계를 설정하며, 양자의 결합을 통해 헌법은 감상과 동일화의 상징(미란다)이 아니라 합리화의 상징(크레덴다)으로서 신뢰를 재생산한다. 헌법적 주체들 사이의 신뢰는 사회구성원들이 "자신이 가지는 헌법에 대한 추상적인 인식을, 헌법해석의 결과로서의 구체적이고 명확한 행위준칙으로 대체시키는" 행위를 통하여 형성된다(한상희 1998: 201 -204).

---

49 이해의 편의를 위하여 지금까지의 논의를 절대군주제의 상황에서 다시 생각해 보자. 이때 헌법해석학만 아는 절대군주는 당연히 주권자이자 입법자인 자신의 말과 글의 의미를 확인하고자 할 것이다. 반면 헌법현상학도 아는 절대군주는 그와 함께 자신이 누구이며 무엇을 왜 원하는지를 탐구하려고 할 것이다. 흥미롭게도 전자에서 절대군주는 결코 절대주의를 극복할 수 없다. 하지만 후자에서는 가능성이 있다. 그 요체는 절대군주가 스스로를 헌법현상으로 간주하는 것이다. 이로부터 절대군주는 심지어 입헌군주제로 이행하는 실마리를 얻을 수도 있다.

한상희의 주장은 매우 유익하지만, 여전히 핵심 질문을 남겨 놓는다. 헌법적 주체들로 하여금 헌법해석을 통해 신뢰를 재생산하게 만드는 동인은 무엇인가? 사실상 헌법현상학의 차원을 딛고 있으면서도 여전히 헌법해석학을 붙잡는 그로부터 이에 대한 답변을 기대하기는 어렵다.[50] 어쩌면 그 이유는 한상희가 분석한 '주석주의 vs. 비주석주의' 논쟁이 사법심사의 정당성이라는 토픽을 중심으로 헌법해석학의 관점에서 시종되었기 때문일 수도 있다.

　　사실 알렉산더 비켈이 '반(反)다수주의 난제(counter-majoritarian difficulty)'를 제시한(Bickel 1962) 이후 미국 헌법학계는 헌법해석을 통하여 헌법적 주체들 사이의 신뢰를 확보하는 문제에 관하여 회의적이었던 것 같다. 비판헌법학의 대표자인 마크 터쉬넷과 같이 사법심사의 정당성 자체를 거부하는 경우(Tushnet 1999)는 제쳐 두더라도, 존 하트 일리가 보여 주듯, 헌법의 실질적 내용에 관한 결정은 유권자의 선택에 맡기고 헌법해석은 민주적 정치과정의 절차적 본질을 보장하는 데 주력해야 한다는 입론이 유력했던 것이다(일리 2004). 그러나 민주적 정치과정에 헌법적 주체들 사이의 신뢰 확보를 일임하는 것은, 헌법해석에 그 과제를 일임하는 것만큼이나 위험할 수 있다. 민주적 정치과정과 헌법해석과정이 공히 치명적인 한계를 노정했던 미국의 2000년 대통령선거과정은 이를 극명하게 보여주었다(Ackerman ed. 2002).

　　헌법적 주체들 사이의 신뢰 문제는 헌법해석학이 아니라 헌법현상학의 차원에서 해결되어야 한다. 헌법텍스트를 경유하더라도 문언이 아니라 목적과 정신에 초점을 맞추어 헌법적 주체를 문제 삼아야만 비로소 해결의 실마리를 얻을 수 있다. 이런 관점에서 1990년대부터 미국 연방대법

50　"헌법의 해석은 양당사자와 법관을 핵으로 하는 법공동체, 즉 이 핵을 둘러싸고 있는 각종의 부분사회집단, 정치세력, 여론, 그리고 헌법도그마의 공급체이자 헌법판단에 대한 끊임없는 심사의 주체로서의 헌법학계의 부단한 교호관계 속에서 헌법텍스트의 일상 언어적 의미와 도그마적 의미에 대하여 법공동체의 능동적인 의미부여를 가미하여 주어진 상황에 적합하고 또 공중의 지지를 획득할 수 있도록 공동적으로 산출되는 결과물이라고 하여야 할 것이다." (한상희 1998: 210-211)

원에서 벌어져 온 헌법철학 논쟁에는 상당히 주목되는 점이 있다. 현직 연방대법관인 스티븐 브라이어의 역동적 자유론을 중심으로 이 문제를 논의해 보자(브라이어 2016: 역자 서문 참조).

20세기 후반 미국 연방대법원의 역사는 진보적 사법적극주의가 대세를 이루었던 워렌 법원(1953-1969)과 이에 대한 보수파의 대응이 시작되었던 버거 법원(1969-1986), 그리고 보수파의 체계적인 반격이 이루어졌던 렌퀴스트 법원(1986-2005)으로 구분된다. 렌퀴스트 법원의 정치적 판도는 1960년대 이래의 진보적 사법적극주의를 고수하려는 윌리엄 브레넌, 써굿 마셜 연방대법관들에 대항하여 윌리엄 렌퀴스트, 안토닌 스칼리아, 클래런스 토머스 등의 보수파가 지속적으로 도전하는 형국이었으며, 그 사이에서 첫 여성 연방대법관인 샌드라 데이 오코너를 비롯하여 데이비드 수터, 앤터니 케네디 등의 스윙 보우터(swing voter)들이 실질적인 결정권을 쥐고 있었다(투빈 2010). 하지만 사건별, 쟁점별로 이합집산을 거듭하는 스윙 보우터들은 헌법이론적 차원에서 뚜렷한 일관성을 견지하기 어려웠고, 1986년 연방대법관에 취임한 이후 문언주의(literalism)를 주창한 안토닌 스칼리아의 보수적 헌법이론이 점점 영향력을 확대했다. 문언주의는 휴고 블랙이나 펠릭스 프랭크퍼터의 예에서 보듯, 미국 연방대법원의 역사에서 뚜렷한 전통을 가지고 있으며, 판사의 해석재량을 문언의 범위에 한정하고 그 바깥을 민주정치의 고유한 영역으로 존중하는 점에서 사법적 자제와 민주적 정당성을 안정감 있게 조화시키는 논리로 부각될 수 있었다(Scalia 1997). 브라이어의 역동적 자유론은 문언주의와 투쟁하는 가운데 형성되었다.

문언주의가 진보적 사법적극주의에 가하는 비판은 치명적이다. 민주적 정당성이 취약한 판사가 자신의 정치이념을 실현하기 위하여 민주적 정치과정을 통해 마련된 헌법의 문언을 뛰어넘는다면, 곧바로 판사의 자의적 지배가 시작될 수밖에 없기 때문이다. 물론 문언주의가 헌법해석과정에서 판사의 재량을 실제로 제한할 수 있는지는 불확실하다. 주관적 헌법해석의 위험은 문언주의를 통해서도 언제든지 그리고 얼마든지 현실화

헌법학 방법론 연구 – 해석학에서 현상학으로

할 수 있기 때문이다. 더욱이 헌법텍스트 자체가 오래된 것일 경우에는 오로지 기득권층만이 해석을 위한 지적 자원을 독점하게 될 수도 있다. 국민 다수의 정치적 의사를 민주적 헌법 개정을 통해 담아내지 않는 한, 문언주의는 시간이 갈수록 기득권층의 역사주의로 전락할 따름이다. 하지만 문언주의의 이와 같은 한계를 인정하더라도 판사는 여전히 헌법의 문언 안에 있어야 하며, 문언 그 자체를 바꾸는 것은 오로지 민주적 정치과정을 통해야 한다는 주장은 여전히 설득력이 있다. 이에 대해서 진보적 사법적극주의자들은 어떻게 대응할 수 있을까?

조금 더 깊이 사태를 들여다보면, 민주적 정치과정에 무한한 신뢰를 보이는 문언주의에서 의외로 커다란 맹점을 찾을 수 있다. 민주적 정치과정에서 목적을 이룰 수 있다면, 시민들이 최고법원에까지 정의의 실현을 호소할 이유가 무엇이겠는가? 민주적 정치과정에서 뜻을 이루기 어려운 구조적 소수파에겐 최고법원에 찾아오는 것 외에 다른 방법이 없지 않은가? 이들에게 최고법원 판사가 문언주의를 이유로 정의의 실현을 거절한다면 그것은 과연 정당한 태도일까?

'역동적 자유'(active liberty)는 이와 같은 난문(難問)들에 대한 브라이어의 답변을 고스란히 담고 있다. 브라이어는 최고법원 판사는 헌법의 문언에 매몰될 것이 아니라, 오히려 헌법이 가지고 있는 고유의 목적에 초점을 맞추어 그 너머로 나아갈 수 있어야 한다고 주장한다. 그에 따르면 미국의 연방헌법은 역동적 자유라는 뚜렷한 목적을 가지고 있다. 이는 모든 시민들에게 더 많은 민주주의를 선사할 것을 목적하는 독특한 형식의 자유로서, 헌법제정과정은 물론 헌정사 전체에 관철되고 있는, 'We the People'의 정치적 정체성이다. 헌법의 문언 속에서 해석을 통한 문제해결이 불가능할 때, 최고법원 판사는 역동적 자유의 실현을 위하여 최선의 해결책을 고안하여 제시해야 한다. 만약 헌법의 이름으로 최종 해결책이 제시되어야 할 때, 종신재직권을 보장받은 최고법원 판사가 외면한다면, 누가 헌법텍스트의 목적인 역동적 자유를 추구할 수 있을까?

나는 브라이어의 역동적 자유론을 헌법텍스트의 목적인 역동적 자유를 초점으로 최고법원 판사와 동료 시민들 사이의 헌법적 관계를 이해함으로써 헌법적 주체들 사이의 신뢰를 재생산하려는 기획으로 이해한다. 그렇다면 헌법현상학의 입장에서 이는 충분하고도 정확한 설명인가? 역동적 자유라는 헌법텍스트의 목적을 헌법해석의 알파와 오메가로 받드는 것만으로 헌법적 주체들 사이의 신뢰는 재생산될 수 있는가?

재차 강조하건대, 헌법현상학은 헌법적 주체의 문제에 귀착한다. 앞서 보았듯이 헌법적 주체들은 해석공동체로 연결되어야 한다. 문제는 무엇이 그들을 해석공동체로 만드느냐이다. 이는 헌법텍스트의 목적이 역동적 자유라고 하더라도, 도대체 어떻게 그것을 해석의 초점으로 삼을 수 있느냐의 질문이다. 이 문제에 답하지 않으면 헌법현상학은 특정 주체의 해석을 다른 주체에게 강요하는 통로가 될 수도 있다. 헌법해석은 헌법현상을 전제한다. 그러면 헌법현상 그 자체를 가능하게 만드는 헌법적 주체의 태도는 무엇인가?

브라이어는 많은 논쟁적인 사건들에서 자신이 취한 입장을 역동적 자유론을 통해 정당화하려고 시도한다. 이러한 시도는 흥미롭게도 역동적 자유 그 자체와 뚜렷한 일관성을 가지고 있다. 문언주의자들이 제기하는 사법 독재의 비판을 감수한 채, 역동적 자유의 실현에 나선 최고법원 판사는 역동적 자유의 관점에서 동료 시민들의 평가에 노출될 수밖에 없다. 만약 역동적 자유의 실현에 성공하여 시민들을 설득할 수 있다면 그는 계속 시민들의 지지를 받게 되겠지만, 그렇지 않다면 곧바로 비판받고 버림받게 될 것이다. 이는 최고법원 판사가 사법과정에서 역동적 자유를 실현할 때, 당연히 감수해야 하는 헌법정치적 부담이다. 그러한 부담을 회피할 경우, 사법은 결코 역동적 자유의 실현과정이 될 수 없다. 최고법원 판사는 그와 같은 헌법정치적 부담을 안고 직무를 수행해야 한다.

비유적으로 말해서, 스칼리아가 문언의 한계를 이유로 헌법텍스트 뒤로 몸을 숨긴 바로 그 지점에서 브라이어는 역동적 자유를 주장하며 헌법텍스트 앞으로 몸을 드러낸다. 이를 통하여 브라이어는 역동적 자유를 실현함에 있어서 사법과정이 예외가 될 수 없으며, 그 과정의 헌법정치적 부담은 최고법원 판사가 몸소 감당해야 함을 드러낸다. 브라이어는 논쟁적인 사건들에서 역동적 자유를 추구하는 방식으로 자신의 몸을 동료 시민들에게 비판의 과녁으로 제공한다. 따라서 이러한 '스스로 과녁 되기'(being spontaneously targeted)를 통하여 브라이어의 몸은 동료 시민들에게 역동적 자유의 실현에 동참을 요청하는 초대장이 된다.

헌법적 주체들 사이의 신뢰 확보에 있어서 이러한 접근은 시민 대 시민으로서 동료 시민들을 설득하는 데 상대적으로 유리하다. 스칼리아는 헌법텍스트의 문언 속에서 어디까지나 판사로서 사건의 결론과 이유를 말하는 데 비하여, 브라이어는 자신의 고유한 목소리로, 판사가 아니라 판사직을 맡은 동료 시민으로서, 역동적 자유의 관점에서 사건의 결론과 이유를 말할 수 있기 때문이다.

Ⅳ. 헌법적 서로주체성의 탄생

헌정주의가 따르는 견제와 균형, 그리고 권력분립의 정신은 어떠한 인간도 동료 시민들의 신뢰를 궁극적으로 감당할 수 없다는 '불신의 정치신학'(political theology of distrust)에 뿌리를 두고 있다. 하지만 그러한 불신의 논리로 도저히 해결할 수 없는 정치적 난제가 고통당하는 정치적 소수파의 몸에 발생하고, 헌법텍스트의 해석으로 아무 것도 할 수 없는 상황에서는 어떻게 해야 하는가? 역동적 자유론은 바로 그때 최고법원 판사가 역동적 자유를 지향하면서 자신의 몸을 동료 시민들 앞에 드러냄으로써 얼마 동안이라도 정의의 화신의 역할을 감당해야 한다고 말하는 듯하다. 헌정주의는 사법과정의 최종 심급에 궁극적으로 판사 자신의 인격으로 소급될 수밖에 없는 '신뢰의 법신학'(legal theology of trust)을 필요로 한다. 그래야만 '주권적 권위의 민주적 분배'와 '지속적인 참여', 그리고 '이를 실제로 가능케 만드는 시민들의 역량'을 잇는 자유의 동학(動學)이 가동될 수 있다.

브라이어의 역동적 자유론은 헌법해석학이 전제하는 자유에 대한 정적(靜的) 이해와 갈라서서 헌법적 서로주체성이 탄생하는 역동적인 과정을 지향한다. 그 하나는 방금 설명했듯이 최고법원 판사가 스스로 과녁 되기를 통하여 시민들 중 하나로 돌아오는 움직임이다. 이는 헌법의 아버지들이 대가를 바라지 않는 헌신을 통하여 헌법의 자식들에게 신뢰의 토대를 만들어 주는 것과 유사하다. 하지만 여기에는 여전히 빠진 부분이 있다. 헌법적 서로주체성을 탄생시키는 다른 한 방향, 즉 시민들로부터 최고법원 판사 쪽으로, 또는 헌법의 자식들로부터 헌법의 아버지들 쪽으로 신뢰가 만들어지는 과정이 해명되지 않았기 때문이다.

고심에 고심을 거듭한 끝에, 나는 이제 이 문제를 안도현 시인이 1984년에 쓴 '서울로 가는 전봉준'의 한 구절을 음미함으로써 풀어보려고 한다. 군이 헌법텍스트가 아닌 문학텍스트 속에서 헌법적 주체들 사이에 신뢰가 형성되는 과정을 발견해 보려는 것이다. 현상학적 법이론(최경섭 2009)의 다소 난해한 논증이 무색할 만큼, 이 시의 몇몇 구절에는 헌법적 서로주체성의 탄생과정이 치열하게 포착되고 있다.

지면 관계상 전문에 대한 분석은 어렵고, 단지 개괄적인 이해만을 제시할 수밖에 없다.[51] 모두 일곱 개의 연으로 구성된 이 시의 흐름은 한

---

51 "서울로 가는 전봉준", 안도현, 1984.
  [1] 눈 내리는 만경(萬頃) 들 건너가네/해진 짚신에 상투 하나 떠가네/가는 길 그리운 이 아무도 없네/녹두꽃 자지러지게 피면 돌아올거나/울며 울지 않으며 가는/우리 봉준이/풀잎들이 북향하여 일제히 성긴 머리를 푸네
  [2] 그 누가 알기나 하리/처음에는 우리 모두 이름 없는 들꽃이었더니/들꽃 중에서도 저 하늘 보기 두려워/그늘 깊은 땅속으로 젖은 발 내리고 싶어 하던/잔뿌리였더니
  [3] 그대 떠나기 전에 우리는/목 쉰 그대의 칼집도 찾아 주지 못하고/조선 호랑이처럼 모여 울어 주지도 못하였네/그보다도 더운 국밥 한 그릇 말아 주지 못하였네/못다 한 그 사랑 원망이라도 하듯/속절없이 눈발은 그치지 않고/한 자 세 치 눈 쌓이는 소리까지 들려오나니
  [4] 그 누가 알기나 하리/겨울이라 꽁꽁 숨어 우는 우리나라 풀뿌리들이/입춘 경칩 지나 수군거리며 봄바람 찾아오면/수천 개의 푸른 기상나팔을 불어 제낄 것을/지금은 손발 묶인 저 얼음장 강줄기가/옥빛 대님을 홀연 풀어 헤치고/서해로 출렁거리며 쳐들어갈 것을
  [5] 우리 성상(聖上) 계옵신 곳 가까이 가서/녹두알 같은 눈물 흘리며 한 목숨 타오르겠네/봉준이 이 사람아
  [6] 그대 갈 때 누군가 찍은 한 장 사진 속에서/기억하라고 타는 눈빛으로 건네던 말/오늘 나는 알겠네
  [7] 들꽃들아/그날이 오면 닭 울 때/흰 무명 띠 머리에 두르고 동진강 어귀에 모여/척왜척화 척왜척화 물결 소리에/귀를 기울이라

눈에 드러난다. [1]에서 서울로 압송되는 전봉준의 모습을 원경(遠景)으로 묘사한 시인은 [2]에서 이름 없는 들꽃의 잔뿌리들, 즉 녹두장군을 말없이 배웅하는 무명(無名)의 백성들 중 하나로 스스로를 동일시한다. [3]에서는 더운 국밥 한 그릇 말아주지 못한 무명의 백성들의 한(恨)을, [4]에서는 그럼에도 속 깊이 간직해 둔 해원(解冤)의 소망을 피력한다. [5]에서는 전봉준을 정면으로 응시하며 불러내고, [6]에서는 드디어 전봉준과 시인 자신(안도현)의 관계에 대한 깨달음이 녹두장군에 대한 발화로 표현된다. [7]은 그러한 깨달음을 뭇 백성들과 공유하기 위한 시인의 외침으로 들린다. 이 가운데 헌법적 서로주체성의 탄생과 관련하여 특히 주목되는 부분은 아래와 같다.

"봉준이 이 사람아

그대 갈 때 누군가 찍은 한 장 사진 속에서
기억하라고 타는 눈빛으로 건네던 말
오늘 나는 알겠네"

헌법적 주체들 사이의 분열을 고려할 때, 이 텍스트의 전봉준은 헌법 밖에 있고, 안도현은 헌법 안에 있다. 헌정사를 기준으로 하면, 전봉준은 이전에 있고, 안도현은 이후에 있다. 비유컨대, 전봉준은 헌법의 아버지이고, 안도현은 헌법의 자식이다. 전봉준을 헌법의 의미를 먼저 깨닫고 가르치는 헌법 교수로 놓는다면, 안도현은 헌법강의를 통해 그 깨달음을 배우는 학생들로 놓아야 한다. 현행 헌법의 표현으로 보자면, 전봉준은 헌법 밖에서 헌법텍스트를 만들어낼 가능성을 내포한 '우리 대한국민'의 원형이고, 안도현은 헌법 안에서 헌법텍스트에 의하여 규정되는 '대한민국의 국민'의 전형이다. 그렇다면 전봉준과 안도현은 서로에 대하여 어떤 관계에 있는가? 헌법현상학은 이 둘이 어떻게 서로를 배제하지 않고 공존할 수 있는지를 설명해야만 한다.

텍스트에는 이 문제에 관한 시인의 놀라운 발견이 정밀하게 담겨 있다. 우선 '기억하라고…건네던 말'을 헌정사 안에서 대한민국의 국민이 마주하게 되는 헌법텍스트, 즉 자유와 민주와 공화를 앞세우는 민주공화국의 선언으로 치환해 보자. 대한민국의 국민으로서는 그 말의 의미를 아는 것이 필요하며, 이는 곧바로 헌법해석학의 과제가 된다. 그러나 앞에서 말했듯이 헌법텍스트에 갇혀 있는 한, 대한민국의 국민은 '우리 대한국민'의 뜻을 헤아릴 수 없다. 오히려 자신의 편견을 문언의 속에서 더욱 강화할 가능성이 많다.

이 점을 꿰뚫어 본 듯, 시인은 '기억하라고…건네던 말'이 '타는 눈빛으로' 건네졌음을 말하고 있다. 브라이어 식으로 이해하면, 이때의 타는 눈빛은 당연히 헌법텍스트를 꿰뚫고 있는 민주적 목적, 즉 '역동적 자유'일 수밖에 없다. 헌법텍스트는 역동적 자유의 表現이며, 역동적 자유는 헌법텍스트의 안팎을 비추는 조명이기 때문이다. 따라서 '기억하라고…건네던 말', 즉 헌법텍스트는 반드시 '타는 눈빛으로', 즉 역동적 자유의 관점에서 해석되어야 한다. 그러면 이것으로 모든 문제가 해결될 수 있는가?

'타는 눈빛'이 역동적 자유라면, 이제 우리가 풀어야 할 문제는 그 역동적 자유가 어떻게 전봉준과 안도현에게 드러나게 되는가이다. 앞서 역동적 자유론에서 언급했던 스스로 과녁 되기를 떠올려 보자. 자신의 몸을 동료 시민들에게 과녁으로 제공함으로써 최고법원 판사는 동료 시민들에게 역동적 자유의 실현에 동참을 요청하는 초대장을 발송한다. 그와 유사하게 전봉준은 자신의 몸을, 그 타는 눈빛을, 누군지 알 길 없는 무명의 백성들을 향하여 드러낸다. 이와 같은 스스로 과녁 되기는 무명의 백성들의 눈길에 대한 무언의 초청이다. '녹두알 같은 눈물 흘리며 한 목숨 타오르'려는 뜻이 없다면, 전봉준이 자신의 몸으로 드러낸 무언의 초청은 불가능했을 것이다.

이러한 통찰은 헌법현상학의 초점이 헌법적 주체의 몸이어야 함을 다시금 웅변한다.[52] 헌법해석학은 헌법적 주체의 말이나 글에 머물 뿐이

헌법학 방법론 연구 – 해석학에서 현상학으로

지만 헌법현상학은 그의 몸에 도달하기를 목적한다. "'몸'은 다른 물리적 사물들과 마찬가지로 인과율의 도해 위에 펼쳐져 나타날 수 있지만 또 다른 한편 '몸'은 나의 자유의지와 동기가 고루 퍼져 있고 역시 '몸'을 가지고 있는 동료주체의 (선험적) 인지와 승인으로 인해 상호적으로 '세상 속의 나-사람(Ich-Mensh)' 혹은 '인격체(Person)'로 거듭날 수 있는 현상적 토대"이기 때문이다(최경섭 2009: 397). 이와 같은 몸의 드러냄, 즉 헌법적 주체의 자기현시(自己顯示)가 없다면, 헌법적 서로주체성은 결코 탄생할 수 없을 것이다.

흥미롭게도 텍스트는 전봉준의 자기현시가 어떻게 안도현에게 전해 졌는지를 증언하고 있다. 그는 '누군가 찍은 한 장의 사진 속에서' 전봉준의 타는 눈빛으로 기억하라고 건네는 말을 발견했던 것이다. 일본인 사진사 무라카미 텐진이 찍었다고 전해지는(김문자 2011), 우리 모두에게 익숙한 사진 말이다. 이 점은 헌법적 주체의 탐구에 있어서 헌법현상학의 과제가 무엇인지를 단적으로 보여 준다. 마치 서울로 가는 전봉준의 모습을 누군가가 한 장의 사진으로 찍어 남기듯, 헌법현상학은 헌법텍스트를 우회해서라도, 심지어 순수하게 사실적인 관점에서 전봉준이라는 한 인간을 묘사할 수도 있다. 하지만 이러한 묘사는 곧바로 헌법현상, 즉 헌법적 주체의 몸으로서 의미를 가지게 된다. 왜 그런가?

이제 우리가 마지막으로 던져야 하는 질문은 명백하다. 도대체 무엇이 전봉준을 헌법적 주체, 즉 '우리 대한국민'의 원초적인 모습으로 만드는가? 내가 보기에 답변의 열쇠는 헌법과 헌정사와 헌법텍스트 안에 있는 안도현이 헌법과 헌정사와 헌법텍스트 밖에 있는 전봉준을 호명하는 방식에 있다. 안도현은 전봉준을 헌법의 아버지로 부르지 않는다. 만약 그랬다면, 그는 언제까지라도 전봉준이 만든 헌법과 헌정사와 헌법텍스트 안에 갇혀 있을 수밖에 없을 것이다. 그래서는 헌법적 주체의 분열이 치유될 수 없다. 오히려 안도현은 전봉준을 '봉준이 이 사람아'라고, 마치 동료나

___
52 몸을 현상학적 토대이자 사회이론의 근거로 삼으려는 노력으로는 미셸 앙리(2012)를 보라.

친우를 부르듯이, 일부러 그렇게 부르고 있다. 이는 전봉준이 안도현을 '도현이 이 사람아'라고 불러 주리라 기대하는 것으로 읽힌다. 또 미래 세대의 누군가가, 안도현이 전봉준을 '봉준이 이 사람아'라고 불렀듯이, 안도현을 '도현이 이 사람아'라고 부르게 되리라고 예감하는 것으로도 읽힌다.

이와 같은 독특한 호명은 전봉준이 타는 눈빛으로 건네던 말의 뜻을 안도현이 '오늘' 알게 되는 것의 출발점이다. 바로 이 호명에 의하여 역사적 시간에 따른 전봉준과 안도현의 관계는 갑자기 역전된다. 안도현은 전봉준의 스스로 과녁 되기에 의하여 그 속에 담긴 '우리 대한국민'에로의 초대를 감촉하며, 전봉준은 이를 감득한 안도현의 스스로 과녁 되기에 의하여 '대한민국의 국민'으로 선뜻 초대된다. 헌법적 주체의 분열을 치유하는 서로주체성은 헌법적 주체들이 서로를 자유롭고 평등한 존재로 초대하는 자기현시에 의하여 비롯된다. 이러한 초대는 초대받기보다 먼저 초대하는 청유(請由)이며, 자신의 시선으로 타자를 제압하기보다 타자의 시선 앞에 먼저 자기를 내어 놓는 겸손한 용기이다. 이처럼 각각의 헌법적 주체들이 딛고 있는 존재의 지평을 아우르는 '지평적 역동성'은 먼저 몸을 드러내는 헌법적 주체의 자기현시와 자유롭게 평등한 존재로 타자를 초대하는 독특한 방식의 호명에 의하여 작동하는 것이다.

이상에서 살핀 바와 같이, 전봉준은 '봉준이 이 사람아'라는 안도현의 호명을 통하여 헌법적 서로주체성의 세계로 진입하게 된다. 일찍이 그 자신이 타는 눈빛으로 자신을 드러냄으로써, 즉 스스로 과녁 되기를 시도했던 까닭에 이러한 결과가 일어날 수 있는 것이다. 양자를 잇는 것은 전봉준이 건넨 말을 그의 타는 눈빛에 비추어 읽어내는 헌법해석학이고, 또 그 타는 눈빛을 담은 전봉준의 얼굴을 '한 장의 사진'으로 남기듯 드러내는 헌법현상학이다. 이처럼 헌법적 서로주체성은 헌법적 주체의 분열을 인정하고 서로에 대하여 자신을 과녁으로 드러내는 동시에 서로를 먼저 호명하는 헌법적 주체들에 의하여, 그리고 그들을 서로에게 연결시키는 헌법해석학과 헌법현상학을 통하여 비로소 가능하게 된다.

V. 헌법현상학과 당파성 문제

지금까지 이 글은 헌법해석학의 우위를 전제해 온 교과서 헌법학에 대한 법사회학적 헌법학의 문제제기를 출발점으로 삼아 헌법학의 지평을 해석학에서 현상학으로 확대할 것을 주장하면서, 헌법현상학의 방법론적 초점은 헌법적 주체들 사이의 분열을 확인하고 또 그 사이의 신뢰를 확보하는 것임을 밝혔다. 나아가 스티븐 브라이어의 역동적 자유론을 중심으로 타자 앞에 먼저 자기를 내어놓는 헌법적 주체의 스스로 과녁 되기를 통해서만 그러한 신뢰가 획득될 수 있음을 주장하고, 안도현의 '서울로 가는 전봉준'의 몇 구절을 음미하는 방식으로 헌법적 서로주체성의 탄생과정을 분석하였다. 그러면 이와 같은 헌법현상학의 입론은 한국 사회의 헌법학 연구에 어떠한 의미를 가질 수 있을까? 이제 나는 헌법학의 당파성 문제에 관하여 헌법현상학이 기여할 수 있는 바를 헌법교육과 관련하여 논의함으로써 두서없는 소론을 마무리하고자 한다.

거의 30년 전 헌법학 박사학위를 막 취득한 정종섭은 자신을 제3세대 헌법학자로 내세우면서 한국 법학의 정체성 위기를 방법론의 문제로 규정했다. 그는 통합과학으로서의 헌법학에 대한 지향을 선보인 뒤, 그 특성을 헌법이론의 현실적합성, 헌법연구의 개방성, 헌법이론의 과학성, 헌법이론의 잠정성, 외국헌법이론 연구의 탐색성 등으로 제시하면서도, 헌법이론의 구축에서 당파성을 부인해야 한다는 점을 한사코 주장했다.

"…학문상의 이론 특히 법학이론은 본질적으로 인간질서의 계급화, 계급적 대립을 방지하고 극복하는 데 있고, 그러한 방향성을 가지고 문제를 분석하는 데는 합리성을 기초로 하고 있으므로 당파성이라는 것은 처음부터 학문의 영역으로 들어와서는 안 되는 것이다. 설사 사회의 왜곡된 현상이 당파성을 띠고 있다고 하더라도 그러한 현상을 인식·분석하고 문제해결을 위한 처방을 제시함에 있어서 당파성을 가져야 한다는 것은 이해하기 힘들다.…당파적인 논리구조는 합리성의 구조가 아니라 힘의 구조이기 때문에 법학의 이론이 당파적이게 되면 그것은 이미 힘의 학문, 힘의 이론으로 변질되고 만다."(정종섭 1994: 35)

이와는 대조적으로 당시 진보적 법학운동을 이념적으로 이끌던 강경선은 법학의 종합과학적 성격을 인정하면서도 진보적 실천의 관점에서 당파성을 견지하는 태도를 옹호했다.

"…법의 기능 중에서 으뜸가는 것은 사실적 권력을 정당화하는 기능이다. 역사상 어떤 절대적 권력자라도 자신의 권력을 합리적으로 정당화시키고자 법을 빌리지 않은 예는 없었다.…그렇기에 올바른 법을 위해서는 올바른 권력의 존재가 먼저 요구된다.…따라서 법과 법학의 성격으로서 보수적 성격을 드는 것은 엄밀히 보면 잘못된 규정이다. 보수적이냐 진보적이냐는 것은 인권 내지 자유의 증진이라는 관점에서 파악되어야 할 것인데 권력의 유지강화 그 자체가 곧 보수적이라는 등식은 성립되지 않는 까닭이다. 물론 국가권력의 관점에서 볼 때 법과 법학이 보수적으로 규정받는 것은 지당하다. 하지만 민중권력의 관점에 선 법과 법학은 진보성을 보유하고 보수적 국가권력과 법과 법학의 권위에 대항할 수 있다는 것도 인정되어야 한다." (강경선 1997: 2-3)[53]

---

53 이어지는 구절은 다음과 같다. "현실에서 기존의 법학은 실정법을 중심으로 한 순수—다른 학문과 의도적으로 관련성을 맺지 않았다는 의미에서—규범학적 태도의 법해석학을 견지해 왔다. 이런 순수 법해석학은 실정법규범에 집착함으로 해서 사실관계를 오판하고 가치판단을 경직화시키게 되고 결국은 기존의 상태를 현상유지(status quo)시키는 쪽으로 기여하여 역사의 흐름에 반대하는 편에 서게 된다. 변화하는 사실관계를 좇지 못하고 또한 그것을 총체적으로 파악하려 하지 않는 한 법과 법학은 기성화된 지배적 사회관계에 봉사하게 되어 지배적 정치세력의 시녀가 됨을 면치 못하게 된다. 그렇기 때문에 기존의 법학은 결국 붕괴되어야 할 운명에 처하게 된다. 붕괴된다는 것은 법학의 중심점을 다시 찾아야 한다는 뜻이다. 잘못된 법학을 바로 잡기 위해서는 구체적으로는 법학연구자의 풍토가 바뀌어야 하는데 이를 위해서는 한편으로는 그들이 가진 법적 논리구조의 편협성과 오류성이 폭로되어야 하며 다른 한편으로는 사회의 전반적인 대세를 변화시킴으로써 연구자들 스스로가 예전처럼 여전히 변화된 대세의 권위에 추수하도록 하게끔 하는 일이다."

헌법학 방법론 연구 – 해석학에서 현상학으로

1990년대 초반 당시 소장 헌법학자들 사이의 이러한 의견 대립은 자못 팽팽한 긴장구도를 형성했다. 그러나 불행하게도 30년 가까운 세월이 흐르는 동안 이들의 논쟁은 방법론적으로 심화되지 못했으며, 오히려 잊혀버린 감마저 있다. 그렇다면 이 글이 주창하는 헌법현상학은 이 논쟁에 어떠한 기여를 할 수 있을까?

　　헌법적 주체의 분열 및 스스로 과녁 되기에 입각한 신뢰의 회복, 즉 서로주체성의 탄생은 중요한 시사를 제공한다. 마치 전봉준과 안도현이 서로에 대하여 헌법의 경계선 안팎에 놓이듯이, 정종섭과 강경선은 서로에 대하여 헌법의 경계선 안팎에 놓여있다. 정종섭이 비당파적 보편성의 명분으로 헌법학을 실천과 무관한 학문의 세계로 탈출시키는 것에 비하여, 강경선은 진보적 실천, 즉 인권 내지 자유의 증진을 위하여 헌법학을 다시 실천의 세계에 밀어 넣는다. 정종섭이 합리성의 이름으로 헌법학을 학문의 세계로 소환한다면, 강경선은 인권과 자유의 이름으로 헌법학을 실천의 세계로 투입한다. 이때 양자는 서로를 자신이 처한 영역의 바깥에 위치하는 것으로 이해한다.

　　헌법현상학의 입장에서 양자의 위상은 헌법적 주체의 분열에 비견될 수 있다. 헌법해석학의 우위를 근거 없이 전제해 온 종래의 헌법학은 양자의 분열과 고착화를 당연하게 받아들여 왔지만, 헌법현상학은 결코 그럴 수 없다. 왜냐하면 헌법현상학은 양자 사이에서 헌법적 주체들이 먼저 서로를 호명하는 사태, 즉 역동적 자유에서 출발하는 스스로 과녁 되기가 벌어지는 사태를 헌법적 서로주체성의 탄생과정으로 포착하기 때문이다. 정종섭과 강경선이 논쟁을 시작한 것에 관하여 헌법현상학은 어떠한 비판도 제기하지 않는다. 다만, 그러한 논쟁을 방법론적으로 심화시켜 계속하지 않았던 점에 관해서는 아쉬움이 적지 않다.

　　실천의 근거인 헌법이 당파적이라면, 이론의 근거인 헌법학은 당파성을 초월하려고 해야 한다. 반대로 이론의 근거인 헌법학이 당파적이라면, 실천의 근거인 헌법은 당파성을 초월하려고 해야 한다. 존재와 당위, 사실과 가치, 권력과 규범의 변증법은 기실 당파성과 당파성 초월을 함께 붙잡기 위한 방책들이 아니었던가? 그렇다면 헌법과 헌법학, 당파성과 당파성 초월을 어떻게 연결하는가는 당연히 헌법학 방법론 논의의 초점이 되어야 하지 않을까?

그럼에도 30년 가까운 기간 동안 한국 사회의 헌법학계는 이 문제에 대하여 손을 놓고 있었다. 나는 그 이유를 헌법해석학의 우위를 무비판적으로 전제해 온 헌법학 방법론 논의의 빈곤에서 찾고자 한다. 앞서 말했듯이 헌법현상학은 헌법해석학의 한계에서 비롯되며, 결국 헌법정치의 차원으로까지 승화되기 마련이다. 바로 이와 같은 자연스러운 헌법적 사유와 실천의 연결고리가 사실상 망각되면서 헌법해석과 헌법정치가 마치 상종할 수 없는 관계처럼 오해되었던 것이다.

그러나 헌법현상학은 헌법해석과 헌법정치의 끊어진 연결고리를 다시 잇는다. 무엇보다 헌법현상학은 헌법교육에 관해서 독특한 기여를 할 수 있다. 법률가들만의 헌법텍스트 읽기는 헌법해석학에 맡겨도 좋을 것이다. 하지만 시민들의 헌법교육은 헌법텍스트 읽기를 포함하여(김홍우 2006) 헌법텍스트의 주어인 그들 자신에 대한 현상학적 탐구로 깊어져야만 한다.

헌법현상학의 입장에서 헌법교육은 헌법현상을 가르치는 것이어야 한다. 헌법현상은 결코 진공에서 시작되지 않는다. 헌법텍스트에서 출발하는 것은 당연하다. 그러나 모두가 헌법텍스트의 안에만 머무른다면, 오로지 기계적인 해석과 집행만이 가능할 뿐이다. 따라서 헌법교육자는 헌법텍스트 밖에서 텍스트를 보는 법을 가르쳐야 할 것이다. 그래야만 입체적인 해석이 가능해지고, 그 해석을 통한 가르침이 가능해지며, 그 가르침에 대한 반론을 통하여 다른 바깥이 탐색될 수 있기 때문이다.

그러나 헌법해석의 개방성을 가르치는 것만으로 헌법교육은 완결되지 않는다. 헌법교육자는 반드시 헌법텍스트의 해석자들이 동시에 저자임을 일깨워야 한다. 그래야만 이들이 '어떻게'만이 아니라 '무엇을'을, 그리고 '누가'와 '왜'까지 근본적인 질문을 던질 수 있게 되기 때문이다. 이 모든 질문들은 스스로 과녁 되기를 통하여 확보된 신뢰를 통해 헌법적 주체들 사이의 분열이 치유되기 전까지 중단되지 않는다. 질문과 응답의 과정 자체가 헌법교육이다.

　　나아가 헌법현상학적 헌법교육은 헌법해석과 헌법정치의 순환을 가르쳐야 할 것이다. 헌법교육자는 전봉준과 안도현이 서로에게 그러했듯이 헌법텍스트의 안팎을 넘나들면서 스스로 과녁 되기를 실천해야 한다. 오로지 그 방법으로만 헌법적 서로주체성이 경험될 수 있으며, 따라서 헌법은 그 방법으로만 교육될 수 있기 때문이다. 이러한 헌법교육의 결과로 심지어 헌법텍스트의 교체를 목적하는 헌법정치가 시도될 수도 있다. 이때 헌법교육은 헌법해석과 헌법정치를 잇는 헌법현상학의 실천방식이 된다.

헌정주의와 타자 ————— 2부

6장
민주공화국의 탈권력적 정당화

Ⅰ. 폭력의 존재론을 넘어서

이 글은 대한민국이라는 민주공화국을 탈권력적으로 정당화할 수 있는 가능성 및 이를 위한 정당화 논리를 생각해 보기 위한 것이다. 이러한 문제의식은 지금껏 대한민국이 권력적인 방식으로 정당화되어 왔으며, 이제는 그것을 넘어서지 않으면 안 된다는 일종의 시대적 요청을 기초로 하고 있다. 그렇다면 이와 같은 시대적 요청은 또 어디에서 오는 것인가? 이 글을 통하여 나는 두 가지 답변을 제시하고자 한다. 첫째, 민주공화국의 탈권력적 정당화 요구는 종래의 권력적 정당화 논리(더 정확하게는 폭력적 정당화 논리)에 대한 어떤 혐오에서 출발하는 것이 아니다. 오히려 그것은 종래의 논리에 대한, 특히 그 주창자들에 대한 깊은 연민(憐憫)에서 비롯되는 것이다. 둘째, 이웃에 대한 깊은 연민에서 시작되는 이러한 요구는 결코 새로운 것이 아니라 자유민주주의의 본질을 이루어 온 오래된 시대정신이다. 그러므로 민주공화국의 탈권력적 정당화는 이미 대한민국의 헌법문서 속에 체계적으로 내장된 이 오래된 시대정신을 현재의 시점에 부활시키려는 시도인 셈이다. 이하에서 나는 이 두 가지 답변을 하나의 일관된 헌법철학적 논리로 다듬어 보고자 한다.

종래의 권력적 정당화 논리의 주창자들을 논의의 상대방으로 초대하는 작업에서부터 이야기를 시작해 보자. 내가 초대하려는 사람들은 대한민국 정부가 수립되던 1948년 8월 15일 현재 만 열 살이 조금 넘었던 소년들이다. 초등학교에 들어가던 즈음에 일제가 패망하여 일본어 공교육을 받지 않았던 이들은 오로지 한글로만 대한민국 출범 전후의 역사적 변화를 읽어 들였다는 점에서 사실상 대한민국의 첫 세대라고 할 수 있다. 양손에 태극기를 들고 민주공화국의 출범을 환호하던 이 소년들은 그로부터 채 2년이 지나지 않아 한국 전쟁의 와중에서 그야말로 미증유의 폭력을 경험하게 된다. 그렇다면 총을 들고 실제로 전투에 참여했던 바로 윗세대와 달리 피비린내 나는 폭력의 현장에서 이 소년들이 경험했던 것은 무엇이었을까? 나는 두 가지 감정의 복합이었으리라고 추측한다. 하나는 이유를 알 수 없는 집단적 살육에 대한 끝없는 공포, 다른 하나는 그럼에도 불구하고 아무 것도 할 수 없는 처절한 무력감. 당시 기껏해야 중학교 1-2학년 나이에 이르렀을 이 소년들에게 이 두 가지 감정의 복합이 지독하리만큼 무겁고 무서운 것이었으리라는 점은 누구나 이해할 수 있다. 그렇다면 이들은 어떤 방식으로 그러한 공포와 무력감에 대응할 수 있었을까? 이 의문은 우리로 하여금 현재까지도 대한민국의 첫 세대를 규정하고 있는 시초체험(始初體驗)의 문제를 제기하게 만든다.

1922년 생으로 한국 전쟁에 정훈 장교로 참전했던 선우 휘는 1959년에 발표한 단편 '단독 강화'에서 잔혹한 동족상잔의 살육전 속에서도 실존적 차원에서 타자와의 공존이 모색될 수 있음을 암시한 바 있다(선우 휘 1959).[1] 그러나 총을 들고 실제로 전투에 참여했던 바로 윗세대의 이러한 암시가 이 소년들에게 현실적인 의미를 가지기는 어려웠다. 끝없는 공포와 처절한 무력감에 휩싸인 이들에게 강화(講和), 더욱이 단독 강화는 도저히 받아들일 수 없는 대안이었기 때문이다. 그 대신 이 소년들에게 현실성을 가질 수 있었던 유일한 대안은 비상사태를 선포하여 모든 도덕적 판단을 중지시킨 뒤 압도적 폭력의 행사를 통해 집단적 생존을 보장하는

---

1 한국방송공사(KBS)가 1983년에 방영했던 'TV 문학관 단독 강화'도 참조.

'근대적 주권국가'였다. 자신들의 편에서 적과 동지를 명확하게 구분해 주는 근대적 주권국가만이 공포와 무력감으로부터 이들을 확실하게 구출해 줄 수 있었던 것이다.

민주공화국의 탈권력적 정당화를 시도하면서 내가 이 소년들을 논의의 상대방으로 초대하려는 까닭은 그들이야말로 대한민국의 권력적 정당화 논리를 정초한 사람들이기 때문이다. 일찍이 토마스 홉즈가 자신의 조국(영국)을 휩쓴 종교적 내전의 틈바구니에서 공포에 질린 채 합리적으로 구성해냈던 근대적 주권국가, 즉 리바이어턴의 발생과정은 이 소년들이 경험한 대한민국의 시초체험에서 고스란히 재현되었다. 죽음의 공포로부터 합리적 복종계약을 끌어내는 이 논리는 국가란 모든 도덕적 판단을 뛰어넘는 제1의 자연법(홉즈적 의미에서), 즉 "너 자신을 보존하라"는 명제에 의해서만 정당화될 수 있다는 신념을 한국 사회에 유포시켰다. 따라서 이들이 대표하는 권력적 정당화 논리를 넘어서지 않는 한 대한민국이라는 민주공화국의 탈권력적 정당화는 불가능할 수밖에 없다. 그렇다면 60년이 넘게 세월이 흘러 백발 노년이 된 지금까지도 대한민국의 곳곳에서 자신들의 시초체험에 입각한 비상사태론을 고집스럽게 설파하고 있는 이 소년들의 권력적 정당화 논리를 넘어서기 위해서 우리는 과연 어디에서부터 출발해야 할 것인가?

이와 관련하여 우리는 먼저 2000년대에 들어 한국 사회에 대체로 1960년대 이후에 출생한 세대들에 의하여 강조되기 시작한 일종의 탈국가주의적 인권담론을 주목할 필요가 있다. 이 흐름의 주도자들은 대한민국의 헌정사에 등장하는 어둡고 고통스런 기억들을 발굴해내면서 앞의 소년들이 스스로를 의탁했던 근대적 주권국가가 실제로는 심지어 국가범죄의 주체가 되기도 하는 괴물이었음을 강력하게 주장하고 있다(이재승 2010; 김두식 2012 등). 그 때문에 그 주장의 효과로서 근대적 주권국가라는 괴물에 대항하여 특히 다양한 사회적 소수자들의 인권을 보호해야 할 필요성이 부각되는 것은 당연하다. 그러나 이와 같은 탈국가주의적 인권담론이 앞의 소년들이 대표하는 대한민국의 권력적 정당화 논리를 성공적으로 대체할 수 있을지는 의문이다. 민주공화국의 탈권력적 정당화를 정면으로 시도하지 않는 한, 그것은 어디까지나 종래의 권력적 정당화 논리를 탈국가주의적 방식으로 우회하려는 시도에 머무를 뿐이다.

　이러한 관점에서 나는 탈국가주의적 인권담론보다는 오히려 영국의 정치신학자 존 밀뱅크가 제기하는 소위 '폭력의 존재론'(ontology of violence)의 문제로부터 민주공화국의 탈권력적 정당화 논의의 실마리를 찾아보고 싶다. 밀뱅크는 서구의 사회과학이 학문 세계에서 신학을 퇴출시켜버린 것에 대하여 격렬하게 저항하는 일련의 논고를 통하여 서구의 사회과학 역시 일종의 나쁜 신학일 뿐이라는 도발적인 반론을 제시한 바 있다. 이를 뒷받침하는 그의 핵심 논거는 토마스 홉스로부터 비롯되는 서구의 사회과학 전체가 폭력의 존재론이라는 일종의 비상사태의 정치신학을 합당한 논증 없이 암암리에 전제하고 있다는 점이다(Milbank 2006: introduction). 밀뱅크의 이와 같은 문제제기는 이 글이 목표하는 민주공화국의 탈권력적 정당화에 대해서도 매우 중요한 방향성을 제공한다. 대한민국의 첫 세대가 정초한 권력적 정당화 논리를 평가하고 또한 그것을 대체하기 위해서는 폭력의 존재론이라는 비상사태의 정치신학을 넘어서는 새로운 정치신학적 논의가 필수적이라는 점을 알려주기 때문이다. 달리 말해, 민주공화국의 탈권력적 정당화는 헌법철학적 작업인 동시에 나쁜 신학을 좋은 신학으로 바꾸는 정치신학적 작업이어야 한다는 것이다.[2] 이하에서 나는 이 작업부터 일단 시도해 보려고 한다.

II. 똘레랑스: 자신의 神과 불화하려는 용기를 가지는 것

　대한민국 헌법 제1조 제1항은 "대한민국은 민주공화국이다"라고 선언한다. 종래의 권력적 정당화 논리는 이 문장을 폭력의 존재론에 기초한 근대적 주권국가의 선포문으로 읽는 것이다. 이는 이 문장을 하나의 정언

---

2 존 밀뱅크는 조화로운 차이의 사회성(sociality of harmonious difference)에 기초한 좋은 신학의 가능성을 탐색한다(Milbank, 2010: 11-12장).

명령으로서, 다시 말해, 대한민국이 왜 민주공화국인지에 대한 모든 설명을 생략한 채 단지 그 효력만을 일방적으로 선언하는 포고로서 해석하는 것이다. 그러나 민주공화국의 탈권력적 정당화를 시도하는 한 이 문장은 결코 그렇게 해석될 수 없다. 왜냐하면 이것은 어디까지나 나름의 고유한 맥락 속에서 발화되는 문장이기 때문이다. 주지하듯 대한민국 헌법 전문은 헌법 전체의 주어가 '유구한 역사와 전통에 빛나는 우리 대한국민'이라고 밝히고 있다. 따라서 헌법 제1조 제1항을 포함한 모든 헌법 조문은 당연히 헌법 전체의 주어인 '우리 대한국민'(We the Korean people)의 발화로서 해석되어야 한다. 예를 들어, 헌법 제1조는 다음과 같이 읽어야 한다. "우리 대한국민이 말한다. 대한민국은 민주공화국이다. 우리 대한국민이 다시 말한다. 대한민국의 주권은 국민에게 있고, 모든 권력은 국민으로부터 나온다"로 읽어야 한다. 이와 같은 독해는 대한민국이라는 민주공화국이 바로 '우리 대한국민'의 작품이라는 명제를 전면에 드러낸다. 그렇다면 민주공화국의 탈권력적 정당화에 관하여 이 명제는 어떠한 의미를 가지는 것인가?

가장 근본적인 차원에서 이 명제는 대한민국이라는 민주공화국을 '우리 대한국민'의 자유와 연결시킨다. 쉽게 말해, 대한민국이라는 민주공화국은 '우리 대한국민'의 자유의 실현으로서, 또한 그러한 자유의 실현을 위하여, 탄생한다는 것이다. 다만, 여기서의 자유는 결코 통속적인 자유주의자들이 말하는 고립된 개인들의 소유적 욕망과 동일시되어서는 안 된다. 오히려 그것은 헌법 전문이 '자율'과 '조화'를 바탕으로 자유민주적 기본질서를 말하고 있는 것에서 드러나듯, 함께 헌법을 약속하는 '우리 대한국민'사이의 관계를 표현한 것으로 이해되어야 한다. 이 관계의 본질이 무엇인지를 알려 주는 한 가지 단서는 헌법의 주어를 되살려 헌법 제1조를 다시 읽을 때, 그처럼 함께 헌법을 발화하는 '우리 대한국민' 사이에서 언제든 다시 발생하곤 하는 어떤 감격, 어떤 기쁨의 존재이다. 나는 이러한 감격과 기쁨의 근거를 추적하는 작업으로부터 민주공화국의 탈권력적 정당화를 시작해 보려고 한다. 논의의 상대방인 소년들이 그와 같은 감격과 기쁨을 알지 못한다는 점은 분명하다. 그렇다면 이들의 윗세대와 아랫세대를 직접 연결함으로써 폭력의 존재론을 넘어서는 계기를 만들 수 있지는 않을까? 이런 문제의식에서 나는 선우 휘가 '단독 강화'에서 암시했던 타자와의 실존적 공존 가능성이 현재의 세대에 어떠한 의미를 가질 수 있는지를 잠시 탐색해 보고 싶다.

'단독 강화'의 암시는 참혹한 폭력이 현장에도 삶은 여전히 존재한다는 사실에서 출발한다. 물론 이때의 삶은 불안정하기 짝이 없는, 죽음에 직면한, 임시적이고 누추한 삶이다. 그럼에도 불구하고 그것은 여전히 삶이다. 이렇게 죽음의 공포가 아니라 삶이라는 현상에 주목하여 그로부터 다시 시작한다면 우리는 곧바로 근본적인 질문 하나를 제기할 수 있다. "삶을 위협하는 이 무시무시한 폭력은 어디서 온 것인가?" 이 질문은 폭력에 대한 응시를 가능케 한다. 소설 '단독 강화'의 두 주인공이 잠시나마 타자와의 공존을 선택할 수 있었던 까닭은 죽음의 공포 대신 삶이라는 현상에 주목하여 폭력을 응시할 수 있었기 때문이다.

폭력에 대한 응시는 폭력의 원인을 찾는 작업으로 이어진다. 다른 집단의 강요나, 이익추구의 욕망이나, 우발적인 충동 같은 것들은 폭력의 궁극적인 원인이 될 수 없다. 가령 우발적인 충동이 일차적인 원인으로 지목되더라도, 그 다음에는 우발적인 충동 그 자체의 원인의 문제나 그 원인을 해소함으로써 폭력을 없앨 수 있느냐의 문제 등이 계속적으로 제기될 수밖에 없기 때문이다. 이러한 논증의 불가피성은 결국 폭력의 문제가 폭력의 원인을 제공하는 궁극적인 명제가 참이냐 거짓이냐의 문제와 연관된다는 점을 드러낸다. 다시 말해, 폭력에 대한 응시는 폭력의 원인의 탐구를 통하여 진리의 문제에 도달하게 된다는 것이다. 주지하듯 진리의 궁극적 표상은 神이다. 그렇다면 폭력의 원인의 탐구가 도달하게 되는 결론이 무엇인지는 분명하다. 폭력의 문제는 궁극적으로 神의 문제라는 것이다.

이러한 깨달음은 폭력의 행사가 때때로 참혹한 지경에 다다르게 되는 현상을 설명해 준다. 그 이유는 폭력의 행사가 진리의 실현, 곧 神의 뜻으로 정당화되기 때문이다. 이처럼 神의 뜻이 결부되는 순간 폭력의 행사는 멈출 수 없는 시도가 되고 만다. 폭력의 행사는 이제 神의 뜻을 실현하는 과정이 되고 말기 때문이다. 이와 같은 설정 속에서는 논리적으로 단 한 가지의 대안만이 선택가능하다. 그것은 바로 상대방을 절멸시킴으로써 더 이상 폭력의 행사가 필요 없는 상태를 실현하는 것이다. '단독강화'의 두 주인공이 처음 마주했던 가능성은 바로 이 '절멸(絕滅)의 대안'이다. 그러나 이 대안은 스스로 절멸당할 위험을 감수하지 않는 한 시도 자체가 불가능한 것이다. 더구나 그것은 상대방의 얼굴을 보고 또 말을 섞은 다음에는 수행하기가 점점 더 어려워지는 대안이기도 하다. 이렇게 해서 시간이 지나면 지날수록 '절멸의 대안'은 현실성을 잃어버리게 된다. 그러면 어떻게 할 것인가?

폭력의 존재론이 등장하는 것은 바로 이와 같은 맥락에서이다. 폭력의 존재론은 폭력의 원인을 진리나 神의 문제와 연관시키지 아니하고, 폭력 그 자체의 존재로부터 찾자고 제안한다. 이 점에서 폭력의 존재론은 존재자를 위협하는 폭력 그 자체의 존재를 근거로 폭력의 원인의 탐구에 대하여 판단중지를 선언하는 비상사태의 정치신학이다. 이와 같은 판단중지를 통해 폭력의 존재론은 폭력의 문제를 진리나 神의 문제로부터 분리시켜 관찰하고 해결할 수 있는 논리적 교두보를 마련한다. 폭력의 존재론이라는 정치신학을 전제로 폭력에 대한 과학적 접근(정치과학)이 가능하게 되는 것이다(Milbank 2010: part 1). 주지하듯 이와 같은 정치과학적 대안들 가운데서 가장 강력한 것은 대내적으로 최고이며 대외적으로 독립인 세속적 주권 개념이다. 프로테스탄트 종교혁명 이후 유럽대륙을 휩쓴 종교적 내전 상황에서 도출된 세속적 주권 개념은 정치를 진리투쟁과 분리시켜 폭력의 문제를 해결할 수 있는 매우 유용한 대안이다. 우리의 소년들이 대안으로 삼았던 '근대적 주권국가'의 기획은 기실 이 '주권(主權)의 대안'을 기반으로 하고 있다.

'절멸의 대안'을 포기하고 '주권의 대안'을 선택하는 이 소년들을 누가 비난할 수 있을까? 그러나 깊은 연민을 가지면서도 나는 이 두 번째

민주공화국의 탈권력적 정당화

선택이 폭력의 존재론에 기초한다는 점을 지적하지 않을 수 없다. 세속적 주권 개념은 한 마디로 집단적 생존을 보장하기 위하여 모든 진리추구에 대하여 비상사태를 선포한 뒤 모든 폭력을 주권국가에 독점시키는 대안이기 때문이다. 그와 같은 대안을 의도적으로 선택하는 사람들에게 세속적 주권 개념은 언제까지라도 집단적 생존을 위한 도구로 이해될 수 있을 것이다. 그러나 세월이 지나 근대적 주권국가 속에서 새로운 세대가 태어나면, 이 사람들은 세속적 주권 개념을 당연한 규범적 전제로 이해하게 된다. 이는 마치 우리의 소년들이 헌법의 주어인 '우리 대한국민'과 상관없이 헌법 제1조를 정언 명령의 포고문으로 읽었던 것과 같다. 나는 이 새로운 세대가 등장하는 국면에서 두 번째 선택의 치명적인 한계가 드러난다고 생각한다. "진리가 아니라 권위가 법을 만든다!"(Auctoritas, non veritas facit legem)는 법언을 환기시키면서 세속적 주권 개념은 진리투쟁을 근대적 주권국가의 체계 안에 가두게 되기 때문이다. 이렇게 될 경우 정치를 진리투쟁으로부터 분리하려는 목적은 어느 정도 달성될 수 있지만, 진리의 추구 그 자체는 불가능하게 된다. 근대적 주권국가가 법의 이름으로 진리의 검열관이 되기 때문이다. 진리의 궁극적 표상인 神을 추구하는 것에까지 검열을 확장하면서 근대적 주권국가는 리바이어던(괴물)으로서의 진면목을 드러내게 된다.[3]

---

3 토마스 홉스는 『리바이어던』의 제2부 제17장에서 다음과 같이 말한다. "이렇게 해서 저 위대한 리바이어던이라 불리는 주권자가 탄생한다. 바로 이 주권자가 영원불멸의 神 (immortal God) 아래서 우리에게 평화와 방위를 보장해주기 때문에 우리는 이 주권자의 탄생을 경외의 마음으로써 유한한 지상의 神(mortal god)의 탄생이라 불러야 할 것이다."(홉스 2008: 232-233, 번역은 일부 변형) 그러나 여기서 유한한 지상의 神, 즉 필멸(mortal)의 神(god)이란 과연 어떤 의미인가? 神을 진리의 궁극적 표상으로 놓는다면, 이를 필멸성(mortality)과 모순 없이 설명하는 것이 가능한가? 칼 슈미트는 "권력이란 권력의 속성이 아니라 인격의 속성"이라는 홉스의 언명(홉스 2008: 274)에 기대어 홉스의 논리를 인격적 결단주의의 효시로 재해석함으로써 자신의 정치신학을 정초하려고 시도한다(슈미트 2010: 51). 그러나 홉스가 제시하는 주권자의 인격이 필멸성과 진리의 인공적 결합으로 만들어진 리바이어던(괴물)인 한, 칼 슈미트의 정치신학 역시 동일한 문제에 직면할 수밖에 없었던 것으로 보인다. 후일 칼 슈미트는 리바이어던이라는 표현 그 자체에 대한 치밀한 연구를 통하여 신·인간·짐승·기계의 결합으로 탄생한 이 표현이 국가의 중립화라는 목표를 달성한 뒤 그 운명을 다했음을 주장하면서, 결단주의 정치신학에 일종의 탈신화화를 시도했다(슈미트 1992: 261-355).

그러므로 이제 문제의 핵심은 명확하다. 폭력의 행사를 진리나 神의 문제로부터 분리하기 위하여 '절멸의 대안'을 거부하고 '주권의 대안'을 선택하는 것은 이해할 수 있지만, 그렇다고 해서 '주권의 이름'으로 진리, 즉 神을 추구하는 것을 금지하는 사태를 영원히 방치해서는 안 된다는 것이다. 폭력의 존재론은 전자의 과제를 달성하는 데는 상당히 도움을 주지만, 후자의 과제를 달성하는 데는 오히려 방해가 된다. 폭력의 존재론이 나쁜 신학이라는 존 밀뱅크의 고발은 바로 이 대목을 지적한 것이다. 그렇다면 폭력의 존재론을 대체할 좋은 정치신학은 어디서 얻을 수 있는가? 어떻게 해야 세속적 주권 개념을 활용하면서도 그것을 넘어설 수 있는가? 이 질문들에 답하지 않는 한 민주공화국의 탈권력적 정당화는 이루어질 수 없다.

앞에서 나는 대한민국이라는 민주공화국이 헌법의 주어인 '우리 대한국민'의 자유의 실현으로서, 또한 그러한 자유의 실현을 위하여, 탄생한다고 말했다. 그리고 그 때의 자유를 헌법을 발화할 때 '우리 대한국민' 사이에서 언제든 다시 발생하곤 하는 감격과 기쁨이라고 말했다. 나는 이제 이러한 감격과 기쁨을 방금 언급한 곤란한 상황의 돌파구이자 해결책인 '똘레랑스의 대안'으로 재해석함으로써 민주공화국의 탈권력적 정당화를 위한 첫 번째 관문인 '자유'의 문제에 답하고자 한다. '주권의 대안'과 '절멸의 대안'을 다시금 거부하는 '똘레랑스의 대안'만이 '우리 대한국민'의 자유를 담아낼 수 있다.

논의의 초점은 똘레랑스의 본질 문제이다. 나는 똘레랑스가 무엇보다 불화(不和)의 논리라고 생각한다. 여기서의 불화는 이중적이다. 첫 번째 불화는 폭력의 존재론 그 자체, 또는 그 제도적 표현인 세속적 주권 개념 또는 근대적 주권 국가에 대한 것이다. 현상적으로 이 불화는 후자의 형태로 나타난다. 법의 이름으로 진리를 검열하는 근대적 주권국가와 불화해야만 진리의 추구 그 자체를 근대적 주권국가의 체계 바깥으로까지 확장할 수 있기 때문이다. 그러나 이와 같은 첫 번째 불화는 곧바로 한계에 부딪힌다. 첫 번째 불화가 촉발되는 순간 정치는 다시 진리투쟁으로 변모하며 곧이어 적나라한 폭력의 악순환이 재연될 위험이 드러나게 되는 까닭이다. 앞서 말했던, 오로지 '절멸의 대안'만이 가능한 상황이 다시 도래하게 된다는 것이다.

　　바로 이 지점에서 똘레랑스는 정치를 진리투쟁으로부터 분리하기 위한 두 번째 불화를 시도한다. 이는 단순히 폭력의 존재론을 거부하는 차원의 불화가 아니라 그것을 대체하는 좋은 정치신학으로 나아가는 차원의 불화이다. 여기서 주목할 것은 이 두 번째 불화의 상대방이다. 폭력의 존재론이 모든 진리 추구에 비상사태를 선포하는 방식으로 진리 또는 神과의 절연을 선택한 것에 비하여 똘레랑스는 진리나 神 그 자체가 아니라 그것을 추구하는 자기 자신과의 불화를 시도한다. 이처럼 오로지 자신이 진리라고 믿는 것, 즉 자신의 神과 불화하는 방식으로만 똘레랑스는 정치를 진리투쟁으로부터 분리할 수 있다.[4]

　　똘레랑스는 폭력의 존재론과 불화함으로써 진리, 즉 神 앞으로 나아가고, 다시 자신이 진리라고 믿는 것, 즉 자신의 神과 불화함으로써 폭력을 중지시킨다. 그러나 그와 같은 중지는 어디까지나 잠정적이며 임시적인 것이다. 스스로를 정당화하려는 폭력의 욕망은 끊임없이 진리, 즉 神을 추구하며 그 추구에 의하여 자신의 神과의 불화가 만들어낸 간극이 메워지는 순간 '절멸의 대안'이나 '주권의 대안'으로 돌아가지 않으면 안 되는 상황이 벌어지기 때문이다. 그러나 이에 대하여 똘레랑스는 자신이 진리라고 믿는 것, 즉 자신의 神과의 불화를 다시금 시도함으로써 실존적 차원에서 타자와의 공존을 모색한다. 그렇게 할 수 있는 까닭은 이처럼 자신의 神과의 불화를 거듭하는 과정에서 어느새 똘레랑스가 진리, 즉 神에 대한 다른 관념을 확보하게 되기 때문이다. 이는 모든 사태의 제일 원인으로서 세계 전체를 체계화하는 '절대'(the absolute)의 관념에서 끝없이 물러서며 어떠한

---

4 "똘레랑스란 "진리를 무섭게 사랑하는 광신을 뛰어넘는 일종의 지혜"이다. 그러면 진리의 사랑을 그만두어야 하는가? 아니다. 그러한 태도는 전체주의에 대한 투쟁은커녕, 전체주의에 선물을 안겨주는 셈이다. …진리는 복종하지 않으며, 바로 그런 점에서 우리는 자유로울 수 있는 것이다. 더 나아가 진리는 명령하지도 않으며, 그래서 우리는 자유로울 수 있는 것이다." (콩트-스퐁빌 1997: 217-8)

형태로도 완전한 통일을 허용하지 않는 '초월'(the transcendent)로 神에 대한 관념 자체가 바뀌는 것을 의미한다. 똘레랑스는 정치신학의 차원에도 혁명을 요구하는 것이다.[5]

　　그러나 이와 같은 설명은 한 가지 치명적인 약점을 가지고 있다. 똘레랑스가 자신의 神과의 불화를 통해서 정치를 진리투쟁으로부터 분리하고, 그렇게 확보되는 규범적 틈새를 활용하여 계속적으로 타자와의 공존을 모색하려는 기획이라는 점은 충분히 납득할만하다. 그러나 끝없이 물러서며 어떠한 형태로도 완전한 통일을 허용하지 않는 '초월'로 神을 관념할 경우, 도대체 누가 그러한 神을 이유로 자신이 진리라고 믿는 것, 즉 자신의 神과 불화하려는 용기를 가질 수 있단 말인가? 폭력의 존재론을 전제로 그 속에서 속편하게 주장되는 똘레랑스는 기실 '주권의 대안'을 다르게 표현한 것에 지나지 않는다. 이에 반하여 폭력의 존재론을 넘어서려는 똘레랑스는 지금까지 자신이 진리라고 믿어 온 것, 즉 자신의 神과의 불화를 자초하는 것인 까닭에 결코 속편하게 주장될 수 없는 것이다. 똘레랑스의 심리상태는 오히려 불가지론의 문턱에 서서 진리에 의하여, 즉 神에 의하여 저주를 받게 될 지도 모른다는 꺼림칙한(scandalous) 마음을 가지는 것과 유사하다. 그러므로 이와 같은 꺼림칙한 마음 상태를 넘어서서 똘레랑스를 선택하기 위해서는 무엇보다 용기가 필요하다. 똘레랑스는 근본적으로 이론의 문제가 아니라 실천의 문제이며, 그 본질은 자신의 神과 불화하려는 '용기'를 가지는 것이다. 그렇다면 이 용기는 또 어디에서 올 수 있는가?

---

5 하늘의 통일성이 지상의 다양성을 창조한다. 이 점에서 자신의 神과 불화하려는 용기를 갖는 것으로서의 똘레랑스는 '절대'가 아니라 '초월'로서의 神관념을 거쳐 삶의 근원적 다원성을 수호하려는 기획으로서의 헌정주의와 연결된다. 서양의 근대 정치사상사에서 이 점을 가장 명료하게 보여준 사상가로는 단연 요한네스 알투지우스를 꼽아야 할 것이다(Witte, Jr 2007: 3장).

Ⅲ. 신성한 몸과 민주주의

똘레랑스의 용기는 참혹한 살육의 현장에서 우리의 몸 전체가 반응하는 어떤 섬뜩한 느낌으로부터 출발한다. 몸서리쳐지는 폭력의 현장에서 우리의 몸은, 특히 우리의 살갗은, 타자의 몸이 찢겨나갈 때 그 진저리쳐지는 느낌을 전면적으로 공유하게 되지 않는가? 바로 그러한 살갗의 느낌 앞에서 우리는 마치 어떤 계시에 노출된 듯 '이건 아니다'라는 본능적인 확신으로 나아가게 된다. 자신의 神과 불화하려는 똘레랑스의 용기는 이처럼 머리가 아니라 살갗에서, 명징한 논리가 아니라 압도적인 느낌으로, 한순간에 우리의 몸을 덮쳐오는 살갗의 윤리를 바탕으로 한다. 이 생소한 윤리는 능동적으로 또는 직접적으로 작동하지 않으며, 오로지 살갗을 찌르고 몸을 짓밟는 잔인함이 발생할 때만, 그로 인한 희생과 피 흘림을 통하여, 수동적으로 또는 간접적으로, 문득문득 자신을 드러낼 뿐이다. 이와 같은 살갗의 윤리는 잔인함을 거부하고 살육을 중단할 것을 섬뜩한 느낌을 공유하는 몸에게 요구한다. 똘레랑스의 용기는 바로 이러한 요구에 반응하는 방식으로 출현한다. 진리에 의하여, 神에 의하여 저주받을지 모른다는 꺼림칙한 마음 상태를 넘어서는 똘레랑스의 용기는 살갗의 윤리로부터 정초될 수 있다(레비나스 2010: 3장 5절 '상처받기 쉬움과 접촉').

앞에서 나는 참혹한 폭력의 현장에도 어김없이 존재하는, 불안정하기 짝이 없는, 죽음에 직면한, 임시적이고 누추한 삶을 통찰하는 데서 타자와의 실존적 공존 가능성이 비롯된다고 말했다. 이때의 삶은 곧 '똘레랑스의 대안'이 출발하는 몸에 의하여 표상된다. 태어나고 자라고 늙고 썩어 없어진다는 점에서 몸은 어디까지나 각각의 생명에 고유한 현상이지만, 그 현상은 인간이라면 누구도 피할 수 없는 보편적 현상이기도 하다. 한 마디로 몸을 가지지 않은 인간은 살아있을 수 없다는 말이다. 이처럼 몸이라는 고유하고도 보편적인 현상에 집중함으로써 '똘레랑스의 대안'은 타자와의 공존을 정초한다. 따지고 보면, 몸은 다만 각각의 생명이 일시적으로 짓든 고유한 장소일 뿐이다.[6] 그러나 바로 그 이유 때문에 몸은 참혹한 폭력을 가하기도 하고 그 대상이 되기도 하는 장소에서 순식간에 환대(歡待)의 사유와 행동이 시작되는 장소로 변모할 수 있다. 환대란 타자를 맞아들이는 주체가 그 또한 조금 먼저 온 손님에 불과하다는 사실을 인지하는 데서 출발하는 것이다. 참혹한 살육의 현장에서 우리의 몸 전체가 섬뜩한 느낌으로 반응할 때, 우리는 그 몸의 느낌으로 인해 우리 자신 또한 조금 먼저 온 손님에 불과하다는 사실을 깨닫게 된다. 그리고 그 깨달음에 터 잡아 자신의 神과 불화하려는 용기를 가짐으로써 환대의 사유와 행동이 가능하게 되는 것이다.

각자에게 고유한 존중을 돌린다는 점에서 '똘레랑스의 대안'은 자유주의의 일종으로 해석될 수도 있을 것이다. 그러나 똘레랑스는 흔히 자유주의가 전제하는 원자적 개인이라는 낯선 설정을 알지 못한다. 그 대신 똘레랑스는 '신성한 몸'이라는 테제에 의존한다. 비록 특정한 장소에 잠시 깃든 생명의 표상일지언정, 인간의 몸은 신성한 가치를 내포하고 있다. 비록 때로는 폭력의 주체가 되기도 하고, 또 폭력의 대상이 되기도 하지만, 그 현장의 한 가운데서 모든 폭력을 중단하고 똘레랑스를 선언할 수 있는 가능성이 유일하게 인간의 몸에 깃들어 있기 때문이다. 이러한 이유로 똘레랑스는 신성한 몸의 경계선을 따라 정치적 주권의 범위를 설정한다. 정치적 주권은 결코 신성한 몸을 침범할 수 없다. 신성한 몸은 그 자체가 하나의 주권이기 때문이다. 정치적 주권은 오로지 신성한 몸의 바깥을 통치할 뿐이며, 그 안쪽은 신성한 몸의 윤리에 출발하여 자신의 神과 불화하려는 용기를 가질 수 있는 정신, 즉 양심이 다스린다. 이처럼 똘레랑스의 자유주의는 신성한 몸의 경계선을 기준으로 주권을 개별화하고 또 분립시킨다.

앞에서 나는 대한민국이라는 민주공화국이 헌법의 주어인 '우리 대한국민'의 자유의 실현으로서, 또한 그러한 자유의 실현을 위하여, 탄생한다고 말했다. 이때 '우리 대한국민'의 자유는 일차적으로 똘레랑스에 의해

---

6 몸 그 자체에 대한 철학적 사유로는 장-뤽 낭시의 시도를 참조하라(낭시 2012).

민주공화국의 탈권력적 정당화

서 탄생하는 자유로 이해되어야 한다. 그것은 신성한 몸의 경계선을 기준으로 서로를 독립한 주권자로 인정하는 데서 비롯되는 관계적 자유이기 때문이다. 그러므로 대한민국 헌법 제1조를 '국민주권의 선포'로 이해하는 것은 단순하기 짝이 없는 일방적 독해일 뿐이다. 그 문장들은 오히려 '우리 대한국민' 각자가 신성한 몸의 경계선을 기준으로 독자적인 주권을 보유한 주권자라는 사실과 함께, '우리 대한국민'이 그와 같은 사실을 깊이 받아들였으며, 그들의 민주공화국인 대한민국은 오직 이 점을 전제로 구성될 것이라는 선포로 이해되어야 한다. 비유컨대 대한민국 헌법 제1조는 결코 '우리 대한국민이 대한민국의 왕이다!'라는 문장으로 해석되어서는 안 된다. 그것은 오히려 '우리 대한국민 가운데는 더 이상 왕이 없다!'는 문장으로 해석되어야 한다. 이렇게 읽을 때에만 "(우리 대한국민이 말한다) 대한민국은 민주공화국이다"라는 대한민국 헌법 제1조 제1항의 정치철학적 맥락이 고스란히 살아날 수 있다. 이 점에서 이 문장은 주권자 선언이기에 앞서 시민선언이며, 국민주권의 선포이기에 앞서 주권의 민주화의 선포이다.

대한민국 헌법 제1조에 대한 이와 같은 독해는 헌법을 발화할 때 '우리 대한국민' 사이에서 언제든 다시 발생하곤 하는 감격과 기쁨의 본질과도 맞닿아 있다. 왜냐하면 그것은 '절멸의 대안'과 '주권의 대안'을 거부하고 '똘레랑스의 대안'을 선택함으로써 서로를 신성한 몸으로 대접하기로 약속하는 감격스럽고도 기쁜 만남이기 때문이다. 신성한 몸은 신성한 몸과 만날 때 감격과 기쁨을 경험한다. 또한 흥미롭게도 이 만남은 한번의 우연한 지나침으로 끝나는 것이 아니다. 서로를 신성한 몸으로 대접한다는 것은 신성한 몸의 경계선을 기준으로 서로를 '다름'으로 또는 '비밀'로 전제한다는 의미이다. 이처럼 서로가 서로를 다르다고 놓으면 그 사이에서는 같은 것, 공통적인 것이 발생하게 된다. 같은 것, 공통적인 것의 발생은 끊임없이 계속되고 끝없이 이어진다. 그 이유는 처음부터 서로가 서로를 다르다고 놓은 뒤 그 사이에서 같은 것, 공통적인 것을 찾고자 했기 때문이다. 신성한 몸의 관계 속에서 같은 것, 공통적인 것은 끊임없이,

그리고 끝없이 발생한다. 이것이 바로 똘레랑스의 자유주의가 발생시키는 중첩적 합의(overlapping consensus)의 신비이다(롤즈 1998: 강의 Ⅳ).[7] 서로 가 서로를 신성한 몸으로 전제한 까닭에 그들 사이에서 발생하는 중첩적 합의는 역동적인 동시에 무한한 생성으로서의 본질을 갖게 되는 것이다. 따라서 헌법이 기본권이나 기본 의무와 같은 방식으로 이와 같은 중첩적 합의를 제도화하려는 것이라면, 애초의 출발점으로 돌아와 헌법을 발화할 때 '우리 대한국민' 사이에서 언제든 감격과 기쁨이 다시 발생하게 되는 것은 당연한 일일 것이다.

이와 같이 대한민국이라는 민주공화국을 정초하는 '우리 대한국민'의 자유를 똘레랑스의 관점에서 재해석함으로써 우리는 민주공화국의 탈권력 적 정당화를 위한 두 번째 관문인 '민주'의 문제에도 자연스럽게 답한 셈 이 되었다. 민주의 이념을 정당화하기 위하여 사람들이 흔히 의존하는 방 식은 민주주의의 적을 찾는 것이다. 민주주의의 적에 맞서는 것을 민주주 의로 동일시하기 위해서이다. 그러나 이러한 쉬운 동일시로는 민주의 이 념을 정당화 할 수 없다. 이에 비하여 살갗의 윤리에서 출발하는 똘레랑 스의 자유는 민주의 이념을 정당화하기 위하여 민주주의의 적을 찾지 않 는다. 똘레랑스의 자유는 일종의 논리적 필연으로서 민주주의를 요청하기 때문이다. 신성한 몸의 경계선을 기준으로 똘레랑스의 자유를 받아들인 '우리 대한국민'의 사이에서 민주주의는 당연하고 자연스러운 정치적 관계 로 받아들여질 수밖에 없다. 이처럼 민주주의로 이어지는 자유는 똘레랑 스의 자유인들 사이의 관계, 즉 요사이 공화주의 정치철학자들이 구사하 는 용어로 말하자면, 불간섭이 아니라 비지배로 관념되는 관계적 자유를 말한다(Pettit 1997).

그러나 똘레랑스의 자유가 민주주의로 당연하고도 자연스럽게 이어 진다고 해서, 아무런 문제가 발생하지 않는 것은 아니다. 이사야 벌린이 정확하게 지적했듯이 자유에는 소극적 자유만이 아니라 적극적 자유도 존

---

7 중첩적 합의의 개념에서 가장 중요한 점은 그 역동적 성격임에도 한글 번역어에는 그것 이 잘 드러나지 않는다. 큰 문제가 아닐 수 없다.

재한다. 적극적 자유는 스스로 삶의 주인이 되어 세계 속에 자신을 실현하겠다는 욕망이 자유와 결합되어 작동하는 것을 말한다(벌린 2006). 적극적 자유를 추구하는 가장 손쉬운 방식은 신성한 몸의 범위를 확대하고 팽창시키는 것이다. 한편으로는 노동과 소유에 의하여, 다른 편으로는 표현과 소통에 의하여 적극적 자유의 신봉자들은 끊임없이 신성한 몸의 범위를 확대하고 팽창시킨다. 그리고 그 과정에서 민주주의는 적극적 자유의 가장 확실하고 안정적인 실현방식으로 인식된다. 왜냐하면 민주주의야말로 동의에 의한 지배(rule by consent)를 기치로 통치자와 피치자의 동일성을 확보하는, 즉 다시 말해 타자의 인정을 받으려는 욕망(인정욕망)을 '주인 대 노예'의 관계가 아니라 '주인 대 주인'의 관계에서 확보하는 유일한 방식이기 때문이다. 여기서 우리가 주목해야 할 미묘한 점은 민주주의가 신성한 몸의 확대와 팽창을 공동체적 차원으로 변모시키는 동시에 그것을 정당화한다는 사실이다. 달리 말해, 민주주의를 경유함으로써 신성한 몸은 개인적 차원에서 공동체적 차원으로 정당하게 변모한다. 그리고 적극적 자유의 기치 아래 그와 같은 신성한 몸의 공동체(또는 신성한 공동체적 몸)를 또 다시 확대하고 팽창시킨다.[8]

적극적 자유와 민주주의의 결탁은 결국 '우리 대한국민'으로 하여금 스스로를 신성한 몸의 공동체로 정당화하는 동시에 그 범위를 끝없이 확대하고 팽창시키려는 욕망 앞에서 번민하게 만든다. 양자의 결탁을 받아들여 확대와 팽창을 선택할 경우, 근대적 주권국가를 넘어 위대한 문명을 건설할 가능성도 없지는 않을 것이다. 그러나 '우리 대한국민'은 그와 같은 최상의 목표를 꿈꾸는 대신 민주공화국의 탈권력적 정당화가 출발했던 최악의 상황을 떠올린다. '우리 대한국민'의 확대와 팽창은 또 다시 누군가에게, 즉 기껏해야 중학교 1-2학년에 이르렀을 우리의 소년들과 같은 이들에게, 피비린내 나는 폭력의 현장에서 공포와 무력감으로 가득한 시초체험을 강요하게 될지도 모르기 때문이다. 바로 이와 같은 불길한 예감

---

8 현 시대에 적극적 자유와 민주주의의 결탁을 가장 긍정적으로 표현하고 있는 저술로는 단연 프랜시스 후쿠야마의 저작을 들어야 할 것이다(후쿠야마 1992).

은 '우리 대한국민'으로 하여금 민주공화국의 탈권력적 정당화를 위한 세 번째 관문인 '공화'의 문제로 넘어가도록 만든다. 엠마누엘 레비나스에 의존하자면, '우리 대한국민'이 이처럼 신속하게 민주에서 공화로 나아가는 것은 끝없이 확대하고 팽창하는 동일자의 입장에서 압살당할 위험에 처한 타자의 입장으로 재빨리 관점을 이동시키는 것이나 다름없다. 그때 '우리 대한국민'에게 떠오르는 문장은 레비나스 자신이 평생 되뇌었던 것과 동일할 것이다. "죄인들이다. 우리 모두는 죄인들이다. 그리고 나는 타인들보다 더 큰 죄인이다."(레비나스 2000: 132)

Ⅳ. 공화주의: 민주적 다두제(polyarchy)와 권력분립의 新진화론

자유와 민주에 이어지는 공화주의의 기획은 신성한 몸의 윤리에서 출발하는 똘레랑스의 자유주의와 적극적 자유의 실현방식인 민주주의를 함께 붙잡으려는 시도이다. 앞서 언급했듯이 양자는 당연하고 자연스럽게 연결되기도 하지만, 때때로 서로에게 모순적이고 나아가 적대적이 되기까지 한다. 특히 신성한 몸의 공동체(또는 신성한 공동체적 몸)의 확대와 팽창이 계속되는 상황은 매우 위험하다. 동일자의 확대와 팽창에 따라 압살당할 위험에 처한 타자는 "너 자신을 보존하라"는 제1의 자연법(홉스)에 따라 비상사태를 선포하고 '똘레랑스의 대안'을 취소할 가능성이 발생하기 때문이다. 그처럼 '똘레랑스의 대안'이 취소된 자리에 '주권의 대안'이 부활하는 것은 시간문제가 아닌가? 이와 같은 위험에 대처하기 위하여 공화주의는 자유의 이념과 민주의 이념을 서로에게 맞세운 뒤, 그 사이에서 시공간적 상황에 맞는 제도적 타협책을 그때그때 확보하려는 기획을 내세운다. 나는 이러한 기획이 바로 우리가 자유민주주의라고 부르는 정치체제의 본질이며 표상정치의 한계를 넘어서려는 기획인 헌정주의가 근대적 삶의 조건 속에 적응한 결과라고 믿는다(이국운 2010a). 이처럼 자유민주주의는 자유의 이념과 민주의 이념을 함께 실현하려는 공화주의적 기획인 까닭에 그 속에는 철학과 이론과 제도와 역사를 넘나드는 화려한 상상력이 가득 담겨 있을 수밖에 없다. 민주공화국의 탈권력적 정당화 논리를 되새겨 보려는 목적에 비추어 나는 그 가운데 민주적 다두제와 권력분립의 논리만을 간단히 검토해 보고자 한다.

　　민주적 다두제란 적극적 자유의 이념을 앞세워 민주주의의 방식으로 신성한 몸을 확대하고 팽창시키려는 동일자의 욕망을 역이용하는 방도이다. 그 핵심은 민주주의의 방식으로 표출되는 동일자의 욕망을 견제와 균형의 미묘한 메커니즘 속에 배치하는 것이다. 왜냐하면 권력은 언제나 다른 권력에 의하여 견제될 경우에만 관리될 수 있기 때문이다. 그런 뜻에서 "야심에는 야심으로 대항해야 한다!"는 제임스 매디슨의 단언이야말로 민주적 다두제를 이끄는 정신인 것이다(매디슨 2009: 51번). 흥미롭게도 민주주의는 이와 같이 신뢰가 아니라 불신 위에 구축된 메커니즘 속에서 비로소 확대와 팽창의 방향을 돌려 역동적인 민주정치로 탈바꿈하기 시작한다. 질투의 눈길로 서로를 바라보는, 메두사의 머리와도 같은, 다두(多頭)의 대표제는 스스로의 욕망에서 동력을 얻어 그들 사이의 분열을 끝없이 재연한다. 그리고 그 분열 사이에서 의회주의, 즉 폭력이 아니라 말과 법에 의한 정치가 비로소 출현할 수 있게 되는 것이다. 이처럼 민주적 다두제는 '분리하여 통치한다!(divide and rule)'는 지배자들의 비기(秘技)를 자유와 민주를 위하여 역이용하려는 희대의 선한 책략이다. 한 마디로 이성의 간계를 극복하기 위한 또 다른 간계라고나 할까?

　　그러나 민주적 다두제의 기획은 제도의 옷을 입지 않는 한 실현될 수 없다. 견제와 균형의 원리는 자유와 민주를 함께 붙잡기 위하여 우리가 언제든 제도 바깥에 설 수 있어야 한다는 점을 일깨우지만, 실제의 정치적 삶은 다시 제도 안으로 들어와야만 가능하기 때문이다. 그렇다면 그러한 제도화는 어떻게 실현될 수 있는가? 주지하듯 이 맥락에서 우리는 줄곧 헌정주의(정확히는 입헌주의)의 가치를 환기해왔다. 하지만 민주적 다두제의 기획을 헌법이라는 문서에 적어 놓는다고 해서, 나아가 그러한 헌법의 수호를 다짐한다고 해서 그것만으로 민주적 다두제의 이상이 실현되는 것은 아니다. 민주공화국의 탈권력적 정당화는 민주적 다두제의 구체적인 내용이 우리의 정치적 삶의 양상에 부합하도록 합리적으로 설계되어야 한다고 요구한다. 합리적인 설계는 오래도록 살아남지만, 그렇지 못한 설계는 금세 잊히고 만다. 이 문제는 달리 말해 민주적 다두제의 기획을 권력의 분립이라는 차원에서 제도적으로 설계하는 것이라고도 볼 수 있다. 정치적 삶의 양상에 부합하는 합리적 권력분립은 성공하지만, 그렇지 못한 권력분립은 오히려 덫이 되기도 한다. 나는 권력분립이란 결국 견제와 균형의 원리에 기초하여 우리의 정치적 삶을 시간과 공간이라는 존재적 조건 속에 제도적으로 적응시키는 것이라고 생각한다. 그 관점에서 민주공화국의 탈권력적 정당화는 시간적 차원의 권력분립과 공간적 차원의 권력분립을 각각 탐구하고 다시 양자의 교직(交織)을 시도하는 방식으로 이루어질 수 있다.

먼저 시간적 차원의 권력분립은 근대적 헌정주의를 특징짓는 삼권분립의 논리에서 전형적으로 발견된다. 주지하듯 근대적 헌정주의는 아리스토텔레스 이래의 혼합정체이론을 인간의 사회적 현존이 마주하는 과거-현재-미래의 구조에 맞추어 시간적 차원의 제도적 권력분립이론으로 창조적으로 재구성했다. 제도 설계의 핵심은 법창조(입법)를 민주정(의회)에, 법발견(사법)을 귀족정(법원)에, 그리고 법집행(집행)을 군주정(행정부)에 나누어 맡기는 것이다. 이는 고스란히 과거-현재-미래의 시간 축에 연결하여 견제와 균형의 원리를 실현하려는 기획이다. 민주정의 장점인 정당성의 충족을 미래의 기획과 연결하고, 왕정의 장점인 안정성의 확보를 현재의 관리와 연결하며, 귀족정의 장점인 합리성의 증진을 과거의 해결과 연결한 뒤 이 삼자를 상호 경쟁하도록 유도한 것이기 때문이다. 민주정의 수행자들에게 상대적으로 단기의 임기를 주고, 왕정의 수행자들에게 중기의 임기를 주며, 귀족정의 수행자들에게 장기의 임기를 주는 것 또한 시간적 차원의 권력분립으로 재해석될 수 있을 것이다.

시간적 차원의 권력분립에 비하여 공간적 차원의 권력분립은 좀 더 복잡하다. 나는 인간의 사회적 현존이 세 개의 공간으로 구성된다고 생각한다. 우선 모든 사회적 삶이 이루어지는 사회적 공간이 존재한다. 이는 삶

민주공화국의 탈권력적 정당화

속에서 모두가 함께 경험하는 공간이며, 그 점에서 '역사 공간'(historical space)이라고도 부를 수 있다. 다른 하나는 모든 인간이 오로지 개인으로서만 경험할 수 있고, 또 늘 경험하는 본유 공간이다. 실존은 이 본유 공간의 표현이다. 나는 이 공간을 '내면 공간'(inner space)이라고 부르고자 한다. 마지막 공간은 모든 인간이 개인이나 집단으로도 결코 경험할 수 없는 '역사 공간' 바깥의 공간이다. 이 공간은 경험할 수 없지만, 그렇다고 부인할 수도 없는, 즉 존재하지 않는 것이 아닌 공간이다. 죽음은 이 궁극적 바깥의 표현이다. 나는 이 이중부재(二重不在)의 공간을 '초월 공간'(transcendent space)이라고 부르고 싶다.

그렇다면 공간적 차원의 권력분립의 기본 발상은 실상 매우 간단한 것이 아닐까? 오로지 개인으로서만 경험할 수 있는 '내면 공간'이나 개인으로도 집단으로도 결코 경험할 수 없는 '초월 공간'은 어떤 의미로도 제도적 공간이 될 수 없다. 바로 이 이유 때문에 우리는 우리 모두가 함께 경험하는 '역사 공간' 내부에 '내면 공간'과 '초월 공간'의 자리를 마련하고, 그 자리의 불가침성을 보장해야 하는 것이 아닐까? 이는 역사 공간 내부에 존재하면서도 그것을 넘어서는 '표상 공간'에 이 두 공간의 자리와 그 불가침성을 보장하는 언어와 문화와 규범과 사상을 건립하는 작업이기도 하다. 역사 공간 속에서 '내면 공간'의 자리는 말할 것도 없이 모든 개인의 몸이다. 그리고 그로부터 내면 공간을 표상하는 겹겹의 작은 동그라미들이 형성된다. 주거, 가족, 마을, 살롱, 꼬뮌 등 프라이버시의 경계를 따라 프라이버시를 공유하는 이 겹겹의 작은 동그라미들은 개인의 몸이라는 중심을 공유하고 있다. 이에 비하여 역사 공간 속에서 '초월 공간'의 자리는 문제되는 역사 공간들을 아우르는 '바깥'에 의하여 표상된다. 문제된 역사 공간이 가족이라면 그것들을 바깥에서 아우르는 가문(家門), 즉 조종(祖宗)에 의하여, 문제된 역사 공간이 지역공동체라면 그것들을 바깥에서 아우르는 국가에 의하여, 문제된 역사 공간이 주권국가라면 그것들을 바깥에서 아우르는 국제사회에 의하여, 초월 공간은 겹겹으로 표상되며, 심지어 그 바깥의 바깥에도 존재한다고 말할 수 있다(또는 존재하지 않는다고 말할 수 없다). 역사 공간 속에 있으면서 '초월 공간'을 표상하는 가장 대표적인 예는 말할 것도 없이 궁극적 바깥의 神의 존재를 상징하는 종교적 공간이다.

역사 공간 속에서 '내면 공간'과 '초월 공간'의 불가침성을 제도화하는 것은 개인의 몸과 神의 존재로부터 비롯되어 역사 공간 안팎에 형성되는 겹겹의 동그라미들의 가치를 긍정하는 작업에서 시작된다. 정치적 기획으로서 자유민주주의의 위대함은 이와 같은 긍정을 초월적 자유와 권리의 이름으로 수행한다는 점이다. 그러나 공간적 차원의 권력분립을 제도화하는 문제에 관해서 이는 어디까지나 출발점에 지나지 않는다. '역사 공간' 속에서 '내면 공간'과 '초월 공간'의 자리를 경계 지우는 문제가 여전히 남아 있기 때문이다. 특정 개인에게 익숙한 이 세 공간의 경계선은 다른 개인에게는 전혀 그렇지 못할 가능성이 많다. 특정 집단에게 익숙한 경계선이 다른 집단에게는 그렇지 못한 것도 우리가 늘 경험하는 바이다. 동일자가 설정한 경계선들은 타자가 설정한 경계선들과 언제나 다르다. 이 두 다른 경계선들을 조정하여 세 공간 사이의 존재론적 균형을 달성하는 것이야말로 자유의 공간적 실현에서 가장 어렵고도 결정적인 문제이다.

나는 공간적 차원의 권력분립을 제도화하는 방식으로서 '우리 대한국민'이 하루바삐 민주적 연방주의의 논리에 익숙해져야 한다고 믿는다. 지금 이 순간까지도 우리의 소년들을 여전히 지배하고 있는 '근대적 주권국가'의 신화는 실상 초집권적 단방국가의 모습이기 때문이다. 앞서 말했듯이 그 신화 뒤에는 적과 동지의 구분을 모든 존재자의 기반으로 전제하는 '폭력의 존재론'이 똬리를 틀고 있다. 이와는 대조적으로 민주적 연방주의는 적과 동지의 구분을 의도적으로 모호하게 함으로써 공간적 자유를 기획한다. 민주적 연방주의는 경계선 긋기를 거부하지 않지만, 특이한 방식으로 그것을 변형시킨다. 이는 일종의 이중적 경계선 긋기로서 개인과 주권국가 사이에 개인도 아니고 주권국가도 아닌 공간적 단위를 설정하는 동시에 주권국가의 경계선에 첫 번째 공간적 단위들을 아우르는 두번째 공간적 단위를 설정하는 것이다. 이 두 번째 단위는 별도의 국가이

민주공화국의 탈권력적 정당화

지만 결코 다른 주권국가는 아니라는 점에서 그것과 다른 주권국가 사이의 경계선 긋기가 여전히 가능하다. 현실세계에서 이중적 경계선의 실제 모습은 매우 유동적이며, 따라서 민주적 연방주의는 지극히 다양한 모습으로 나타날 수밖에 없지만, 어떤 경우이든 이중적 경계선 긋기를 실행한다는 점에서는 동일하다. 개인과 국가 사이에 첫 번째 공간적 단위(예를 들어 주들, the states)를 끼워 넣고, 주권국가와 다른 주권국가 사이에 두 번째 공간적 단위(연방, the federal)를 끼워 넣는 이중적 경계선 긋기가 공간적 자유의 기획으로서 민주적 연방주의의 핵심이다.

대한민국이라는 민주공화국의 탈권력적 정당화는 아직 공간적 차원의 권력분립으로까지 나아가지 못하고 있다. 나는 이 미답(未踏)의 노선을 개척하는 것이야말로 폭력의 존재론을 극복하고 대한민국이라는 민주공화국을 탈권력적으로 정당화하는 첨경이라고 생각한다. 물론 각종 포스트주의가 지배하는 후기산업사회의 현실에 민주공화국이 적응하기 위해서는 시간적 차원의 권력분립과 공간적 차원의 권력분립을 창조적으로 교직하여 권력분립의 새로운 제도적 구현방식을 끊임없이 탐색하고 실험하는 헌법공학적 상상력이 발휘되어야 할 것이다. 예를 들어, 니클라스 루만으로부터 시작된 체계의 자기재생산(autopoeis)론을 레비나스의 타자의 윤리와 결합시키는 것과 같은 권력분립의 新진화론이 모색되어야 한다는 것이다. 그러나 그 방향으로 더 나아가기 위해서라도 시간적 차원의 권력분립과 쌍을 이루는 공간적 차원의 권력분립과 그 제도적 구현으로서의 민주적 연방주의에 우선적인 관심이 주어져야 한다. 이 문제는 민주공화국의 탈권력적 정당화 논리를 한반도의 재통일과 연결하는 국면에서도 숙고될 필요가 다분하다.

V. 이웃의 정치신학

민주공화국의 탈권력적 정당화의 마지막 관문은 그 폭력적 정당화 논리가 재연되지 않도록 방비하는 것이다. 지금까지 나는 이제 백발 노년

이 된 우리의 소년들에 대하여 우리가 깊은 연민을 가져야 하며, 또한 똘레랑스의 자유와 그러한 자유인들의 관계인 민주와 그 이념들을 시간적, 공간적 권력분립으로 제도화하는 공화의 논리를 가지고 그 소년들을 설득해야 한다고 말했다. 그러나 문제는 설혹 우리가 그 소년들을 설득하는데 성공한다고 하더라도 정작 우리 자신이 폭력의 존재론에 감염될 가능성은 배제할 수 없다는 것이다. 이와 같은 당혹스런 상황을 회피하기 위해서는 적과 동지의 구분을 숙명으로 받아들이는 나쁜 정치신학을 민주공화국의 탈권력적 정당화를 뒷받침하는 좋은 정치신학으로 대체해야만 한다. 이를 위하여 나는 예외가 아니라 일상의 논리를 앞세우는 '이웃의 정치신학'을 제안함으로써 소론을 마무리하고자 한다.

적과 동지를 나누는 칼 슈미트의 논리는 결정적인 문제를 안고 있다. 실제로 인간의 사회적 공간은 적과 동지의 이분법으로 나눌 수 없는 다양성과 고유성으로 가득 차 있기 때문이다. 일상의 세계에는 적과 동지 중 그 어느 쪽도 아닌 사람들이 널려 있다. 적과 가깝지만 결코 적이라고 할 수 없는 '경쟁자들'(competitors)이 있고, 동지이었으면 좋겠지만 결코 동지는 아닌 '친구들'(friends)도 있다. 그리고 무엇보다 적도 아니고 경쟁자도 아니며, 동지도 아니고 친구도 아닌 '이웃들'(neighbors)이 존재한다. 이웃들의 대표적인 표상은 어디선가 우리 앞에 불쑥 나타나곤 하는 정체 모를 손님들, 즉 '타자들'(others)이다. 칼 슈미트의 정치신학에는 이웃의 자리가 존재하지 않는다. 이웃의 자리가 없으니 경쟁자들이나 친구들의 자리 또한 찾아내기 어렵다.

그렇다면 이웃의 논리의 희망은 어디에 있는가? 케네스 라인하르트에 따르면 이웃의 정치신학은 동지와 적을 무한(infinite)에 의해 연결하는 뫼비우스의 띠를 열어젖힌다(라인하르트 외 2010: 103-104). 이웃의 논리의 희망은 이처럼 동지와 적의 경계를 흐릿하게 만들고, 그리하여 양자의 공존을 가능하게 할 수 있다는 점에 있다. 이웃은 동지도 아니고 적도 아니다. 우리는 때때로 동지에게로 나아가는 길목에서 친구를 만나기도 하고 적을 찾는 길목에서 경쟁자를 만나기도 한다. 이웃의 논리는 친구와 경쟁자의 자리에서 멈추어 선 뒤, 더 전진하지 않는 것이다. 그 수준에서 표정을 수습하고 너무 온화하지도 너무 험상궂지도 않은 일상의 얼굴로 돌아오는 것이다. 물론 이웃의 논리의 이러한 희망을 과장할 필요는 없을 것이다. 그 의미는 이웃의 논리가 동지와 적의 공존도 가능케 하지만, 동시에 그 어느 쪽으로도 전화될 수 있는 가능성을 보유한다는 것이기 때문이다.

하지만 이와 같은 이웃의 불확정성에도 불구하고 이웃의 정치신학은 독특한 방식으로 타자와 자기 자신에게 다가설 수 있는 가능성을 내세운다. 그것은 바로 몸을 통해서이다. 이웃의 몸이 찢기고 아픔을 당할 때 그 몸에 다가서는 또 다른 몸에 의하여 이웃의 관계는 발생한다. 몸의 아픔에 다가서는 몸을 통하여 이웃의 논리는 동지와 적으로 구분되는 것과 상관없이 타자와 자기 자신에게 다가설 수 있다. 타자의 현상학은 타자의 존재가 인식론적으로 확인될 수 없다는 명제에서 출발한다. 神도 그렇고, 이웃도 그렇고, 심지어는 자기 자신도 그렇다. 그럼에도 불구하고 단 하나의 예외가 존재한다. 그것은 바로 그 모든 것이 깃든 몸이다. 기실 이웃의 몸의 아픔을 느끼는 것은 나의 몸이다. 이웃의 몸에 다가가는 것도 나의 몸이며, 그의 몸을 돌보고 말을 걸고 친절을 베푸는 것도 나의 몸이다. 그런 뜻에서 이웃의 논리는 몸의 현상학에 의존한다. 오로지 그것에만 의존한다.

오늘날 대부분의 공화주의자들은 자유주의를 보완하기 위해서 우리가 아테네나 피렌체의 시민들이 가졌던 덕성을 회복해야 한다고 주장한다(Dagger 1997). 내가 보기에 이 주장은 '우리 대한국민'에게 언제든 통치자가 될 수 있는 덕성을 가져야 한다고 권하는 것이나 마찬가지다. 하지만 나는 그보다 먼저 '우리 대한국민'이 그들 사이에서 폭력의 존재론을 걷어낸 뒤에 법이나 말이나 또는 그것들이 깃든 몸을 통해 소통할 수 있는 길을 제시해야 하지 않을까 생각한다. '우리 대한국민'이 서로의 몸의 아픔을 느끼는 방식으로 소통할 수 있다면 그것이야말로 가장 궁극적인 의미에서 대한민국이라는 민주공화국을 보호하는 방법이 아니겠는가? 폭력의 존재론에 감염되지 않을 수 있는 유일한 대비책은 몸의 현상학을 기초로 이웃의 정치신학을 받아들이는 것이다. 그렇다면 대한민국이라는 민주공화국의 탈권력적 정당화는 이제 백발 노년에 이른 우리의 소년들의 몸에 다가서는 방식으로 시작되어야 하지 않을까? 예외가 아니라 일상에서 기적은 일어난다.

7장

대한민국 헌법 제1조의 한 해석

I. 헌법의 주어

이 글에서 나는 하나의 시론으로서 대한민국 헌법 제1조에 대한 해석을 제출하고자 한다. 주지하듯 대한민국 헌법 제1조는 두 개의 문장으로 구성되어 있다.

"① 대한민국은 민주공화국이다.

② 대한민국의 주권은 국민에게 있고, 모든 권력은 국민으로부터 나온다."

이 두 문장을 해석함에 있어서 종래의 교과서 헌법학은 대체로 민주공화국이라는 국가형태 규정(제1항)과 국민주권이라는 주권 규정(제2항)으로 나누어 설명하는 경향을 보여 왔다.[9] 나는 기본적으로 이러한 해석이 올바르다고 생각하지만, 그것만으로 대한민국 헌법 제1조가 충분하게 해석되었다고는 생각하지 않는다. 무엇보다 종래의 해석은 대한민국이라는 헌정국가의 출발점으로서 헌법 제1조가 담고 있는 풍부하고도 역동적

---

9 대표적으로 정종섭은 1항을 한국 헌법의 기본 원리 중 하나인 민주공화국가주의를 선언한 것으로 설명하고(222면), 2항은 한국 헌법의 근본이념 중 하나인 국민주권을 천명하는 것으로 해석한다(정종섭 2012: 218-222).

인 의미를 제대로 드러내지 못하고 있기 때문이다. 이 글의 문제의식은 단지 두 문장일 뿐인 헌법 제1조를 헌정주의의 정신과 제도를 포괄하는 압축적 진술로서 다시 읽어 보려는 것이다. 그리고 이를 통하여 종래의 무미건조한 해석론을 근본적으로 보완해 보고자 한다.

본격적인 논의에 앞서 이 글이 전제하는 헌법해석의 방법론을 정리해 보자. 도대체 지금 우리가 여기서 대한민국 헌법 제1조를 해석한다는 것은 무슨 뜻인가? 특히 관찰자로서가 아니라 참여자로서, 다시 말해, 수범자(受範者)이기만 한 것이 아니라 입법자이기도 한 독특한 지위에서 우리 자신의 작품인 헌법 제1조에 대하여 스스로 해석을 시도한다는 것은 무슨 의미인가? 이는 헌법해석에 있어서 해석 대상과 해석 주체의 관계에 대한 근본적인 질문이기도 하다.

다수의 헌법이론은 헌법(constitution)과 헌법률(constitutional law)의 차이를 인정한다. 예를 들어, 헌법제정권력자의 근본적 결단과 부수적 결단을 나누는 칼 슈미트의 논리나(슈미트 1976), 헌법정치(constitutional politics)와 헌법률(constitutional law)을 나누는 브루스 애커맨의 논리가 대표적이다(Ackerman 1989). 해석적 차원에서 이러한 구분은 행위 규범으로서의 헌법과 재판 규범으로서의 헌법에 대응되는 측면이 있다. 전자는 행위자의 행위를 지도하는 실천 규범을 확보하는 것을 목표로 하며, 후자는 그와 같은 행위 규범의 내용에 다툼이 발생한 경우에 사법적 분쟁을 전제로 이를 유권적으로 해결하는 것을 목표로 한다. 따라서 논리적으로는 전자가 후자에 선행한다고 볼 수 있지만, 현실적으로는 후자가 선행한 뒤 사후적으로 전자를 요청하는 경우도 적지 않다. 이러한 구분에 따르자면, 이 글의 목표는 일단 헌법률의 차원을 넘어 헌법의 차원에서, 즉 재판 규범을 넘어 행위 규범으로서 대한민국 헌법 제1조를 해석하는 것으로 정리할 수 있다. 그렇다면 여기서 행위 규범으로서 헌법 제1조를 해석한다는 것은 또 무슨 말인가?

대한민국 헌법 제1조는 대한민국 법체제의 정점(頂點)에 놓인 최고 법규범이며, 따라서 그 하위의 모든 법규범은 대한민국 헌법 제1조의 해석으로부터 정당성을 확보해야만 한다. 여기서 주의할 것은 대한민국 헌법 제1조와 그 하위의 모든 법규범이 상위 규범과 하위 규범을 결속시키는 법체계의 내적 논리에 의해서만 연결되는 것은 아니라는 점이다. 기실 그와 같은 체계적, 논리적 연결을 수행하는 것은 행위 규범으로서 대한민국 헌법 제1조를 해석한 뒤 다시 스스로 그 행위 규범의 실행을 시도하는 행위자들이다. 따라서 대한민국 헌정체제의 구조를 '헌법→ 법률→ 명령→ 조례→ 규칙'의 법단계설적 위계 구조로만 설명하는 것은 오로지 재판 규범으로서의 헌법, 즉 헌법률의 차원에 집착하는 부족한 이해라고 볼 수 있다. 헌법 현상(constitutional phenomena), 즉 헌법규범과 함께 돌아가는 집단적 삶의 실제는 단연코 법단계의 사이에 행위자들이 존재할 뿐만 아니라 그 행위자들을 매개로 상향과 하향의 역동적 관계가 펼쳐지는 '행위자↔ 헌법↔ 행위자↔ 헌법률↔ 행위자↔ 법률↔ 행위자↔ 명령↔ 행위자↔ 조례↔ 행위자↔ 규칙↔ 행위자'의 형태이기 때문이다. 그렇다면 법단계설에 따른 상위 법규범과 하위 법규범의 논리적 연계에 의해서가 아니라 헌법현상의 역동적 실현과정을 이끄는 행위자들의 행위 규범으로서 대한민국 헌법 제1조를 해석하는 것은 당연하고도 자연스러운 요청일 것이다.

한편, 이렇게 행위 규범과 행위자를 중심에 두고 헌법해석을 시도할 경우, 곧바로 가장 결정적인 문제가 등장한다. 그것은 바로 대한민국 헌법 그 자체를 입법하는 행위자, 즉 헌법제정자의 문제이다. 종래의 교과서 헌법학은 대체로 헌법제정권력(자)의 논리에 기대어 이 문제에 대처하는 것으로 보인다. 하지만 나는 조금 다른 방식으로 문제에 다가가 보려고 한다. 그것은 바로 대한민국 헌법 제1조의 두 문장을 발화하는 주체, 즉 헌법의 저자이자 이 두 문장의 주어를 드러내는 방식이다. 주지하듯 모든 문장은 누군가가 누군가에게 말하는 구조 속에서 탄생한다. 따라서 대한민국 헌법 제1조는 무엇보다 그 문장들이 발화되는 구조 속에서 해석되어야 한다. 그렇다면 이 두 문장은 누가 누구에게 말하는 구조 속에서 등장하고 있는 것인가?[10]

대한민국 헌법 제1조를 말하는 발화자(發話者), 즉 헌법의 저자이자

이 두 문장의 주어는 그 두 문장 속에 존재하지 않는다. 오히려 그것은 헌법의 본문을 시작하기에 앞서 전문의 초두에서 스스로를 드러낸다. "유구한 역사와 전통에 빛나는 우리 대한국민"이 바로 그들이다. 이와 같이 대한민국 헌법은 주어가 있는 문서이므로, 헌법 제1조의 해석에서 우리는 반드시 이 두 문장의 주어를 밝히 드러내어 읽어야 한다. "우리 대한국민이 말한다. 대한민국은 민주공화국이다. 우리 대한국민이 다시 말한다. 대한민국의 주권은 우리 대한국민에게 있고, 모든 권력은 우리 대한국민으로부터 나온다."

이처럼 대한민국 헌법의 주어가 '우리 대한국민'이라는 사실은 해석 대상과 해석 주체의 관계에 있어서 흥미로운 문제를 야기한다. 관찰자가 아니라 참여자의 입장에서 이루어지는 헌법해석은 헌법의 주어인 '우리 대한국민'이 자기 자신에게 말하는 선언을 그 스스로 다시 해석하는 것과 같은 모양새가 될 수밖에 없기 때문이다. 이는 해석 대상인 대한민국 헌법 안에 해석 주체가 이미 '우리 대한국민'으로서 포함되어 있음을 뜻한다. 그렇다면 마치 저자가 자신의 작품을 다시 해석하는 것과 같은 작업은 어떤 의미로 이해되어야 하는가? 이 질문은 우리로 하여금 헌법의 주어인 '우리 대한국민'이 누구인지를 자문(自問)하게 만든다.

헌법학 방법론을 논의하면서 보았듯이, 이와 같은 자문 앞에서 헌법학은 두 갈래로 분열한다. 하나는 어떻게 해서든 헌법의 주어인 '우리 대한국민'을 헌법전이라는 텍스트 속에서 이해한 뒤, 이를 단서로 삼아 헌법해석으로 나아가려는 방향이다. 다른 하나는 '우리 대한국민'을 말 그대로 헌법의 주어로서, 즉 '대한민국 헌법'이라는 텍스트를 선포하는 주체이자 저자로 받아들인 뒤, 헌법의 주어 그 자체를 직접 탐구하려는 방향이다. 양자의 결정적인 차이는 헌법전이라는 텍스트를 경유하느냐 아니면

---

10 학생들에게 이 부분을 가르칠 때, 나는 '헌법의 주어는 무엇인가?'라는 물음을 던지곤 한다. 그리고 이 질문에 대하여 헌법 제1조의 문장 속에 갇혀 있는 학생들은 습관적으로 '대한민국'이 주어라고 대답하곤 한다. 독자들의 입 속에도 방금 동일한 대답이 맴돌았을 것이다. 하지만 그 답변은 틀렸다.

우회하느냐에 달려 있다. 전자가 어떻게 해서든 헌법전이라는 텍스트를 통하여 헌법의 의미를 발견하려는 헌법해석학의 길이라면, 후자는 '우리 대한국민'이라는 헌법의 주어로 곧바로 돌진하여 그로부터 직접 헌법의 의미를 드러내려는 헌법현상학의 길이다.

이 글에서 나는 기본적으로 헌법해석학의 입장에서 대한민국 헌법 제1조에 담겨 있는 행위 규범을 탐구해 보려고 한다. 하지만 해석자인 나 자신이 대한민국 헌법의 저자이자 주어인 '우리 대한국민'의 일원임이 분명하다면, 논지의 전개과정에서 때때로 헌법현상학의 입장이 개입하는 것을 막을 수 없을 것이다. 대한민국 법체제의 정점(頂點)에 놓인 최고 법규범인 까닭에, 대한민국 헌법 제1조의 해석은 이처럼 헌법해석학적 접근과 헌법현상학적 접근의 경쟁과 상호보완을 지속적으로 요청하는 측면이 있다.[11]

Ⅱ. '우리 대한국민'의 자유

대한민국 헌법의 주어인 '우리 대한국민'은 헌법 전문(前文)에서 자신이 누구인지를 설명한다. "유구한 역사와 전통에 빛나는"이라는 형용사절은 '우리 대한국민'의 과거를 설명하고, "3.1 운동 운동으로 건립된 대한민국임시정부의 법통과 불의에 항거한 4.19 민주이념을 계승하고"라는 형용사절은 헌법제정 및 9차에 이르는 개정과정을 통해 '우리 대한국민'이 거쳐 온 역사를 설명하며, "조국의 민주개혁과 평화적 통일의 사명에 입각하여"부터 시작되는 나머지 부분은 '우리 대한국민'이 앞으로 달성해야 할 헌법적 목표를 설명한다. 이와 같은 설명은 그 자체만으로도 헌법의 주어인 '우리 대한국민'이 진정한 의미에서 자유의 존재라는 사실을 충분히 함의하고 있다. 어떤 의미에서 그러한가?

실증주의의 이념이 지적 세계를 평정한 19세기 중반 이래 서구의 헌법이론가들은 지금까지도 자유의 본질을 궁구하기보다는 자유라는 현상

---

11 이 점에 관하여 제헌헌법의 주어인 '우리들 대한국민'의 실질적 의미를 논의하고 있는 김성호 등의 시론은 매우 주목할 만한 하다(김성호 등 2008).

을 '분석'하는 관성에서 벗어나지 못하고 있다. 이를 위한 분석 도구로서 20세기 중반 이사야 벌린이 제창했던 '소극적 자유 vs. 적극적 자유'의 구분은 여전히 유효하다(벌린 2006). 그러나 그처럼 두 측면으로 나누어 자유를 '분석'하는데 머무는 것은 그들이 자유의 본질에 관한 확신을 잃어버렸다는 방증(傍證)이 아닐까? '고대인의 자유 vs. 근대인의 자유' 또는 '정치적 자유 vs. 법적 자유'로 분석 도구를 달리해 보아도 사정은 별반 나아지지 않는다. 어쩌면 지난 백여 년 동안 서구의 헌법이론가들이 진행해 온 자유에 대한 '분석'은 자유의 본질에 대한 확신을 잃은 뒤, 그 확신을 다시 찾기 위하여, 자신들이 어디서부터 확신을 잃어버렸는지를 확인하려는 일종의 집단적 자아분석과정에 해당하는 것인지도 모른다.[12]

　　이러한 관점에서 필립 페팃이 시도한 자유에 대한 제3의 개념화는 자유에 대한 '분석'을 이어받으면서도 다시 이를 뛰어 넘으려는 시도로 평가할만하다(Pettit 1997). 특히 그가 제안하는 '비지배(non-domination)로서의 자유'라는 개념은 확실히 자유에 대한 종래의 이항대립을 극복할 수 있는 대안으로 생각할만하다. 자유를 불간섭이나 자기실현이 아니라 비지배로 동일시할 경우, 그로부터 타자와의 공존, 즉 타자로부터의 인정과 타자와의 연대를 동시에 추진할 이론적 교두보가 마련될 수 있기 때문이다. 그러나 문제는 이와 같은 비지배로서의 자유가 어떻게 시작될 수 있는가 하는 점이다. 만약 비지배로서의 자유가 폴리스적 삶의 관찰에서가 아니라 자유 그 자체의 실천으로부터 시작되는 것이라면 "도대체 자유를 비지배로 놓는 것이 왜 자유인지" 또는 "왜 자유는 스스로를 비지배로 동일시해야만 하는지"를 논증해야하기 때문이다. 이 점을 해명하지 않는 한, 페팃의 신공화주의는 단지 자유를 분석하기 위한 효과적인 개념이거

---

12 이렇게 보면, 예컨대 이사야 벌린의 '자유의 두 개념'이 소극적 자유와 적극적 자유 중 어느 쪽을 강조하는지를 두고 입씨름을 벌이는 것처럼 의미 없는 일도 없을 것이다. 수년 전 나는 학생들과의 세미나에서 벌린의 텍스트를 꼼꼼히 강독한 적이 있었는데, 그때 강렬하게 느낀 것은 벌린의 초점이 두 자유보다는 그 사이, 즉 두 자유를 오가는 주체의 리듬에 놓여 있다는 점이었다. 물론 이때 자유에 대한 주체의 리듬을 해석함에 있어서 벌린의 해석이 매우 햄릿적이라는 것은 부인할 수 없겠으나, 이를 뭉뚱그려 "벌린은 소극적 자유를 지지했다"는 식으로 결론짓는 것은 유치한 태도가 아닐까?

나, 또는 자유를 구성하기 위한 유력한 방식으로만 그 가치를 인정받을 수 있을 것이다.[13]

이에 비하여 헌법 전문에 나타난 '우리 대한국민'의 자기 이해는 '우리 대한국민'의 자유가 어디서 출발하는지를 효과적으로 묘사하고 있다.[14] '우리 대한국민'은 "유구한 역사와 전통에 빛나는" 존재로 스스로를 인식하면서도 결코 그 역사와 전통에 의해 규정 당하지 않고, 오히려 그로부터 과감히 탈출을 감행한 존재로 스스로를 드러내고 있기 때문이다. 이러한 탈출은 근본적으로 유구한 역사와 전통에 의해 규정 당하는 자기에 대한 부정이며, 동시에 그러한 자기를 넘어서는 초월을 의미한다. 이와 같이 자기를 부정하고 자기를 초월하려는 사람들은 비유컨대 자신의 본향(本鄕)을 떠나 광야로 나아오는 사람들로 볼 수 있다. 이 광야의 사람들은 여전히 자신이 어디 출신인지를 드러내면서도, 과거에 의하여 규정 당하기를 결코 바라지 않는 사람들이다. 이는 마치 조국을 떠나 만주와 연해주를 방랑하던 청년 안중근이 잃어버린 조국인 대한제국을 드러내면서도 그 조국에 의해 더 이상 규정되지 않기 위하여 스스로를 '대한국인(大韓國人)'으로 불렀던 것과 유사하다.

헌법의 주어인 '우리 대한국민'이 담고 있는 자유의 본질은 이처럼

---

13 흥미롭게도 필립 페팃의 자유에 대한 이해는 서구 근대의 특징적인 법적 유산인 일반 계약법에 전제된 자유의 이념과 매우 유사하다. 해롤드 버만에 따르면 서구 근대의 일반 계약법은 무엇보다 계약을 언약으로 파악하는 청교도의 개념에 크게 영향을 받은 것이며, 20세기 이후 서구법 전반에서 계약법이 불법행위법에 의해 대체되는 현상은 그와 같은 종교적 선이해가 사라진 것과 깊은 관련이 있다(Berman 2008) 이 점은 지난 수십 년 동안 영미의 정치철학자들 사이에 진행되어 온 공화주의 헌법이론의 부활을 이해할 때, 두 가지 정치사상사적 맥락을 중첩적으로 의식해야 함을 의미한다. 하나는 당연히 공산주의에 대한 자유민주주의의 승리가 동시에 정당성 위기를 가져 온 20세기 후반이라는 정치사상적 맥락이고, 다른 하나는 서구의 정치사상사에서 자유민주주의 그자체가 구성되었던 16-7세기의 맥락이다. 특히 후자의 경우에는 '인간의 존엄'과 관련하여 초월적/정언적 자유의 명령을 단정적으로 제시한 프로테스탄트 헌정주의의 맥락을 반드시 주목해야 한다(Friedrich 1964: 3장; 이국운 2006). 그러나 영미의 공화주의 부활론자들은 대체로 '자유주의 이전의 자유'를 부활시키는 방식으로 이 문제를 우회하려는 것처럼 보인다(스키너 2007).

14 이하의 서술에 관해 나는 마이클 왈쩌의 두 책으로부터 많은 착상을 얻었다(Walzer 1965, 1985).

일차적으로 본향을 떠나 광야로 나아갈 수 있는 자유, 즉 자기를 부정하고 또 자기를 초월하는 탈출의 자유이다. 모든 인간은 이와 같은 탈출의 자유이자 광야의 자유를 하나의 원초적인 가능성으로서 가지고 있다. 바로 이 점을 인식한다는 점에서, 그리고 또 바로 그와 같은 자유를 실제로 선택한다는 점에서 '우리 대한국민'의 자유는 보편적 자유에서 출발한다고 볼 수 있다. '우리 대한국민'의 자유가 단지 그들 사이에서만이 아니라 '우리 대한국민'이 아닌 사람들과의 사이에서도 통용될 수 있는 까닭은 이와 같은 탈출의 자유이자 광야의 자유의 보편성 때문이다. 이것이야말로 헌법 제10조가 '인간으로서의 존엄과 가치'와 '행복을 추구할 권리'로 지목하고 있는 보편적 자유의 본질이다.

다시 안중근의 비유를 들어 설명하자면, '우리 대한국민'의 자유는 출발점에 있어서 그 각자가 스스로를 '대한국인'으로 명명하는 자유, 즉 탈출의 자유이자 광야의 자유이다. 물론 이러한 자유는 어디까지나 부정적이고 소극적인 자유이다. 자기를 부정하고, 자기를 초월하기 위하여 광야로 나아가는 자유는 기실 아직 아무런 내용을 가지지 못한 비움의 자유일 뿐이다. 그렇다면 '우리 대한국민'의 자유는 어디서 그리고 어떻게 자유의 구체적이고 역사적인 내용을 확보할 수 있는가? 부정적이고 소극적인 비움의 자유는 어떻게 해야 긍정적이고 적극적인 채움의 자유가 될 수 있는가?

바로 여기서 똘레랑스의 자유가 요청된다. '대한국인'은 본질적으로 제 나름의 고유성을 가진 개별적 존재들이다. 비록 역사와 전통의 규정은 여전히 남아 있지만, 그로부터 과감히 탈출했다는 점에서 '대한국인'은 각기 고유성을 가진 타자로서 서로에게 드러난다. 이러한 상황은 언제든 폭력의 존재론에 입각한 비상사태의 논리에 의하여 적과 동지의 구분으로 전화될 위험을 내포하고 있다. 자칫하면 도로 본향으로 돌아가 버리거나, 아니면 광야에서 본향보다 못한 폭력의 광기에 휘말리게 될 가능성이 존재한다는 것이다. 따라서 이와 같은 참혹한 결과를 막기 위해서는 '대한국인'들이 서로를 '인간으로서의 존엄과 가치'와 '행복을 추구할 권리'를 가진 보편적 자유의 존재로 받아들이는 작업이 선행되어야만 한다. 달리 말해, '대한국인'들 각각이 고유성을 가진 서로의 타자됨을 받아들일 경우에만 탈출의 자유는 똘레랑스의 자유로 전화될 수 있다는 것이다.[15]

헌법 전문에서 똘레랑스의 자유는 몇 가지 방식으로 드러난다. 첫째는 '우리 대한국민'이라는 헌법의 주어 그 자체이다. 이는 '대한국인'들이 서로를 자유의 존재로 받아들임을 통하여 스스로를 '우리 대한국민'으로 부를만한 헌법적 공동체를 형성했음을 보여 주는 것이기 때문이다. 둘째는 그 '우리 대한국민'이 "3.1 운동으로 건립된 대한민국 임시정부의 법통"을 계승한다고 선언하는 점이다. 이는 3.1 운동에 담긴 反제국주의−反봉건주의의 방향성이 '우리 대한국민' 안팎에서 평화를 지향하는 자유민주주의의 이념으로 이어졌음을 확인하는 것이기도 하다. 셋째는 '우리 대한국민'의 자유를 제도화하는 자유민주적 기본 질서가 "자율과 조화를 바탕으로" 한다는 점을 천명하는 점이다. 자율은 독립을 전제하고, 조화는 타자를 전제한다. 이 양자가 존재의 복수성과 다원성 위에서만 가능한 가치라는 점은 명백하다.

이처럼 '우리 대한국민'의 자유는 탈출의 자유인 동시에 똘레랑스의 자유이다. 기실 이러한 의미의 자유는 필립 페팃이 말하는 비지배로서의 자유를 출발시킬 수 있는 유일한 상태이기도 하다. 그러나 본향을 떠나 광야에서 함께 살아가는 것 그 자체가 아니라 헌법을 약속하고 다시 그 헌법에 따라 국가를 조직하는 것이 목적이라면, 탈출의 자유와 똘레랑스의 자유로는 아직 부족하다. 이 후자의 목적을 위해서 '우리 대한국민'은 각자의 모든 차이를 그대로 둔 채로(레비나스식으로 표현하자면, 모두가 모두에게 여전히 비밀인 채로), 그들 사이에서 애써 같은 것, 공통적인 것을 찾고

---

15 '우리 대한국민'의 자유를 탈출의 자유이자 똘레랑스의 자유로 해석함에 있어서 헌법 제10조의 중요성은 아무리 강조해도 지나치지 않을 것이다. 왜냐하면 헌법 제10조는 '우리 대한국민'이 서로를 '인간으로서의 존엄과 가치'를 지니며 '행복을 추구할 권리'를 가지는 존재로 대우한다는 선언이기 때문이다. 이처럼 헌법 제1조의 해석이 헌법 제10조의 해석을 동반할 수밖에 없다는 점은 흔히 '사적 자율성과 공적 자율성의 동시 발생'으로 논의되곤 하는 자유민주주의의 독특한 규범적 본질을 드러내는 것이기도 하다(하버마스 2000: 122). 헌법 제10조의 본격적인 해석 작업은 후일로 미룬다.

대한민국 헌법 제1조의 한 해석

또 그 결과를 소중하게 간직하려는 시도를 멈추지 말아야 한다. 일찍이 존 롤즈가 중첩적 합의(overlapping consensus)로 설명했던(롤즈 1998: 서문 및 4장) 이 과정은 '우리 대한국민'들 가운데 존재하는 다양한 차이를 기초로 그 사이에서 어떤 울림이 발생하는 것으로도 이해할 수 있다. 헌법 전문은 그와 같은 울림의 결과가 '우리 대한국민'을 잇는 중첩적 합의의 자유이며, 또한 그러한 채움의 자유에 기초하여 헌정국가를 수립하는 것이라고 말한다. 이 점에서 1948년 7월 17일 제정된 대한민국 헌법은 일차적으로 '우리 대한국민'이 그들 사이에 확보된 중첩적 합의의 자유를 제도적으로 표현한 것으로 볼 수 있다.

이상에서 살핀 것처럼, 본향을 떠나 광야로 탈출한 '대한국인'들은, 함께 고난의 역사를 경험하면서 서로에게 똘레랑스를 베풀고, 그 과정에서 '우리 대한국민'을 이루는 동시에, 그들 사이에서 헌법 제정의 가치적 토대가 될 중첩적 합의를 확보한다. 그러나 여기서 한 가지 반드시 짚어두어야 할 것은 대한민국 헌법의 텍스트 자체가 이 가운데서 똘레랑스의 자유에 관해서는 직접적인 언급을 극도로 자제하고 있다는 사실이다. 특히 '우리 대한국민'이 헌정국가의 수립과정을 전후하여 경험해야만 했던 남북 분단과 한국 전쟁에 관해서는 예컨대 영토 조항(제3조)이나 평화통일 조항(제4조) 등을 통하여 단지 간접적으로 언급하는 데 그치고 있을 뿐이다. 헌법의 주어인 '우리 대한국민'의 자유가 완결적으로 설명되기 위해서는 탈출의 자유와 중첩적 합의의 자유 사이에 똘레랑스의 자유가 충분히 확보되어야 하며, 이는 '우리 대한국민'에게 '자신의 신(神)과 불화할 수 있는 용기'로서의 똘레랑스의 실천을 요구하는 것이기도 하다. 이러한 관점에서 '우리 대한국민'의 자유를 이해함에 있어서 남북 분단과 한국 전쟁에 대한 규범적 평가는 가까운 장래에 반드시 시도되어야만 할 헌법적 과제일 것이다.[16]

---

16 따라서 헌법 텍스트 자체가 불비한 현재의 상황에서 이 점을 보완하기 위해서는 '우리 대한국민'이라는 헌법의 주어로 곧바로 돌진하여 그로부터 직접 헌법의 의미를 드러내려는 헌법현상학의 접근이 불가피할 수밖에 없다. 달리 말해 대한민국 헌정사의 구체적

그러나 이와 같은 역사적 한계에도 불구하고 대한민국 헌법은, 그리고 대한민국이라는 민주공화국은 '우리 대한국민'의 자유의 실현으로서, 또한 그러한 자유의 실현을 위하여, 탄생한다. 여기서의 자유는 결코 통속적인 자유주의자들이 말하듯 합리적 선택을 통해 스스로의 선호를 드러내는 고립된 개인들의 소유적 욕망이 아니다. 오히려 그것은 탈출의 자유이자 광야의 자유이고, 똘레랑스의 자유이자 중첩적 합의의 자유이며, 함께 헌법을 약속하는 '우리 대한국민'의 서로에 대한 경의와 신뢰와 책임감의 관계에 대한 표현이다. 이 관계의 본질이 무엇인지를 알려 주는 한 가지 핵심적인 단서는, 앞서 말했듯이 헌법의 주어를 되살려 헌법 제1조를 다시 읽을 때, '우리 대한국민' 사이에서 언제든 다시 발생하곤 하는 어떤 감격, 어떤 기쁨의 존재이다.

Ⅲ. 헌정 권력의 논리

　　'우리 대한국민'은 이상에서 설명한 자유의 발현으로서 헌법 제1조 제1항을 선언한다. "우리 대한국민이 말한다. 대한민국은 민주공화국이다." 이 문장을 해석함에 있어서 대부분의 헌법 교과서들은 난데없이 주권 개념을 활용하기 시작한다. 헌법이론에서 가장 복잡하고 어려운 부분인 주권(자)론을 대부분의 헌법 교과서들은 군주주권론에서 국가주권론을 거쳐 국민주권론에 이르기 위한 발전과정이라고 단정한 뒤, 헌법 제1조가 이 원리를 선언하고 있다고 설명하는 것이다. 틀린 설명은 아니지만, 이는 헌법 제1조의 풍부하고 역동적인 의미를 담아내기엔 빈약한 설명이 아닐 수 없다. 이 점을 눈치채기라도 한 듯, 헌법 교과서들은 곧바로 주권의 개념 표지에 대한 설명을 나열한 뒤 국민주권주의의 내용에 대한 설명으로 나아가기에 바쁘다. 그러나 논리 전개에는 활력이 없고, 무언가 겉핥기에 머무르는 듯한 인상을 지우기 어렵다.

인 맥락 속에서 '우리 대한국민'의 실존을 폭력의 존재론을 넘어서는 똘레랑스의 자유로 재정의할 수 있어야 한다는 것이다.

대부분의 헌법 교과서들이 채택하고 있는 이와 같은 설명은 헌법 제1조 제1항을 근대적 주권국가의 선포문으로 읽는 것이나 다름없다. 이는 이 문장을 하나의 정언 명령으로서, 다시 말해, 대한민국이 왜 민주공화국이 되는지에 대한 모든 설명을 생략한 채 단지 그 문장의 법적 효력을 일방적으로 선언하는 포고문으로 해석하는 것이다. 바로 이 지점에서 종래의 교과서적 해석론은 암암리에 '헌법제정권력=주권'의 도식을 내세운다. 이에 따르면 먼저 헌법제정권력을 가진 국민이 있었다. 그들은 주권자로서 주권적 결단에 입각하여 대한민국이라는 국가를 만들었고 그 국가의 헌법을 제정했다. 따라서 대한민국의 헌법은 대한민국에서 비롯되고, 대한민국은 대한민국의 주권에서 비롯되며, 대한민국의 주권은 헌법제정권력자이자 주권자인 국민에서 비롯된다. 한 마디로 헌법 제1조 제1항은 "국민→주권→국가→헌법→국민"의 순서로 해석되어야 한다는 것이다.

이러한 해석론은 기본적으로 국민에서 출발하여 다시 국민으로 돌아오는 순환 논리이다. 그리고 이 순환 논리에는 결정적인 문제가 내포되어 있다. 만약 국민이 헌법제정권력자이자 주권자라면 그들은 어떻게 국민이 될 수 있는가? 국민은 언제나 국가를 통해서만, 더 근본적으로 그 국가를 창설하는 주권에 의해서만 비로소 확인될 수 있는 것이 아닌가? 달리 말해, 대한민국의 국민은 대한민국의 주권을 전제로만 가능한 존재가 아닌가? 이와 같은 의문들에도 불구하고 종래의 교과서적 해석론이 국민에서 출발하여 다시 국민으로 돌아오는 순환 논리를 고집할 수 있는 이유는 주권(sovereignty), 즉 시원적이고 독립적인 최고 권력이 모든 것을 결정한다는 근대적 주권이론이 배후에 존재하기 때문이다. 헌법도, 국가도, 국민도 모두 주권의 작품이라는 주권론의 사고방식이 이 순환 논리의 근저에 흐르고 있다는 것이다. 그러나 대한민국 헌법 제1조 제1항을 이와 같은 방식으로 해석하는 것은 과연 옳은가?

먼저 지적해야 할 것은 헌법의 주어인 '우리 대한국민'을 헌법 제2조 제1항에 비로소 등장하는 '대한민국의 국민'과 동일시해서는 안 된다는 점이다. 헌법의 주어인 '우리 대한국민'과 대한민국의 법적 구성원인 '대한민국의 국민'이 구분될 수 있고, 마땅히 구분되어야 한다는 것은 명백하다. 그럼에도 양자를 동일시하는 논리가 버젓이 통용될 수 있는 한 가지 이유는 대한민국 헌법전이 사용하고 있는 '국민'이라는 단어의 이중성 때문이다. 헌법의 주어인 '우리 대한국민'은 헌법을 제정한 뒤 그 헌법에 따라 대한민국을 창설하는 전(前)국가적인 개념이다. 따라서 그와 같은 성격을 제대로 드러내기 위해서는 영어의 people에 해당하는 인민(人民)이나 백성(百姓), 또는 시민(市民)과 같은 개념을 사용해야 마땅할 것이다. 그러나 남북 분단의 이념적 상황 때문에 헌법은 그러한 전국가적 개념 대신 국가내적 개념인 국민(國民)을 헌법의 주어로 사용한다. 물론 앞서 보았듯이 '우리 대한국민'이라 하여 구별을 시도하지만, 따로 정성을 기울여 '우리 대한국민'의 자유를 성찰하지 않는 한, 그와 같은 구분은 국민이라는 개념의 국가내적 함의 때문에 제대로 인식되기 어렵다.

이러한 난점을 극복하기 위해서 잠시 헌법의 주어인 '우리 대한국민'을 'We the Korean people'이라는 영어 번역으로 바꾸어 사용해 보자. "We the Korean people → 헌법 → 국가 → 주권 → 대한민국의 국민"의 순서에 따라 헌법 제1조 제1항을 다시 해석해 보자는 것이다. 이렇게 할 경우 앞서의 순환 논리는 금세 깨어지고 그 대신 헌법의 텍스트가 가진 본래의 의미가 스스로 드러난다. 가장 두드러지는 것은 앞서 살폈듯 헌법의 주어인 'We the Korean people'이 자신들의 자유의 발현으로서 헌법을 제정한다는 점이다. 대한민국이라는 국가는 그처럼 'We the Korean people'이 제정한 헌법에 의하여 비로소 구성되는 것이며, 그 헌법 속에서 주권은 항상 헌법에 의하여 구성된 '대한민국의 주권'으로서만 나타나게 되는 것이다. 이렇게 해석하면, 헌법 제2조에 등장하는 '대한민국의 국민'은 'We the Korean people'이 자신들이 제정한 헌법 속에서 국가내적 존재로 스스로를 재확인하는 방식으로 이해할 수 있게 된다. 다만, 대한민국 헌법의 텍스트는 이러한 재확인 작업을 'We the Korean people'이 헌법전을 통해 직접 수행하지 아니하고 추후에 제정될 법률에 맡기고 있다는 점에서 매우 특이한 모습을 보이고 있다(헌법 제2조 제1항).

그렇다면 이때 'We the Korean people', 즉 헌법의 주어인 '우리 대한국민'이 가지는 헌법적 권력은 어떻게 표현되어야 할 것인가? 앞에서 보았듯이, 헌법의 주어인 '우리 대한국민'은 탈출의 자유와 광야의 자유, 똘레랑스의 자유와 중첩적 합의의 자유의 실현으로서 그들 사이에서 헌법을 약속한다. 이와 같은 헌법적 언약(constitutional covenant)은 '우리 대한국민'이 서로의 자유를 확인하고 그 자유를 보장할 것을 약속하는 것이며, 함께 헌법을 약속하는 '우리 대한국민' 사이에 존재하는 서로에 대한 경의와 신뢰와 책임감의 표현으로서, 언제나 그들 사이에 감격과 기쁨을 동반하는 것이다. 그러므로 이를 권력적 개념으로 규정하는 것은 그리 적절한 일이 아니지만 굳이 표현하자면 주권이 아니라 헌정 권력(constituent power)으로 개념화해야 할 것이다.

여기서 헌정 권력은 종래의 교과서적 헌법해석론에서 헌법제정권력 등으로 설명하는 것과 상당히 유사하게, 창조성, 시원성, 불가분성, 불가양도성 등의 성질을 가지며, 그 점에서 주권의 개념과도 어느 정도 상통하는 측면이 있다. 하지만 다음의 두 가지 점에서 헌정 권력은 결정적으로 구분된다. 첫째, 헌정 권력은 오로지 '헌법을 통해서' 작동하는 권력으로서 헌법에의 가치적 구속을 스스로 받아들이는 자기 구속적 권력이다. 따라서 개념 정의상 헌법에의 가치적 구속으로부터 자유로운 주권과는 근본적으로 다르다. 둘째, 헌정 권력은 헌법의 주어인 '우리 대한국민'이 언제나 보유하는 권력으로서 헌법의 제정과 개정, 입법과 헌법해석, 국가긴급권이나 저항권의 행사, 직접행동민주주의 등 헌법제도의 안팎에서 다양한 방식으로 작동할 수 있는 항상적 권력이다. 그것은 헌법제정권력이나 헌법개정권력은 물론이려니와 헌법에 의하여 구조화되는 모든 국가내적 권력의 원천인 동시에 정당성의 근원이다.

이상에서 살폈듯이, 헌법 제1조 제1항은 헌법의 주어인 '우리 대한국민'이 자신의 헌정 권력을 행사하는 것으로 이해되어야 한다. 헌정 권력은 헌법적 언약을 통해 서로에게 자유를 부여함으로써 스스로를 구속하는 독특한 형태의 권력이다. 다시금 강조하건대, 이때 헌정 권력이 드러나는 방식은 주권을 통해서가 아니라 헌법을 통해서이다. 새로운 국가를 대한민국으로 명명하고 그 본질을 민주공화국으로 규정하는 것은 주권이 아니라 헌법을 통해서이며, 이 헌법은 '우리 대한국민'의 자유의 실현, 즉 그 헌정 권력의 행사를 통해 만들어지고 또 유지되는 것이다.

이와 같은 이 글의 해석론은 종래의 교과서적 해석론이 암암리에 내세우는 '헌법제정권력=주권'의 도식을 거부하는 것이기도 하다. 이제 헌법제정권력은 헌정 권력이라는 더욱 포괄적인 개념 속에서 다시 규정되어야 하며, 주권 개념은 후술하듯이 어디까지나 국가 안팎에서 도구적인 위상을 가지게 될 뿐이다. 헌법의 텍스트는 헌법의 주어인 '우리 대한국민'을 전국가적인 개념으로 사용하지만, 주권은 항상 '대한민국의 주권'으로, 즉 국가를 전제한 개념으로만 사용하고 있다(예컨대, 제1조 제2항).[17]

Ⅳ. 민주공화국 프로젝트: 자유, 민주, 공화

그러면 '우리 대한국민'이 헌정 권력을 행사한 결과로 등장한 헌법 제1조 제1항의 문장은 이제 어떻게 해석되어야 하는가? 헌법 제1조 제1항은 대한민국이라는 국호를 말한 뒤에 그 국가가 민주공화국이라고 선언한다. 지면 관계상 대한민국이라는 국호에 관한 여러 가지 논의는 생략할 수밖에 없다. 그보다 더욱 중요하게 거론해야 할 것은 대한민국이라는 국가의 본질, 즉 민주공화국의 의미가 무엇인가의 문제이다. 이에 관하여 종래의 교과서적 해석론은 국체와 정체의 논의를 전개하거나, 국민주권의 원리를 부연하거나, 국제법학에서 흔히 근대 국가의 세 요소로 거론되는 주권, 국민, 영토에 관하여 실질적인 쟁점들을 해설하는 모습을 보인다. 그러나 이는 심하게 말해서 민주공화국의 의미를 정면으로 답하지 않기

---

17 정종섭은 주권 개념이란 "구체적인 내용을 가지는 실체적 개념(substanzbegriff)이 아니라 상태나 지위를 의미하는 기능적 개념(funktionbegriff)임을 유의할 필요가 있다"는 언급으로 이 점을 지적하고 있다(정종섭 2012: 124).

위해 문제 자체를 회피하는 방편일 뿐이다. 대한민국을 민주공화국으로 규정하는 것 자체의 의미에 대해서는 제대로 구명하고 있지 않기 때문이다.

민주공화국의 의미는 당연히 그 속에 내포된 민주와 공화의 개념을 중심으로 이해되어야 할 것이다. 그러나 그에 앞서 반드시 전제되어야 할 것은 '대한민국은 민주공화국이다'라는 이 선언이 헌법의 주어인 '우리 대한국민'의 자유의 실현으로서 등장한다는 점이다. 앞서 언급했듯이 '우리 대한국민'은 탈출의 자유, 광야의 자유, 똘레랑스의 자유, 중첩적 합의의 자유를 실현하기 위하여 그들 사이에서 헌법을 약속하고, 그 헌법적 언약에 기초하여 대한민국을 구성한다. 그렇다면 그 헌법적 언약의 초두에 규정된 대한민국의 성격 규정, 즉 '대한민국은 민주공화국이다'라는 선언은 무엇보다 '우리 대한국민'이 스스로의 자유를 미래를 향하여 투사한 자유의 프로젝트로 이해되어야 하지 않겠는가?

'우리 대한국민'의 자유의 프로젝트로서 민주공화국 프로젝트가 가지는 의미는 헌법 제1조의 선언을 듣는 상대방과의 관계에서 잘 드러난다. 헌법은 '우리 대한국민'끼리 선언하고 다짐하고 맹세하는 독백이 아니기 때문이다. 그렇게 보면 우리는 헌법 제1조의 선언에 전제된 상대방을 다양하게 상정할 수 있다. 우선 대한민국 헌법이 제정되기 전에 통치권을 행사했던 세력들을 상기해 보자. 조선총독부에게 헌법 제1조는 그 자체로서 해방의 선언이다. 미군정에게 그것은 독립의 선언이다. 조선왕조의 왕위계승권자들에게 그것은 민주의 선언이다. 어디 그들뿐인가? 이역만리에 흩어진 한민족에게 그것은 자주의 선언이 아닌가? 다른 독립국가의 국민들에게 그것은 평등의 선언이 아닌가? 아직 독립을 이루지 못한 여러 식민지 백성들에게 그것은 反제국주의의 선언이 아닌가?

그러나 헌법 제1조의 선언을 듣는 가장 중요한 상대방은 역시 동료 대한국민이다. 그러면 이 동료 대한국민을 상대방으로 놓을 때, 민주공화국 프로젝트는 또 어떤 의미로 드러나는가? 앞에서 나는 '우리 대한국민'의 자유를 탈출의 자유, 광야의 자유, 똘레랑스의 자유, 그리고 중첩적 합의의 자유로 설명하고 민주공화국 프로젝트의 첫 번째 의미를 자유의 프로젝트로 규정했다. 그러나 자유에는 그와 함께 자신의 자유를 타자의 자유보다 더 우월한 것으로 관념하고, 모든 것을 자신의 자유로 환원시키려는 동일자 중심의 경향성이 내포되어 있다. 이러한 경향성이 노정되는 순간 '우리 대한국민'의 자유는 언제든 고립된 개인들의 소유적 욕망으로 전락될 수밖에 없을 것이다.

그러므로 민주공화국 프로젝트는 일차적으로 자유의 프로젝트이지만, 나아가 이와 같은 자유의 부정적 경향성을 통찰하고 그것에 결연히 맞서려는 기획으로도 이해되어야 한다. 이 점에서 민주공화국 프로젝트는 동료 대한국민을 자신과 동등한 자유의 존재로 받아들이고 이를 대내외적으로 천명하는 동시에 적극적으로 그 동등한 자유의 실현을 시도하는 것이기도 하다. 다시 말해, 민주공화국 프로젝트는 '우리 대한국민'이 각자의 자유에서 출발하여 서로의 자유로, 즉 그들 사이의 평등으로 나아가면서, 그와 동시에 그러한 평등을 적극적으로 실현하려는 기획으로도 이해되어야 한다. 이와 같은 민주공화국 프로젝트의 두 번째 의미는 헌법이 보장하는 기본권의 목록(헌법 제2장)으로 구체화되는 것으로서 헌법 제1조 제1항에는 평등의 정치적 표현인 '민주'라는 단어로 축약되어 있다. 한 마디로 민주공화국 프로젝트는 평등의 프로젝트이자 민주의 프로젝트이기도 하다는 것이다.[18]

그러므로 비유하자면 헌법 제1조 제1항의 문장은 자유의 이름으로 왕이 되려는 욕망을 체현하려는 주권자들의 자기현시로 해석되어서는 안된다. 오히려 그것은 왕이 되려는 욕망을 결연히 꺾어 버리고 오히려 동료 대한국민과의 평등을 적극적으로 받아들이는 동시에 민주정치를 통해그 심화를 다짐하는 시민들의 다짐으로 이해되어야 한다. 그러나 이와 같이 민주공화국 프로젝트를 평등의 프로젝트이자 민주의 프로젝트로 확장하면 또 다른 문제가 발생한다. 왜냐하면 민주정치를 통하여 평등을 적극

---

18 이처럼 자유에서 출발하여 평등의 방향으로 끊임없이 나아가려는 운동에 자유의 이름을 부여해야 한다면, 스테픈 브라이어를 따라 '역동적 자유'(active liberty)라고 명명해도 좋을 것이다. 타자의 방향으로 민주정치의 상대방을 끊임없이 확대하려는 이 자유를 브라이어는 미국 연방헌법의 목적으로 전제하면서 그로부터 자신의 헌법해석론을 전개한다(브라이어 2016).

적으로 실현하는 과정이 적어도 그 과정을 주도하는 대한국민들에게는 자유의 실현과 동일시될 수 있으며, 결과적으로 '우리 대한국민' 사이에 자유의 비대칭을 배태하게 되기 때문이다. 이 점은 자유와 평등, 자유와 민주가 서로에게 모순적이 되거나 나아가 적대적이 되는 상황에서 극적으로 드러난다. 특히 평등의 정치적 표현인 민주가 다수결주의의 형태로 수행되면 다수자의 자유와 소수자의 자유가 비대칭적으로 대비되어 결국 소수자의 자유가 위협을 받는 상황을 피할 수 없다. 요컨대 자유와 평등, 자유와 민주의 모순적 길항관계를 효과적으로 관리하지 않는 한 민주공화국 프로젝트는 위기에 봉착할 수밖에 없다는 것이다.

바로 이 지점에서 민주공화국 프로젝트의 세 번째 의미가 등장한다. 그 출발점은 자유와 평등, 자유와 민주의 모순적 길항관계를 그중 어느 한 쪽을 선택하는 방식으로 해소하는 것을 거부하고, 끊임없이 그리고 끝까지 양자를 조화하며 타협시키려는 태도를 견지하는 것이다. 헌법 제1조 제1항은 이와 같은 태도를 '공화'의 논리로 압축하여 제시한다. 이는 자유의 이념과 민주의 이념을 서로에게 맞세운 뒤, 그 사이에서 시공간적 상황에 맞는 제도적 타협책을 그때그때 확보하려는 기획이면서, 그와 동시에 그와 같은 긴장을 능히 견디어 낼 수 있는 헌법적 시민의 덕성을 함양하려는 기획이다. 자유와 민주 중 어느 하나만을 선택해서는 자유민주주의를 추구할 수 없다. 그 둘을 모두 선택해야 하며, 이는 결국 양자의 접목과 조화를 끊임없이 추구한다는 말이고, 따라서 그 추구를 지속할 수 있는 역량을 갖추는 것이 성패의 관건이 된다는 말이다. 이것이 바로 자유민주주의, 즉 민주공화국 프로젝트를 공화의 프로젝트로 이해해야 하는 근본적인 이유이다.[19]

---

19 자유민주주의에 대한 이와 같은 패러다임은 종래의 '준수 패러다임'을 넘어서는 '정상화 패러다임'으로 볼 수 있다(이국운 2008). 이에 따르면 자유민주주의의 정상화 문제는 적어도 세 차원에서 이해될 수 있다. ① 자유주의와 민주주의의 접목과 조화를 시도하는 차원, ② 자유민주주의의 특정한 모델을 구축하고 실현하는 차원, ③ 자유민주주의의 특정한 모델이 현실적합성을 잃게 되었을 때, 이를 극복하기 위해 새로운 모델을 구축하고 실현하는 차원.

공화의 프로젝트로서 민주공화국 프로젝트는 크게 세 차원으로 구분될 수 있다. 먼저 제도의 차원에는 수많은 역사적 경험을 통해 축적되어 온 견제와 균형의 제도적 장치들이 존재한다. 우선 멀리 서양의 고대 정치사상까지 소급되는 고차법(the Higher law)이나 혼합정체(the mixed government)의 제도가 있고, 근대적 헌정주의의 산물인 기본권, 삼권분립, 의회주의, 선거제도, 그리고 폴리아키(polyarchy, 多頭정치체제) 등이 있으며, 20세기의 헌정사를 통해서는 혼합경제, 연방주의, 국제인권기구의 헌법적 중요성이 확인되기도 했다. 종래의 교과서적 해석론에서 흔히 '자유민주적 기본질서'의 내용으로 일컬어지곤 하는 이와 같은 제도적 장치들은, 그러나 결코 고정된 것이 아니며, 그때그때 헌정이 처한 구체적인 조건과 상황 속에서 끊임없이 재구성되어야 하는 것이다. 이때 이러한 재구성을 가능하게 만드는 것은 제도 그 자체가 아니라 어디까지나 헌법정치의 면면한 맥락을 깊이 이해하고 때로는 자기희생을 통해서라도 민주공화국 프로젝트를 추진해가는 헌법적 시민들이다. 그리고 이 헌법적 시민들이 탄생하는 것은 바로 덕성의 차원에서이다. 시민들에게는 통치자의 덕성을 함양할 것을 요구하고, 통치자에게는 시민적 덕성을 회복할 것을 요구하는 덕성의 차원에서 민주공화국 프로젝트는 생명력을 얻는다(이국운 2010b).

이에 더하여 공화의 프로젝트로서 민주공화국 프로젝트는 제도의 차원과 덕성의 차원을 연결하는 제3의 차원을 가지고 있다. 그것은 바로 법치의 차원이다. '보통법'(Common Law)의 이념 아래 치자와 피치자가 동일한 법규범을 적용받는 보편적 법치의 차원에서 헌법의 제도는 헌정주의의 정신을 깨우치고, 헌정주의의 정신은 헌법의 제도를 덧입는다. '법창조와 법발견의 다이내믹스'로 작동하는 법치의 피대는, 위르겐 하버마스가 지적했듯이, 사실성과 타당성, 체계와 생활세계, 권력과 도덕의 이율배반을 해결하는 자유민주주의의 핵심 기제이다.[20] 헌법 제1조 제1항이 상정

---

20 물론 이 말은 그와 같은 연계가 하버마스의 담론적 법이론에 의해서만 가능하다는 뜻은 결코 아니다(하버마스, 2000). 나는 오히려 엠마누엘 레비나스의 타자의 윤리와 니클라스 루만의 체계이론에서 각각 시사를 받아 표상정치의 필요성과 한계라는 보편적

대한민국 헌법 제1조의 한 해석

하는 헌정국가는 이와 같은 법치의 피대를 통해 공화의 제도와 덕성을 실현하는 헌법적 시민들 속에 현존한다. 이 점에서 헌법 제1조 제1항의 '민주'와 '공화'는 헌법 제11조의 '법 앞의 평등'과 동전의 양면으로 보아야 할 것이다.

V. 주권의 민주화 - '헌법을 노래하는 것'의 의미와 관련하여

대한민국 헌법 제1조에 대한 이 글의 해석은 이제 막바지에 이르고 있다. 헌법 제1조 제2항은 다음과 같이 선언한다. "대한민국의 주권은 국민에게 있고, 모든 권력은 국민으로부터 나온다." 언뜻 보아 이 문장은 마치 제1항의 반복이거나 그것에 따라 붙은 군더더기처럼 느껴지기도 한다. 그만큼 헌법 제1조 제1항의 문장이 강렬하고도 압축적이기 때문일 것이다. 그러나 곰곰이 살펴보면 헌법 제1조 제2항은 제1항과는 다른 맥락에서 감동적인 의미를 가지고 있음이 알 수 있다. 이 점을 파악하기 위한 출발점은 앞에서처럼 헌법의 주어인 '우리 대한국민'을 드러내어 다시 읽는 것이다. "우리 대한국민이 다시 말한다. 대한민국의 주권은 (우리 대한)국민에게 있고, 모든 권력은 (우리 대한)국민으로부터 나온다."

이 문장에서 가장 두드러지는 것은 '대한민국의 주권은 국민에게 있고'라는 표현이다. 여기에 사용된 주권 개념이 어디까지나 '대한민국의 주권'으로서 국가내적인 개념이라는 점은 앞에서 언급한 바와 같다. 문제는 제1조 제1항의 문장과 동어반복으로 이해될 가능성이 많음에도 불구하고 헌법의 텍스트가 굳이 이러한 표현을 쓰고 있는 이유이다. 물론 단순히 반복에 의해 강조하기 위한 것이라고 해석해도 틀렸다고 볼 수는 없을 것이다. 하지만 제1항의 문장을 민주공화국 프로젝트로 이해했다면, 가능한 한 그 연장선상에서 제2항의 문장을 해석하는 것이 더욱 온당하지 않겠는가?

지평에서 헌정주의의 재구성을 모색한다(이국운 2010a).

이러한 관점에서 나는 헌법 제1조 제2항을 제1항에 천명된 민주공화국 프로젝트가 중단되거나 포기될 위기에 봉착한 상황을 전제로 해석할 필요가 있다고 생각한다. 주지하듯 주권이라는 개념은 프로테스탄트 종교혁명이 불러온 유럽의 종교적 내전 상황에서 그와 같은 비상사태를 해결하기 위한 도구적 개념으로 안출되었다. 따라서 주권 개념은 그 내부에 비상사태의 논리를 내장하고 있다고 말해도 지나치지 않을 것이다.[21] 이 점을 고려하면서 헌법 제1조 제1항에 천명된 민주공화국 프로젝트가 내란이나 외환 또는 천재지변이나 대공황과 같은 요인들로 인하여 중단되거나 포기될 위기에 봉착했다고 상상해 보자. 그 경우에 민주공화국 프로젝트를 수호하기 위해서라도 시원적이고 독립적인 최고 권력인 주권을 작동시키지 않으면 안 된다는 요청이 쇄도할 것은 불문가지(不問可知)이다. 그리고 이 요청은 자유와 민주와 공화의 프로젝트를 역행하여 헌법 바깥으로 나가야 하며, 질서와 권위와 집권의 논리를 동원하여 집단적 생존을 확보해야만 한다는 주장으로 이어지게 될 것이다.

대한민국 헌법 제1조가 제시하는 민주공화국 프로젝트는 비상사태가 발생할 가능성을 도외시하거나 비상사태가 발생했을 때 이를 무책임하게 방기하는 비현실적 프로젝트가 아니다. 오히려 그것은 계엄이나 긴급명령을 내세워 입헌적 독재를 제도화하기도 한다는 점에서 대단히 현실적인 프로젝트라고 말할 수 있다. 여기서 핵심은 그처럼 입헌적 독재가 시행되는 경우에도 조속히 비상사태를 극복하고 민주공화국 프로젝트의 정상적인 추진과정으로 복귀할 것을 헌법이 '우리 대한국민' 전체에게 요구하고 있다는 점이다. 그러므로 대한민국의 주권은 우리 대한국민에게 있다는 헌법 제1조 제2항의 표현은 비상사태를 이유로 민주공화국 프로젝트를 질서와 권위와 집권의 프로젝트로 바꿔치기하려는 권력자들에게 강력하고 엄중한 경고를 보내는 것으로 이해될 수 있다. 대한민국의 주권이 우리 대한국민에게 있으므로 비상사태를 명분으로 감히 주권자를 참칭하려는

---

21 '정치신학'의 첫 문장에서 칼 슈미트는 이 점을 간명하게 정리한다(슈미트 2010). "비상사태(예외상태)를 결정하는 자, 그가 곧 주권자이다."

모든 시도는 헌법적으로 부정될 수밖에 없기 때문이다.

헌법 제1조 제2항의 이와 같은 해석은, 앞서 설명했듯이, 헌법적 언약을 체결하면서 행사된 '우리 대한국민'의 헌정 권력이 사라지지 않고 보존되어 민주공화국 프로젝트가 위기에 봉착할 때마다 끊임없이 되살아나야 함을 의미하는 것이다. 또한 그것은 헌법 전문이 대한민국 헌정사를 회고하면서 "불의에 항거한 4.19 민주이념을 계승"한다고 선언하고 있는 것과도 일맥상통한다. 4.19 혁명과 그것을 이은 1987년 10월 29일의 제9차 헌법개정(현행 헌법)은 민주공화국 프로젝트를 위기에 몰아넣은 외부적 상황은 물론이려니와 이를 이유로 비상사태를 선포하고 감히 주권자를 참칭하려던 모든 시도를 '우리 대한국민'의 헌정 권력이 극복해낸 헌정 권력의 역사이기 때문이다. 헌법 제1조 제2항의 앞부분은 그처럼 헌정이 다시 위기에 봉착하게 될 경우, 대한민국의 주권이 우리 대한국민에게 있음을 확인하는 방식으로 '우리 대한국민'의 헌정 권력이 작동하게 될 것을 예고하고 있다. 이처럼 헌법 제1조 제2항은 입헌적 독재가 요구되는 비상사태마저도 '우리 대한국민'의 헌정 권력을 통해 헤쳐 나가야 한다는 점을 강조하는 것으로 이해되어야 한다.

이에 더하여 헌법 제1조 제2항은 모든 권력은 우리 대한국민으로부터 나온다고 선언한다. 이는 '우리 대한국민'의 헌정 권력이 헌법적 언약을 체결할 때나 비상사태를 극복할 때 한 번 행사되고 사라지는 것이 아니라 민주공화국 프로젝트를 추진하기 위하여 대한민국의 이름으로 구성되는 모든 권력의 배후에서 역동적으로 작용해야 한다는 점을 의미한다. 달리 표현하자면, 이 문장의 의미는 '우리 대한국민'의 역동적 참여에 연결되지 않는 한 대한민국의 이름으로 행사되는 어떠한 권력도 결코 정당성을 가질 수 없음을 강조하는 것이다. 이런 맥락에서 헌법 제1조 제2항은 단순히 국민주권의 원리를 반복적으로 강조하는 것이 아니라 민주공화국 프로젝트가 위기에 봉착한 비상사태에 처해서도 '우리 대한국민'의 헌정 권력을 되살리는 방식으로 하루빨리 정상적인 헌정에 복귀하게 하려는 것이며, 나아가 대한민국의 모든 권력을 '우리 대한국민'의 역동적 참여에 연결시킴으로써 그와 같은 위기를 예방하려는 것으로 이해되어야 할 것이다.

　　이처럼 헌법 제1조 제2항은 '주권의 민주화'를 통하여 민주공화국 프로젝트의 역진(逆進)을 방지하려는 헌법적 처방이자 예방책(constitutional remedy and prevention)을 제시한 것이다. '주권의 민주화'는 민주공화국 프로젝트가 위기에 처할 때마다 끊임없이 재현되는 역동적 과정이다. 이 점에 관하여 한국 사회는 2008년 여름의 촛불집회를 통해 한 가지 소중한 경험을 확보한 바 있다. 스스로 광장에 모인 한국 사회의 구성원들이 대한민국 헌법 제1조를 함께 노래하게 되었기 때문이다. '헌법을 노래하는 것'은 그 자체만으로도 다양한 각도에서 심층적인 분석의 대상이 되기에 충분한 사건이다. 서구의 헌정사를 통하여 우리는 요구하거나, 천명하거나, 준수하는 대상으로서 헌법에 대한 이해를 배워왔다. 그러나 그 속에서 우리는 과연 '헌법을 노래하는 차원'에 마주친 적이 있었던가? 대중은 언제나 사랑을 노래할 뿐이며, 어쩌다 한 번, 아주 어쩌다 한 번 혁명을 노래할 가능성도 있다고 우리는 생각해 왔다. 하지만 2008년 여름 광장에 모인 시민들은 각자의 사랑 노래들을 그대로 둔 채로 갑자기 혁명이 아니라 헌법을 노래하기 시작했었다. 그렇다면 헌법을 노래하는 이 차원은 과연 어디서 돌출한 것인가? 그 의미는 도대체 무엇인가?

　　나는 이 글에서 헌법의 주어인 '우리 대한국민'의 자유에서 출발하여 대한민국 헌법 제1조의 두 문장을 해석해 보고자 했다. '우리 대한국민'은 시원적이고 단일하며 비상사태를 결단하는, 무시무시한 권력자들이 아니다. 그들은 오히려 자신들의 과거로부터 탈출한 사람들로서 고유성과 다양성과 차이들 속에서 똘레랑스를 배우는 평범한 사람들이다. 그 '우리 대한국민'이 헌법을 만든다는 것은, 그들 사이에서 헌법이 약속된다는 것은, 그들 사이의 모든 차이를 그대로 둔 채로 그 차이들 속에서 공통의 것을 이끌어낸다는 의미이다. 이 공통의 것이 중첩적 합의이며 그 제도화가 바로 대한민국 헌법인 셈이다. 이제 이 글을 마무리하는 단계에서 나는 독자들에게 지금 당장 대한민국 헌법 제1조를 발화자인 '우리 대한국민'과 수화자인 다양한 상대방을 상정한 가운데 한 번 다시 읽어보기를 권한다. 무엇이 다른가? 생명력 없는, 죽은 두 문장으로 헌법 제1조를 읽을 때와 무엇이 다른가?

나는 이와 같은 새로운 읽기가 '우리 대한국민'의 한 사람으로서 대한민국 헌법을 읽는 감격을 불러일으킨다고 생각한다. 이 감격은 헌법이라는 문서에 대한 친밀감이며 그 내용에 관한 책임감이고 또한 동시에 그것을 함께 고백하는 동료들, 즉 다른 대한국민에 대한 경의(敬意)이다. 따라서 바로 이 친밀감, 이 책임감, 이 경의, 그리고 이 모든 것을 합한 감정으로서의 감격을 고리로 삼아 대한민국 헌법은 항상 '우리 대한국민' 사이에서 반복적으로 되살아날 수 있는 가능성을 가지게 되는 것이다. 2008년 여름 촛불을 들고 광장에 모인 '우리 대한국민'들이 체험했던 것은 바로 대한민국 헌법의 발화구조가 재현되는 현상이었다. 나는 그것을 1960년의 4.19 혁명이나 1987년의 6월 민주화대항쟁과 마찬가지로 대한민국 헌법이 '우리 대한국민' 사이에서 다시 발생하는 (신비로운) 현상, 즉 일종의 헌법적 사건(event)이었다고 생각한다.

그렇다면 '우리 대한국민'이 '헌법을 노래하는 것'은 무슨 의미인가? 이 글이 제시한 대한민국 헌법 제1조의 해석은 이 질문에 대하여 두 가지 간단한 결론에 도달한다. 첫째는 헌법의 주어인 '우리 대한국민'의 차원을 회복할 때 우리는 언제든지 헌법을 노래할 수 있을 것이라는 점이다. '우리 대한국민'의 차원에서 작용하는 헌정 권력은 언제나 소통과 연대, 재미와 창의성, 웃음과 감동, 그리고 다름과 하나됨이 어우러지는 대동의 현장을 연출한다. 둘째는, 그럼에도 불구하고, 헌법을 노래하는 것이 끝은 아니라는 점이다. '우리 가운데 더 이상 왕은 없다! 모두가 평등한 시민들일 뿐이다!'라는 합의는 감동적이지만 그것만으로는 부족하다. 끈기를 가지고 용기를 내어서 자유와 민주와 공화의 민주공화국 프로젝트를 지혜롭게 추진해 가야만 한다. 특히 민주공화국 프로젝트가 위기에 봉착할 때면 "대한민국의 주권은 (우리 대한)국민에게 있"음을 확인하는 방식으로 헌정 권력을 되살려야 하며, 그로부터 모든 권력을 구성하려는 '우리 대한국민'의 역동적 참여를 멈추지 말아야 한다.

'우리 대한국민'의 자유는, 그 탈출의 자유와 광야의 자유와 똘레랑스의 자유와 중첩적 합의의 자유는 지금도 계속적으로 작동하고 있다. 각 개인의 삶에서 그 자유는 개별적으로 작동하면서 끊임없이 새로운 차이를 만들어내고 있다. 동시에 '우리 대한국민'의 삶에서 그 자유는 다시 그와 같은 차이들 사이에서 새로운 울림을 만들어내고 있다. 이러한 울림은 때때로 역사적 계기를 이루어 '우리 대한국민'들로 하여금 광장에 나와 헌법을 노래하게 만든다. 그럴 때, 그 광장에는 본향을 떠나 광야로 나아갔던 탈출의 자유와 광야의 자유, 즉 자기를 부정하고 또 자기를 초월하는 원초적 자유와 똘레랑스의 자유, 즉 서로에게 먼저 자유를 선사하는 타자성의 자유가 기적처럼 다시 현현(顯現)한다. 그리고 그 자유들의 에너지에 힘입어 헌법을 노래하는 '우리 대한국민'은 헌법의 텍스트에 녹아든 중첩적 합의의 자유를 집단적으로 재확인하며 또 재구성한다. 그리고 나서, 그들은 혹은 개별적으로, 혹은 집단적으로, 삶의 현장으로, 일상 속으로 귀환한다. 그러므로 지금 우리가 여기서 대한민국 헌법 제1조를 해석한다는 것은 '우리 대한국민'의 자유에서 비롯되는 이 울림을 증폭시키는 동시에 제도적으로 구체화하는 작업이다. 그로 인해 입법이 가능해지고, 행정이 가능해지고, 사법이 가능해지며, 헌법의 개정이 가능해진다. 이런 의미의 헌법 해석이 없으면 헌법의 생활규범화는 이루어질 수 없다.

대한민국 헌법 제1조의 한 해석

8장
직접행동민주주의와 헌정수호

I. 촛불집회와 헌정수호

2008년 7월 10일 현재 촛불집회는 일반 시민들이 정치적 의사를 집단적으로 표출하는 직접행동민주주의의 발현형태로서 절정에 이르고 있다. 지난 5월 초 미국과의 쇠고기협상내용이 알려진 뒤 시작된 촛불집회는 그 기간과 규모에 있어서 연일 기록을 경신하면서 종래와는 완연히 다른 거리축제와 같은 양상으로 변화하고 있다. 그러나 한국 사회에는 아직 촛불집회에 대한 어떠한 합의된 규범적 평가도 존재하지 않는다. 오히려 두 달 넘게 촛불집회가 계속되면서 관점의 대립이 더욱 심화되고 있을 뿐이다. 최근에는 대립이 도를 넘어 정치적 피아구분의 기준으로까지 사용되는 경향이 있을 정도다.

긍정적으로 보려는 사람들은 촛불집회를 민주주의의 확대이자 심화이며 나아가 21세기 민주주의의 새로운 가능성으로까지 이해한다. 이들에게 이런 판단을 뒷받침하는 증거들은 한둘이 아니다. 중학생들의 자발적인 제안에서부터 시작되어 유모차를 끌고 나온 젊은 주부들에 의해 계속되고 있는 것이나, 여러 차례 아슬아슬한 고비를 겪었음에도 불구하고 시종 비폭력기조를 유지하고 있는 것, 또한 어떤 지도부나 사전기획에 따르지 않고 인터넷 공간을 고리로 거리에 모인 사람들이 스스로 묻고 답하면서 집회의 성격과 방향을 결정하고 있는 것, 그리고 무엇보다 재미와 발랄함을 주조(主調)로 축제와 같은 집단적 소통방식을 거리집회의 새로운 문화로 정착시키고 있는 것 등이다. 한국 사회의 젊은 지식인들은 '다중'(multitude)이나 '집단지성'(collective intelligence)과 같은 21세기형 민주주의의 기초개념들이 눈앞에서 구현되고 있는 모습을 온 몸으로 체험하고 있다. 이들에게 촛불집회는 민주주의의 희망이며, 또한 그 희망을 피워내는 신명이다.

그러나 부정적으로 보려는 사람들은 촛불집회를 민주주의에 대한 반칙이자 일탈이라고 생각한다. 엄연히 존재하는 '집회 및 시위에 관한 법률'이 무시되고 있다는 점에서, 인터넷 공간에 횡행하는 불확실한 정보와 추측들이 전혀 걸러지지 않고 있다는 점에서, 이들은 촛불집회에 모인 사람들이 명백하게 법질서를 위반하고 공권력을 조롱하고 있다고 판단한다. 특히 거리와 인터넷 공간에서 사람들이 외쳐대는 '이명박 아웃(out)'이라는 구호는 심지어 민주주의 자체에 대한 도전으로까지 받아들여지기도 한다. 새로운 정부가 출범한 지 세 달이 되지 못한 상태에서 스스로 뽑은 대통령을 물러가라고 외치는 것은 정상적인 선거를 통한 권력위임 자체를 부정하는 일종의 체제부인논리라는 것이다. 그래서 이들은 굳이 지도부도 없고 사전기획도 없는 촛불집회의 전개과정을 선거패배를 인정하지 않으려는 정적(政敵)들의 세련된 위장술과 동일시하려고 한다. 그리고 이 동일시를 증명하기 위해 촛불집회의 과격화를 기대하면서 숨어 있는 지도부를 끝까지 찾아내려고 한다. 이들에게 촛불집회는 민주주의의 전복이며, 또한 그 전복을 조직하는 음모이다.

2008년 7월 10일 현재 한국 사회에서 이 두 가지 관점은 끊임없이 치고받으면서 각자의 정당성을 당파적으로 주장하고 있다. 아침신문이 후자를 강변하면 저녁방송은 전자를 옹호한다. 여기저기 매체마다 진행되는 각종 토론 프로그램들에는 편을 둘로 나눈 입씨름이 끝도 없이 이어진다. 마치 이 두 가지 관점 중의 어느 하나를 채택하지 않으면 정상이 아닌 것처럼, 촛불집회에 대한 두 가지 관점은 서로에 대하여 핏대를 올리며 그 둘 중의 어느 한 편에 설 것을 거듭 요구하고 있다.

가슴 아픈 것은 이 둘의 비타협적 경쟁을 뒷받침하는 정치적 자원의 분포상태다. 이미 대통령의 지지율을 10%대로 떨어뜨린 전자는 현 정권에 대한 시민적 분노를 촛불집회의 정당성에 관한 대중적 지지로 변환시키는데 성공하고 있다. 그러나 그런 와중에도 대통령과 내각은 물론이려니와 국회의석의 3분의 2까지 확보한 후자는 권력행사의 실질적 기조를 조금도 변화시킬 기색이 없다. 대통령의 사과내용도, 미국과의 쇠고기 추가협상도, 청와대와 내각의 인적 개편도 전자의 입장에선 실소(失笑)를 자아낼 수준에 불과하다. 중요한 것은 이 과정에서 민주화 20년 동안 지속적으로 줄어들던 정당성과 권력 사이의 간극이 급격하게 다시 벌어지고 있다는 점이다. 이러다가 자칫 정당성은 시위대와 함께 거리를 떠돌고 권력은 백골단과 함께 그 뒤를 좇았던 1987년 6월 이전의 상황이 재현되는 것은 아닐까? 보수언론과 집권여당이 촛불집회의 지도부와 배후를 지목한 뒤 곧이어 검찰수사가 착수되고 체포영장이 발부된 맥락이 어딘가 심상치 않다.

정당성과 권력의 간극이 벌어지는 것을 상징하듯, 촛불집회에 모인 사람들의 숫자 통계도 제 각각이다. 경찰 추산은 적고, 인터넷에선 더 많다고 말한다. 어느 쪽 애기가 진실이든 그 숫자 통계에서 한 가지 꼭 짚어야 할 점이 있다. 그것은 여전히 촛불집회의 현장에 갈 수 없거나 가지 못한 사람들이 더 많다는 사실이다. 바로 이 더 많은 사람들, 이 드러나지 않은 사람들이야말로 지금 촛불집회에 관한 두 가지 관점 사이에서 거듭 선택을 요구받고 있는 사람들이다. 현 정부의 오만과 무능에 깊이 실망하고, 촛불집회의 희망과 신명에 깊이 공감하지만, 어딘지 그것만으로는 온전한 확신을 가질 수 없는 사람들. 그리하여 촛불집회에 관한 두 가지 관점 중 선뜻 어느 하나를 추종하기 어려운 사람들. 촛불집회가 계속되고 권력과의 갈등이 심각해질수록 이들의 번민은 깊어만 간다.

사실 이 사람들에게 촛불집회에 관한 두 가지 관점의 거듭되는 요구는 매우 당혹스런 것이 아닐 수 없다. 여론조사결과가 보여주듯이 미국과의 쇠고기 협상내용이나 그 진행과정, 그리고 집권초기의 거듭된 인사실패에 대하여 분노를 가지는 것은 대부분의 시민들이 마찬가지일 것이다. 하지만 그렇다고 해서 어찌되었건 정상적인 선거에서 선출된 대통령을 곧바로 아웃시켜야 한단 말인가? 그렇다면 그 다음 선거에서 뽑힌 대통령은 또 어떻게 할 것인가? 능력이 모자라 실수가 겹치고 그리하여 또다시 촛불집회가 계속되면 그 또한 아웃시켜야 하는가? 대통령 스스로 사임하는 경우가 아니라면, 대통령을 아웃시킬 수 있는 방법은 탄핵소추와 심판이 유일하다. 그러나 그 소추권을 가진 국회는 이미 대통령과 색깔이 같은 국회의원들에 의해 압도적으로 장악된 것이 아닌가? 하지만 그렇다고 해서 국회를 탓하는 것도 바른 태도는 아니다. 그처럼 압도적 의석을 후자의 세력에게 준 것도 국민의 선택이 아니었는가? 대통령과 국회가 한 통속이 되도록 허락해 놓고, 곧바로 모두를 아웃시켜 버릴 수 있는 것이 대한민국 국민의 정치하는 방식이라면, 그 대한민국은 과연 건강한 체제라고 말할 수 있을 것인가?

개인적으로 나는 전자가 말하는 희망과 신명에 많이 기울어져 있다. 사람을 만나도 그 쪽 사람을 훨씬 많이 만나고, 글을 읽어도 그 쪽 글을 훨씬 많이 읽는다. 한국 사회의 현실에서 후자의 관점이 보수언론의 음험한 국면전환론과 긴밀히 연계될 수 있다는 것도 잘 알고 있다. 하지만 그럼에도 불구하고 나는 아직까지 전자의 희망과 신명을 온전히 확신하지는 못하고 있다. 그 이유는 이미 인터넷공간과 젊은 지식인들의 담론을 정복한 '다중', '집단지성'의 논리들에도 불구하고, 위의 연속적인 질문들에 대하여 만족할만한 답변을 스스로 마련하지 못하고 있기 때문이다.[22]

이런 생각에 기초하여 나는 이 글에서 촛불집회를 심정적으로 지지하면서도 여전히 그에 대한 두 가지 관점 사이에서 고민하는 이 더 많은

---

22 또는 그 이유를 통칭 '386세대'의 역사적 경험에서 찾는 것이 더 정확할지도 모르겠다. 내 세대는 이미 직접행동민주주의의 희망과 신명이 대의민주주의의 절차 속에서 어떻게 비틀리고 쭈그러지는지를 집단적으로 경험한 기억이 있기 때문이다. 지금부터 21년 전, 그 6월의 거리를 휩쓸었던 마당의 희열은 그로부터 6개월이 지난 12월 18일 무대의 주인을 정하는 대통령선거의 투표장에서 깊은 패배감으로 되돌아 왔었다.

사람들이 스스로를 설득할 수 있는 논리를 개척해 보고자 한다. 이를 위해 논의의 초점으로 삼은 것은 직접행동민주주의와 헌정수호의 문제다. 헌법학자들에게 매우 익숙한 '직접민주주의 vs. 대의민주주의'의 토론구도로는 촛불집회를 둘러싼 최근의 정치상황을 포섭하는 것이 어렵다고 생각되는 까닭이다. 나는 촛불집회에 관한 위의 두 가지 대립되는 관점이 근본적으로 헌정수호의 문제와 연결될 수 있다고 생각한다. 전자는 헌정수호를 명분으로 촛불집회를 계속하려는 것이며, 후자는 헌정수호를 명분으로 촛불집회를 멈추게 하려는 것이기 때문이다. 그렇다면 헌정수호라는 명분 또는 목표에 관해서 이 두 관점은 이미 공통의 관심을 가지고 있다고도 볼 수 있지 않겠는가? 이하에서 나는 바로 이 점에 집중하여 소론을 전개해 보고자 한다.

Ⅱ. 대의민주주의의 위기

우선 왜 일이 이렇게까지 되었는지를 곰곰이 되새기는 작업이 필요하다. 일단 대의민주주의의 제도적 장치가 제대로 작동했다면 이런 사태가 발생하지 않았을 것이 아닌지 의심해 볼 수 있기 때문이다. 제도적 요인과 인적 요인으로 나누어 몇 가지 요인을 간략하게 검토해 보자.

첫 번째로 지적할 것은 지난 1년 동안 치러진 두 번의 대표선출과정을 통하여 대의민주주의의 한계가 여실히 드러났다는 점이다. 무엇보다 2007년 12월 19일의 제17대 대통령선거와 2008년 4월 9일의 국회의원 총선거는 각기 역대 최저 투표율(대선-63.0%, 총선-46.0%)을 기록했다. 투표율의 저하는 지난 수십 년간 꾸준히 진행되어 온 현상이지만, 특히 이번 대선과 총선에는 그 추세가 더욱 뚜렷해졌으며, 그 결과 전체 유권자로 보면 30% 미만의 지지를 받은 인물이 대표로 선출되는 경우가 아주 흔해졌다. 이런 경향은 재보궐 선거에서 더욱 극단적으로 나타나 촛불집회의 와중에 치러진 2008년 6월 4일의 재보선은 평균 23.2%의 저조한 투표율을 기록하기도 했다. 이와 같은 투표율의 저하는 결선투표제도를 도입하지 않은 채 다수득표제의 소선거구제를 고집하고 있는 현재의 선거 방식과 결합하여 대통령과 국회의원의 대표성을 실질적으로 약화시키는 원인이 되고 있다. 지난 대선과 총선을 통해 이루어진 10년 만의 보수집권, 그것도 대통령과 국회가 하나의 보수정당에 의해 지배되게 된 정치적 결과는 흥미롭게도 투표율의 현저한 저하 및 그에 따른 대표성의 약화에 힘입은 바가 크다.

　여기에 더하여 두 번째로 대의민주주의의 제도적 장치 속에서 실제로 대표과정을 담당하는 정당정치의 현저한 약화를 지적하지 않을 수 없다. 집권여당(한나라당)에 의하여 흔히 '잃어버린 10년'으로 지칭되는 지난 10년 동안은 오히려 한국 사회에서 정당정치의 정상화가 모색되었던 흔치 않은 기회였다. 권위주의적 관제정당 및 지역감정에 편승하는 보수적 지역패권정당의 수준을 넘어서지 못한 과거의 정당정치에 비견하여 특히 2003-4년 제17대 국회의원 총선거를 앞두고 벌어진 여야 각 정당의 개혁경쟁은 충분히 긍정적으로 평가할만했다. 이 과정에서 정당개혁의 총아로 등장한 것은 '국민참여경선'으로 대표되는 소위 상향식 공천제도였으며, 이를 통해 여야 각 정당은 민주적으로 민의를 조직하여 국정에 반영하는 정당정치의 정상화를 정면으로 모색할 수 있었던 것이다.

　재미있는 것은 이와 같은 정당개혁을 통해 최대의 정치적 수혜를 입은 것이 바로 권토중래를 노리던 한나라당이었다는 점이다. 정당개혁을 집권용 바람몰이전략으로 활용했던 노무현 씨의 정당(열린우리당)이 집권 이후 곧바로 지리멸렬해진 것에 비하여, 대내외적 쇄신 및 단결의 유일무이한 방식으로 정당개혁을 받아들인 박근혜 씨의 정당(한나라당)은 날이 갈수록 탄탄해졌다. 대통령 탄핵소추의 역풍에 휘말린 2004년의 제17대 국회의원 총선거에서 가히 기적적으로 기사회생한 한나라당이 이후의 지방선거와 재보궐 선거에서 전승을 기록할 만큼 탄탄해질 수 있었던 이유는-적어도 시스템적으로는-상향식 공천제도로 대표되는 정당개혁의 성과 때문이었다. 이런 점에서 2006년 5월 31일의 지방선거는 상향식 공천제도를 통한 한나라당의 내부개혁이 위력을 발휘한 정치적 이벤트였다고 볼 수 있다.

그러나 지난 1년 간 치러진 두 번의 선거과정에서 그동안 축적된 정당개혁의 성과는 일거에 사라졌다. 이합집산을 거듭하면서 국민들의 눈을 속이려던 열린우리당 쪽은 말할 것도 없으려니와, 초미의 관심 속에 사실상의 본선으로 대통령후보경선을 치른 한나라당은 끊임없이 경선후유증에 시달리다가 급기야 대선을 앞두고는 이회창 씨의 탈당(경선불복)과 독자출마라는 정당정치의 일탈을 배태하고 말았다. 이에 더하여 정당정치의 현저한 약화는 앞서 언급한 투표율의 현격한 저하에 힘입어 한나라당이 대통령선거에서 승리한 뒤 본격화되었다. 4월 9일의 국회의원총선거를 앞두고 계파싸움에 시달리던 한나라당은 결국 국회의원 후보자의 공천을 끊임없이 미루다가, 입후보자 등록마감시한을 코앞에 두고서야 전형적인 '중앙집권적 밀실공천'을 시도했던 것이다. 혼란스런 이합집산과정에서 사실상 상향식 공천제도의 토대가 붕괴된 야당(민주당)에 비하여 정당개혁의 인프라가 그대로 살아있는 여당(한나라당)이 이처럼 정당정치의 정상화 기조를 스스로 무너뜨린 것은 대의민주주의의 위기를 자초한 것으로 평가될 수밖에 없다.

역대 최저의 투표율과 정당정치의 현저한 약화가 결합될 경우에는 대표선출과정에서 어떤 일이 발생하는가? 장기간의 치열한 당내경선을 거쳐 공천된 후보가 선거를 통해 선출될 경우에 비교할 때, 심지어 선거구민들이 후보자가 누군지도 잘 모르는 상태에서 투표하는 현상이 벌어질 것은 불문가지다. 이처럼 후보자의 정치적 익명성이 두드러진 상황에서는 유권자들이 정치적 도덕적 세계관에 입각하여 후보자를 '지지'하기보다는 그때그때의 특수한 이해관계에 입각하여 후보자를 '선택'하려는 경향에 노출되기 쉽다. 제18대 국회의원 총선거에서 특히 서울 강북지역의 유권자들이 제대로 알지도 못하는 집권여당 후보들의 뉴타운 공약에 휩쓸려 들어간 것은 이런 현상의 대표적인 예로 언급될 수 있을 것이다. 말끝마다 '경제를 살리겠다!'던 이명박 대통령의 대선구호도 이런 시류와 무관하지 않다.

결국 역대 최저의 투표율과 정당정치의 현저한 약화는 지난 1년 동안 치러진 두 번의 대표선출과정을 공적-정치적 지지표명을 통해 대표와 피대표가 책임을 분담하는 '정치과정'이 아니라 사적-경제적 선택행위를 통해 대표와 피대표가 이익을 분점하는 일종의 '거래과정'으로 전락시켰다 (금권정치). 주지하듯 후자는 전자에 비하여 그 연계가 매우 취약할 수밖에 없다. 대표와 피대표 사이에 분점할 수 있는 이익이 사라질 경우 사적-경제적 선택행위는 언제든 철회될 수 있기 때문이다. 거래는 성사되기는 쉽지만 해소되는 것도 어렵지 않다. 따라서 대의민주주의의 제도적 장치인 선거와 정당을 그와 같은 거래과정의 수단들로 활용할 경우 곧바로 대의민주주의의 한계가 그 모습을 드러내게 되는 것이다.

세 번째로 지적할 것은 이처럼 사적-경제적 거래과정으로 축소된 대의민주주의의 제도적 현실에 비교하여 선출된 대표들에게 주어진 정치적 과제의 범위가 대폭적으로 확대되었다는 것이다. 이번 촛불집회의 계기가 된 미국과의 쇠고기협상이 보여주듯이 글로벌리제이션이 급속하게 진행된 이후 시민들의 삶과 직결되는 수많은 문제들은 국민국가 내부의 대의민주주의과정을 통해 해결할 수 있는 수준을 훨씬 넘어서고 있다. 한미 FTA와 같은 양자협정은 그나마 통제가 가능하지만 교토의정서처럼 다자간협정 또는 일종의 국제적 규범의 성격을 지니는 경우에는 국민국가 내부에서 선출된 대표들이 그 내용이나 수준에 유효한 영향을 미치기 어렵다. 이에 비하여 이번 광우병파동에서 여실히 드러났듯, 그러한 문제들은 경우에 따라서 시민생활의 가장 기초적인 부분에까지 직접적인 영향을 끼치게 된다.

이와 같은 대표와 문제 사이의 불일치는 글로벌리제이션의 국면에서 불가피한 측면을 지니는 것이지만, 적어도 국내적 관점에서 그것이 대의민주주의의 한계를 초래하는 한 가지 중요한 원인이 된다는 점은 부인하기 어렵다. 유권자의 입장에서 보자면, 이런 상황은 대표를 통한 유효한 통제수단을 가지지 못한 채 글로벌리제이션의 영향권에 무방비 상태로 노출되는 것이나 마찬가지이기 때문이다. 따라서 유권자대중이 만족할 수 있는 것은 어디까지나 사적-경제적 거래과정에서 선출된 대표들이 그들을 뽑아 준 대중의 이익을 글로벌리제이션의 경쟁구도 속에서 확실히 보장해 줄 수 있을 경우뿐이다. 만약 이익 자체가 확보되지 못하거나, 그 이익을 대표들이 독점하는 경우에는 당연히 대표관계 자체의 정당성을 문제 삼는 저항이 촉발될 수밖에 없다.

네 번째로 지적할 것은 이상에서 살핀 바와 같이 대의민주주의의 한계가 곳곳에서 노출되고 있음에도 불구하고 정작 실제의 대의과정을 책임지는 대표들의 인적 자질이 현저하게 부족하다는 것이다. 여기서 인적 자질의 부족이란 근본적으로 개개의 대표들이 가지는 세계관적 인격적 한계를 의미하는 것이지만, 조금 다른 관점에서는 다양한 피대표들을 대변할 수 있는 사회적 기반의 문제로도 볼 수 있다. 후자에 집중할 경우, 일단 다대한 권한과 왜소한 권력 사이의 불일치를 언급하지 않을 수 없다.

한나라당의 내부경선-대통령선거-국회의원 총선거에서 모두 승리하는 동안 이명박 대통령은 대통령후보-대통령당선자-대통령-개헌선 국회의석 확보로 요약되는 다대한 권한을 확보했다. 그러나 그 과정에서 소위 친(親)박근혜세력으로 대표되는 당내 반대파 및 탈당하여 자유선진당을 창당한 여타 세력을 아우르지 못한 것을 비롯해 권력기반을 스스로 축소하는 선택을 계속했다. 예를 들어 영어몰입교육논란을 비롯한 대통령직인수위원회 당시의 각종 문제들, '고소영-강부자'로 요약되는 내각 및 청와대 인사과정의 물의, 국회의원 총선거를 앞두고 공천과정에서 벌어진 친박 배제 및 탈당파동, 대북 및 대미관계의 재조정과정에서 벌어진 일방적 밀어붙이기 등은 집권세력의 권력기반을 거듭하여 삭감했던 것이다. 대통령의 인사내용이 보도되자마자 누가 먼저랄 것도 없이 등장했던 '고소영-강부자'라는 명칭은 집권세력의 권력기반이 이미 고려대-소망교회-영남-강남 땅부자로 상징되는 좁은 범위로 제한되고 있음을 상징했다.

이처럼 다대한 권한과 왜소한 권력 사이의 불일치가 드러났음에도 불구하고, 집권세력은 여전히 권한을 권력으로 착각하는 정치적 아마추어리즘을 드러내고 있다. 이와 같은 오도된 자신감에는 물론 근거가 없는 것은 아니다. 아직 5년이나 남은 임기, 마음만 먹으면 개헌안의 발의까지도 가능한 권력분포, 적어도 2년 동안은 큰 선거를 치르지 않아도 된다는 안도감, 진보진영 및 소위 중도개혁진영을 포괄하여 여전히 지리멸렬한 상태에서 벗어날 가능성이 없는 야당의 상태 등은 여전히 동일하기 때문이다. 하지만 바로 그처럼 민심을 제대로 살펴 지속적으로 정치적 책임을 부담하려 하지 않은 채 정해진 임기 동안 부여된 권한을 마음껏 사용하려는 소위 '위임민주주의'(delegative democracy)의 논리에 안주하는 것이야말로 대의민주주의의 위기를 자초하는 인적 요인이 된다. 대의민주주의는 시민에 대하여 책임지는 대표를 뽑는 것이지, 아무 책임을 지지 않는 임기제 군주를 뽑는 것이 아니기 때문이다.

Ⅲ. 직접행동민주주의와 헌정 권력(constituent power)

직접행동민주주의가 현실이 되는 것은 이상과 같이 여러 가지 요인에 의하여 촉발된 대의민주주의의 위기를 타개함에 있어서 그것이 거의 유일무이한 가능성이기 때문이다. 역대 최저의 투표율, 정당정치의 현저한 약화, 공적 정치과정이 아니라 사적 거래과정으로 전락한 선거, 선출된 대표들의 능력 바깥에서 삶의 영역을 직접적으로 진공해 들어오는 글로벌 이슈들, 무능할 뿐 아니라 권력 독점에 여념이 없는 선출된 대표들, 거기다가 지리멸렬한 야당, 다음 번 선거까지는 아무 것도 할 수 없을지 모른다는 무력감 등. 이런 모든 요인들이 합해지는 것을 목격하면서 시민들은 문득 '이 공동체가 어떻게 될 것인가? 그리고 그 과정에서 나는 무엇을 어떻게 할 수 있는가?'라는 매우 실존적인 의문들에 부딪히게 된다.

여기서 채택될 수 있는 것은 근본적인 두 가지 가능성, 즉 무기력하게 대세에 휩쓸리는 것과 자신이 공동체의 주인임을 직접 드러내는 것 중의 하나이다. 이 가운데 후자의 가능성을 실현함으로써 시민이 스스로를 '자력화'(empowerment)하는 곳에서 직접행동민주주의는 현실이 된다. 마치 1968년 여름 서구 여러 나라를 휩쓸었던 소위 '68운동이 여학생기

숙사의 출입규제 문제에서부터 촉발되었듯이, 대의민주주의의 위기와 연결되는 작고 소박한 문제들을 시민들이 스스로를 자력화 하는 계기로 삼을 때, 직접행동민주주의는 하나의 사건이 된다.[23]

2008년 5월 초 광우병 미국 쇠고기를 학교급식으로 먹게 될지 모른다는 중학생들의 자발적인 제안에서 비롯되어 대규모 촛불집회가 촉발되었던 이유는 바로 이것이다. 초기 청계광장에 모인 여중생들의 모임은 주류 언론의 외면을 받았고, 비판언론들에서조차 일과성의 행사로 비쳐졌다. 하지만 인터넷 포털 '다음'의 아고라 등에서 펼쳐진 활발한 토론 및 집회현장에서 이들이 선보인 '자유발언대'와 같은 새로운 형식은 대의민주주의의 위기를 타개하기 위해서는 시민들의 직접적인 행동을 통해 민주주의를 보여줄 수밖에 없다는 대의(大義)를 전파시켰다. 그리고 그 결과 불과 한 달 이후 백 만여 명이 운집하는 대규모 촛불집회를 가능케 했던 것이다(6월 10일).

이런 이유로 2008년 여름의 촛불집회는 무엇보다 대의민주주의의 위기를 타개하려는 시민대중의 자발적이고 직접적인 헌정참여로 이해되어야 한다. 이는 2007년 겨울의 태안 앞바다 유조선 기름 유출 사고 이후 6개월 동안 120여만 명에 이르는 시민들이 자발적으로 참여하여 직접 태안 해안의 기름때를 걷어낸 것과 동일한 맥락에서 벌어진 현상인 것이다.[24] 이에 관한 가장 뚜렷한 증거는 지금 촛불집회에 모인 시민들이 함께 부르고 있는 대한민국 헌법 제1조의 노래다. "대한민국은 민주공화국이

---

23 에이프릴 카터에 따르면 직접행동은 대의민주주의 정치과정에서 철저하게 배제된, 사회의 과반수가 넘는 '작은' 사람들에게 거의 유일하게 허용된 민주적 '안전장치'이다. 그것은 민주주의의 위협 요소가 아니라 오히려 대의민주주의 제도가 지닌 한계, 즉 사회의 갈등구조가 통상적인 정치 채널로 소통되지 못하는 '민주주의의 결손'을 보완하는 가장 효과적인 방법이다. 직접행동은 '민(民)의 통제, 민의 평등'이라는 민주주의의 기본 원칙을 무너뜨리는 자본과 정치권력에 맞서 보통 사람들이 구사할 수 있는 최소한의 자구책이다(카터 2007).

24 이 글이 발표되던 국제학술대회에서 나는 원래 촛불집회를 헌정수호노력과 직접 연결시켜 논의했었다. 그러나 토론자였던 부산대학교 김배원 교수께서 '헌정침해가 있어야 헌정수호를 말할 수 있을 것이 아닌가?'라고 문제를 제기하신 덕택에 제대로 논리를 가다듬을 수 있었다. 김배원 교수께 깊은 감사를 표한다.

직접행동민주주의와 헌정수호

다. 대한민국의 주권은 국민에게 있고, 모든 권력은 국민으로부터 나온다." 이 노랫말은 그저 미국과의 쇠고기 재협상을 외면하려는 대통령과 정부를 압박하려는 수단적 의미를 가지는 것이 아니다. 그것은 그 자체로서 대한민국의 주권자가 스스로의 주권자로서의 성격을 드러내는 하나의 헌법적 사건이다. 주권자가 스스로 자신을 드러내면서 다른 주권자에게 함께 부르는 노래 속에서 주권자로서 현현하기를 요청하는 것, 그리하여 민주공화국이라는 대한민국의 본질을 재차 선언하는 것이 그 노래의 본질인 것이다.

그렇기 때문에 우리는 반드시 그 노래 속에서 주권자 그 스스로에 의해서 발휘되고 있는 헌정 권력(constituent power)의 현현을 목격해야만 한다. 이 사태를 '다중'(multitude)이라는 새로운 개념으로 포괄하려는 입장도 있을 수 있으나(네그리/하트 2008), 나는 정상적 국민국가의 시대가 저물었다는 판단을 전제로 촛불집회에 모인 사람들을 '제국(the Empire) vs. 다중'이라는 새로운 구도로 이해하는 것은 이론에 맞추어 성급하게 현실을 재해석하는 것이 아닌가 생각한다. 촛불집회의 시민들이 제국의 현실과 조응하면서 점점 더 다중의 성격을 지니거나 또는 다중이 되어갈 수는 있겠지만, 적어도 현재의 시점에서 그들은 여전히 헌법에 의하여 대한민국을 구성하는 사람들, 즉 헌법의 주어인 '대한국민'의 성격을 공유하고 있는 것 같다. 헌정 권력을 염원하면서 때때로 그것을 발현하는 대한국민이 제국의 현실 속에서 다중으로 변신할 수 있는 가능성과 제국의 현실 속에서 다중으로 스스로 규정하는 개개인들이 대한국민의 헌정 권력 속에서 자신을 재발견할 수 있는 가능성은 모두 열려 있지만, 현실 속에서 뚜렷이 나타나고 있는 것은 역시 전자다.

촛불집회의 현장이 소통과 연대, 재미와 창의성, 웃음과 감동, 그리고 다름과 하나됨이 어우러지는 대동(大同)의 차원을 딛을 수 있는 까닭은, 그리하여 많은 정치적/문화적/지식적 기득권자들에게 충격과 함께 영감을 주고 있는 까닭은, 그곳에서 표현되고 있는 권력이 애당초 헌법을 만들 때 표현되었던(또는 표현되었어야 할) 헌정 권력이기 때문이다.[25] 흔히 주권이라는 표현에 의하여 시원적이고 단일하며 무시무시한 결단을 내리는 최고의 권력으로 오해되기는 하지만, 헌정 권력은 원래부터 그와 같이 다양한 차이들 속에서 공통의 것을 이끌어내는, 다시 말해 그 누구도 특권적일 수 없는 평등한 네트워크를 전제하는 것이다. 여고생, 예비군, 유모차를 끌고 나온 주부와 아이, 아베크족, 장애인, 할아버지, 이주노동자 등. 이들의 모든 차이를 그대로 둔 채로(굳이 레비나스식으로 표현하자면, 모두가 모두에게 여전히 비밀인 채로), 그들 사이에서 공통의 것을 이끌어내는 그들 자신의 권력이 바로 헌정 권력이다. 따라서 헌정 권력은 언제나 소통과 연대, 재미와 창의성, 웃음과 감동, 그리고 다름과 하나됨이 어우러지는 대동의 현장을 연출한다.[26]

　이 대동의 현장이야말로 헌법적 현장이다. 이 헌법적 현장에서 시민들은 차이들 속에서 공통의 것을 이끌어내기 위해 이른바 집단지성을 사용한다. 여기서의 집단지성은 개미나 꿀벌들처럼 집단 자체가 지성적 활동을 한다는 의미가 아니다. 오히려 그것은 지성의 자발적이고 상호적인 공여, 즉 타인에게 여전히 비밀로 남은 개개인이 자신의 지적 성취를 자

---

25 우리 현대사에서 실제의 헌법제정 또는 개정행위는 이런 헌정 권력의 현현과 진실로 맞닿아 있었는가?

26 이 점에서 주권을 비상사태를 선포할 수 있는 권력이라고 말하는 칼 슈미트의 주권이론이 헌법제정권력이라는 이름으로 여전히 우리 헌법학계를 지배하고 있는 것에 관해서는 심각한 재고가 필요하다. 칼 슈미트의 주권자는 예외를 규정하는 것, 즉 비상사태를 선포하여 헌정을 중단시킬 수 있는 권력자이며, 헌법은 오로지 그 주권자의 결단에 의해서만 탄생될 수 있다. 주권자는 헌정의 외부에 존재하며, 주권이 헌법을 만든다(아감벤 2008: 1부 1장 '주권의 역설') 그러나 이와 같은 견해는 다원적 자유의 확보를 위한 기획이자 구성으로서의 헌법, 그리고 그러한 헌법을 정치의 중심에 두려는 기획으로서의 헌정주의와 근본적으로 모순되는 것일 수밖에 없다. 헌정주의의 원래 노선으로 복귀하기 위해서는 무엇보다 칼 슈미트의 주권이론(헌법제정권력)과 결별하는 것이 급선무이다. 이 글이 사용하는 헌정 권력의 개념은, 비록 '대한국민'이라는 대한민국 헌법의 고유한 콘텍스트에 더욱 집중하는 측면은 있으나, 기본적으로 위의 네그리−하트가 지배자의 권력(pouvoir)과 구분하여 제시하는 다중의 구성적 역능(puissance)과 일맥상통한다. 여기서 주권은 헌법 이후에 탄생한다. 주권이 헌법을 만드는 것이 아니라, 헌정 권력이 헌법을 만들고 그 헌법에 의하여 주권이 구성된다. 이 점에서 주권은 철저히 도구적으로 이해된다. 이와 같은 독해는 대한민국 헌법 제1조의 해석에 있어서도 훨씬 자연스러운 결과를 가져온다. 헌정 권력은 헌법을 통하여 대한민국을 민주공화국이라고 선언하고, 그 대한민국의 주권이 대한국민에게 있으며, 주권을 포함한 모든 권력은 대한국민으로부터 나온다고 규정하고 있기 때문이다.

발적으로 타인에게 제공하며 그 제공을 받은 타인 역시 자신의 지적 성취를 자발적으로 제공하는 과정을 통해서 이루어진다(사랑?). 그렇기에 헌법적 현장에서도 지성은 여전히 개인의 활동이지만, 자발적이고 상호적인 공여를 통해 그 결과가 모두에게 활용될 수 있게 되는 것이다.[27] 따라서 핵심은 지성의 자발적이고 상호적인 공여이지, 그것을 가능케 하는 인터넷 포털사이트의 토론방이나 휴대용 무선인터넷기기들이 아니다. 전자는 대체 불가능하지만, 후자들은 결코 그렇지 않기 때문이다.

　　서로가 서로에게 여전히 비밀인 채로, 그러나 소통과 연대, 재미와 창의성, 웃음과 감동 속에서 집단지성을 통해 다름과 하나됨이 어우러지는 이 헌법적 현장은 결코 시공간적으로 시민들의 삶이 벌어지는 장소와 다른 곳이 아니다. 광화문은 그대로 광화문이며, 청계광장은 그대로 청계광장일 뿐이다. 그러므로 헌정 권력의 현현은 평범한 삶의 장소를 헌법적 현장으로 바꾸는 대한국민의 자발적 자기현시라는 하나의 사건(event)으로 이해되어야 한다. 예를 들어, 5월 25일 밤 10시경, 청계광장의 촛불집회에 참가한 시민들이 차도에 뛰어들어 가두행진을 시작한 사건을 생각해 보자. 현장중계에 따르면 도로교통법이라는 좁은 의미의 법률을 뛰어 넘었음에도 불구하고 누구도 그 행진의 정당성에 대하여 의문을 제기하기 어려웠다고 한다. 이처럼 법률적 합법성의 차원을 넘어 헌법적 정당성의 차원으로 성큼 뛰어 올라가는 것은 헌정 권력의 현현, 곧 대한국민의 자발적 자기현시가 때때로 드러나는 경우다. 4.19 혁명 당시 시위진압을 위해 출동한 군대가 오히려 시위대를 보호했던 것에서 잘 알 수 있듯이, 헌법적 현장에서 우리는 종종 좁은 의미의 실정법적 판단기준으로 해석하기 어려운 어떤 해방의 차원을 경험하게 된다. 그 이유는 대한국민의 자발적 자기현시라는 하나의 사건이 그곳에 발생했기 때문이다.

---

27 김상봉은 5.18의 현장을 묵상하면서 서구인들의 '홀로주체성'을 극복하기 위한 우리의 대안, 곧 '서로주체성'의 이념이 타인의 슬픔과 고통을 내 것으로 맞아들이는 과정에서 정초될 수 있음을 말한다. 그런 의미에서 5.18의 현장 또한 서로주체성의 이념에 터 잡아 헌정 권력이 구성되는 헌법적 현장으로 재해석될 수 있을 것이다(김상봉 2007; 서경식/김상봉 2007: 특히 김상봉의 마침글).

당연한 말이지만, 직접행동민주주의에 의하여 현현되는 헌정 권력은 대표와 피대표의 이분법을 무화(無化)시킨다. 대의민주주의가 전제하는 무대와 관객의 이분법은 여기서 더 이상 존재할 수 없다. 무대가 있더라도 그것은 언제나 임시무대일 뿐이며, 지금의 관객이 잠시 뒤에는 배우가 될 수 있다. 이처럼 모두가 배우이면서 동시에 관객이 될 수 있는 헌법적 현장의 생동감. 그렇다면 촛불집회의 현장에서 대한국민들이 소위 '다중'과 '집단지성'의 차원을 성취할 수 있는 까닭은 무엇일까? 나는 그 이유를 지난 20세기 동안 계속하여 대한국민들이 축적해 온 '마당민주주의'의 가능성에서 찾고 싶다. 멀리 19세기말 독립협회가 광화문 네거리에서 개최했던 '만민공동회'에서 시작하여, 3.1 운동, 4.19, 6월 민주화 항쟁, 최근에는 2002년 월드컵 응원에 이르기까지 대한국민은 무대와 관객의 이분법을 무화시키는 마당민주주의의 전통을 쌓아왔던 것이다. 따라서 2008년 5-7월의 촛불집회는 그 마당민주주의의 전통이 글로벌리제이션과 정보화시대의 조건 속에서 대의민주주의의 위기를 타개하려는 자발적이고 직접적인 헌정참여의 방식으로 재현되고 있는 것으로 이해되어야 한다.

확신을 가지고 말하건대, 헌정 권력의 주체인 대한국민은 '무대'가 아니라 '마당'의 사람들이다. 배우와 관객을 엄격하게 분리한 뒤 한쪽은 보여주기만 하고 다른 쪽은 지켜보기만 하는 저 서구적 이분법의 무대에서 대한국민은 결코 자유를 얻을 수 없다. 모두가 배우이고 모두가 관객인 공간, 모두가 보여주고 모두가 지켜보는 공간, 이 즉흥과 신명의 마당에서 대한국민은 비로소 역사 속에 실현되는 자아를 성취한다. 그러므로 이 마당은 곧 주인 또는 저자(author, 권위자)가 없는 공간이다. 주인 또는 저자가 있다면, 그것은 누가 시켜서도 아니고, 어떤 의무감에서도 아니고, 제 스스로 마당을 열고 그곳에 나와 '감동'을 만들어가는 평범한 대한국민들일 뿐이다.

1987년 6월 민주화 항쟁이 벌어졌던 서울시청 앞에서 월드컵 응원전이 벌어졌을 때와 마찬가지로, 2008년 5-7월의 촛불집회에서 우리가 다시금 확인할 수 있는 것은 대한민국에서 '마당'의 중심성이 여전히 살아

직접행동민주주의와 헌정수호

있다는 사실이다. 특히 6월 민주화 항쟁을 경험하지 못했던 젊은 세대가 자발적으로 재미와 감동의 모습을 연출하고 있는 것은 그들 역시 '마당'의 사람들, 곧 대한국민들임을 드러내는 결정적인 증거다. 그 때나 지금이나 이 광경을 목격하는 서양 사람들마다 원더풀(Wonderful!), 이츠 어메이징 (It's amazing!)을 연발하는 이유는 무엇일까? 일찍이 경험한 바 없는 '마당'의 놀라운 위력에, 그리고 그것을 만들어내는 대한국민의 헌정 권력에 그들 모두가 압도당하기 때문이라고 나는 생각한다.[28]

Ⅳ. 헌정수호의 방향과 논리

그러나 직접행동민주주의의 한국적 구현이라 할 촛불집회를 자발적이고 직접적인 대한국민의 헌정참여이자 헌정 권력이 현현하는 헌법적 현장으로 읽어내는 것은 모두가 동의하는 독해의 방법이 아니다. 앞서 언급했듯이 여전히 촛불집회에 관해서는 민주주의에 대한 반칙이자 일탈이라고 보는 다른 관점이 상존한다. 이 관점은 헌정 권력이 아니라 법질서의 입장에서 촛불집회를 관찰하면서, 집시법이나 도로교통법과 같은 규칙의 위반이 법질서에 도전하는 전문시위꾼들에 의하여 기획 또는 지시되고 있다고 확신한다. 마당이 아니라 무대를 중심으로 이루어지는 관찰행위를 통하여 이들이 확인하고 싶은 것은 직접행동민주주의를 통하여 대한국민

---

28 물론 비극적인 한반도의 근대사에서 이 '마당'은 대체로 서러운 절규의 공간이었다. 그렇기에 그 절규의 목소리가 클라이맥스에 오를 즈음 마당은 어김없이 최루탄과 돌, 진압봉과 쇠파이프, 백골단과 화염병으로 뒤덮이곤 했다. 가히 전쟁터를 방불케 하는 마당의 모습. 무대의 논리에 익숙한 서양의 TV화면에 그것은 당연히 무질서와 혼란의 표상으로 비쳐질 수밖에 없었을 것이다. 그러나 앞서 언급한 마당의 고유한 논리 속에서 이것은 결코 부정적인 방향에서만 단죄할 수 없는 가치를 가지게 된다. 비록 서러운 절규의 목소리일지언정, 버림받고 무시당한 사람들까지도 대한국민으로서 마당의 중심에 엄연히 살아있음을 증명하는 광경이 바로 그것이기 때문이다. 그러므로 시위현장의 과격한 격돌을 들어 국제적 신인도의 하락을 들먹이는 것은 문제의 표면에만 집착하는 것이라고 나는 생각한다. 서양 사람들이 진정으로 두려워하는 것은 그러한 무질서와 혼란에도 '불구하고' 아랑곳 하지 않고 대한민국 사회를 이끌어 가고 있는 저 불굴의 동력이다. 다시 말하지만, 나는 이것을 대한국민과 대한민국 사회가 공유하고 있는 헌정 권력, 즉 '마당'의 에너지라고 생각한다. 모두가 배우이고 모두가 관객일 수 있는 이 공간의 특유한 활력. 무대와 관객의 이분법적 논리로는 결코 이해할 수 없는 대한국민과 대한민국 사회의 신비가 바로 여기서 피어나는 것이다.

이 발현시키는 헌정 권력의 논리가 아니라 정상적인 선거를 통한 권력위임 자체를 부정하는 일종의 체제부인논리다. 그 체제부인논리는 반드시 촛불집회의 과격화를 부추기고, 종내는 민주주의의 전복을 목적하게 된다는 것이 이들의 신념이다.

흥미로운 것은 이 정반대의 입장이 때때로 그 스스로를 헌정수호 노력으로 정당화한다는 사실이다. 왜냐하면 이들에게 있어서 헌정은 규칙적인 선거와 대표와 피대표 사이의 질서정연한 관계이며, 따라서 헌정수호란 그 구분을 유지하는 것, 다시 말해 무대와 관객의 구분을 확실히 하여 대의민주주의의 틀을 굳건히 하는 것으로 이해되곤 하기 때문이다. 법질서와 공권력이 그토록 중요하게 여겨지는 것은 그것들이야말로 대의민주주의, 즉 무대와 관객을 구분하는 핵심표지이자 수단인 까닭이다.

그렇다면 문제의 관건은 헌정수호의 방향을 어떻게 정할 것인가로 요약된다. 마당의 관점에서 비틀어진 무대를 바로 세우는 방향이 헌정수호인가? 아니면 무대의 관점에서 소란한 마당을 잠재우는 방향도 헌정수호일 수 있는가? 만약 후자가 헌정수호일 수 있다면, 대한국민의 자기현시 또는 헌정 권력의 현현은 헌정을 문란시키는 헌정침해가 되고 만다. 그러나 헌정 권력의 현현이 헌정침해가 된다면 이것은 그 자체로서 논리적 모순이 아니겠는가? 앞서 전제했듯이 헌정 권력이 현현하는 마당이 무대를 존재할 수 있게 만든 출발점이라면, 헌정수호의 방향은 당연히 그리고 반드시 전자가 되어야 한다. 대한민국은 민주공화국이며, 주권은 국민에게 있고, 모든 권력은 국민으로부터 나온다는 대한민국 헌법 제1조가 존재하는 한, 헌정수호는 그 이념을 수호하는 것이어야지 창백한 대의민주주의 그 자체를 수호하는 것일 수 없다. 무대는 어디까지나 마당과의 관계 속에서만 의미를 가질 수 있듯이, 대표는 언제나 주권자인 대한국민과의 관계 속에서만 의미를 가질 수 있기 때문이다.

그러나 이처럼 마당의 관점에서 출발하여 헌정수호의 방향을 정하더라도 문제가 그리 쉬운 것은 아니다. 대한국민의 자발적이고 직접적인 헌정참여라 할 직접행동민주주의로서의 촛불집회를 헌정수호 노력과 어떻게 관련지을 것인지의 문제가 여전히 남아있는 까닭이다. 하나의 비유로서 나는 이 문제를 촛불집회의 현장에서 불리고 있는 대한민국 헌법 제1조의 노래를 어떤 느낌으로 부르느냐로 바꾸어 답해보고자 한다. 만약 그 노래를 부르는 사람들이 그 노래 속에 자신들만을 모든 권력의 출발점인 대한국민으로 내세우려는 독점적이고 명령적인 의도를 담기 시작한다면, 그때부터 위에서 말한 헌정 권력의 논리는 작동할 수 없게 될 것이다. 왜냐히면 그 노래를 부르는 사람들은 결코 대한국민 전체가 아니며, 헌법 제1조가 선언하는 입헌적 민주정치는 근본적으로 대한국민 모두에게 열려 있는 것이기 때문이다. 그렇기에 헌정 권력이 현현하는 헌법적 현장으로서의 촛불집회는 모두가 성토하는 이명박 대통령이나 심지어 촛불집회를 민주주의의 전복을 위한 음모로 간주하는 대한국민들에까지도 근본적으로 열려 있는 것일 수밖에 없다.

　이처럼 촛불집회를 헌정 권력이 현현하는 열린 헌법적 현장으로 이해할 경우, 그로부터 다음의 두 가지 결론이 자연스럽게 도출된다. 첫째, 지금 촛불집회의 참가자들이 부르고 있는 대한민국 헌법 제1조의 노래는 대한국민의 주권자성을 독점한 채, 그 명령에 복종하라는 엄숙한 명령이 아니다. 그것은 오히려 어떤 대한국민들이 다른 대한국민들에게 말을 걸고 있는 일종의 유쾌한 청유(請誘)이다. 다시 말해, 그 노래를 부르는 사람들은 아주 소박하고 단순하게 '그러지 말고 이리로 와서 함께 촛불을 들자'고 유쾌하게 제안하고 있을 따름이라는 것이다. 둘째, 바로 그런 이유 때문에 먼저 촛불을 든 그 대한국민들은 다른 대한국민들을 그 자리에 불러 모으려는 일종의 '자발적 임시 대표들'이 될 수 있다는 것이다. 따라서 이 자발적 임시 대표들은 선거로 뽑힌 공식적인 대표들과 어쩔 수 없이 일정한 관계를 가지게 될 수밖에 없다. 이 어정쩡하고 긴장된 두 종류의 다른 대표들 사이의 관계를 대의민주주의의 제도 속으로 흡수하는 것. 이것이 바로 직접행동민주주의를 통한 대한국민의 자발적이고 직접적인 헌정참여가 결실을 맺을 수 있는 관건이다.

　그러나 무대와 관객의 구분, 즉 대의민주주의 자체의 수호를 헌정수호라고 주장하는 사람들은 이처럼 자연스런 사태의 진전을 혐오하는 경향이 있다. 왜냐하면 그것은 곧바로 공식적인 대표들의 대표성에 균열을 가져 오기 때문이다. 바로 이런 이유로 이들은 헌법 제1조의 노래가 독점적이고 명령적인 의도를 가지고 불려 지기를 고대한다. '순수하던' 촛불집회가 방향이 바뀌어 '정치적이고 목적의식적인 정치집회가 되기를 기대한다. 그 까닭은 그렇게 되면 더 이상 촛불집회는 대한국민의 자기현시로서 헌정 권력이 현현하는 헌법적 현장이 될 수 없기 때문이다. 입헌적 민주정치의 열린 본질을 위협하는 헌정 권력의 타락은 폭력에 의하여 가장 손쉽게 촉발될 수 있다. 그렇기 때문에 촛불집회에 관한 두 가지 관점은 계속하여 상대방을 폭력과 연결시키고 자신을 그 피해자로 놓는 일종의 헌법적 정당성 다툼에 집중했던 것이다. 특히 대의민주주의 자체의 수호를 헌정수호라고 주장하는 사람들은 심지어 촛불집회의 폭력화를 유도하려고까지 했던 것이 아닌가?

여기서 우리는 한번 냉정하게 평가해 볼 필요가 있다. 촛불집회를 민주주의의 전복이자 그 전복을 조직하는 음모로 생각하는 사람들은 과연 어느 입장에서 문제를 바라보고 있는가? 그들은 과연 저 신비로운 마당의 관점에서 이 문제를 이해하는가? 아니면 무대와 관객의 이분법으로 이 문제를 보고 있는가? 만약 후자라면 그 둘 중 어디인가? 무대인가 아니면 관객인가? 단언컨대, 이들은 무대와 관객의 이분법에서, 그리고 그 중에도 무대를 장악한 배우의 입장에서 이 문제를 바라보고 있다. 바로 그 때문에 이들은 촛불집회의 배후를 찾고, 지도부를 지목하며, 심지어 그 과격화와 폭력화를 기대하기까지 하는 것이다. 아마도 그 이유는 자발적 임시 대표들과 선거로 뽑힌 공식적인 대표들의 관계에서 추론할 수 있을 것이다. 그렇게 해야만 먼저 촛불을 든 자발적 임시 대표들을 무대와 관객의 구분을 부인하는 체제부인논리의 주모자들로 간주하여 단칼에 '베어' 버릴 수 있을 것이 아니겠는가?

확신을 가지고 말하건대, 이것은 결코 헌정을 수호하려는 대한국민의 접근방식이 아니다. 오히려 그것은 헌정수호를 빌미로 무대를 장악한 배우들로서 자신들의 기득권을 보호하려는 적나라한 기도일 뿐이다. 바로 이런 논리가 헌정수호의 미명하에 주장되는 까닭에 며칠이면 족한 촛불집회가 이처럼 두 달 넘게 이어질 수밖에 없는 것이다. 이러다가 그 논리가 폭력이 되어 헌정수호를 명분으로 대한국민들의 몸에 손을 대기 시작한다면, 그 순간부터 위에서 자세히 설명한 헌정 권력의 논리는 더욱 강렬해질 수밖에 없게 될 것이다. 헌법 제1조와 아무 상관없이 그저 법질서와 공권력의 이름으로 창백한 대의민주주의 그 자체의 수호를 헌정수호로 내세우는 것은 언제까지라도 '거짓 헌정수호'일 수밖에 없다. 이 거짓 헌정수호야말로 헌법침해이며, 그 헌법침해에 대항하는 것이야말로 진정한 헌정수호다. 바로 이 국면에서 직접행동민주주의는 자발적이고 직접적인 헌정참여에서 자발적이고 직접적인 헌정수호로 그 모습을 바꾼다. 거짓과 진정이 부딪히는 이 싸움에서 나는 후자에 거는 것이 낫다고 생각한다. 전자의 논리가 동원할 수 있는 것은 기껏해야 법과 질서, 그리고 현실의 힘뿐이다. 그러나 후자의 논리는 언제까지라도 민주주의와 정의, 그리고 역사의 힘을 동원할 수 있다. 그렇다면 장기적인 승부는 너무도 명백한 것이 아니겠는가?

　마당민주주의의 논리, 헌정 권력의 논리에 공감하는 헌법적 시민들은 이상에서 논의한 것처럼 반드시 마당의 관점에서 헌정수호를 위해 애써야 한다. 헌법 제1조와 아무 상관없이 그저 대의민주주의의 틀 자체를 지키는 것을 헌정수호로 미화하려는 거짓 헌정수호에 속아서는 안 된다. 오히려 이에 맞서서 다음과 같은 노력을 끊임없이 경주해야만 한다. 먼저는 헌정 권력을 체험한 자발적 임시 대표들의 유쾌한 청유를 공식적인 대표들이 받아들일 수 있도록 애써야 한다. 그리고 그와 동시에 그 자발적 임시 대표들이 헌정 권력의 감격에 취해 그 청유를 독점적인 명령으로 바꾸지 않도록 애써야 한다. 그리고 이 두 가지 모두가 방해받지 않게 하기 위해서 촛불집회의 폭력화를 결단코 막아야 한다. 이런 관점에서 나는 촛불집회의 폭력화가 우려되던 지난 7월 2일 시청광장에서 미사를 이끌었던 한 신부(김인국)가 가두행진에 앞서 던진 발언을 함께 기억할 필요가 있다고 생각한다. 여기에는 위의 노력들이 중요하다는 사실과 함께 무대의 관점에서 거짓 헌정수호를 획책하는 사람들에 대하여 마당의 관점에서 진정한 헌정수호를 다짐해야 한다는 결의가 유쾌하게 표현되고 있다.

"오늘 아침 경찰청 관계자 두 분이 활짝 웃는 얼굴로 천막을 찾아와 "신부님들, 고맙습니다. 어제 저녁 두 달 만에 처음으로 저희 경찰 가족들이 12시 전에 집으로 돌아갔습니다"라고 했습니다. 우리 사랑하는 경찰 가족들이 평안하고 평온한 저녁이 되도록 도와주시기 바랍니다. 오늘 저녁에도 우리 사랑하는 경찰 아들과 경찰 가족들이 우리를 지켜줄 것입니다. (웃음) 시위의 원칙은 평화입니다. 세상이 주는 평화가 아니라, 하늘이 주시는 평화입니다. 어제 아무런 충돌 없이 비폭력 시위가 이루어지자 가슴 아파하는 사람들이 있어요. 배 아파하는 사람들이 있어요. 누군지 아시죠? (웃음)"

V. 대의민주주의와 직접행동민주주의의 관계설정

헌정수호의 방향과 논리가 위와 같이 정리되더라도 여전히 남는 문제가 있다. 직접행동민주주의를 통한 헌정참여나 헌정수호는 결코 헌정집행과 동일시될 수는 없는 것이기 때문이다. 대한국민의 자기현시로서, 헌정 권력의 현현으로서 촛불집회를 이해한다고 하더라도, 그 대한국민이 그 헌정 권력이 공식적인 대표들처럼 헌정집행까지를 해 줄 수 있는 것은 아니기 때문이다.[29] 직접행동민주주의를 통한 자발적이고 직접적인 헌정참여 또는 헌정수호가 결실을 맺기 위해서는 자발적인 임시 대표들을

---

29 물론 태안 바닷가에서 대한국민들은 때때로 그와 같은 집행까지도 완전히 불가능하지는 않다는 사실을 몸으로 보여 준 바 있다. 하지만, 그러한 집행은 끝까지 이루어질 수 있는가? 만약 대한국민들 중에 누군가가 자발적 헌신을 거부하기 시작한다면 누가 그 집행을 강제할 수 있는가? 태안 바닷가에서 조금 나가면 닿는 섬들에는 여전히 기름때가 남아있다. 2014년 4월 16일 이후 세월호 사건에 관하여 대한민국이 겪어 온 과정 역시 이러한 의문을 갖게 만든다.

남겨 놓고, 대한국민들이 각자의 처소로 돌아갈 수 있어야 한다. 그리고 이것이 가능하기 위해서는 자발적인 임시 대표들이 남아 있을 자리가 있어야 하며, 공식적인 대표들의 환대가 있어야 한다. 이 환대를 통해 자발적인 임시 대표들이 대표를 수행할 수 있는 교두보가 생기지 않으면 시민들은 각자의 처소로 돌아갔다가도 또 다시 촛불을 들고 광화문에 모일 가능성이 많다. 한번 직접행동민주주의를 맛본 사람은 다시 그렇게 하기 쉽다. 기실 유보차를 끌거나 아이들을 데리고 광화문에 나온 부모들은 그 자신 6월의 민주항쟁의 희열을 맛보았던, 그리하여 제 자식들에게 그 느낌을 전달해 주고 싶은 사람들이 아니었던가?

2008년 7월 10일 현재 두 달 넘게 계속되고 있는 촛불집회는 이 글이 집중한 헌정수호의 문제 이외에도 헌법적 시민들에게 많은 과제를 던지고 있다. 그 가운데 가장 중요한 것은 방금 자발적인 임시 대표들을 환대하는 것으로 표현한 대의민주주의와 직접행동민주주의의 관계설정 문제다. 위에서 대의민주주의의 위기를 가져온 요인들로 지목한 것들을 다시 생각해 보자. 역대 최저의 투표율, 정당정치의 현저한 약화, 공적 정치과정이 아니라 사적 거래과정으로 전락한 선거, 선출된 대표들의 능력 바깥에서 삶의 영역을 직접적으로 진공해 들어오는 글로벌 이슈들, 무능할 뿐 아니라 권력 독점에 여념이 없는 선출된 대표들, 거기다가 지리멸렬한 야당, 다음 번 선거까지는 아무 것도 할 수 없을지 모른다는 무력감. 이것들 중 단기간에 개선될 수 있으리라고 기대할 수 있는 것이 과연 존재하는가? 만약 그런 기대를 가질 수 없다면, 가까운 장래에 촛불집회로 상징되는 직접행동민주주의의 도전이 재개될 것은 명약관화하다.

이에 대하여 대부분의 정치학자나 헌법학자가 제시하는 고전적인 해법은 대의민주주의를 제도적으로 강화하는 것이다. 정당정치를 정상화하고 선거제도를 합리화하는 그런 이야기들이다. 예를 들어 최장집은 촛불집회가 클라이맥스에 오르던 시점에 열린 진보진영의 긴급 시국 대토론회 자리에서도 다음과 같이 말한 바 있다.

"촛불집회는 민주주의의 제도들이 무기력하고, 작동하지 않고, 그 중심적 메커니즘으로서의 정당이 제 기능을 못할 정도로 허약할 때 그 자리를 대신한 일종의 구원투수 같은 역할을 수행했다…그러나 본 강연자가 여기에서 말하고자 하는 것은, 이러한 역할에도 불구하고 운동만으로는 민주주의를 수호하고 발전시키는 일은 불충분하다는 것이다…무엇보다 현대 민주주의는 대의제민주주의라는 점이 다시 강조될 필요가 있다…" (최장집 2008: 개회사)

　　결코 부인할 수 없는 중요성을 가진 처방이지만, 그리고 그렇기 때문에 결코 포기될 수 없는 대안이긴 하지만, 문제는 과연 그것이 오늘의 상황에서 현실적인 대안이 될 수 있는가의 물음이다. 특히 갈수록 신자유주의적인 사회 자체의 재구성이 심화되는 현실 속에서 국민국가 차원의 대의민주주의를 회복한다는 것은 얼마나 유용성을 가질 수 있을 것인가? 아니 솔직히 말해서 그것은 과연 실현가능한 대안이기나 한 것인가?

　　이런 맥락에서 예컨대 인권과 민주주의의 새로운 관계모델로 직접행동민주주의를 진지하게 검토하는 조효제의 분석은 더욱 숙고할만한 가치가 있다. 그에 따르면 직접행동민주주의는 지구화시대에 전세계적으로 나타나는 특징적인 정치현상이다. 지구화의 경향이 심해지면서 정치적 책임성의 방향, 정치적 관할권의 범위, 전 지구적 이슈의 책임소재, 신자유주의적 개방 등이 벌어지자, 어딘지 모르는 먼 곳에서 자신에게 큰 영향을 주는 일이 벌어질 때 사람들은 그 결정과정에 영향을 미칠 수 있는 권리를 요구하게 되고, 이를 관철하기 위하여 대의민주주의의 채널을 제치고 직접 나서서 자기 목소리를 높이게 되는 것이다. 이 점에서 그는 직접행동민주주의를 민주주의의 결손에 대한 반응이고 다른 한편 민주적 자력화의 수단이자 목표라고 말한다. 직접행동민주주의야말로 특히 글로벌리제이션의 시대에 제도정치의 문법과 언어를 멀게 느끼는 사람들이 구사하는 정치의 새로운 문법이자 대화방식이라는 것이다(조효제 2007: 8장).[30]

　　이와 같이 직접행동민주주의가 회피할 수 없는 정치적 과제라면, 기존의 대의민주주의와 그것 사이의 관계설정 문제를 진지하게 모색할 필요가 있다. 이 경우에 그 작업의 출발점은 직접행동민주주의의 독자적인 실체를 인정하고 대의민주주의로 환원되지 않는 다른 종류의 민주주의가 존재한다는 사실을 인정하는 것이어야 한다. 이 작업의 결과로서 이론가들이 흔히 "쌍선적 심의정치"로 묘사하곤 하는, 소위 마당민주주의와 대의민주주의의 동시적 심화가 가능하게 될지는 여전히 미지수이다. 그러나 두 달이 넘게 촛불집회가 계속되고 그 촛불이 언제 꺼질지를 아무도 예측할 수 없는 2008년 7월 10일의 대한민국에서 이 문제는 더 이상 외면하기 어려운 헌법적 과제임이 분명하다. 조만간 시작될 백화제방의 개헌 논의에서 대의민주주의와 직접행동민주주의의 관계설정 문제가 가장 중요한 의제들 중의 하나로 토론될 수 있기를 소망한다.

---

30 조효제의 입장이 보다 명확하게 드러난 것으로는 다음의 인용문을 보라. "직접행동민주주의는 자유주의적 대의민주주의를 거부하거나 완전히 배제하려는 것이 아니다. 대의민주주의의 형식성을 초월하여 '실질성'을 강화하고, 민주주의의 기표만이 아니라 그 기의를 더욱 풍부하게 재구성하려는 것이다. 대의민주주의 아래에서 시민의 대표들이 절차적 대표성의 장막 뒤에 숨어 자의적이고 비민주적인 행위를 저지르지 않도록 그들의 "목줄을 바짝 잡아당기려면" 참여적이고 구체적인 형태의 직접행동민주주의가 반드시 필요하다는 말이다."(카터 2007: 옮긴이의 말)

9장

경제 헌법과 경제 민주화

I. 경제 민주화 논쟁

경제 민주화는 2012년 대통령 선거과정에서 가장 크게 문제가 되었으며, 이를 제1 공약으로 내세운 후보자가 당선, 취임한 이후에도 여전히 그 의미를 두고 한국 사회 내에서 큰 논쟁이 벌어지고 있는 주제이다. 이 글은 헌법적 정치경제학의 입장에서 그와 같은 논쟁의 지형을 평가하고, 이를 바탕으로 대한민국 헌정사에서 경제 민주화의 구체적인 의미를 파악한 뒤, 이와 같은 논의가 헌법적 정치경제학에 가질 수 있는 함의를 간단히 정리해 보고자 한다.

오늘날 한국 사회에서 논의되고 있는 경제 민주화론은 크게 네 가지 흐름으로 요약할 수 있다. ① 넓은 의미의 복지국가론의 연장선에서 경제 민주화를 주장하는 경우이다. 여기서 경제 민주화는 근로자의 경영 참여, 노사정 타협의 제도화, 협동조합 또는 사회적 기업의 강화, 연금제도를 비롯한 사회보장제도 전반의 개혁 등 경제 영역 전반에 민주적 의사결정방식을 도입하는 것을 주로 함의한다(이병천 2011). ② 범위를 좁혀서 특히 재벌개혁론의 관점에서 경제 민주화를 주장하는 경우이다. 이때는 시장에서 재벌의 독과점과 불공정행위를 제도적으로 통제함으로써 공정한 경쟁 질서를 회복, 강화하는 것이 초점이 된다(김상조 2012). ③ 아예 관점을 달리하여 경제적 자유주의의 입장에서 경제 민주화를 주장하는 경우이다. 시장 자유화론이나 탈규제론을 전면에 내세워 완전한 시장경쟁만이 경제 영역에서 민주주의를 실현하는 것이라고 주장하는 셈이다(복거일 2012). ④ 이상의 세 흐름과 큰 연관 없이 사회적 시장경제론에 입각한 표준적인 헌법해석론의 맥락에서 경제 민주화를 이해하는 경우이다(이부하 2006). 사회적 시장경제론은 현행 헌법이 시장경제의 원칙을 선언하면서도 '시장의 실패'에 의하여 경쟁적 경제질서가 위협받을 경우에 국가가 이를 방지하기 위한 경제적 개입에 나서야 한다는 점을 강조한다. 다만, 그러한 개입은 어디까지나 경쟁적 경제질서를 회복하는 것이어야 하며, 국가가 직접적인 경제 행위에 나서는 것은 '정부의 실패'를 야기할 위험성을 들어 상당히 경계하는 입장이다. 이와 같은 사회적 시장경제론은 질서 자유주의의 표현으로 간주되기도 한다.

이 가운데 ①, ②, ③과 ④는 논의의 차원이 다르다. ①, ②, ③은 경제이론의 관점에서 경제 민주화를 보고, ④는 헌법해석론의 관점에서 경제 민주화를 본다. ①, ②, ③은 소위 '시장의 실패'와 '정부의 실패' 중 어떤 것을 더욱 근본적이라고 이해하고 경제정책을 구성하느냐의 문제로도 볼 수 있다. 상대적으로 ①은 '시장의 실패'를 더욱 근본적이라고 보고, ③은 '정부의 실패'를 더욱 근본적이라고 본다. 논변의 위상으로만 판단하자면, ②는 '시장의 실패'와 '정부의 실패'를 공히 근본적인 문제로 보고 역사적 맥락에서 구체적인 초점을 잡아(여기서는 재벌개혁) 양자를 조율하려는 것으로 볼 수 있다.

이와 같은 ①, ②, ③의 논쟁 구도는 흥미롭게도 ④가 제시하는 헌법해석론에 각기 연결될 수 있다. 앞에서 간략히 요약한 사회적 시장경제론에 따른 표준적인 헌법해석론은 달리 말해 일종의 역동적 혼합경제론으로서 ①, ②, ③ 모두를 포괄할 수 있기 때문이다. 단순 논리로만 보자면 ②가 그 맥락에서 가장 잘 이해될 수 있지만, 예컨대 시민들의 삶의 기본 수요가 충족될 수 없는 상황에서는 ①이 지지될 수도 있고, 시장경쟁의 기본 질서가 위협받을 경우에는 ③이 지지될 수도 있다. 따라서 ④를 ①,

②, ③ 중 어느 하나에만 배타적으로 연결시키는 것은 옳지 못하다.

　　이처럼 경제 현상에 대한 이론적 논의를 사회적 시장경제론에 입각한 표준적인 헌법해석론과 연결시켜 이해할 경우, 오늘날 한국 사회에서 진행 중인 경제 민주화 논쟁은 단지 경제 헌법의 해석과 관련하여 정책적 강조점을 어디에 둘 것인지를 놓고 다투고 있는 것으로 볼 수 있다. '시장의 실패'와 '정부의 실패' 중 어디에 강조점을 두고 국민 경제를 운영할 것인지에 관한 익숙한 논쟁이 단지 경제 헌법의 해석에 관한 논쟁으로 바뀌어 진행되고 있는 것이다.[31]

　　그러나 헌법적 정치경제학의 입장에서는 과연 경제 민주화를 이렇게 이해하는 것이 합당한지에 관해 의문을 제기하지 않을 수 없다. 왜냐하면 그와 같은 논쟁의 지평에서는 사회적 시장경제론에 입각한 표준적인 헌법해석론 그 자체에 대한 정당화가 도무지 시도조차 되지 않기 때문이다. 이 점은 경제 민주화 논쟁에 관련하여 평범한 시민들이 던지는 간단한 질문, 즉 "도대체 경제를 민주화한다는 것이 무슨 의미인가?"라는 질문 하나만 상기해 보아도 금세 드러난다. 오늘날 한국 사회에서 진행 중인 경제 민주화 논쟁은 기실 이 핵심적인 질문에 대해서는 아무런 답변을 내놓고 있지 않다.

　　이 글은 사회적 시장경제론에 입각한 표준적인 헌법해석론의 차원을 벗어나서 대한민국 헌법에 담긴 경제 민주화의 구체적인 의미를 파악하는 것을 일차적인 목표로 삼는다. 이러한 논의의 목표와 관련하여 이론적으로 제기해 볼 수 있는 중요한 문제는 오늘날 한국 사회에서 진행 중인 경제 민주화 논쟁 전체가 소위 신고전파 경제학의 관점에 전제된 경제 현상에 대한 이해를 암암리에 공유하고 있다는 사실이다. 희소성의 원리

31　이와 같은 평가를 뒷받침하듯 경제 민주화 논쟁의 핵심 당사자인 박근혜 대통령은 2013년 4월 24일 청와대에서 열린 공정거래위원회의 업무보고 자리에서 경제 민주화의 원칙을 "첫째로 경제적 약자에게는 확실히 도움을 주어야 하고, 둘째로 국민적 공감대가 부족한 정책은 부작용을 최소화하면서 단계적으로 추진해 가야하고, 셋째로 대기업의 장점은 살리되 잘못된 관행은 반드시 바로잡아서 공생의 기업 운영을 하도록 하는 것"이라고 말했다(조선일보 4월 25일자 보도). 이는 사회적 시장경제론에 입각한 표준적인 헌법해석론을 쉬운 말로 설명한 것이나 다름없다.

와 한계효용의 체감의 논리에서 출발하여 수요와 공급의 균형점에서 재화와 용역의 효율적 배분이 이루어진다는 명제를 통해서 경제 현상에 다가가려는 이론적 입장 말이다. 주지하듯 이에 대하여는 최근 아리스토텔레스 이래의 살림/살이 경제학을 부활시키려는 목표를 가지고 경제 현상의 본질에 전혀 다르게 접근하는 논구가 제시되고 있다(폴라니 2009; 홍기빈 2012). 따라서 그처럼 경제 현상에 대한 별도의 일반 이론을 구축하려는 입장에서 경제 민주화의 의미를 구명해 보는 작업도 불가능하지 않을 것이다. 그러나 이는 나의 학문적 역량을 크게 벗어나는 것이므로, 이 글에서는 헌법적 정치경제학의 관점에서 대한민국 헌정사의 맥락을 중심으로 그 속에 나타난 경제 민주화의 의미를 생각해 보는 정도로 만족하고자 한다. 다만, 그 과정에서 경제 현상의 본질에 관하여 고려해 볼만한 이론적 화두가 포착된다면, 그 점을 결론 부분에서 간략히 정리함으로써 후속 논의의 단초를 마련해 볼 수 있을 것이다.

Ⅱ. 경제 헌법의 과제

논의의 출발점은 경제 헌법의 과제를 곰곰이 다시 생각해 보는 것이다. 일반적으로 경제 현상에 대한 이론적 설명은 "다른 조건이 모두 같다면"이라는 조건 속에서 집단적 삶을 구성하는 모든 구체적 실천을 괄호 안에 집어넣는 곳에서 시작된다. 이와 같은 논의의 추상성은 경제이론의 피할 수 없는 숙명이다. 그러나 헌법적 현상으로서 경제 현상을 다시 이해할 경우에도 그와 같은 경제이론 논의의 추상성이 유지될 수 있을까? 물론 경제 헌법에도 이론이 필요하므로 어느 정도의 추상화는 불가피하다. 그러나 경제이론과 달리, 경제 헌법의 이론은 좀 더 구체적인 수준에서 논의를 진행하지 않으면 안 된다. 그 이유는 경제 헌법에는 언제나 특수한 실천적 과제가 결부될 수밖에 없기 때문이다. 그러면 여기서 실천적 과제란 무엇을 말함인가?

일단 헌법제정기를 전제로 논의를 전개해 보자. 이 경우 경제 헌법은 크게 세 가지 과제를 해결해야 한다. 첫째는 당해 헌법 공동체가 지향하는 경제 원칙을 천명하는 것이다. 이는 기본적으로 현재의 시점에서 미래를 향하여 경제현상에 관한 '원칙규범'(principle norm)을 입법적 판단으로 제시하는 것이다. 둘째는 당해 헌법 공동체의 물적 토대를 정당화하는 것이다. 이는 기본적으로 현재의 시점에서 과거를 향하여 경제 현상에 관한 '청산규범'(liquidation norm)을 사법적 판단으로 제시하는 것이다. 셋째는 앞의 두 과제와 동시에 관련되는 방식으로 출현한다. 다시 말해, 당해 헌법 공동체가 지향하는 경제 원칙에 의하여 당해 헌법 공동체의 물적 토대를 정당화하는 과정에서 출현한다. 만약 이 과정에서 '원칙규범'과 '청산규범'이 일관성을 가지고 모순 없이 제시될 수 있다면, 경제 헌법의 셋째 과제는 등장하지 않을 수도 있다. 그러나 헌법제정기의 엄정한 역사적 현실은 그와 같은 행운을 결코 용인하지 않는다.

규범적 관점에서 헌법의 제정은 구 시대와의 단절, 그리고 새 시대의 창설을 의미한다. 이는 쉽게 말하면 혁명이며, 경제 헌법에서도 사정은 마찬가지이다. 따라서 미래를 향해 투사된 새로운 경제 원칙에 의하여 구체제의 물적 유산을 헌법공동체의 물적 토대로 정당화하는 것은 결코 쉬운 일이 아니다. 헌법제정기의 미래는 과거에 대한 단절에서 출현하므로 양자의 간극은 필연적이기 때문이다. 이처럼 '원칙규범'과 '청산규범'이 충돌하는 지점에서 경제 헌법은 세 번째 과제를 마주하게 된다. 그러면 경제 헌법은 이 과제를 어떻게 수행하는가?

세 번째 과제는 규범적으로 단절된 과거와 미래를 다시 연결시키는 이행기의 과제이다. 따라서 이 과제의 수행은 좁은 의미의 규범적 관점에서는 이루어질 수 없고, 사실 그 자체에서 출발하는 또 다른 관점에서만 시도될 수 있다. 이러한 맥락에서 이행기의 과제는 살림/살이의 관점에서 더욱 잘 이해될 수 있다. 그 이유는 기실 명백하기 짝이 없는 것이다. 비록 경제 원칙의 변화에 의하여 구 시대와 새 시대가 단절되었다고 하더라도, 구 시대의 경제와 새 시대의 경제는 필연적으로 연결되어야만 하고, 더욱 정확하게는 집단적 삶을 구성하는 구체적 실천에 의하여 이미 연결되어 있기 때문이다. 새로운 헌법을 제정하게 만든 혁명의 이념이 무엇이든 간에, 혁명 이전에나 혁명 중에나 혁명 이후에나 살림/살이로서의 경제는 존속하고 있기 때문이다.

이처럼 이행기의 과제가 두드러졌던 역사적인 예로는 미국 혁명 이후의 경제 헌법이 식민종주국이던 영국의 재산을 두고 마주 했던 상황(프리드먼 1988)이나 소비에트 혁명 이후의 경제 헌법이 짜아르 체제의 재산을 두고 마주 했던 상황(돕 1989)을 거론할 수 있다. 또한 같은 맥락에서 구 공산권 국가들이 자유민주주의 헌법을 받아들인 1990년대 이후의 헌법혁신과정을 비교분석하는 것도 가능할 것이다(이상수 1996). 요컨대, 경제 헌법의 세 번째 과제는 당해 헌법 공동체가 특정한 경제 원칙에 규범력을 부여하면서도, 그것을 헌법 공동체의 물적 토대를 정당화하기 위하여 수정할 수밖에 없는 상황으로부터 도출되는 것으로 볼 수 있다. 그렇다면 이와 같은 의미의 세 번째 과제는 도대체 어떠한 방식으로 규범적 정당성을 확보하게 되는가?

첫 번째 과제는 아직 오지 않은 미래에 관한 것이니까 규범적 관점에서 입법적으로 해결하는 것이 가능하다(원칙규범). 두 번째 과제는 다시 반복될 수 없는 과거에 관한 것이니만큼 역시 규범적 관점에서 사법적으로 해결할 수 있다(청산규범). 그러나 이 양자가 모순될 경우, 이 모순에 의하여 구성되는 현실은 양자의 규범 중 어느 것으로도 해결할 수 없다. 서로 모순되는 미래와 과거를 연결시킬 수 있는 유일한 가능성은 오로지 양자가 '현재'에 의하여 사실적으로 연결되어 있다는 점에서만 확보될 수 있다. 현재의 시점에서 현재를 구원하는 이 사실의 논리만이 서로 모순되는 미래와 과거를 연결시키는 '이행규범'(transition norm)의 토대가 될 수 있는 것이다.

경제 현상을 살림/살이로 이해하는 것은 이처럼 현재의 논리이자 사실의 논리에서 출발할 때 비로소 가능하다. 살림/살이의 논리는 미래를 향한 원칙규범과 과거를 향한 청산규범 사이에 존재하는 논리적 모순에도 불구하고, 사실 그 자체의 힘에 의하여 먼저 경제적 현실을 구성한다. 그리고 그렇게 해서 구성된 모순적 현실에서 출발하여, 다시 그것을 정당화하는 방식으로 원칙규범과 청산규범을 포괄하는 제3의 규범(이행규범)을 안출한다. 예컨대 혁명의 수행이나 국민국가의 건설과 같은 공익적 목적 또는 공공선을 내세워 현재의 시점에서 사실적 경제 행위가 진행됨과 동시에 이를 원칙규범 및 청산규범과의 관계 속에서 이행규범으로 정당화하는 작업이 이루어지게 되는 것이다. 이처럼 경제 헌법의 과제는 원칙규범과 청산규범에 더하여 양자의 모순을 절충하여 완화시키는 이행규범을 확보할 것을 요구한다.

이와 같은 세 종류의 과제는 헌법제정기를 경유한 경제 헌법이라면 어떠한 이념에 바탕한 것이든 당연히 감당해야만 하는 과제라고 볼 수 있다. 하지만, 논의의 집중도를 높이기 위하여 이제부터는 자유민주주의 경제 헌법에 한정하여 논의를 진행해 보려고 한다. 자유민주주의 경제 헌법은 이러한 과제들을 어떻게 수행하는가?

우선 입법적 과제, 즉 '원칙규범'에 관해서는 경제적 자유의 보장을 헌법적으로 선언하는 일이 필요하다. 주지하듯 계약의 자유와 재산권의 보장이 그 핵심이고, 여기에 과실 책임의 원칙이 덧붙여지기도 한다. 이는 헌법적 공동체의 구성원들에게 경제 운영의 가장 중요한 원리가 경제적 자유라는 점을 확실히 하고, 그 자유의 행사의 결과로 얻어진 산물에 대한 권리가 기본적으로 그 자유의 행사자에게 귀속될 것임을 보장하며, 마지막으로 이 과정 전체에서 발생할 수 있는 법적 분쟁이 과실 책임의 원칙에 입각하여 해결될 것이라는 점을 분명히 하는 것이다.

다음 사법적 과제, 즉 '청산규범'에 관해서는 타도된 구체제의 물적 유산을 자유민주주의의 헌법적 공동체가 그 자신의 물적 토대로 전유하는 것을 정당화해야만 한다. 구체제의 물적 유산은 타도된 군주나 귀족의 재산일 수도 있고, 타도된 종교기구의 재산일 수도 있으며, 식민 지배를 극복한 경우에는 타도된 제국주의적 식민 본국의 유산일 수도 있다. 자유민주주의 헌법이 구체제의 물적 유산을 전유하는 방식은 일단 그것을 헌법적 공동체의 공공적 소유로 삼는 것이다. 여기서 공공적 소유란 차후의

경제 헌법과 경제 민주화

법적 조치를 통하여 사유가 될 수도 있고, 국유가 될 수도 있는, 일종의 이행기적 소유를 말한다.

원칙규범과 청산규범을 천명함과 동시에 자유민주주의 헌법은 심각한 모순에 봉착하게 된다. 그 이유는 크게 두 가지인데, 첫째는 물론 경제적 자유의 보장이라는 원칙규범과 구체제의 물적 유산의 전유라는 청산규범 사이에 논리적 모순이 발생한다는 점이다. 이 문제가 규범적 차원의 모순이라면, 둘째 문제는 사실적 차원의 모순이다. 왜냐하면 원칙규범이 전제하는 국가가 기껏해야 경제적 자유의 침해를 방지하는 것을 최대한으로 삼는 소극적 국가인 데 비하여 청산규범이 전제하는 국가는 구체제를 타도한 뒤 그 물적 토대를 전유하는 것을 최소한으로 삼는 적극적 국가일 수밖에 없기 때문이다. 자유민주주의 경제 헌법의 세 번째 과제, 즉 살림/살이의 과제는 이와 같은 규범적/사실적 모순을 절충하여 완화시키는 과정에서 출현한다.

가장 먼저 요구되는 것은 헌법적 공동체를 일단 사실적으로 출범시켜야만 한다는 요청이다. 이는 소위 '시초 축적'(primitive accumulation)의 문제로서 헌법적 공동체의 출범에 필요한 경제적 조치를 살림/살이의 관점에서 사실적으로 시행하는 것을 말한다. 구 체제의 물적 유산에 대한 사실적 점유가 선행한 상황이라면, 청산규범에 의한 정당화만이 필요하겠지만, 반대로 청산규범이 먼저 천명되고, 그 집행으로서 구체제의 물적 유산에 대한 사실적 점유가 이루어지는 경우도 있다. 헌법제정기 전체로 본다면, 이 양자는 동시적으로 벌어진다고 볼 수 있다.

다음으로는 이와 같은 살림/살이의 행위를 '이행규범'을 통해 정당화해야 한다. 이에 관하여 자유민주주의 경제 헌법은 크게 두 가지 방식으로 대응한다. 첫째는 헌법적 공동체의 공공적 소유를 배분함에 있어서 사유화 또는 국유화의 목적과 방향을 천명하는 것이다. 이에 관하여 흔히 등장하는 대안은 헌법적 공동체의 공공적 소유를 그 구성원들의 기본 수요를 충족시키기 위한 재원인 동시에 국가적 목표를 달성하거나 '시장의 실패'를 교정하기 위한 경제적 개입의 공공적 재원으로 간주하는 것이다.

둘째는 이와 같은 '이행규범'이 어떻게 집행될지에 관하여 그 방식을 제시하는 것이다. 이에 관해서는 원칙적으로 민주주의와 권력분립에 기초한 자유민주주의 헌법의 통상적 권력구조가 제시되지만, 구 체제의 극복이 마무리되지 않았거나 새로운 도전이 발생한 경우에는 예외적으로 비상적 권력구조가 용인되기도 한다. 공공적 소유의 배분이 개인이 아니라 집단을 단위로 이루어질 경우에는 그 단위에서 이행규범의 집행방식이 제시되기도 한다. 전후 독일의 경우처럼 자유민주주의 경제 헌법이 사기업에게 근로자의 경영참가나 이익균점을 요구하는 것은 이러한 맥락에서 이해될 수 있다.

자유민주주의를 지향하는 헌법적 공동체가 이상과 같은 경제 헌법의 세 가지를 과제를 충실히 수행하면, 이상적으로는 원칙규범이 경제 현상 일체를 구성하고, 청산규범은 단지 역사적 흔적으로만 존재하며, 이행규범은 오로지 원칙규범에 의해 구성된 경제적 현실을 교정 또는 보완하기 위해서만 작동하는 상태에 도달할 수도 있을 것이다. 또 그와 같은 이상을 궁극으로 밀고 가면, 청산규범은 잊혀지고, 이행규범은 작동할 필요가 없으며, 오로지 원칙규범만으로 충분한, 그야말로 유토피아적인 상황을 상상할 수도 있을 것이다. 그러나 집단적 삶의 현장에서 줄곧 제기되는 수많은 도전은 그러한 이상적 상태를 원칙규범 속에 간직한 채, 때로는 청산규범이 부활되기도 하고 이행규범이 재구성되기도 하는 살림/살이의 수레바퀴 속에 헌법 경제를 머물게 한다. 헌법적 정치경제학의 관점에서 이로부터 탈출할 수 있는 유일한 방법은 자유민주주의 헌법 그 자체로부터 이탈하는 방법밖에 없겠지만, 그 경우에는 혁명을 이끈 새로운 이데올로기에 입각하여 경제 헌법의 과제가 다시 제기될 수밖에 없을 것이다.

Ⅲ. 헌법 텍스트의 음미 – 구조적/역사적

그렇다면 이상에서 논의한 바와 같은 자유민주주의 경제 헌법의 세 가지 과제를 염두에 둘 경우, 한국 사회의 경제 민주화 논쟁은 어떻게 이해될 수 있을까? 이 질문에 답하기 위해서 우선적으로 시도해야 할 것은 경제 헌법의 텍스트를 구조적/역사적으로 음미하는 작업이다.[32] 실질적 의미의 헌법을 반드시 성문 헌법의 텍스트에 국한하여 이해할 필요는 없겠지만, 대한민국 헌정사에는 그래야할 만한 특별한 이유가 존재한다. 대한민국 헌법은 출발점에서부터 헌법전 내부에 '경제'(및 재정)의 장을 별도로 두는 방식으로 헌법이 경제 현상에 대하여 가지는 의미와 중요성을 스스로 천명했으며, 현행 헌법에 이르기까지 그러한 태도를 유지하고 있기 때문이다.[33]

　　1948년 7월 17일에 공포된 제헌헌법의 문면은 헌법제정기의 경제 헌법이 위와 같은 과제들을 명백하게 인식하고 있었음을 보여 준다. 일단 제헌헌법은 자유민주주의의 이념적 지향에 입각하여 경제적 자유의 보장이 헌법적 원칙이라는 점을 분명하게 선언한다. '재산권의 보장'(제15조 1항)을 비롯한 자유권적 기본권의 목록은 이러한 관점에서 이해될 수 있다. 그러나 제헌헌법의 텍스트에서 이와 같은 원칙규범보다 훨씬 더 두드러지는 것은 청산규범이다. 제헌헌법은 주권의 민주화조항(제2조)이나 영토조항(제4조) 등을 통하여 일제 식민지 시대와 미군정을 거쳐 내려온 구체제의 물적 유산을 제헌헌법에 의해 설립될 대한민국의 공공적 소유로 전유한다. 여기서 주목할 점은 제헌헌법이 이와 같은 공공적 소유를 관리하는 방식으로서 일단 국유화에 방점을 두고 있다는 것이다. '광물 기타

---

32 대한민국헌법은 1948년 7월 17일 제정, 공포된 이후 9차에 걸쳐 개정되었다. 이 열 개의 헌법전의 원문은 법제처의 홈페이지(http://www.moleg.go.kr)를 통해 쉽게 찾아볼 수 있다.

33 이에 관하여 종래 교과서적 헌법해석론은 아직 체계적인 해석을 제출하지 못하고 있는 것 같다. 대체로 제헌헌법의 경제조항을 사회민주주의 또는 집산주의적인 이데올로기의 영향으로 치부하면서 1954년의 텍스트 변경(제2차 헌법 개정)을 자유시장경제체제로의 전환으로 평가하고 있으나, 식민지배로부터의 해방을 전제로 이루어진 헌법제정기의 특수한 정치적 맥락은 제대로 감안하지 못하고 있기 때문이다(황승흠 2004). 이러한 해석적 빈곤을 염두에 두면서 이 글은 헌법제정기 이래 대한민국 헌정사에서 자유민주주의 경제 헌법의 세 과제가 어떻게 수행되었는지에 초점을 맞추어 경제 헌법 텍스트의 변화를 음미해 보려고 한다. 이와 같은 작업에는 당연히 수많은 헌정사적 쟁점들이 내포될 수밖에 없으나, 이들에 관해서는 후속 연구를 기대하고, 여기서는 오로지 큰 흐름을 스케치하는 데 주력한다.

중요 지하자원 등의 국유 원칙'(제85조), '주요 산업의 국영 또는 공영 원칙 및 대외 무역의 국가 통제 원칙'(제87조), '사영기업 등의 국유화 또는 공유화 허용'(제88조), '공공적 목적을 위한 특허의 취소, 권리의 수용 등 허용'(제89조 등) 등 경제 헌법의 여러 조항들은 이와 같은 특징을 여실히 보여 준다. 이러한 제헌헌법의 청산규범이 앞서 말한 원칙규범과 모순되며, 그 각각이 전제하는 국가의 모습도 전혀 다르다는 것은 명백하다. 그러면 제헌헌법의 텍스트는 이 규범적/사실적 모순을 어떻게 절충하고 또 완화시킬 수 있었는가?

이에 관하여 제헌헌법의 텍스트는 크게 두 종류의 실체적인 이행규범을 제시한다. 첫째는 대한민국의 공공적 소유를 배분함에 있어서 사유화 또는 국유화의 목적과 방향을 천명하는 것으로서, 제헌헌법은 기본적으로 국민의 자유와 권리를 보장하기 위하여 그 재원이 활용되어야 함을 선언한다. 예를 들어, '초등교육의 의무와 무상성 보장'(제16조 1항), '근로의 권리와 의무, 근로조건의 법정화와 여자 및 소년의 근로에 대한 특별한 보호'(제17조), '영리 목적의 사기업에서 근로자의 이익균점권 보장'(제18조 2항), '생활유지의 능력이 없는 자에 대한 국가 보호'(제19조), 그리고 '경자유전의 원칙에 따른 토지개혁의 선언'(제86조) 등을 이러한 맥락에서 이해할 수 있다. 둘째는 대한민국의 공공적 소유를 '시장의 실패'를 교정하기 위한 경제적 개입의 공공적 재원으로 간주하는 것이다. '재산권 행사의 공공복리 적합성 요청'(제15조 2항), '모든 국민에게 생활의 기본적 수요를 충족할 수 있게 하는 사회정의의 실현과 국민 경제의 발전을 대한민국 경제 질서의 원칙으로 삼는 것'(제84조), '그와 같은 경제 질서의 원칙이 국민의 경제적 자유의 한계가 된다는 선언'(제84조), '경자유전의 원칙에 따른 토지개혁의 선언'(제86조) 등을 대표적인 예로 들 수 있다.

이와 같은 실체적인 이행규범을 집행하는 방식에 관하여 제헌헌법의 텍스트는 기본적으로 민주주의와 권력분립에 기초하여 운영되는 통상적 권력구조를 전제하되 그중에서도 민주적 의회의 우위를 매우 중요시하고 있다. 이에 따라 제헌헌법 공포 당시 유일한 민주적 대의기구였던 제헌의회는 제1대 국회의 역할을 겸하였으며(제102조), 1950년 5월 30일까지 2년 동안 실질적 의미의 헌법에 해당하는 각종 기본 법률들을 제정하는 동시에 반민족행위자처벌, 토지개혁, 귀속재산불하 등 헌법문서에 제시된 여러 후속 조치들을 추진했다. 이 가운데 반민족행위자처벌이 청산규범의 집행에 가깝다면, 토지개혁과 귀속재산불하는 이행규범의 실현에 해당한다고 볼 수 있을 것이다. 이처럼 대한민국 헌정사에서 1948년 5월 10일에서 1950년 5월 30일까지의 기간은 경제 헌법의 관점에서도, 원칙규범을 보장하면서, 청산규범을 집행하고, 이행규범을 실현했던 넓은 의미의 헌법제정기였던 것이다.

주지하듯 1950년 5월 30일 제2대 국회의원 총선거가 실시되기 전까지 청산규범의 집행이 어느 정도 마무리됨으로써 2년여에 걸친 넓은 의미의 헌법제정기는 성공적으로 종식되었다(이국운 2008). 따라서 그 이후부터는 당연히 제헌헌법의 원칙규범을 보장하고 이행규범을 실현하는 것이 더욱 중요한 문제가 되어야 했을 것이다. 그러나 1950년 6월 25일 한국 전쟁이 발발함으로써 그와 같은 기대는 충족될 수 없었다. 전쟁의 수행을 위하여 민주주의와 권력분립을 유예하는 긴급 정부가 수립되었고, 경제에 대해서도 강력한 국가통제를 내세운 전시 체제가 구축되었기 때문이다. 이로써 경제 헌법의 원칙규범을 보장하고, 이행규범을 실현하는 문제는 유예될 수밖에 없었다.

그러나 정작 한국 전쟁의 휴전이 이루어진 뒤에는 전혀 다른 상황이 펼쳐졌다. 제헌헌법의 경제조항들에 대하여 중요한 변경이 이루어졌던 것이다. 1954년 11월에 이루어진 경제 헌법의 텍스트 변경(제2차 헌법개정)은 심지어 "국가 주도의 통제경제체제에서 자유시장경제체제로의 전환"으로 평가되기도 할 만큼 현격한 것이었다(정종섭 2011: 1997). 그러나 이러한 평가에는 지나친 측면이 있다. 경제 헌법의 원칙규범인 재산권 보장조항이나 경제 질서의 원칙조항에는 아무런 변화가 없었기 때문이다. 텍스트의 실질적인 변화는 오히려 이행규범과 관련하여 이루어졌다. 특히 제헌헌법에서 공공적 소유를 관리하는 방식으로 국유화를 강조했던 것을 바꾸어 오히려 사유화를 강조한 것은 매우 중요한 변화였다. '광물 기타 중요 지하자원 등에 대한 채취 등의 특허를 법률로 허용'(제85조), '주요 산업의 국영 또는 공영 원칙(구 제87조) 삭제', '국방상 또는 국민생활상 긴절한 필요로 인하여 법률로써 특히 규정한 경우를 제외하고 사영기업의 국유화 등의 금지'(제88조) 등이 대표적이다.

한국 전쟁 이후의 시대적 상황을 고려할 때, 1954년 헌법의 이와 같은 텍스트 변경에는 최소한 세 가지 의미가 담겨있는 것으로 볼 수 있다. 첫째는 국유 또는 공유의 논리를 앞세웠던 헌법제정기의 상황이 더 이상 계속되기 어려워졌다는 것이다. 둘째는 한국 전쟁 이후 경제의 재건과 부흥을 위해서 대한민국의 물적 토대인 공공적 소유를 좀 더 적극적으로 활용할 필요가 생겼다는 것이다. 셋째는 같은 맥락에서 외국의 투자자본을 유치하려면 상징적이나마 경제에 대한 국가의 직접 개입을 방지하는 헌법적 방벽을 구축해야 했다는 것이다.

이러한 해석이 온당하다면, 1954년 헌법의 텍스트 변경은 한국 전쟁 이후 1948년 헌법의 이행규범이 제대로 실현될 수 없었던 상황에서 새로운 이행규범이 구성된 것으로 보아야 할 것이다. 실제로 1954년 헌법의 개정문은 "근간의 국내외 정세가 대단히 위급존망지추에 있는바 이에 대응할 수 있도록" 하려는 것을 헌법 개정의 첫 번째 목적으로 강조하고 있다. 다만, 여기서 간과하지 말 것은 일견 자유시장경제체제로 전환한 것처럼 보이는 이러한 텍스트 변경이 민주주의와 권력분립에 기초하되 민주적 의회의 우위를 강조하던 제헌헌법의 권력구조가 바뀌는 것과 동시에 발생했다는 점이다. 1954년의 헌법 개정은 1952년에 이루어진 대통령직선제에 더하여(제1차 헌법개정) 초대 대통령에 대한 연임제한을 철폐하고, 국무총리제도를 폐지하여 대통령의 직접적인 통치권한을 확대하는 등 기본적으로 직선 대통령의 권위주의적 통치를 대단히 강화하는 내용을 포함하고 있었다. 또한 헌법 개정의 과정 자체도 헌정사상 최초의 본격적인 집권여당인 자유당이 대통령, 국회, 행정부는 물론이려니와 지방의회까지 장악한 가운데 '사사오입 개헌'이라는 억지논리를 동원하는 방식으로 이루어졌다. 이승만 대통령의 장기집권을 추진하면서 자유당이 내세웠던 것은 전후의 정치적 안정과 경제적 부흥을 위해서는 권위주의적 통치가 불가피하다는 주장이었다.

이처럼 1954년 헌법은 "자유시장경제를 목표로 경제를 부흥시키기 위하여 권위주의적 권력집중이 필요하다"는 새로운 논리로 1948년 제헌헌법의 이행규범을 수정했다. 이 새로운 이행규범은 자유시장경제를 권위주의적 권력집중과 연결시킨다는 점에서 내적으로 이율배반적인 특징을 가지고 있었다. 그럼에도 불구하고 이 논리는 이후 민주화 이행기에 이르기까지 '자유시장경제를 향한 개발독재 모델'로 심화되면서 대한민국의 헌정사를 지배했다.

5.16 군사정변을 통해 집권한 군사정부는 1962년 헌법을 통하여 1954년 헌법의 이행규범에 대해 두 가지 중요한 변경을 가했다. 첫째는 경제 헌법의 첫 조문(제111조)을 두 개의 항으로 나눈 뒤, '대한민국의 경제 질서는 개인의 경제상의 자유와 창의를 존중함을 기본으로' 하고, 국가의 경제에 대한 규제와 조정은 '모든 국민에게 생활의 기본적 수요를 충족시키는 사회정의의 실현과 균형있는 국민경제의 발전을 위하여 필요한 범위 안'으로 국한한다는 점을 분명히 하면서도, 제헌헌법 이후 존속되던 '영리 목적의 사기업에서 근로자의 이익균점권 보장'을 대표적인 장식적 헌법조항으로 규정한 뒤 삭제한 것이다. 이는 헌법제정기 동안 "국가 vs. 사인"의 축만이 아니라 "사인 vs. 사인"의 축에서도 작동할 것이 기대되었던 이행규범이 이후로는 오로지 전자의 축에서만 작동하게 되었다는 의미이다. 둘째는 국가가 농민, 어민, 중소기업자의 협동조합을 육성하되 그 정치적 중립성을 보장하고(제115조), 국민경제의 발전과 이를 위한 과학진흥에 관련되는 중요한 정책수립에 관하여 대통령이 주재하는 '경제, 과학심의회'를 두도록 한 것이다(제118조). 이는 군사정변을 통해 국가권력을 장악한 새로운 정치세력이 정치적 중립성의 명분 아래서 경제주체들을 아래로부터 조직하고, 장기적인 경제발전의 계획을 수립할 수 있도록 용인함으로써, "국가 vs. 사인"의 축에서 국가의 압도적인 우위를

헌법적으로 보장한 것이다.

1962년 헌법의 경제 조항들은 유신 체제가 끝날 때까지 거의 그대로 유지되었으나, 또 다시 군사정변으로 집권한 신군부세력에 의하여 상당한 변화를 겪게 되었다. 이들이 주도한 1980년 헌법은 '자유시장경제를 향한 개발독재 모델'의 헌법적 틀을 계승하면서도 '독과점의 폐단에 대한 규제와 조정'(제120조 3항), '중소기업의 보호, 육성'(제124조 2항), '소비자보호 및 소비자운동의 지원'(제125조) 등을 국가의 임무로 규정했다. 이는 20여 년에 걸친 국가주도의 경제발전에 의하여 자유시장경제가 성장하면서, 독과점과 같이 그로 인한 고유의 폐해가 등장하게 되자, '자유시장경제를 향한 개발독재'의 형태를 바꾸지 않는 범위에서 그에 대한 헌법적 대응을 시도한 것으로 볼 수 있다.

이상의 분석은 대한민국의 헌정사에서 경제 헌법의 변화를 일목요연하게 요약할 수 있게 한다. 우선 1948년 제헌헌법은 헌법제정기 경제 헌법의 과제를 ① 자유시장경제의 원칙을 선언하고 ② 공공적 소유를 전제로 대한민국의 물적 토대를 확보하며 ③ 대한민국이 확보한 공공적 소유를 국민의 기본적 수요를 충족시키고 '시장의 실패'를 교정하기 위한 재원으로 활용하되, 그 방식은 민주주의와 권력분립에 기초한 민주적 의회의 우위를 전제하는 것이었다. 그러나 제헌헌법의 이행규범은 한국 전쟁 이후 그대로 집행되기 어려운 상황에 봉착했으며, 그와 같은 '위급존망지추'를 극복하기 위하여 1954년 헌법에서 등장한 새로운 이행규범에 의하여 대체되었다. '자유시장경제를 향한 권위주의적 권력집중'으로 요약될 수 있는 이 새로운 이행규범은 내적으로 이율배반적 특징을 가지고 있었으나, 군사정변으로 집권한 1962년 헌법에서 본격적으로 제도화된 뒤, 1972년 이후의 군사정권 기간 동안 그 내부의 모순이 더욱 심화되는 특징을 보였다.

이렇게 이해할 경우 민주화 대항쟁의 와중에서 군부세력으로 대표되는 국가주의적 기득권세력과의 타협을 통해 탄생했던 1987년 헌법(현행 헌법)이 어떠한 역사적 과제를 마주해야만 했는지가 비교적 명확해진다.

우선 1987년 헌법은 '자유시장경제를 향한 개발독재모델'이라는 1954년 헌법 이래의 이행규범을 그대로 계승할 수 없었다. 따라서 어떤 형태로든 그로부터 스스로를 차별화해야만 했던 것은 분명하다. 가장 명확하게는 미완에 그친 1948년 헌법의 이행규범을 그대로 부활시키는 대안이 있었지만, 이는 국가주의적 기득권세력과의 타협을 아예 불가능하게 만들 가능성이 농후했다. 그렇다면 그 외에는 또 어떤 대안이 있었을까?

1987년 헌법은 1954년 헌법의 이행규범과 연속성을 유지하면서도 세 가지 방식으로 그것을 수정했다. 첫째는 자유시장경제의 측면을 더욱 강조한 것이다. 경제 질서에 관한 원칙조항인 제119조 1항에 경제적 자유의 주체로서 개인에 더하여 기업을 추가한 점은 이를 잘 보여 준다. 둘째는 '시장의 실패'를 교정하기 위한 헌법적 대응책을 다수 추가한 것이다. 이로 인해, 기본권 부분에도 최저임금제와 조항들이 추가되었고, 제9장 '경제'에는 국민경제의 균형, 안정, 소득의 적정 분배, 시장 지배와 경제력 남용 방지, 지역경제의 균형발전 등이 규정되었다. 셋째는 비록 민주적 의회의 우위가 제도적으로 복원되는 수준까지는 이르지 못했지만, 민주주의와 권력분립에 입각한 통상적인 권력구조를 일정 수준 복원한 것이다. 예를 들어, 대통령 직선제를 복원하면서도 국무총리제를 비롯한 의회주의적 특징을 유지하고, 독립적인 헌법재판소를 설립한 것은 이를 대표하는 제도 변화로 볼 수 있다.

그러나 문제의 핵심은 1954년 헌법의 이행규범의 수정 그 자체가 아니라, 이를 통하여 1948년 헌법의 이행규범을 대체할 수 있었느냐이다. 앞서 언급했듯이, 1954년 헌법의 이행규범은 한국 전쟁 이후의 '위급존망지추'를 극복하기 위하여 등장한 것이며, 어떤 의미에서는 '위급존망지추'를 이유로 1948년 헌법의 이행규범을 대체한 것으로 이해할 수 있다. 따라서 이를 수정한 1987년 헌법 역시 1948년 헌법의 이행규범을 대체할 새로운 이행규범을 제공해야만 했던 것이다. 그렇다면 1987년 헌법은 과연 자유시장경제의 측면을 더욱 강조하고, 시장의 실패를 교정하기 위한 헌법적 대응책을 추가하며, 민주주의와 권력분립에 입각한 통상적인 권력구조를 일정 수준 복원하는 것만으로 이러한 과제를 완수할 수 있었을까? 1987년 헌법의 설계자들은 이 질문을 의식하면서도, 그것에 정면으로 답하기보다는 헌법 텍스트 안에 민주화 이행이 더욱 심화되어야만 주목될 수 있을 암호를 포함시킴으로써 1948년 헌법의 이행규범을 대체하는 새로운 이행규범을 구성하는 과제를 향후의 헌법해석론에 맡기려고 했던 것으로 보인다. "국가는…경제 주체 간의 조화를 통한 경제의 민주화를 위하여 경제에 관한 규제와 조정을 할 수 있다"는 현행 헌법 제119조 2항 후단의 규정이 바로 그 암호이다.

Ⅳ. 해석: "경제 주체 간의 조화를 통한 경제의 민주화를 위하여"

이렇게 볼 때, 1987년 이후 지난 25년간 한국 사회에서 벌어진 경제 헌법의 해석론은 제119조 2항 후단의 규정의 해석을 통해 1948년 헌법의 이행규범을 대체할 새로운 이행규범을 구성하려는 시도로 평가할 수 있을 것이다. 해석론의 전개과정을 간략히 살피면, 1987년 이후 1994년까지는 '시장의 실패'를 교정하기 위한 헌법적 대응책에 주목하면서 특히 재벌개혁론의 관점에서 경제 민주화를 이해하려는 주장(②)이 우세했고, 1995년 김영삼 정부가 세계화정책을 전면적으로 추진한 이후부터는 특히 기업의 경제적 자유를 중심으로 경제 민주화를 자유시장경제를 향한 탈규제론으로 이해하려는 주장(③)이 압도적이었으며, 2008년 금융위기가 지나면서 시장의 실패가 명확해지자 비로소 넓은 의미의 복지국가론의 연장선에서 경제 민주화를 이해하려는 주장(①)이 전면적으로 제기되고 있다. 그러나 아직까지 이 가운데 어떤 주장도 1948년 헌법의 이행규범을 대체하는 새로운 이행규범을 구성하는 차원에는 도달하지 못하고 있다. 그렇다면 현행 헌법 제119조 2항 후단의 규정은 어떻게 해석되어야 할 것인가?

"경제 주체 간의 조화를 통한 경제의 민주화를 위하여"라는 현행 헌법의 문언을 곰곰이 살펴보자. 이 구절은 적어도 세 가지 측면에서 이해될 수 있다. 첫째는 경제 현상을 민주화와 연관시키는 것이 가능하다고 전제하는 점이다. 둘째는 이러한 연관을 경제 주체 간의 조화와 동일시하는 점이다. 셋째는 경제 주체 간의 조화를 통한 경제의 민주화를 국가의 경제적 개입의 방식이 아니라 그 목적 또는 이유로 규정하는 점이다. 이와 같은 세 가지 측면은 1948년 제헌헌법의 이행규범을 대체하는 작업과 관련하여 이 구절을 해석할 경우에 한결 입체적으로 이해될 수 있다.

앞서 언급했듯이 1948년 제헌헌법은 경제 헌법의 입법적 과제와 사법적 과제를 수행하는 동시에 그 양자 사이에 발생하는 명백한 모순을 해결하기 위해 특정한 작업을 시도했다. 주지하듯 1948년 5월 31일부터 1950년 5월 30일에 이르는 넓은 의미의 헌법제정기 동안 시도되었던 친일파 청산, 토지개혁, 귀속재산불하의 작업들은 이러한 맥락에서 이해될 수 있다. 제헌헌법은 그와 같은 작업들을 정당화하기 위한 이행규범을 포함하고 있었으며, 그 내용은 민주주의와 권력분립에 기초하여 운영되는 통상적 권력구조를 전제로 대한민국의 물적 토대를 국민의 자유와 권리를 기본적으로 보장하기 위한 재원인 동시에 '시장의 실패'를 교정하기 위한 경제적 개입의 공공적 재원으로 간주하는 것이었다. 그렇다면 1987년 헌법의 '경제 민주화'는 제헌헌법의 이와 같은 이행규범을 어떻게 대체하고자 했던 것일까?

이 질문에 답하기 위해서는 경제 헌법의 과제를 이행하는 문제와 관련하여 대한민국 헌정사에 발생했던 몇 가지 문제 상황을 염두에 두지 않으면 안 된다. 첫째는 제헌헌법의 이행규범 그 자체가 제대로 이행되지 못했다는 점이다. 이는 흔히 거론되듯이 헌법제정기 이후 친일파청산, 토지개혁, 귀속재산불하의 작업들이 불충분하게 이루어졌기 때문일 수도 있지만, 더욱 근본적으로는 한국 전쟁으로 인해 앞서 언급한 '위급존망지추'가 조성되었기 때문이다. 둘째는 1954년 헌법 이래 '시장경제를 향한 개발독재 모델'이 새로운 이행규범이 되었음에도 불구하고, 대한민국의 헌정사에는 여전히 제헌헌법의 이행규범을 요구하는 상황이 계속 발생했다는 점이다. 예를 들어, 한국 전쟁 이후 미국이 제공한 막대한 규모의 원조자금, 1965년 한일 국교 정상화에 따른 대일청구권 자금, 경제개발과정에서 정부가 조달한 차관, 군대 또는 근로자의 해외파견으로 인해 정부가 벌어들인 외화운용차액, 이러한 자금을 투자 운용하여 발생한 국책은행 및 공기업(한국전력, 포항제철 등)의 자산 등의 분배 등의 문제가 계속 제기되었던 것이다. 셋째는 민주주의와 권력분립을 유예한 채 개발독재를 이끈 국가 그 자체가 이러한 문제들을 해결하기 위한 실질적 권한을 행사할 수밖에 없었다는 점이다. 주지하듯, 바로 이 과정에서 한국 사회에는 재벌로 대표되는 강력한 국가의존적 경제 권력이 형성되었다. 넷째는 민주화 대항쟁으로 국가주의적 기득권세력이 약해지면서 재벌들에게 통제력을 행사할 수 있는 유일한 경제 주체인 국가 그 자체가 약화될 위험이 발생했다는 점이다. 국가가 약해질수록 재벌들의 위세가 커지고 급기야 독점의 폐해가 발생할 것이 명백한 상황에서 이와 같은 경제적 규제권력의 공백을 메우기 위해서는 적합한 헌법적 대응책이 모색되어야만 했다.

1987년 헌법개정과정에서 국회의 헌법개정특위위원으로서 오늘날까지 경제 민주화조항의 산파로 자처하고 있는 김종인은 이 가운데 셋째와 넷째의 문제 상황에 착념하여 다음과 같이 말하고 있다.

"재벌과 경제세력의 성장 과정을 보면, 60년대는 태동기, 70년대는 확장기, 80년대는 안정기가 도래했다고 볼 수 있다. 70년대 중반부터 내가 생각했던 것이 6차 경제개발 5개년 개발 계획이 끝나는 90년대 초에 가면 정치세력과 경제세력의 관계가 역전을 하는 상황이 될 것으로 생각했다…경제세력의 힘이 우위에 있다면 그에 반하는 정책이나 법적 조치는 경제세력의 반발로 인해 무산되거나 관철되지 못할 것이다…70년대 한국 재벌의 상황을 보면, 이후의 상황은 루즈벨트 당시 미국 기득권 세력의 권한보다 막강하게 될 것이 훤히 보였다…향후 재벌이 법률과 언론을 장악한 상황 속에서 보수적 판사들이 판결을 내린다면 정부가 국가 운영을 위해 필요한 조치를 제대로 취할 수 없게 된다. 혹 취한다 해도 이것이 위헌이 되는 사태가 벌어질 수 있는데, 이런 상황을 막기 위해 조항을 넣은 것이다." (김종인 2011)

그러나 김종인의 이와 같은 문제의식은 대한민국 헌정사의 좀 더 긴 맥락에서 재해석될 필요가 있다. 경제성장에 따른 재벌과 독과점의 폐해로 인해 계약의 자유와 재산권의 보장, 그리고 과실책임의 원칙과 같은 자유시장경제의 원칙규범만으로 정상적인 헌정의 운영이 어려워질 가능성을 배제할 필요는 없을 것이다. 하지만 그보다는 위에서 첫째와 둘째의 문제 상황으로 설명했듯이, 1987년 당시 대한민국의 헌정사가 제헌헌법의 유예된 이행규범을 어떤 형태로든 부활시켜 다시 집행하지 않으면 안 되는 상황에 봉착해 있었거나 또는 곧 그러한 상황에 봉착하게 될 것을 예상할 수 있었다고 보아야 하지 않을까?[34]

앞서 언급했듯이, 현행 헌법은 이러한 상황을 돌파하기 위하여 "국가가…경제 주체 간의 조화를 통한 경제의 민주화를 위하여 경제에 관한 규제와 조정을 할 수 있"도록 했다. 1987년 이후 대한민국 정부가 취한 경제적 조치들 가운데 '경제 주체 간의 조화를 통한 경제의 민주화를 위하여' 경제에 관한 규제와 조정을 시도한 대표적인 사례로는 1988년과 1989년에 국민주의 방식으로 민영화된 포항제철과 한국전력의 경우를 들 수 있다. 오늘날 주식의 상당 부분을 외국 자본이 차지하고 있는 포스코와 KT라는 사기업으로 변모했음에도 불구하고, 이들 기업이 여전히 완전한 사기업과는 다른 성격을 가지고 있는 까닭은 국민주 방식의 민영화에 표현된 제헌헌법의 이행규범이 배후에서 작동하고 있기 때문이다(김인철/ 김만기 1995). 어떤 의미에서 이 두 기업의 사례보다 더욱 극적으로 경제 주체 간의 조화를 통한 경제의 민주화의 가능성을 보여 준 것은 1997년 이후 IMF 환란을 극복하는 과정에서 국민운동의 차원으로 벌어졌던 금모

---

34 현행 헌법 제119조 제2항을 '김종인 조항'으로 부르는 경우가 있을 만큼, 이 조항에 관한 해석에 있어서 김종인의 견해는 결정적인 것으로 취급되곤 한다. 그러나 헌법개정안의 작성과정에서 특위위원 한 사람의 견해가 주도적이었다고 해서, 이를 곧바로 헌법텍스트의 본래 의미로 간주하는 것은 바람직한 태도가 아니다. 주지하듯 헌법개정의 주체는 헌법의 주어인 "우리 대한국민"이며, 헌법해석은 일차적으로 헌법의 문면에서 시작하여 "우리 대한국민"의 뜻을 밝혀나가는 과정이어야 하기 때문이다. 더구나 관련 문헌에서 흔히 인용되는(이 글에서 축약한) 인터뷰는 1987년 당시가 아니라 2011년경에 이루어진 것이고 보면, 그 가치는 현행 헌법 텍스트의 해석이 아니라 그 작업을 시도하는 해석자의 의도를 해석하는 데 있다고 말해야 할 것이다.

으기 운동이다. 이는 심지어 식민지시대의 국채보상운동에까지 그 정당성이 연결되면서 부(富)만이 아니라 부채(負債)까지도 헌법적 공동체의 공공적 소유라는 관점에서 이해하는 전통이 대한민국 헌정사의 저변에 여전히 작동하고 있음을 극적으로 드러냈던 것이다.

이러한 맥락에서 1987년 헌법의 경제 민주화조항에서 가장 결정적인 초점은 경제 주체 간의 조화를 경제의 민주화로 이해하고 이를 위한 국가의 경제적 개입을 정당화하는 대목이다. 이 점은 희소성의 원리에서 출발하여 수요와 공급의 균형점에서 재화와 용역의 효율적 배분이 이루어진다는 명제를 경제 현상의 본질로 이해하는 소위 신고전파 경제학의 입장에서는 도무지 이해하기 어려운 것이다. 이 점은 이 대목에 이르러 논지를 흐리고 있는 김종인의 다른 발언에서도 잘 드러나고 있다.

"왜 민주화라는 표현을 사용했는가…시장경제의 기본원리대로 가게 되면 계속해서 힘 있는 사람이 독식을 하기 때문에 독과점이라는 현상이 필연적으로 나타날 수밖에 없다…경제력이라는 것이 자연적으로 보이지 않게 사회, 문화 전반적으로 넓어져 경제세력을 정치세력이 통제할 수 없는 상황까지 간다. 그렇다고 경제효율을 포기하고 경제세력을 화해시킬 수는 없기에…경제세력 내부의 의사결정 과정을 민주화할 수밖에 없다. 지나치게 경제력이 강해지는 상황에서 그것을 시정할 수 있는 방안으로 경제의 효율을 상하지 않는 방향에서 경제의 민주화라는 표현을 넣은 것이다…" (대화문화아카데미편 2011)

여기서 김종인은 '경제 주체 간의 조화를 통한 경제의 민주화'를 '경제세력 내부의 의사결정과정을 민주화하는 것'으로 동일시하면서, 그렇게 하는 이유를 '경제 효율을 포기할 수는 없기 때문'이라고 이해한 것 같다. 그러나 이러한 해석은, 비록 그것이 자칭 경제 민주화조항의 '산파'가 내놓은 해석이더라도, 경제 효율을 왜 포기해서는 안 되는지에 관하여 아무런 논증을 제시하고 있지 않다는 점에서 분명한 한계를 가지고 있다. 그렇다면 1987년 헌법이 '경제 주체 간의 조화'를 경제의 민주화로 연결시킨 것은 어떤 이유 때문이었을까? 이 글에서 살폈듯이 이 대목의 진정한 의미는 대한민국 헌정사의 콘텍스트를 전제로 오로지 살림/살이 헌법경제의 관점에서 경제 헌법의 텍스트에 다가갈 때만 드러날 수 있다. 이제 지금까지의 탐구에서 밝혀진 내용을 정리해 보자.

　　1948년 제헌헌법은 일제 식민지 35년과 미군정 3년을 통해 조성된 구체세의 물적 유산을 대한민국의 물적 토대로 전유했다. 이 물적 토대는 일종의 공공적 소유로서, 좁은 의미의 사유와 국유가 그로부터 파생되었다. 제헌헌법은 자유시장경제의 원칙을 입법적으로 선언하면서도, 민주주의와 권력분립에 입각한 통상적 권력구조를 통해 그와 같은 공공적 소유를 국민의 자유와 권리를 기본적으로 보장하기 위한 재원인 동시에 '시장의 실패'를 교정하기 위한 경제적 개입의 공공적 재원으로 활용하고자 했다. 그리고 바로 이 과정에서 국가와 개인, 기업과 근로자, 생산자와 소비자 등과 같은 대한민국의 각 경제 주체들이 분화될 수 있었으며, 그 각각의 소유로서 좁은 의미의 사유와 국유가 파생되었던 것이다. 물론 1954년 헌법이 '자유시장경제를 향한 개발독재 모델'을 정립한 것에서 보듯이 제헌헌법의 이행규범은 제대로 집행되지 못했다. 그러나 대한민국의 헌정사에는 그 이후로도 제헌헌법의 이행규범의 작동을 요구하는 사태가 계속 발생했으며, 그와 더불어 '자유시장경제를 향한 개발독재모델'의 현실적합성은 지속적으로 감소했다. 1987년 헌법의 '경제 민주화'는 이와 같은 헌정사의 맥락에서 제한적이나마 1948년 제헌헌법의 이행규범을 재작동시키려는 의도를 담은 것으로 이해될 수 있다. 그 핵심은 경제 주체 간의 조화를 경제의 민주화로 동일시하는 명제인데, 이는 제헌헌법의 이행규범에서는 너무도 자연스러운 것이다. 대한민국의 각 경제 주체가 원래 공통의 공공적 소유로부터 분화된 것이라면, 자유시장경제의 원칙에 위반되지 않은 한, 이들 사이의 조화를 이루는 것은 가능할 뿐만 아니라 바람직한 것이기 때문이다.

　　민주화 대항쟁의 와중에서 군부세력으로 대표되는 국가주의적 기득권세력과의 타협을 진행했던 현행 헌법의 설계자들은 민주주의와 권력분립에 입각한 통상적 권력구조가 조기에 복원될 수 있을지의 여부를 확신하지 못했던 것 같다. 그렇기 때문에 이들은 1948년 제헌헌법의 이행규범을 제한적이나마 재작동시켜야 한다는 의도를 경제 주체 간의 조화를 경제의 민주화와 동일시하는 방식으로 헌법의 문면에 내장했던 것이 아닐까? 그런 점에서 2012년 이후 대한민국의 헌정사가 현행 헌법 제119조 2항의 후단에 주목하게 된 것은, 단지 2008년 금융위기 이후 복지국가론이 부활되는 시대적 맥락에서 비롯된 것이 아니라, 오히려 그로 인하여 1987년 헌법의 설계자들이 내장한 암호, 즉 제한적이나마 1948년 제헌헌법의 이행규범을 재작동시켜야 한다는 필요성에 봉착했기 때문으로 이해될 수 있을 것이다.

V. 경제 헌법과 선물 경제

물론 민주화와 세계화와 정보화를 전제로 창조경제가 논의되는 오늘날의 경제적 상황에서 1948년 제헌헌법의 이행규범을 재작동 시키는 것에는 한계가 있을 수 있다. 특히 탈국민국가적 경제 현실을 강조할 경우에는 국민국가를 단위로 공공적 소유를 이해했던 제헌헌법의 협소한 시야는 극복되어야 할 한계로 이해될 필요도 있을 것이다. 이러한 관점에서 예컨대 방법론적 개인주의를 전제하는 제임스 부캐넌의 헌법적 정치경제학에서 출발하여 현행헌법의 경제 민주화를 해석하는 것도 충분히 가능한 입론이다(이근식 1999: 7장). 그러나 어떤 경우든 경제 헌법의 해석은 텍스트 자체에 전제된 헌정사의 구체적인 맥락을 무시한 채로 진행될 수는 없다. 그렇다면 아예 정반대로 방향을 바꾸어 이 글이 시도한 바와 같이 헌정사의 구체적인 맥락에서 출발하여 경제 현상 그 자체에 대한 일반이론으로 나아가는 것은 어떨까?

이러한 질문은 헌법 경제의 본질 또는 헌법적 정치경제학의 본질에 관한 질문으로 이어진다. 희소성의 원리에 입각한 신고전파 경제학의 경제 이해(소위 돈벌이 경제)에 맞서서 헌법 경제를 살림/살이의 경제로 이해하려는 시도는 매우 긍정적으로 평가할 수 있다. 헌법 경제는 사람의 살림/살이이며, 따라서 추상적인 경제이론의 적용으로서가 아니라 인간현상이자 사회현상으로서, 다시 말해 경제인류학 또는 경제사회학적 관점에서 이해되어야 하는 문제이기 때문이다. 이러한 맥락에서 이 글은 경제이론에 대하여 간단하지만 근본적인 질문 하나를 제기하는 것이기도 하다. 사람의 살림/살이인 헌법 경제는 어떻게 시작될 수 있는가? 어떤 경우에도 인간의 경제는 아무 것도 없는 진공상태에서 시작될 수는 없다. 그렇다면 이 질문은 헌법 경제를 가능케 하는 물적 토대, 즉 앞서 언급한 공공적 소유를 어떻게 평가해야 하는가의 문제라고도 볼 수 있다.

경제인류학자들은 이 문제를 흔히 선물경제의 가능성과 관련하여 논의한다. 하지만 논의의 초점은 이 글의 시각과는 정반대이다. 예컨대 마르셀 모스의 논의에서 대표적으로 볼 수 있듯이, 경제인류학자들은 선물경제의 가능성을 상호성을 전제한 호혜성의 논리에서 찾고 있기 때문이다(모스 2011). 이는 달리 말하면 인간의 경제에서는 도대체 순수 증여가 불가능하며, 오로지 호혜성의 논리에서만 인간의 경제가 비롯될 수 있다는 점을 강조하는 것으로도 볼 수 있다. 그러나 과연 이러한 접근은 옳은가?

이 글의 탐구는 조심스럽지만 그와는 정반대의 시각에서 선물경제의 가능성을 이해하려는 것이기도 하다. 앞에서는 주로 경제 헌법의 과제로 논의했지만, 그 과정에서 결코 간과해서는 안 되는 문제는 바로 경제 헌법의 규범성, 즉 반드시 규범을 준수해야만 한다는 당위성이 확보되지 않으면 안 된다는 점이다. 자유시장경제의 경제 원칙은, 구체제의 물적 유산을 헌법적 공동체의 공공적 소유로 전유하는 것은, 그리고 그 과정에서 발생하는 논리적/사실적 모순을 이행규범에 의해 절충하고 완화시키는 것은 도대체 어떤 논리로 규범성을 획득할 수 있을 것인가?

마르셀 모스로 대표되는 경제인류학자들의 선물경제론은 오로지 증여자의 관점에서 경제 현상을 바라본다. 그렇기 때문에 호혜성의 논리가 전제되지 않으면 도대체 경제적 교환 자체가 불가능하다고 추론하는 것이다. 그러나 구체적인 역사적 맥락을 전제로 경제 헌법을 살펴본다면, 정 반대의 접근방식도 충분히 가능하지 않을까? 이는 증여자가 아니라 수증자(受贈者), 즉 주는 입장이 아니라 받는 입장에서 선물 경제를 바라보는 것이다. 만약 그렇게 한다면, 선물 경제는 전혀 다른 의미로 다가온다. 사유와 국유의 분화를 가능하게 만드는 공공적 소유의 선행은 사유를 주장하는 개인이나 기업은 물론이려니와 국유를 주장하는 국가조차도 그와 같은 소유가 스스로에게서 비롯된 것이 아니라는 명백한 사실 앞에 돌아오게 만든다. 만약 이 명백한 사실 앞에 마주설 수만 있다면, 아무런 대가 없이 공공적 소유를 허락받은 헌법적 공동체의 구성원들은 당연히 깊은 고마움으로 헌법 경제를 시작해야만 하지 않을까? 그리고 그때 그들이 제정하는 경제 헌법은 무엇보다 그들 사이에서 이와 같은 고마움을 규범의 논리로 바꾸어 간직하기로 한 결정으로 이해되어야 할 것이다.

경제적 자유를 보장해야 할 당위를 오로지 계약이나 소유의 관점에서만 근거 지우는 것은 불충분한 것이기도 하지만, 사실 천박한 것이기도 하다. 이 글이 지향하는 헌법적 정치경제학은 경제적 소여(the given)를 고마움으로 받아들인 뒤, 그 기초 위에서 헌법적 공동체의 모든 구성원들이 수립한 규범적 약속으로 경제 헌법을 바라보는 것에서 출발한다. 기실 이러한 입장은 새로운 논리가 아니라, 소여로서의 세계와 몸과 생명을 고마움으로 받아들이는 모든 세계관에 이미 전제된 것으로서, 예를 들어 엠마누엘 레비나스가 말한 "존재의 일반 경제"에 비견되는 익숙한 논리일 것이다(레비나스 1999: 110).

10장

민주적 연방주의와 평화

I. 더 어려운 평화

한국 전쟁의 휴전을 위한 회담이 막바지 단계에 접어들고 있던 1953년 초여름 대한민국은 온통 휴전반대시위로 들끓었다. "통일 없는 정전(停戰) 결사반대"를 외치는 시민들의 궐기대회가 서울 한복판에서 개최되었고, 이승만 대통령을 비롯한 많은 정치인들은 국군 단독으로라도 북으로 진격하자는 북진통일론을 주창했다. 후일 한미상호방위조약과 미국의 대규모 경제 원조를 끌어내는데 기여하기도 했던 이 휴전반대시위운동의 정치적 의미에 대해서는 다양한 층위에서 여러 가지 평가가 가능할 것이다. 그러나 그 평가가 무엇이든 간에, 실제로 휴전반대시위에 나섰던 평범한 시민들이 어떤 심정이었을지는 그리 어렵지 않게 짐작할 수 있다. "3년 넘게 삼천리반도를 피로 물들인 참혹한 전쟁을 그렇게 끝낸다면, 그동안 당했던 피흘림과 고통과 수모를 어떻게 풀 수 있으며, 무엇보다 죄 없이 죽임 당한 숱한 영혼들 앞에 어떻게 고개를 들 수 있을까?" 당시의 시민들은 너나 할 것 없이 이와 비슷한 마음이었을 것이다.

휴전반대시위의 사례는 우리에게 평화에는 여러 차원이 있다는 점을 알려 준다. 단순하고 쉬운 평화가 있는가 하면, 복잡하고 어려운 평화도 있다는 것이다. 유엔의 깃발 아래 참전한 다른 나라들의 입장에서 3년을 넘긴 한국 전쟁을 애초의 38선 부근에서 중지하는 것은 명분과 실리의 측면에서 비교적 선택할만한 쉬운 평화였을 것이다. 그러나 3년 동안 수많은 피를 흘려가며 목숨 바쳐 싸운 대한국민들에게 그처럼 쉬운 평화는 너무도 선택하기 어려운 것이 아니었을까? 휴전반대시위에 참여한 시민들의 모습에는 쉬운 평화를 거부하고 어려운 평화를 선택할 수밖에 없는 슬픔과 분노와 안타까움이 착잡하게 교차하고 있다. 기실 평화 중에 가장 쉬운 깃은 굴종으로 얻는 평화이다. 만약 우리가 그 차원을 거부한다면, 그 이후 만나게 되는 것은 갈수록 조금씩 더 힘들고 복잡해지는 더 어려운 평화일 수밖에 없다. 휴전반대시위의 시민들은 휴전을 통한 덜 어려운 평화를 거부하고 오로지 싸워 이겨야만 얻을 수 있는 더 어려운 평화를 주장했던 것이다.

　한국 전쟁의 휴전 이래 지난 60년 동안 대한민국에서 평화에 대한 집단적 사유와 추구는 갈수록 조금씩 더 힘들고 복잡해지는 '더 어려운 평화의 노선'을 따르고 있다. 언뜻 보기에 휴전반대와 북진통일을 주장하던 체제가 남북공존과 평화통일을 강조하게 된 것은 쉬운 평화 또는 덜 어려운 평화로의 퇴행으로 평가될 여지가 없지 않다. 그러나 현행 헌법 제4조는 자유민주적 기본질서라는 규범적 기준을 평화통일의 원칙으로 천명함으로써 이 변화가 결코 그와 같은 퇴행이 아니며 오히려 더 어려운 평화로의 진전이라는 점을 증명하고 있다. "대한민국은 통일을 지향하며, 자유민주적 기본질서에 입각한 평화적 통일정책을 수립하고 이를 추진한다."(제4조)[35] 휴전회담시도에 맞서서 북진통일론을 외쳤던 것이 쉬운 평화를 거부하고 어려운 평화를 지향한 것이었듯이, 북진통일론을 폐기하고 자유민주적 기본질서에 입각한 평화통일론을 채택한 것 또한 한층 더 어려운 평화를 지향한 것이었다는 말이다.[36]

35　평화통일조항은 1972년 유신헌법에서 처음 신설했고, 1987년 헌법(현행)에서 상세한 조항을 두었다. 헌법 제4조 이외에도 제66조 제3항, 제69조, 제72조, 제92조 제1항 등을 일관된 취지에서 거론할 수 있다.

36　그럼에도 불구하고 한국 사회에서 자유민주적 기본질서에 입각한 평화통일론은 제3조 우위설과 제4조 우위설, 그리고 규범조화적 해석가능설을 포함하여 여전히 매우 상반된

타자의 논리와 관련시켜 볼 때, 이와 같은 역사적 경험은 '더 어려운 평화의 노선'을 따르는 한 거치지 않을 수 없는 몇 가지 단계를 보여준다.[37] 첫째는 타자에게 굴종함으로서 얻어지는 쉬운 평화를 거부하는 단계이고, 둘째는 타자와의 투쟁을 통해 자기정체성을 확립하는 단계이다. 예컨대, 위에서 언급한 휴전반대시위와 북진통일론을 이 단계에 해당하는 것으로 생각할 수 있다. 셋째는 타자와의 투쟁과정에서 확립된 자기정체성에 입각하여 타자와의 평화공존을 선택하는 단계이며, 넷째는 평화공존의 결과로서 복수(複數)의 타자들 앞에서 자기정체성의 분화를 경험하는 단계이다. 자유민주적 기본질서에 입각한 평화통일론에 대하여 한국사회 내부에 존재하는 상반된 해석경향은 한국사회가 이 셋째 단계를 거쳐 넷째 단계의 어귀에 다다르고 있음을 나타내는 증표라고 할 수 있다.

그렇다면 이와 같은 단계들을 거쳐서 '더 어려운 평화의 노선'이 지향해야 할 다섯째 단계는 무엇일까? 이론적으로 말하자면 그것은 복수의 타자들과의 관계에서 정립된 복수의 자기정체성을 기반으로 타자들과의 다원적 평화를 모색하는 단계여야만 할 것이다. 물론 이러한 이론적 진술을 실천에 옮기는 것, 즉 복수의 자기정체성을 기반으로 타자들과 공존할 수 있는 다원적 평화의 이념과 제도와 주체와 문화를 만드는 것은 지극히 어려운 일이다. '더 어려운 평화의 노선'은 이처럼, 가면 갈수록 조금씩 더 힘들고 복잡해지는, 짜증나고 고통스러운 실천의 연속인 것이다. 그러나 그럼에도 불구하고 타자와의 진정한 공존을 위하여 쉬운 평화 또는 덜 어려운 평화를 거부하고 '더 어려운 평화'를 추구하는 것이야말로 헌정주의의 본질이다. 앞에서 거론했듯이, 지난 60여 년간의 대한민국 헌정사는 명백하게 이 방향을 지향하고 있다.

나는 이 글에서 이 '더 어려운 평화의 노선'을 심화시키는 한 가지 방향으로서 공간적 다원성의 문제를 논의해 보고자 한다. 좀 더 구체적으

해석의 가능성을 내포하고 있다. 이에 관해서는 도회근의 정리를 보라(도회근 2006).
37 이 단계론은 강영안을 통하여 엠마누엘 레비나스에게서 배운 것에 기초한다(강영안 1995).

로 민주적 연방주의(democratic federalism)가 한반도에서 평화에 기여할 수 있는 가능성을 탐색해 보려고 한다. 앞에서 거론했듯이, 이 시도는 복수의 타자들 앞에서 자기정체성의 분화를 경험한 뒤 그 복수의 자기정체성을 기반으로 타자들과의 다원적 평화를 모색하는 단계에 해당한다고 볼 수 있다. 오늘날 한반도에는 첫째, 둘째, 셋째 단계들에 해당하는 평화에 대한 집단적 사유와 추구가 각각 매우 강력한 형태로 존재하고 있으나, 그 모두는 초집권적 단일중심주의라는 공통점을 가지고 있다. 나는 이 글에서 그 모두를 극복하고 더 어려운 평화로 나아가기 위한 방향으로서 공간적 다원성에 입각한 민주적 연방주의의 지평을 열어보고자 한다. 달리 말하면, 이는 현행 헌법이 평화통일의 규범적 기준으로 제시하고 있는 자유민주적 기본질서를 공간적 다원성의 차원에서 더욱 깊이 이해하려는 것이기도 하다.

나는 평화란 본래 '더 어려운 평화'일 수밖에 없다고 생각한다. 그 이유는 타자와의 공존이 그처럼 갈수록 조금씩 더 힘들고 복잡해지는 문제일 수밖에 없기 때문이다. 더 어려운 평화를 받아들여야 한다는 점에서, 자유 또한 본래 '더 어려운 자유'일 수밖에 없다고 나는 생각한다. 이와 같은 '더 어려운 평화'의 논리는 소위 반(反)평화에 대해서도 색다른 이해를 제공한다. 왜냐하면 평화와 전쟁을 대비시키는 통속적인 프레임에 비하여, 이 구도에서 반(反)평화의 논리는 훨씬 더 미묘하고 노회한 측면을 내포하게 되기 때문이다. 갈수록 더 힘들고 복잡해지는 더 어려운 평화에 대항하여 반(反)평화는 항상 덜 어려운 평화 또는 단순하고 쉬운 평화의 모습으로 나타난다.[38]

이 과정에서 반(反)평화의 논리는 곧잘 평화란 원래 단순하고 쉬운 것이라는 대중적 관념을 적절히 활용하여 더 어려운 평화의 노선을 추구하는 사람들을 모함하기도 한다. 이는 한 마디로 복잡하고 어려운 것은

---

38 이 현상은 평화를 자유로 바꾸어 말해도 그대로 타당하다. 갈수록 조금씩 더 힘들고 복잡해지는 더 어려운 자유에 대항하여 반(反)자유는 항상 덜 어려운 자유 또는 단순하고 쉬운 자유의 모습으로 나타난다.

평화가 아니므로 더 어려운 평화를 따르는 사람들은 평화의 적(敵)이라는 것이다. 물론 평화를 원래 단순하고 쉬운 것으로 바라보는 대중적 관념은 간단히 무시될 수 있는 것이 아니다. 무엇보다 그 속에는 때때로 "인애와 진리가 같이 만나고, 정의와 평화가 서로 입을 맞추는"(구약성서 시편 85: 10) 초월적이며 궁극적인 평화에 대한 희구가 담기기 때문이다.

그러나 과연 그러한가? 여기서 우리가 반드시 환기해야 할 것은 초월적이며 궁극적인 평화에 대한 희구가 갈수록 조금씩 더 힘들고 복잡해지는 더 어려운 평화의 노선과 더욱 자연스럽게 조화될 수 있다는 점이다. 만약 평화가 그처럼 단순하고 쉬운 것이라면, 우리가 굳이 "정의와 평화가 서로 입 맞추는" 세상을 꿈꾸어야 하는 까닭이 무엇이겠는가? 단순하고 쉬운 평화를 그저 실행하면 될 일이 아니겠는가? 그러나 우리 모두가 늘 경험하듯이 타자와의 공존은 결코 쉬운 과제가 아니다. 그것은 갈수록 조금씩 더 힘들고 복잡해지는 '더 어려운 과제'이다. 초월적이고 궁극적인 평화에 대한 희구는 오히려 단순하고 쉬운 평화를 버리고 더 어려운 평화의 노선으로 나아갈수록 더욱 강력하고 절실해진다. 심지어 그 더 어려운 평화의 길에서 지치다 못해, 진정한 평화는 불가능한 것일지도 모른다는 절망감에 휩싸일 때에라야 우리는 비로소 시편의 저자가 노래하는 초월적이고 궁극적인 평화를 진심으로 꿈꿀 수 있게 된다. 더 어려운 평화, 더 어려운 자유를 끈질기게 추구하지 않는다면, 참된 평화를 꿈꾸는 것은 불가능하다.

II. 근대 헌정사에서 민주적 연방주의의 전개과정

이 글에서 논의하고자 하는 민주적 연방주의는 '더 어려운 평화의 노선'을 통해서만 도달할 수 있는 매우 어려운 정치원리이자 헌법원칙이다. 대한민국에서 헌법학자의 수련과정에 관련하여 말하자면, 그것은 마치 중앙집권적 단방국가주의의 모든 이론을 섭렵하고 자신의 헌법이론을 수립한 뒤에, 그 모든 성취를 다 무(無)로 돌리고 처음부터 다시 헌법공부를 시작하라는 명령이나 다름없다. 바로 이 지극한 난해성은 독일이나 미국과 같은 민주적 연방주의 국가에서 박사 학위를 받고 돌아온 대한민국의 헌법학자들 대다수가 민주적 연방주의에 관하여 드러내는 일반적 무지(無知)상태를 설명해 준다.[39] 민주적 연방주의는 단순한 지식획득으로 확보하기 어려운 실천지(實踐知, phronesis)의 측면을 강하게 가지고 있기 때문이다. 헌법학자 스스로의 실천적 경험이 매개되지 않는 한 민주저 연방주의에 대하여 확실한 감을 잡는 것은 매우 어렵다. 이러한 관점에서 근대 헌정사에서 민주적 연방주의가 발생해 온 경로를 살펴보면, 민주적 연방주의가 이처럼 너무도 어렵게 탄생한 정치원리이자 헌법원칙이라는 사실은 명약관화하다. 어쩌면 진정한 의미의 민주적 연방주의는 아직 어느 곳에서도 완전히 실현되지 못했다고 말하는 것이 더욱 정확할지도 모른다.

역사적으로 동서양의 정치적 경험들에서 연방주의의 흔적을 찾는 것은 그리 어렵지 않다. 고대의 헬라 세계나 중세의 기독교제국, 동아시아의 중화(中華)세계는 모두 일종의 연방주의적 기획으로서의 측면을 내포하고 있기 때문이다. 달리 말해, 이러한 정치적 기획들은 거의 모두 다루기 어렵고 성가신 적을 거리를 두고 놓아 관리하려는 강자의 방책과 대적하기 힘든 막강한 적으로부터 일정한 거리를 유지하려는 약자의 방책을 문명과 야만의 이분법을 기초로 정교하게 조응시킨 결과라는 것이다. 그러므로 노골적으로 야만적 폭력을 일삼는 상태에 비하여 이 기획들이 '더 어려운 평화의 노선'에 훨씬 가깝다는 점은 부인할 수 없다. 그러나 그럼에도 불구하고 그것들은 여전히 덜 어렵거나 심지어 쉬운 평화의 편에 속한다. 민주적 연방주의는, 특히 '민주주의'를 전제한다는 점에서, 그것들과 비교할 수 없을 만큼 지독한 정치적 어려움 가운데 고안된 것이기 때문이다.

---

39 이는 국내 문헌 가운데 민주적 연방주의에 대한 자료가 상당히 제한적이라는 점에서도 잘 드러난다. 그나마 지방분권이 국정목표로 강조되던 노무현 정부 이후에는 문헌의 양이 증가하는 추세이다. 연방주의에 대한 정보와 설명은 경기개발연구원의 보고서가 가장 낫다(경기개발연구원 2010).

근대 헌정사에서 민주주의가 불변의 지향이 된 것은 거의 전적으로 프로테스탄트 종교혁명의 소산이다(이국운 2006). 프로테스탄트 종교혁명은 '하나님의 형상'(imago Dei)이라는 독특한 인간 이해를 전제로 인간의 자유를 초월적으로 정초한 뒤, 다시 그로부터 민주정치를 선험적으로 정당화 했다. 따라서 모든 인간이 하나님의 형상으로 창조되었다는 전제를 전적으로 부인하지 않는 한 민주정치의 정당성을 부인하는 것은 불가능하게 되었다. 이처럼 초월적 자유를 근거로 민주정치(democracy)를 정당화함으로써 민주주의(democracism)가 정치를 이끄는 불변의 전제인 동시에 근본 동력이 되자, 곧바로 역사상 유례가 없는 정치적 불안정이 야기되었다. 자신의 자유를 민주적으로 실현하는 것이 신적 요청으로 이해되고, 모든 인간이 그 신적 요청을 따르게 되면서, 그 인간 집단들 사이에 무시무시한 정치적 충돌이 초래될 수밖에 없었던 까닭이다. 이러한 맥락에서 프로테스탄트 종교혁명이 오래지 않아 신적 자유를 내세우는 이념들 사이의 종교전쟁으로 비화된 것은 어쩌면 상당히 논리적인 결과라고도 볼 수 있다.

잘 알려져 있듯이, 수십 년간 지속된 참혹한 종교전쟁의 와중에서 그 종식을 위한 정치적 기획들이 출현했다. 그 가운데 가장 대표적인 것은 신학적 주권개념을 세속화함으로써 문제를 해결하려는 기획이었다. 대내적으로 최고이고 대외적으로 독립인 주권개념을 통해 국가를 재규정함으로써 평화를 달성하려는 것이 그 기획의 핵심이었다. 장 보댕에 의해 제안된 이래 주권론은 놀랄만한 성공을 거두면서 가히 근대세계의 정치 그 자체를 석권하다시피 했다. 그러나 이 글이 지향하는 더 어려운 평화의 노선에서 그것은 어디까지나 덜 어렵거나 심지어 쉬운 평화의 기획으로 평가될 수밖에 없다. 주권론은 프로테스탄트 종교혁명의 모토였던 초월적 자유와 민주주의의 이념을 초집권적 단방국가 및 그것들로 구성된 국제사회라는 획일적인 법적 형식 속에 한꺼번에 매장해 버렸기 때문이다. 이런 의미에서 주권론은 프로테스탄트 종교혁명의 실현이 아니라 그것을 방해하기 위한 가톨릭주의 기획으로서의 의미가 강했으며, 17-8세

민주적 연방주의와 평화

기에 유럽을 석권했던 절대국가의 이념은 그 정점을 보여 주었다.[40]

이에 대항하여 프로테스탄트 종교혁명의 후예들은 헌정주의의 전통을 되살리는 다른 기획을 구상했다. 그것은 한 편으로 인문주의자들이 제기한 똘레랑스의 주장을 받아들이면서, 다른 한 편으로 주권론에 맞서서 헌법의 이름으로 권력분립을 체계화하려는 시도였다. 지금까지도 자유민주주의의 헌법 속에 각인되어 있는 시민의 기본적 권리 및 권력분립의 통치구조는 이처럼 더 어려운 평화에의 시도를 통해서 비로소 오늘날과 같은 제도적 외양을 획득하게 되었다(Zukert 1998). 그러나 여기서 주의할 것은 이 과정에서 활용되었던 권력분립의 성격이다. 후술하듯 권력분립은 크게 미래-현재-과거를 축으로 하는 시간적 차원과 개인-역사-초월을 축으로 하는 공간적 차원에서 기획될 수 있다. 서구의 근대 헌정사에서는 이 가운데 전자가 후자에 비하여 현저하게 강조되었고, 그 과정에서 민주적 연방주의는 뒷전에 밀릴 수밖에 없었다. 왜냐하면 자유민주주의를 향한 정치적 혁신이 중앙집권적 단방국가라는 영토적 통합성을 전제로 진행된 까닭에 공간적 권력분립의 이념에 기초한 민주적 연방주의가 작동할 여지가 상대적으로 적었기 때문이다. 근대적 헌정주의는 민주적 연방주의를 적극적으로 추진하기보다는 시간적 차원의 권력분립에 기초한 입법, 사법, 행정의 기능적 권력분립을 중앙집권적 단방국가의 헌법에 제도화하는 방식으로 주권론의 기획과 타협하는 길을 선택했던 것이다.

이러한 맥락에서 프로테스탄트 종교혁명 이후 민주적 연방주의의 이념은 정치현실이 아니라 더 어려운 평화에의 시도를 줄기차게 전개했던 일군의 프로테스탄트 정치이론가들의 기획 속에서 먼저 이론적으로 정당화되었다. 이는 특히 구약성서의 이스라엘 국가를 땅을 가진 12부족 및 종교적 소통을 담당하는 한 부족으로 구성된 연방국가로 이해하면서, 그와 같은 성서적 전범의 다양한 변용가능성을 모색한 칼빈주의적 연방신학

---

40 이에 관해서는 네오 토미즘의 입장에서 주권론에 대항하여 자연법주의의 부활을 강력하게 주장하는 가톨릭 정치철학의 다른 흐름을 주시할 필요가 있다(Maritian 1998: 1-2장).

의 흐름 속에서 잘 드러났다. 그 대표자라고 할 수 있는 요한네스 알투지우스(Johannes Althusius)는 1603년 출간된 대표적 저서 "Politica"를 통해 합스부르크왕가에 대한 네덜란드 캘빈주의자들의 봉기를 정당화하는 신학적 논리로 민주적 연방주의의 이념을 체계화했다. 그는 각 도시국가, 지역공동체, 동업조합 등의 자치권을 위로부터 부여된 특권이 아니라 천부적인 권리로 개념화했으며, 이를 통해 당시까지 도처에 남아있던 신성로마제국의 다원적 질서를 절대주의적 주권론에 대한 안티테제로 재규정했다. 단일 주권에 입각한 영토국가가 아니라 주권을 공유하는 자치적인 공동체들 사이의 협정을 통해서도 안정과 평화가 확보될 수 있다는 것이 그가 내세운 논리였다(Friedrich 1964: 3장).

자세히 말하자면, 알투지우스의 민주적 연방주의는 연합(consociation)의 사상으로도 설명될 수 있다. 이는 큰 공동체(상위공동체)는 작은 공동체(하위공동체)로 구성되며, 작은 공동체의 대표들이 큰 공동체의 의사결정에 참여한다는 것이다. 알투지우스에게 이상적인 사회는 개인이 아니라 계층적이고 영토적인 공동체들이 각각 자치권한을 가지면서 유기적으로 구성된 연합이었으며, 국가는 본질적으로 그러한 연합들의 연합이었다. 알투지우스는 정치를 사회생활과 유리된 법과 제도의 상부구조가 아니라 물건과 서비스와 권리를 상호공유하는 방식으로 사회생활 전반에 구현되는 소통활동(communication)으로 이해했다. 그리고 그 맥락에서 각각의 자치공동체 및 상위공동체와 하위공동체 사이에서 소통으로서의 정치가 활성화되어야 한다고 주장했다. 여기서 특기할 점은 알투지우스가 연합과 소통의 방식이 상향적인 참여라는 점을 강조한다는 것이다. 달리 말해, 하위공동체는 상위공동체에게 단지 특정업무를 수행하기에 필요한 권한만을 이양할 뿐이며(보충성 원칙 the principle of subsidiarity), 따라서 민주주의는 다수결이 아니라 합의형성(consensus)을 위주로 이해되고 운영되어야 한다는 것이다(김영일 2002: 275-296).

이와 같은 논리는 주권론의 입장에서는 매우 이해하기 어려운 민주적 연방국가라는 독특한 국가형태로 나타났다. 이는 대외적으로는 단방국

민주적 연방주의와 평화

가와 마찬가지로 하나의 주권이 존재하지만, 대내적으로는 그 주권이 연방을 구성하는 각 주 및 연방 자체에 나누어져 있는 특수한 국가였다. 따라서 그것은 대외적으로 복수의 주권체가 존재하는 국가연합과 다르고, 대내적으로 유일한 주권체가 전제되는 단방국가와도 다를 수밖에 없었다. 이처럼 독특하고 미묘한 정치적 기획을 제도화하는 방식으로 프로테스탄트 정치이론가들이 선택한 것은 바로 헌법이었다. 정치공동체의 최고법이자 근본규범인 헌법에 민주적 연방주의의 이념과 그에 따른 민주적 연방국가의 구체적인 제도들을 명시함으로써 그들은 공간적 다원성의 가치를 확보하고자 했던 것이다. 이에 따르면 민주적 연방국가에서 시민은 연방과 주에 동시에 소속되어 그 둘에 대하여 충성해야 하지만, 대내외적 상황에 맞추어 끊임없이 그 사이에서 충성의 균형점을 찾아야만 했다(Karmis/Norman 2005: 1장). 주권론에 입각한 중앙집권적 단방국가주의에서는 상상할 수 없는 이러한 이중적 국가구조는 오로지 주권에 대하여 헌법을 우선시키는 헌정주의의 전통 속에서만 정당화될 수 있었다(박남규 2010).

서구의 근대 헌정사에서 이처럼 '더 어려운 평화'의 추구로서의 민주적 연방주의가 실제로 구현될 수 있었던 최초의 계기는 1776년 아메리카 식민지의 독립과 함께 찾아왔다. 당시 유럽을 석권하고 있던 절대국가주의에 입각하여 중앙집권적 단방국가주의를 불변의 전제로 삼았던 프랑스 시민혁명에 비하여, 각기 다양한 종교적 배경을 가진 13개의 새로운 정치공동체는 구대륙의 정치적 유산과 과감히 절연한 채 공간적 권력분립으로 민주주의를 실현하는 최초의 민주적 연방 국가를 창설했던 것이다. 독립선언 이후 13여 년간의 조정과정을 거쳐 탄생한 1789년의 미합중국 헌법은 이와 같은 정치적 성취의 빛나는 상징이었다. 그리고 그것은 그 이후 19세기와 20세기를 통해 각각의 독특한 정치적 상황 속에서 각각의 고유한 방식으로 민주적 연방 국가를 구성했던 스위스, 캐나다, 호주, 독일, 벨기에와 같은 국가들에 역사적 전범(典範)으로서 지속적으로 영향을 미쳤다.

미합중국의 출현 이후 지난 200여 년 동안 진행된 근대 헌정사를 민주적 연방주의의 관점에서 돌이켜 보기 위해서는 방대한 연구가 필요하다. 간략한 스케치만으로도 족하다면, 여기서는 일단 앞서 언급한 성공사례만큼이나 연방주의를 실현하려다가 좌절한 사례도 적지 않다는 점을 지적해야 할 것이다. 식민지에서 독립하는 과정에서 연방을 결성했다가 실패했던 (동)파키스탄, 중앙아메리카공화국(Central American Republic) 등을 그 예로 들 수 있다(최대권 1989: 3부 4장). 또한 20세기 내내 진행되었던 사회주의 실험에서 민주적 연방주의의 성격이 매우 변질되었다는 점도 언급하지 않을 수 없다. 비록 정치적으로는 소비에트(soviet) 연방주의라는 독특한 슬로건을 내세웠지만, 공산당이라는 강력한 유일정당에 의한 통제를 고집한 까닭에 사회주의 정치실험은 민주적 연방주의의 모토와는 정반대의 방향으로 전개될 수밖에 없었다. 이와 같은 점들을 고려한다면, 민주적 연방주의의 관점에서 근대 헌정사의 큰 흐름은 다음의 네 가지로 요약될 수 있을 것이다.

첫째는 참혹한 종교전쟁의 와중에서 세속적 주권론을 기조로 탄생했던 중앙집권적 단방국가의 신화가 현저히 약해지고 있다는 점이다. 특히 20세기에는 두 차례의 세계대전을 거친 이후 자연법적 인권사상에 기초한 국제평화주의가 고양되었고, 그 연장선상에서 유럽연합과 같이 영토적 주권국가론을 뛰어넘는 새로운 정치실험이 시작되었다. 또한 냉전 종식 이후 급속히 전개된 세계화 및 정보화의 물결은 식민 지배를 겪었던 非서방 국가의 시민들을 국경을 뛰어넘는 자유의 이념에 노출시킴으로써 결과적으로 중앙집권적 단방국가주의의 약화에 크게 기여하고 있다.

둘째는 중앙집권적 단방국가주의가 약화된 정치적 공간에서 민주적 연방주의의 이념이 더 폭 넓게 받아들여지고 있다는 점이다. 이는 무엇보다 20세기 후반에 이르러 스페인, 프랑스, 이탈리아 등 유럽대륙의 대표적인 중앙집권적 단방국가들이 적극적인 헌법개정(시도)을 통해 민주적 연방주의의 방향으로 자치(self-rule)와 공치(shared rule)와 협치(cooperative rule)에 입각한 지방분권을 현저하게 강화하고 있는 데서 단적으로 드러난다. 달리 말해, 이들 전통적인 중앙집권적 단방국가들은 냉전 종식 이후 가속화되고 있는 신자유주의적 해체와 민족주의적 반동이라는 두 가지

위협에 효과적으로 대처하기 위하여 민주적 연방주의라는 정치적 기획에 더욱 의존하게 되었다는 것이다.

셋째는 이 과정에서 시간적 차원의 권력분립과 공간적 차원의 권력분립을 함께 강화하려는 노력이 두드러지고 있다는 점이다. 앞서 말했듯이, 근대적 헌정주의는 시간적 차원의 권력분립에 기초한 입법, 사법, 행정의 기능적 권력분립을 중앙집권적 단방국가의 헌법에 제도화하는 방식으로 주권론의 기획과 타협점을 모색했으며, 이를 거부한 사회주의 실험은 소비에트적 자치에 입각한 공간적 권력분립을 초국가적 전위정당을 통한 권력집중의 논리에 결합시키고자 시도했다. 그러나 이들 사이의 대결과 경쟁이 후자의 실패로 판명된 이후에도 근대 헌정사는 전자를 일방적으로 강화하는 방향으로 나아가지 않았다. 오히려 그것은 흥미롭게도 시간적 차원의 권력분립과 공간적 차원의 권력분립을 모두 강화하는 방향으로 전개되고 있다.

넷째는 이처럼 민주적 연방주의의 새로운 시대가 열리면서 기존의 민주적 연방 국가들도 끊임없는 도전과 혁신의 요구에 직면하고 있다는 점이다. 예를 들어, 미합중국의 경우 남북전쟁 이후 지속된 연방정부에로의 권력집중이 급기야 위압적 연방주의 차원까지 도달하면서 이에 대한 개혁의 요구가 제기되고 있고, 독일의 경우에도 유럽연합의 추세에 발맞추어 전통적인 협조적 연방주의를 새로운 경쟁적 연방주의로 대체하려는 움직임이 강력하게 시도되고 있다. 이러한 변화는 민주적 연방주의가 역사적 전범의 재현을 요구하는 교의적 체계가 아니라 언제든 주어진 상황 속에서 끊임없이 스스로를 갱신하는 헌정주의의 발로라는 사실을 증명한다. 이 글의 관점에서 다시 표현하자면, 그것은 바로 '더 어려운 평화의 끊임없는 추구'인 셈이다.

이상에서 보았듯이, 근대 헌정사에서 민주적 연방주의는 이미 완성되었다기보다는 아직 어느 곳에서도 완전히 실현되지 못한 미완(未完)의 정치적 기획이다. 아니 어쩌면 그보다는 아직 그 전모가 완전히 밝혀지지 않은 미지(未知)의 정치적 기획이라고 말하는 것이 더 온당할 지도 모른다. 앞에서 언급했듯이, 이와 같은 미지의 기획 앞에서 반(反)평화, 즉 쉬운 평화는 당연히 그 가능성을 비웃으며 매몰차게 돌아서는 선택으로 나타날 것이다. 그러나 평화, 즉 더 어려운 평화는 그 앞에서 끝없이 그 본질을 궁금해 하며 진지하게 한 걸음 더 나아가는 선택으로 나타나야만 한다.

Ⅲ. 자유의 공간적 차원

민주적 연방주의의 정치적 가치는 흔히 ① 연방독재의 출현가능성 감소, ② 민주주의의 강화, ③ 다양한 실험 가능성, ④ 자유의 보호와 신장 등으로 요약된다(경기개발연구원 2010: 39). 그러나 그 각각에 대해서는 단방국가주의의 입장에서 강력한 반론이 제기될 수 있다. 충분히 민주화되고 분권화된 단방국가 및 그것들로 구성된 국제사회가 위 네 측면에서 더욱 우월하다는 논증이 불가능하지 않기 때문이다. 이러한 반론은 기실 민주적 연방주의를 채택하지 않았으면서도 모든 측면에서 민주정치의 모국으로 칭송받고 있는 영국의 예에서 그 근거를 찾을 수도 있다. 그러므로 헌법이론의 차원에서 민주적 연방주의를 정당화하기 위해서는 충분히 민주화되고 분권화된 단방국가 및 그것들로 구성된 국제사회보다 민주적 연방주의가 우월하다는 더욱 근본적인 논거를 제시해야만 한다. 이를 위하여 나는 앞에서 잠시 언급한 바 있는 자유의 공간적 차원을 재론하는 것으로부터 시작하여 논의를 전개해 보고자 한다.

인간의 사회적 현존은 세 개의 공간으로 구성된다. 우선 모든 사회적 삶이 이루어지는 사회적 공간이 존재한다. 이는 삶 속에서 모두가 함께 경험하는 공간이며, 그 점에서 '역사 공간'(historical space)이라고도 부를 수 있다. 이 '역사 공간' 속에서 우리가 경험하는 삶의 본질은 다양성이다. 언뜻 보기에 유사하게 생각되는 사태들은 자세히 들여다보면 모두 제 각각의 고유성을 가지고 있는 '사건'들(events)이다. 이 사건들은 고유하기에 다양하며, 그렇기 때문에 그 복잡성을 법칙적으로 감축시켜야 할 사회적 필요를 배태한다. 그렇다면 이와 같은 고유성과 다양성은 어디에서 오며, 무한한 사태들의 반복을 규칙을 통해 포섭하는 소위 '복잡성의 감축'은 어떻게 가능한가?

인간의 사회적 현존에는 '역사 공간' 말고도 두 개의 공간이 더 존재한다. 그 하나는 모든 인간이 오로지 개인으로서만 경험할 수 있고, 또 늘 경험하는 본유 공간이다. 실존은 이 본유 공간의 표현이다. 나는 이 공간을 '내면 공간'(inner space)이라고 부르고자 한다. 그리고 다른 하나는 모든 인간이 개인이나 집단으로도 결코 경험할 수 없는 '역사 공간' 바깥의 공간이다. 이 공간은 경험할 수 없지만, 그렇다고 부인할 수도 없는, 달리 말해 존재하지 않는 것이 아닌 공간이다. 죽음은 이 궁극적 바깥의 표현이다. 앞에서 이미 말했듯이 나는 이 이중부재(二重不在)의 공간을 '초월 공간'(transcendent space)이라고 부르고자 한다.

'역사 공간'에서 우리가 경험하는 고유한 사건들의 다양성은 역사 공간 안팎에 존재하는 '내면 공간'과 '초월 공간'에서 비롯된다. 존재는 초월 공간으로부터 역사 공간으로 주어지며(彼投), 사유는 내면 공간으로부터 역사 공간으로 전개된다(企投). 존재와 사유는 고유성을 본질로 하며 그 때문에 역사 공간은 다양성으로 가득 차게 되는 것이다. 흥미롭게도 '내면 공간'과 '초월 공간'은 '역사 공간'을 가득 채운 무한한 사태들을 의미의 연쇄로 규칙화하여 복잡성을 감축할 수 있게 만드는 근거공간이 되기도 한다. 복잡성의 감축을 위해서 인간은 '내면 공간'에서 비롯되는 실존적 자각을 기초로 이성을 작동시키기도 하고, '초월 공간'을 마주한 죽음의 공포와 무의미 앞에서 신앙을 작동시키기도 한다.

어떤 경우이든 그 과정에서 생성되는 의미의 연쇄는 '역사 공간' 안에 인간에게 특유한 '상징 공간'(symbolic space)을 형성하게 마련이다. 표상에 의하여 비로소 가능한 공간이라는 점에서 이는 '표상 공간'(representation space)이라고도 부를 수 있다. 언어와 문화와 규범과 사상들로 구성되는 이 '표상 공간'은 사유하는 인간(homo sapience)의 특징이지만, 공간적 관점에서 그것은 여전히 '역사 공간' 안에 존재한다. 그러나 이는 '표상 공간'이 '역사 공간'에 제한된다는 의미는 아니다. 마치 근대 물리학자들이 전제한 '절대 공간'이 그것을 사유하는 물리학자 자신의 '내면 공간'이나 그것을 의심하는 신학자의 '초월 공간'을 완전히 봉쇄해 버릴 수 없듯이, 인간은 '내면 공간'과 '초월 공간'을 '표상 공간'에 표상하고, 이를 통해서 '역사 공간'을 넘어선다(야머 2008: 4장).

이처럼 인간의 사회적 현존을 세 개의 공간으로 구조화하고 나면, 인간의 자유가 어떻게 공간적으로 기획되어야 하는지는 비교적 명확해진 다. 자유의 실현은 적어도 이 세 공간의 공존을 무시하거나 거부하는 방 식으로는 이루어질 수 없기 때문이다. 달리 표현하자면, 이것은 '역사 공 간', '내면 공간', '초월 공간' 사이의 존재론적 균형이 달성되어야 한다고 도 말할 수 있다. 그 어느 하나의 공간이 다른 공간들에 비해 존재론적으 로 우위에 서게 되면, 인간의 자유는 공간적으로 실현될 수 없다. 그렇다 면 좀 더 구체적으로 이와 같은 자유의 공간적 실현은 어떻게 제도화될 수 있는가?

개인─역사─초월을 축으로 하는 공간적 권력분립의 기본 발상은 실 상 매우 간단한 것이다. 오로지 개인으로서만 경험할 수 있는 '내면 공간' 이나 개인으로도 집단으로도 결코 경험할 수 없는 '초월 공간'은 어떤 의 미로도 제도적 공간이 될 수 없기 때문이다. 공간적 권력분립은 우리 모 두가 함께 경험하는 '역사 공간' 내부에 '내면 공간'과 '초월 공간'의 자리 를 마련하고, 그 자리의 불가침성을 보장하는 방식으로 제도화될 수 있을 뿐이다. 이는 앞서 말했듯이 역사 공간 내부에 존재하면서 그것을 넘어서 는 '표상 공간'에 이 두 공간의 자리와 그 불가침성을 보장하는 언어와 문 화와 규범과 사상을 건립하는 작업이기도 하다. 그렇다면 그러한 작업은 어떻게 가능한가? '역사 공간' 속에 다른 두 공간의 자리는 어떻게 마련 되어야 하며, 그 불가침성은 어떻게 보장되어야 하는가?

역사 공간 속에서 '내면 공간'의 자리는 말할 것도 없이 모든 개인 의 몸이다. 그리고 그로부터 내면 공간을 표상하는 겹겹의 작은 동그라미 들이 형성된다. 주거, 가족, 마을, 살롱, 꼬뮌 등 프라이버시의 경계를 따라 프라이버시를 공유하는 이 겹겹의 작은 동그라미들은 개인의 몸이라는 중심을 공유하고 있다. 이에 비하여 역사 공간 속에서 '초월 공간'의 자리는 문제되는 역사 공간들을 아우르는 '바깥'에 의하여 표상된다. 문제된 역사 공간이 가족이라면 그것들을 바깥에서 아우르는 가문(家門), 즉 조종(祖宗)에 의하여, 문제된 역사 공간이 지역공동체라면 그것들을 바깥에서 아우르는 국가에 의하여, 문제된 역사 공간이 주권국가라면 그것들을 바깥에서 아우르는 국제사회에 의하여, 초월 공간은 겹겹으로 표상되며, 심지어 그 바깥의 바깥에도 존재한다고 말할 수 있다(또는 존재하지 않는다고 말할 수 없다). 흥미롭게도 문제된 역사 공간에는 그와 같은 바깥을 표상하는 '초월 공간'의 자리가 존재한다. 가족은 성(姓)을 갖고 있고, 지역공동체에는 세무서와 법원이 있으며, 주권국가에는 국제기구의 깃발이 나부낀다. 역사 공간 속에 있으면서 '초월 공간'을 표상하는 가장 대표적인 예는 말할 것도 없이 궁극적 바깥의 신(神)의 존재를 상징하는 종교적 공간이다.

역사 공간 속에서 '내면 공간'과 '초월 공간'의 불가침성을 제도화하는 것은 개인의 몸과 신의 존재로부터 비롯되어 역사 공간 안팎에 형성되는 겹겹의 동그라미들의 가치를 긍정하는 작업에서 시작된다. 정치적 기획으로서 자유민주주의의 위대함은 이와 같은 긍정을 초월적 자유와 권리의 이름으로 수행한다는 점이다. 앞서 언급했듯이 신체의 자유, 주거의 자유, 프라이버시의 권리와 사상의 자유, 양심의 자유, 종교의 자유 등으로 구성되는 기본적 인권의 목록은 애당초 모든 인간은 하나님의 형상을 따라 창조되었으며, 따라서 신적 권위를 내장하고 있다는 초월적 정의(transcendent justice)의 관점에서 정당화되었던 것이다. 이 점에서 자유민주주의는 '역사 공간' 속에 다른 두 공간의 자리를 마련하고 그 불가침성을 보장하는 공간적 자유의 선언으로도 해석될 충분한 여지를 가지고 있다.

그러나 이와 같은 작업은 세 공간 사이의 존재론적 균형을 달성함에 있어서 어디까지나 출발점에 지나지 않는다. '역사 공간' 속에서 '내면 공간'과 '초월 공간'의 자리를 경계 지우는 문제가 여전히 남아 있기 때문이다. 특정 개인에게 익숙한 이 세 공간의 경계선은 다른 개인에게는 전혀 그렇지 못할 가능성이 많다. 특정 집단에게 익숙한 경계선이 다른 집단에게는 그렇지 못한 것도 우리가 늘 경험하는 바이다. 동일자가 설정한 경계선들은 타자가 설정한 경계선들과 언제나 다르다. 이 두 다른 경계선들을 조정하여 세 공간 사이의 존재론적 균형을 달성하는 것이야말로 자유의 공간적 실현에서 가장 어렵고도 결정적인 문제이다. 이에 비하면 자유와 권리의 이름으로 공간적 자유를 제도화하는 것 그 자체는 너무도 쉬운 문제이다.

Ⅳ. 이중적 경계선 긋기의 규범적 제도화

그렇다면 이 세 공간 사이에 경계선을 긋는 문제와 관련하여 민주적 연방주의는 어떤 의미를 가지는 것인가? 그리고 그것이 충분히 민주화되고 분권화된 단방국가 및 그것들로 구성된 국제사회에 비하여 가질 수 있는 특유한 장점은 무엇인가? 이 질문들에 답하기 위해서는 잠시 주권론에 입각한 초집권적 단방국가주의로 돌아가 그 공간적 의미를 되짚어야 할 필요가 있다. 그리고 그 경우에 우리가 반드시 상기해야 할 것은 경계선을 긋는 문제와 언제나 함께 나타나는 적과 동지, 그리고 이웃의 문제이다.

칼 슈미트가 단언했듯이 주권론에 입각한 초집권적 단방국가주의는 대지의 노모스, 즉 경계 지워진 땅의 규범에 의존한다(슈미트 1995). 이 대지의 노모스는 궁극적으로 두 종류의 결단에 의해 탄생하는데, 그 하나는 경계선 내부의 모든 개인에게 '내면 공간', 즉 공간적 자유를 인정하는 것이고, 다른 하나는 그러한 인정을 경계선 바깥에 대해서는 거부하는 것이다. 이 두 종류의 결단을 칼 슈미트는 '정치적인 것'의 본질에서 유래하는 것으로 이해한다. 그에 따르면 정치적인 것이란 적과 동지를 나누는 것이다. 정치적으로 그어진 경계선에서 안에 있는 것은 동지이고 밖에 있는 것은 적이다. 위에서 전개한 세 공간 사이의 존재론적 균형에 관련하여 칼 슈미트가 대표하는 입장의 의미는 명백하다. '내면 공간'은 궁극적으로 동지로 선언된 개인의 공간에만 한정된다. 그리고 그와 같은 개인의 공간은 '초월 공간', 즉 주권국가의 경계선 바깥 또는 그 주권국가들로 구성된 국제사회의 바깥을 적의 공간으로 선언해야만 주어진다. 안을 동지의 공간으로 선언하고, 바깥을 적의 공간으로 선언하는 이 두 종류의 결단은 동시이행의 관계에 놓인다. 그것은 적과 동지의 경계선 긋기로 수행된다.

그러나 칼 슈미트의 논리는 결정적인 문제를 안고 있다. 앞서 보았듯이 실제로 인간의 사회적 공간은 적과 동지의 이분법으로 나눌 수 없는 다양성과 고유성으로 가득 차 있기 때문이다. 세상에는 적과 동지 중 그 어느 쪽도 아닌 사람들이 널려 있다. 적과 가깝지만 결코 적이라고 할 수 없는 '경쟁자들'(competitors)이 있으며, 동지이었으면 좋겠지만 결코 동지는 아닌 '친구들'(friends)도 존재한다. 그리고 무엇보다 적도 아니고 경쟁자도 아니며, 동지도 아니고 친구도 아닌 '이웃들'(neighbors)이 존재한다. 이웃들의 대표적인 표상은 어디서 오는지 알 수 없지만, 늘 우리 앞에 불쑥 나타나곤 하는 정체 모를 손님들, 즉 '타자들'(others)이다. 칼 슈미트의 정치적 공간 속에는 이웃의 자리가 존재하지 않는다. 이웃의 자리가 없으니 경쟁자들이나 친구들의 자리 또한 찾아내기 어렵다.

이 결정적인 문제 앞에서 칼 슈미트는 기다렸다는 듯이 예외상태(exception)의 논리로 대답한다. 여기서 예외상태란 전쟁과 같이 적과 동지의 구분을 결단하지 않을 수 없는 긴급 상태(emergency)를 의미한다. 그에 따르면 원칙이 예외를 규정하는 것이 아니라 예외가 원칙을 규정한다. 긴급 상태는 통상 상태의 예외가 아니라 도리어 통상 상태의 통상성을 규정하는 원칙이 만들어지는 창조의 시점이나 다름없다. 칼 슈미트의 논리, 즉 주권론에 근거한 초집권적 단방국가주의가 전제하는 대지의 노모스는 '역사 공간'의 구조화를 정치적인 것의 관점에서 추진하려는 기획이다. 여기서 정치적인 것의 관점은 안, 즉 '내면 공간'으로부터 출발한다. 적어도 그것은 확실히 존재하는 동지의 공간이기 때문이다. 이에 비하여 바깥, 즉 '초월 공간'은 존재하지 않는 것이 아닌 공간이기에 적의 공간으로 관념된다. 이렇게 해서 대지의 노모스는 동지가 지배하는 안의 공간과 적이 지배하는 밖의 공간으로 구조화된다. 전쟁은 밖에서부터 시작되고, 이에 맞서는 결단은 안에서부터 이루어진다. 그러니 둘을 나누는 경계선 긋기가 불가피할 수밖에 없다.

그러나 우리의 사회적 현존을 예외상태의 논리에 의존하여 적과 동지의 이분법에 따라 감축하는 것은 과연 온당한 일인가? 최근에 조르조 아감벤은 칼 슈미트의 예외상태의 논리가 숨기고 있는 매우 음험한 측면을 밝혀냈다. 바로 예외상태의 주권적 결단이 적도 아니고 동지도 아닌 이웃들, 즉 타자들을 벌거벗은 생명으로 추방하는 것과 동시에 발생한다는 것이다(아감벤 2008). 아감벤의 분석은 주권 권력이 그와 같은 호모 사케르(homo sacer)에 의존적이라는 것과 함께 호모 사케르의 관점에서 주권을 해체할 수 있다는 새로운 전망을 제공한다. 그러나 이 새로운 전망에 동의하든 그렇지 않든, 호모 사케르, 즉 누구나 죽일 수 있지만 그 죽음이 희생제물로서의 가치마저 가질 수 없는 이 벌거벗은 생명들이 적도 아니고 동지도 아니며 그렇다고 해서 경쟁자나 친구도 될 수 없다는 점은 명백하다. 그렇다면 그들은 과연 누구인가? 나는 호모 사케르야말로 고유한 사건들로 가득 찬 다양성의 공간, 즉 '역사 공간'에서 우리가 만나는 '이웃'들이 예외상태 속에서 자신들의 모습을 드러내는 고유한 형태가 아닌가 생각한다. 성서가 곳곳에서 그토록 돌볼 것을 강조하며 언급하고 있는 고아와 과부와 가난한 자들, 즉 이름을 갖지 못했으나 얼굴로 말하고 있는 '이웃'들이라는 것이다.

민주적 연방주의는 한 마디로 적도 아니고 동지도 아닌 이웃들의 공간을 확보하기 위한 공간적 자유의 기획이다. 미합중국의 헌정사에서 민주적 연방주의의 설계자 중 한 사람이었던 알렉산더 해밀턴은 마블리 신부의 '협상의 원칙'이라는 책을 인용하여 다음과 같이 말하고 있다.

"이웃하고 있는 나라들은 자신들의 공통된 약점으로 인해 연맹적인 공화국을 건설하지 않는 한, 그리고 그들의 헌법이 이웃의 희생을 통해서 자신을 강화하고 싶어하는 은밀한 시기심을 소멸하고 이웃 간의 격차가 발

생하는 것을 방지하지 않는 한, 서로에게 적이 되는 것은 자연스러운 것이다." (해밀턴 1995: 42)

그리고 이는 예외상태의 논리가 야기한 살육의 육박전에 질린 채로 신세계를 찾아왔던 한 프랑스 지식인이 미합중국의 곳곳에서 인상적으로 느꼈던 신기한 모습들과도 다르지 않다. 그가 보았던 것은 국가와 개인 사이에 수없이 명멸하는 크고 작은 자발적 결사체들(voluntary associations)의 존재였다. 이 자발적 결사체들이야말로 아메리카인들이 향유하는 자유의 실제적 공간이었으며, 칼 슈미트의 논리 속에서는 부인될 수밖에 없었던 이웃의 공간이었던 것이다. 나아가 이러한 이웃의 공간은 국가와 개인 사이만이 아니라 아메리카인들이 만든 독특한 정치공동체의 바깥에도 존재했다. 민주적 연방국가가 아니라면 상상하기 어려운, 언제나 동지인 것은 아니지만 대체로 친구이고, 경쟁자이기도 하지만 피차 적으로 돌리지 않을 것을 합의한 이웃 정치공동체들(neighbor states)이 유럽과 달리 아메리카에는 실존하고 있었던 것이다(토크빌 1997; 에렌버그 2006: 6장).

공간적 자유의 기획으로서 민주적 연방주의는 경계선 긋기를 거부하지 않는다. 그러나 개인과 국가, 그리고 그 바깥을 적과 동지의 경계선으로 나누는 초집권적 단방국가주의에 비하여 특이한 방식으로 경계선 긋기를 변형시킨다. 이는 일종의 이중적 경계선 긋기로서 개인과 주권국가 사이에 개인도 아니고 주권국가도 아닌 공간적 단위를 설정하는 동시에 주권국가의 경계선에 첫 번째 공간적 단위들을 아우르는 두 번째 공간적 단위를 설정하는 것이다. 이 두 번째 단위는 별도의 국가이지만 결코 다른 주권국가는 아니라는 점에서 그것과 다른 주권국가 사이의 경계선 긋기가 여전히 가능하다. 현실세계에서 이중적 경계선의 실제 모습은 매우 유동적이며, 따라서 민주적 연방주의는 지극히 다양한 모습으로 나타날 수밖에 없지만, 어떤 경우이든 이중적 경계선 긋기를 실행한다는 점에서는 동일하다. 요컨대 개인과 국가 사이에 첫 번째 공간적 단위(예를 들어 주들, the states)를 끼워 넣고, 주권국가와 다른 주권국가 사이에 두 번째 공간적 단위(연방, the federal)를 끼워 넣는 이중적 경계선 긋기가 공간적 자유의 기획으로서 민주적 연방주의의 핵심이라는 것이다.[41]

앞에서 누차 설명했듯이, 민주적 연방주의는 지독히도 복잡하고 미묘한 정치적 기획이다. 자치와 공치와 협치 중 하나만 없어도 민주적 연방주의는 미궁에 빠진다. 이 기획에서 개인은 스스로 하나의 주권체이지만, 주와 연방에 동시적으로 소속된다는 점에서 이중적 방식으로만 그 주권을 행사할 수 있다. 이 말은 민주적 연방국가에서 개인이 항상 주와 연방 중 어느 하나와 불화할 가능성을 감수해야 한다는 의미이기도 하다. 때때로 이러한 가능성은 개인이 주와 연방 모두로부터 정치적으로 소외되는 지경까지 심화되기도 한다.[42] 그렇다면 초집권적 단방국가주의에서는 발생할 까닭이 없는 이와 같은 정치적 위험에 대하여 민주적 연방주의는 어떻게 대응하는가? 지독히도 복잡하고 미묘한 이 정치적 기획에 규범력을 부여할 수 있는 비책은 도대체 무엇인가?

민주적 연방주의는 단연코 헌정주의의 표현이다(박남규 2010: 8). 민주적 연방주의는 주권이 아니라 헌법에 의하여 제도화되며 그로부터 정당성과 규범력을 부여받기 때문이다. 주권에 대하여 헌법을 우선시키는 헌정주의에 대한 확신이 없다면 민주적 연방주의는 실현되기 어렵다. 이러한 헌정주의적 본질은 민주적 연방주의가 충분히 민주화되고 분권화된 단방국가 및 그것들로 구성된 국제사회에 비하여 공간적 자유의 관점에서 더 우위를 가지는 이유이기도 하다. 충분히 민주화되고 분권화된 단방국

---

41 그러나 미합중국의 이러한 기획이 실제의 역사를 통하여 제대로 실현되었는가는 별개의 문제이다. 오히려 20세기 후반에 들어와서는 연방정부의 권력이 비대칭적으로 강화됨으로써 미합중국 자체가 일종의 거대한 초집권적 단방국가가 되어 버렸다는 진단이 우세한 것 같다. 이렇게 된 까닭으로는 역시 민주주의를 팽창의 논리와 동일시한 미국적 세계관을 첫 손에 꼽아야 할 것이다(후지와라 2002).

42 어쩌면 민주적 연방주의의 이중적 경계선 긋기가 산출하는 이와 같은 불편은 소위 '환대의 사유'를 특징짓는 '손님'과 '주인'의 동근원성 또는 적대(hostility)와 호의(hospitality)의 동근원성에 대한 통찰(우카이 2010: 24-28)을 제도화하기 위해 불가피한 것일 수도 있다. 이중적 경계선 긋기는 적과 동지의 구분을 유동적으로 만들고 따라서 그 어느 쪽에도 속하지 않는 이웃의 공간을 창출하지만, 바로 그렇기 때문에 끝없는 자아의 불화를 감내할 것을 요구하게 되는 것이다. 바로 이 지점에서 민주적 연방주의는 헌정주의와도 깊이 연결될 수 있다.

민주적 연방주의와 평화

가 및 그것들로 구성된 국제사회는 민주적 연방주의에 버금갈만한 정치적 결과를 실제로 산출할 수도 있다. 그러나 그 체제는 어느 시점이든 주권의 결단에 의하여 초집권적 단방국가로 환원될 수 있다는 점에서 근본적으로 취약하다. 자치와 분권의 제도적 기반이 한 순간에 무너져 버릴 수 있다는 것이다. 주권론에 입각한 초집권적 단방국가를 민주적 연방주의의 방향으로 개혁하는 과정에서 충분히 민주화되고 분권화된 단방국가를 지향하는 것은 바람직하고 또 불가피한 일일 수 있다. 이 점에서 민주화와 함께 분권화의 지향을 단방국가의 헌법에 못 박아두는 것이 긴요한 정치적 목표가 되는 것은 당연하다. 그러나 그 단계를 넘어 적이나 동지만이 아니라 '이웃'의 공간까지를 제도화하기 위해서는 민주적 연방주의에 기초하여 헌법을 새로 만드는 작업이 필수적이다.

V. 한반도에서 민주적 연방주의의 실현 가능성

민주적 연방주의는 더 어려운 평화의 추구이자 더 어려운 자유의 추구로서 근대적 헌정주의 또는 자유민주주의의 공간적 심화를 이끄는 최종적 기획이다. 그렇다면 이처럼 어렵고 복잡한 정치적 기획이 오늘날 한반도의 상황에서 가지는 의미는 무엇일까? 한반도에서 민주적 연방주의가 실현될 가능성은 얼마나 있는가? 또 한반도에서 그 가능성을 실제화하기 위해서 우리는 무엇을 해야 하는가? 이와 같은 질문들은 이 글의 초두에서 1953년 초여름의 휴전반대시위를 더 어려운 평화의 추구로 해석했을 때부터 이미 제기되었던 것이다. 나는 이제 그것들에 대하여 간략한 답변을 제시하는 방식으로 이 글을 마무리 하고자 한다.

오늘날 한반도에는 두 개의 초집권적 단방국가가 60년 넘게 대치하고 있다. 양자는 모든 면에서 극단적인 대조를 보이며, 한반도의 역사에서 전례를 찾을 수 없는 극심한 경쟁을 계속해 오고 있다. 그러므로 한반도에서 민주적 연방주의의 실현 가능성을 논의하기 위해서는 일단 두 개의 초집권적 단방국가가 극단적으로 대치하고 있는 정치적 현실로부터 출발하지 않으면 안 된다. 이 경우에 가장 쉽게 생각할 수 있는 것은 남과 북의 초집권적 단방국가들을 그대로 두고 그 사이의 관계를 연방주의적으로 제도화하는 것이다. 지난 2000년의 6.15 남북공동선언에서 국가연합제와 유사한 것으로 주장되었던 낮은 단계의 연방제를 그 예로 들 수 있다. 극단적으로 이질적인 남과 북의 두 체제를 통일로 이끌기 위해서는 과도기적으로나마 국가연합과 유사한 낮은 단계의 연방제를 거칠 수밖에 없다는 것이 이 주장의 핵심 논거이다.

그러나 민주적 연방주의의 입장에서는 이에 대하여 적어도 세 가지 반론을 제기하지 않을 수 없다. 첫째, 이 주장은 민주적 연방주의가 근대적 헌정주의 또는 자유민주주의의 공간적 심화라는 사실을 도외시하고 있다. 그러나 민주적 연방주의는 체제 통합을 위한 과도기적 전략에 머무를 수 없으며, 오히려 공간적 다원성을 기초로 초집권적 단방국가의 민주화와 분권화를 추진하기 위한 정치원리로 이해되어야 한다. 둘째, 낮은 단계의 연방제를 거쳐 초집권적 단방국가로 통일을 달성하겠다는 로드맵 자체의 합리성이 재고되지 않으면 안 된다. 앞에서 살폈듯이, 근대 헌정사의 뚜렷한 흐름은 오히려 정반대로 초집권적 단방국가를 민주적 연방주의의 방향으로 개혁하려는 것이기 때문이다. 셋째, 기본적으로 이러한 발상이 과연 민주적 연방주의가 지향하는 '더 어려운 평화와 자유의 추구'인지를 반문하지 않을 수 없다. 무엇보다 이 로드맵의 최종적인 목표가 주권론에 입각한 초집권적 단방국가로의 통일이라면 그것이야말로 단순하고 쉬운 평화와 자유 또는 덜 어려운 평화와 자유, 즉 이 글의 용어로는 반(反)평화이자 반(反)자유이겠기 때문이다.

이렇게 보자면, 한반도에서 민주적 연방주의를 실현하기 위해서는 우선적으로 초집권적 단방국가를 당연한 전제로 받아들여 온 오랜 관성에서 의식적으로 벗어나야만 한다. 이는 '표상 공간'에서 한반도의 구성원들을 옭아매고 있는 초집권적 단방국가주의의 억압기제를 없애버려야 한다는 뜻이다. 그리고 그 공백에 이 글이 주장하는 민주적 연방주의의 이념과 가치와 원리와 제도들을 겹겹이 축적할 필요가 있다. 민주적 연방주의

민주적 연방주의와 평화

는 우선 초집권적 단방국가의 내적 개혁을 위한 목표가 되어야 하며, 그 연장선상에서 한반도의 재통일을 이끄는 헌법원리가 되어야 한다(박응격 외 2006: 10-1장).

이러한 맥락에서 이미 잘 알려져 있는 독일 통일의 경험은 한반도의 미래를 설계하는 데도 큰 교훈이자 울림으로 다가온다. 제2차 세계대전 이후 동서로 분단된 두 독일 국가는 재건을 위해 판이하게 다른 경로를 선택했다. 동독이 공산당의 일당독재에 기초한 초집권적 단방국가주의를 고집한 반면, 서독은 나치 시절의 극단적인 초집권적 단방국가주의에 대한 반성으로 민주적 연방주의를 채택했던 것이다. 전후의 국가재건과정에서 이 두 노선이 어떠한 결과를 초래했는지는 역사가 증명하고 있다. 동독의 노선은 경제파탄과 국가해체로 이어졌고, 서독의 노선은 경제성장과 함께 유럽연합을 주도할만한 국가적 역량을 확보하게 만들었던 것이다. 베를린 장벽이 무너진 뒤 서독의 민주적 연방주의가 독일 통일의 헌법적 형식을 제공했던 것은 공지의 사실이다(허영 1994).

오늘날 한반도의 정치적 상황에서 3대째 권력세습을 진행하고 있는 북한체제가 민주적 연방주의의 방향으로 체제개혁을 시도할 것을 기대할 수는 없다. 그렇다면 유일하게 남은 가능성은 대한민국이 먼저 민주적 연방주의를 기치로 체제개혁에 나서는 것뿐이다. 이런 관점에서 대한민국의 구성원들은 2000년대에 들어와서 정치권과 시민사회의 일각에서 꾸준히 주장되고 있는 소위 강소국(强小國) 연방제 개헌의 목소리를 귀담아 들어야 할 필요가 있다. 수십 년 째 계속되고 있는 지역주의 정당구조, 고령화와 실업증가와 양극화의 폐해, 뒤늦은 복지국가화에 따른 재정적 부담 등을 초집권적 단방국가를 전제로 해결하려는 것은 문제를 문제로 답하는 악순환을 계속하는 것이다. 강소국 연방제 개헌은 이러한 문제를 풀기에 앞서 그 문제를 낳는 구조 자체를 재구성하는 총체적 개혁의 통로가 될 수도 있다. 강소국 연방제를 포함하여 분권 헌법의 실현을 위한 헌법개정 논의가 시급하게 요청된다(이국운 외 2015).

追記: 헌법이론 공부길 회상

H형!

가을비 내리는 아침에 인사드립니다.

안녕하신지요? 포항의 李 國 運입니다.

항상 자상하면서도 온화한 얼굴로 제 공부과정을 지켜봐 주시고, 또 그동안 변변치 않은 제 연구 논문들을 관심을 가지고 읽어 주셔서 깊이 감사드립니다.

일전에 만나 뵈었을 때, H형께서 질문 주신 것이 계기가 되어 지난 30년간 제가 공부하면서 깨달은 바를 조금 장황하게 말씀드린 적이 있지요. 포항에 돌아와 생각하니 장광설이 부끄럽기도 하고, 아예 짧게라도 제가 거쳐 온 공부길을 스스로 정리해 봐야겠다는 생각이 들었습니다.

아래의 글은 H형에게 보여 드리기 위하여 지난 몇 주간 고민하면서 쓴 제 헌법이론 공부길 회상입니다. 이미 들으셨지만, 헌법이론 분야에서 제가 쓴 연구 논문들을 이해하시는 데 도움이 되시지 않을까 하여 보내 드립니다.

I.

　고등학교 3학년 때 학력고사를 앞두고 결핵성 늑막염으로 쓰러졌던 저는 1년간의 재수생활을 거쳐 1985년 3월 서울대학교 법과대학에 입학 했습니다. 대부분의 동기들과 마찬가지로 저는 학생운동에 약간의 경계심을 가진 채, 사법시험에 합격하여 판검사가 될 꿈에 부풀어 있는 지방(大田) 출신의 평범한 법대 신입생이었습니다. 하지만, 그 해 3월이 채 지나기도 전에 저는 서로 충돌할 것이 예정된 지적 소용돌이 속에 빠져들게 되었습니다. 낯선 학과공부를 제외하고도 크게 세 가지 방향에서 어떤 지식적, 도덕적, 종교적 충격이 몰려 왔기 때문입니다.

　낯선 캠퍼스에서 저를 맨 처음 찾아 준 것은 개강 전날 어떻게 알았는지 하숙집으로 찾아온 같은 고등학교 출신의 법대 선배(김용덕)였습니다. 말수가 아주 적고 맑은 눈웃음을 가진 그에게 이끌려 저는 자연스럽게 당시 '언더(under)' 또는 '집(family)'이라고 불렸던 학생운동권 세미나에 정기적으로 참석하게 되었습니다. 개강 첫날에는 두 가지 사건이 있었는데, 그 또한 이후 캠퍼스 생활에 큰 영향을 끼쳤습니다. 첫째는 독일어 수업시간에 낯모르는 경제학과 선배(이명헌)를 만나 '사랑의 교회'의 대학생모임을 소개 받은 일이었습니다. 소위 모태신앙 침례교인으로서 출석할 교회를 찾고 있던 저는 그 인연으로 생전 처음으로 장로교회 대학생모임에 나가게 되었습니다. 둘째는 수업이 끝난 뒤, 당시 8동 대형 강의실 지하 한 구석에 있었던 사회대 연극반에 스스로 찾아가서 가입한 일이었습니다. 고등학교 시절 대전 바닥에서 알아주는 배우였던 저에게 연극은 어떤 의미에서 대학과 동의어였습니다. 오리엔테이션 때 법대에는 연극반이 없다는 말을 들은 저는 사회대 연극반에 찾아가 끼워달라고 했습니다. 동아리방 구석에서 혼자 뭔가를 열심히 쓰다가 양복 정장을 차려입고 불쑥 등장한 제 모습에 놀라며 약간은 귀찮은 듯 담배를 피워 물던 국문과 선배(오수연)의 모습이 지금도 눈에 선합니다.

기대했던 강의들에서 별다른 자극을 받지 못한 대신, 주중에 진행되었던 소위 의식화 세미나들을 통해 저는 점차 지적, 도덕적인 소용돌이에 휩싸였습니다. 당시에는 고등학교 동문회에서까지 일주일에 한 번씩 세미나를 했기 때문에, 주중의 오후는 으레 동아리방이나 자취집 아니면 막걸리집에서 대개 83학번 선배들이 이끄는 토론에 참여하는 것이 일과였습니다. 나중에 안 일이지만, 85학번은 서울대의 학생운동 사상 가장 체계적이고 집단적으로 의식화 교육을 받은 학번이었습니다. 대부분의 학생운동조직들이 약 2년 단위의 동일한 언더 커리큘럼을 공유하고 있었기 때문에, 미팅이나 동문회 등으로 한두 번 빠지더라도 진도에는 별 무리가 없었습니다. 한국현대사에서 시작하여 변증법, 정치경제이론, 혁명운동사, 유물론 등으로 이어지는 그 커리큘럼은 문무대입소, 4.19, 광주민주화운동 등으로 이어지는 각종 이벤트와 맞물려 매우 효과적인 교육효과를 발휘했습니다. 종교적인 이유 때문에 저는 비폭력적인 입장을 지키고 있었지만, 학내외의 시위에 참가하는 빈도가 늘어갔고, 세미나가 끝난 뒤 울분과 답답함으로 폭음을 하는 일도 심심치 않게 있었습니다. 1학기 말에는 교련시험의 거부 투쟁에 참여했다가 가까스로 D(−)학점을 받아 낙제를 면하기도 했습니다.

이와 더불어 주말에 참여했던 성경공부 모임은 저를 전혀 다른 종교적 각성의 차원으로 이끌었습니다. 판자동네 개척교회의 부흥목사집 맏아들이었던 저는 비록 어려서부터의 신앙생활을 통해 그리스도인으로서 구원의 확신이 있었으나, 솔직히 기독교의 진리와 구원받은 자의 삶에 관해서는 제대로 훈련받지 못한 상태였습니다. 주말의 성경공부는 비록 신학적 아마추어인 대학생들끼리 진행하는 것이었지만, 무엇보다 기독교신앙의 토대인 성경을 직접 묵상(黙想)하고 나누는 법을 가르쳐 주었다는 점에서 제 인생에 결정적인 영향을 끼쳤습니다. 주로 사제(아버지)의 설교를 듣고 그의 인도에 따라 함께 기도하는 선종(禪宗)적 방식에 익숙해 있던 제게 직접 경전을 읽고 깨달은 바를 설파하는 교종(敎宗)적 방식은 말 그대로 '종교개혁'이었습니다. 처음으로 제대로 읽은 빌립보서와 요한복음,

그리고 시편(詩篇)의 구절들 앞에서 사람으로 오신 神의 은총을 체험하고 감격에 젖어 눈물을 흘린 적도 여러 번 있었습니다. 부끄러운 이야기지만, 그 해 여름이 다 지나서야 저는 예순여섯 권 성경전서를 생전 처음으로 한 번 읽었던 것 같습니다.

주중과 주말의 공존, 즉 의식화세미나와 성경공부의 병행은 1985년 2학기 중반까지 그런대로 유지되었습니다. 하지만 양자로부터 구체적인 실천의 필요성이 제기되면서 시간사용의 문제에서부터 충돌이 시작되었습니다. 칼 마르크스와 예수 그리스도는 모두 '전적 헌신'을 요구했기 때문입니다. 하지만 저는 계속 머뭇거리며 선택을 미루고만 있었습니다. 전적 헌신을 결행하기엔 무언가 찜찜한 구석이 남아있었던 까닭입니다. 마르크스가 지배하던 주중에 관해서 저는 군사독재의 타도를 위한 혁명적 봉기의 주장이 아니라 그것을 지탱하는 환원주의(reductionism)적 이론체계가 아주 부담스러웠습니다. 모든 것을 계급과 토대의 문제로 환원하는 태도는 때때로 과도한 실천적 비약을 정당화했기 때문입니다. 황석영의 '한씨연대기'를 공연하기 위해 연극연습이 한창이던 어느 날, 연출하던 선배의 인솔로 가리봉동 쪽방동네에 답사를 간 적이 있었는데, 뒷풀이 자리에서 '민중적이란 것'에 관해 열변을 토하던 선배를 보다가 저는 하마터면 크게 웃을 뻔 했습니다. 제가 자라난 대전시 부사동 산자락의 판자동네의 모습에 비추어 가리봉동은 오히려 사정이 나은 편이었기 때문입니다. 그렇다고 예수 그리스도의 주말에 관해서도 만족할 수는 없었습니다. 제 힘으로 성경을 읽고 묵상하기 시작하면서 가장 먼저 떠오른 것은 함께 성경을 묵상하는 나와 우리가 성경의 명령에 어긋난 생활을 하고 있다는 사실이었습니다. 사회과학적 사고방식은 여기서 상당한 효과를 발휘했습니다. 당시에는 CCC나 네비게이토 선교회와 같은 선교단체들의 영향으로 특히 마태복음 28장 19-20절을 예수 그리스도의 전도명령으로 이해하여 '개인전도'를 우선시하는 경향이 아주 심했는데, 저는 그런 해석이 가진 反사회적, 反역사적 오류의 가능성을 볼 수 있었기 때문입니다.

행동보다 사색에 기우는 저의 특성은 대학 1학년을 마치는 시점에 이미 분명하게 모습을 드러내고 있었습니다. 의식화세미나가 계속되면서 주말에도 가두시위 등 여러 가지 이벤트들이 생겼지만, 저는 애초부터 그리스도인임을 분명히 한 까닭에 주말에는 확실한 면제를 받을 수가 있었습니다. 그러나 교회로 향하는 지하철 속에서 저는 늘 채무감에 시달렸습니다. 당시 사랑의 교회는 강남역의 요지에 자리 잡고 있었는데, 주말에 그곳을 찾는 젊은이들은 대부분 월드팝스(world pops)라는 디스코테크를 찾는 사람들이었습니다. 그들과 갈라져 사람 많지 않은 길로 교회에 가면서, 저는 이곳에도 저곳에도 속하지 못하는 경계인(marginal man)의 외로움을 많이 느꼈던 것 같습니다. 그 감정은 성경공부와 여러 모임이 파한 뒤, 지하철을 타고 신림동에 돌아올 때도 다시 몰려왔습니다.

하숙집 근처에 많이 살던 고등학교 선배들, 그리고 에로고스(erogos, 에로스(eros)와 로고스(logos)의 합성어)라는 모임을 같이 했던 법대 3반 동기들(서을오, 임미원, 나기주, 사봉관, 박균택, 고안수, 이준형, 윤도식 등)은 사색의 동반자가 되었습니다. 하지만 제 삶은 어디까지나 스스로 책임져야 하는 제 몫이었습니다. '자민투 對 민민투'의 사상투쟁이 학생운동권을 안으로부터 갈라놓았던 1학년 겨울방학을 지내면서, 저는 운동과 신앙의 양자로부터 동시에 스스로 소외되었습니다. 어떤 조직적 요구에서도 벗어나서 저는 주체적으로 판단하고 또 실천하고 싶었습니다. 외로움을 더욱 깊게 만드는 선택이었지만, 그로 인해 사색의 책임감은 더욱 강화될 수 있었습니다. 지금도 제가 감사하게 생각하는 것은 이 과정에서 흔히 법대생의 영혼을 좌우하는 사법시험에 대한 조바심이 별로 크게 작용하지 않았던 점입니다. 이는 사법시험 준비를 군사정권에 야합한 지배세력에의 편입준비로 폄하하는 태도에 관하여 제가 어떤 입장을 가졌기 때문은 아니었습니다. 구체적인 진로선택보다 더 중요한 어떤 세계관적 충돌의 문제가 제 앞에 가로 놓여 있었습니다.

2학년이 되면서 법학 공부가 본격적으로 시작되었으나 저는 별다른 흥미를 느끼지 못했습니다. 헌법, 민법총칙, 형법총론, 국제법 등을 수강했는데, 원리와 개념의 꾸러미를 별다른 설명 없이 던져 놓는 교과서적

追記: 헌법이론 공부길 회상

수업방식이 마음에 들지 않았습니다. 그 꾸러미를 정당화하려는 논증이 제대로 시도되고 있다는 느낌을 받지 못한 채, 저는 수업시간 틈틈이 부르조아 법학의 한계를 고발하는 운동권 구호들의 의미를 되새기곤 했습니다. 신기한 것은 그런 과정에서도 한 달쯤 지나자 법학의 기본논리들이 어느새 머릿속 한 구석에 자리 잡는 것을 느낄 수 있었던 점입니다. 괴테적 감성의 외면과 회피에도 불구하고 칸트적 이성은 제 영혼 속에서 야금야금 그 영지를 넓히고 있었던 것입니다.

그러다가 난데없이 제 세계관적 고민이 파열음을 내며 폭발하는 계기가 찾아왔습니다. 3월 말부터 전방입소교육을 미국제국주의에 영합하는 용병교육으로 규정하여 거부하는 운동이 벌어졌는데, 저는 그래도 국가를 지키는 것은 헌법적 의무이며 그 의무를 다하는 것은 결코 부끄러운 일이 아니라는 주장을 내세웠습니다. 이틀에 걸쳐 세 차례 계속된 2학년들의 토론에서 저는 끝까지 공개적으로 이 입장을 고수했습니다. 결국 그렇게 해서 철원의 3사단에 입소를 했는데, 그날 저녁 신림동사거리까지 가서 버티다가 뒤늦게 끌려 온 친구(김정중)로부터 충격적인 소식을 듣게 되었습니다. 신림동사거리에서 선배들 두 명(김세진, 이재호)이 분신(焚身)을 했다는 이야기였습니다. 전방에서의 일주일은 물론이려니와 이후 학교에 돌아와서도 저는 깊은 죄책감에 붙들려 살았습니다. 먼저 죽은 김세진 선배는 아크로폴리스에서의 집회를 여러 번 주도한 까닭에 하얀 얼굴이 아주 낯익은 사람이었습니다. 나중에 죽은 이재호 선배가 한 20일쯤 고생하는 동안, 저는 무언가라도 해야 한다는 부담감에 황급하게 대안을 찾아 돌아다녔습니다.

조직적 차원에서 혼자가 되었던 제가 발견한 것은 매일 12시마다 아크로폴리스에서 열리고 있었던 한사랑 선교회 주최의 기도 모임이었습니다. 저는 개인 자격으로 그 모임에 참석하면서 참담한 심정으로 회개했고 또 이 땅의 구원을 위해 기도했습니다. 그러다가 5월 20일에 이르러 드디어 결정적인 사건이 벌어졌습니다. 당시 아크로폴리스 기도 모임을 주도하던 한사랑 선교회는 점점 참석자가 많아지는 것에 힘을 얻어 복음

성가 가수들을 초청하는 잔치마당을 아크로폴리스에서 개최했는데, 하필이면 같은 시간 같은 장소에 총학생회가 진행하는 문익환 목사님 초청집회가 예정되었던 것입니다. 복음성가와 운동권노래, 키보드소리와 꽹과리 소리가 부딪히는 가운데, 기도 모임의 주최 측은 참석자들에게 땅바닥에 엎드려 통성기도를 올릴 것을 요청했습니다. 무의식적으로 그 요청에 따르다가 저는 결국 학우들의 발길에 채여 아크로폴리스에서 쫓겨났습니다. 순식간에 대학본부 앞 계단으로 밀려난 기도 모임의 참여자들은 당혹한 표정으로 나중에 대통령후보로 출마했던 김한식 목사(당시 선교사)의 설교를 들었습니다. 그는 여리고성을 무너뜨린 여호수아의 사례를 거론하며 실망하지 말고 캠퍼스를 행진하자고 제안했고, 순응에 익숙한 젊은 군중은 그를 따라 걸으며 찬송을 부르기 시작했습니다. 자연대 건물 뒤까지 그 행렬을 따라 가다가 저는 고개를 흔들며 떨어져 나와 다시 아크로폴리스로 돌아왔습니다. 적어도 제게 그 행렬은 역사의 현장을 외면하는 선택이었기 때문입니다.

　　문익환 목사님은 예의 날카로운 목소리로 군사독재의 부당성을 신랄하게 공격하고 있었습니다. 그때 갑자기 수천 명의 전투경찰이 투입되어 순식간에 아크로폴리스를 둘러쌌고, 그 뒤로 충돌을 예감한 학생들이 도서관에서 빠져나왔습니다. 전투경찰대와 학생들의 사이에 저는 엉거주춤한 모습으로 혼자 서 있었습니다. 바로 그 때, 어떤 여학생의 외마디 비명과 함께, 사람 타는 비린내가 아크로폴리스 광장을 가득 채웠습니다. 학생회관 옥상에서 불길에 싸인 한 학우(이동수)가 무언가를 외치다 말고, 밑으로 떨어져 내리고 있었습니다. 그리곤 잠시 동안의 정적과 침묵… 갑자기 대규모의 충돌이 벌어졌습니다. 자연스럽게 전투경찰대를 포위하게 된 학생들은 누가 먼저랄 것도 없이 군부독재타도를 외치며 무섭게 대들었습니다. 순식간에 아크로폴리스는 돌과 최루탄이 난무하는 전쟁터로 변했고, 전투경찰들은 만신창이가 되어 캠퍼스 바깥으로 밀려 나갔습니다. 그날 저는 그리스도인으로서 지켜오던 비폭력주의를 스스로 포기하고, 돌이든 무엇이든 잡히는 대로 집어 던졌습니다. 하지만, 제가 맞추려던 대

追記: 헌법이론 공부길 회상

상은 전투경찰들이 아니었다고 생각합니다. 그날 저는 처절하게 무너져 내렸습니다. 시위가 어느 정도 마무리된 후 학생들은 중앙도서관을 점거하고 농성에 들어갔는데, 저는 그 무리 가운데 섞여 무너져 버린 자신에 관하여 아무렇게나 넋두리를 늘어놓았습니다. 그때 제게 붙잡혀 횡설수설을 끝까지 들어 준 법대 동기(유기철)에게는 아직도 고마운 마음을 가지고 있습니다.

II.

그렇게 완전히 무너져 버린 채로 1학기와 여름방학을 보낸 저는 2학기에 들어선 뒤에야 크게 두 방향에서 회복의 방향을 모색할 수 있었습니다. 첫째는 신앙의 차원에서 복음의 총체성(totality of the Gospel)이라는 모토 아래 학생들끼리 조직했던 복음주의 기독학생운동에 자발적으로 가담한 일이었습니다. 법대기독학생회의 두 선배(류욱, 최은석)가 이끌어 준 그 모임에서 저는 세계교회협의회(World Church Council)와 근본주의 블록의 쟁투 속에서도 제3의 중용노선을 개척한 개혁적 복음주의를 알게 되었고, 기독신앙의 초월성과 더불어 사회적, 역사적 차원을 포괄한 로잔언약(Lausanne Covenant)을 공부할 수 있었습니다. 둘째는 법사회학과의 만남, 더 정확히는 막스 베버와의 만남이었습니다. 전형적인 법학공부에 큰 흥미를 느끼지 못했던 저는 법학과목의 수강을 최소화하고 여타 사회과학 및 역사, 철학과목들을 많이 듣고자 했습니다. 2학년 2학기에는 사회학과의 한상진 교수님이 진행하는 '정치사회학'을 수강했는데, 그 학기 그 과목은 서양근대국가의 발생과정에 대한 정치사회학적 해명을 중심으로 진행되었습니다. 그 강의를 통해 저는 칼 마르크스에서부터 시작하여 막스 베버, 프랑크푸르트학파, 위르겐 하버마스로 이어지는 현대 사회사상의 계보를 비교적 소상하게 학습할 수 있었습니다. 그중에서도 마르크스주의와 다른 길로 전개되는 베버주의의 노선은 순식간에 제 마음을 사로잡았습니다. 무엇보다 환원주의를 넘어서서 사회과학적 의미의 객관성을 획득하려는 그 방법론적 입장이 매혹적이었고, 이를 기초로 전개되는 베버의 다양한 논구가 사회과학적 감수성을 자극했습니다.

"그렇다면 나는 어떻게 사회과학도의 훈련을 받을 것인가?" 같은 학기에 저는 최대권 교수님으로부터 '헌법 2' 수업을 듣고 있었는데, 거기서 법사회학이라는 학문분야에 관하여 개략적인 소개를 얻을 수 있었습니다. 규범을 규범이 아니라 사실로 받아들여 사회과학적으로 해명한다는 법사회학적 입론의 출발점은 흥미로웠을 뿐만 아니라 경계인으로서 제 상황에도 그대로 들어맞았습니다. 게다가 정치사회학 수업이 진행되면서, 법사회학의 가치는 더욱 뚜렷하게 다가왔습니다. 다른 부분들에 관해서는 비교적 자세하게 진행되던 강의가 법사회학적 설명이 필요한 지점에 이르러서는 두루뭉술하게 넘어가 버렸기 때문입니다. 그때 저는 직감했습니다. "'경제와 사회'에 포함된 베버의 법사회학적 설명을 이해하기 위해서는 우선 법적 도그마틱 그 자체에 대한 학습이 선행되어야만 하며, 이를 위해서는 현실적으로 베버 자신처럼 정규 법학 교육을 이수하는 방법 밖에 없다." 저는 탈코트 파슨즈나 에드워드 쉴즈 같은 베버의 주석가들이 결국 부분적 계승자들에 머물고만 핵심원인은 그들이 정규법학교육을 받지 못했다는 점이라고 생각했습니다. 그렇다면, 누가 막스 베버의 계승자가 될 수 있을 것인가?

베버의 전기와 여러 작품들을 구해 읽으면서, 저는 갈수록 어떤 동류의식을 확인하게 되었습니다. 루터파 아버지, 캘빈파 어머니, 지식중산계층, 만이, 종교적 백치, 프로테스탄티즘에 대한 애증, 칸트주의에도 마르크스주의에도 계몽주의에도 反계몽주의에도 프로이센주의에도 反프로이센주의에도 자신을 기댈 수 없는 외로움, 니체주의에의 공감, 가치의 다신교, 합리화와 관료제의 모순, 비관주의적 역사관, 카리스마적 초월에의 염원(?), 심지어는 아름답고 기품 있는 아내, 하이델베르크의 베버하우스, 우울증과 정신병력, 이탈리아여행, 개인적 카리스마와 급서(急逝) 등 아주 자질구레한 문제에 이르기까지 저는 그의 인간과 사상에 깊이 동화되어 갔습니다. 그중에 제게 가장 중요했던 것은 어쩌면 그의 학문이 그리스도를 따르는 법률가로서 자신의 모습을 사회과학적으로 성찰해 보려는 노력일지 모른다는 생각이었습니다. 만약 그렇다면, 그것이야말로 기쁨을 가지고 좇아야 할 저의 학문적 소명일 수밖에 없었습니다. 제가 잡은 기말논문의 주제는 위르겐 하버마스의 '위기' 개념을 재해석하여 10년 주기로 반복되고 있는 한국현대정치사의 체제변동을 설명하는 것이었습니다. 어디서도 제대로 된 문헌을 찾을 수 없어 도서관에서 무작정 동아연감을 복사하나가, 불쑥 최대권 교수님의 연구실을 찾아갔던 것은 1986년 11월 말의 일이었습니다. 논문 쓸 자료를 알려 주십사 부탁하러갔던 것인데, 결과적으로 그 면담은 법사회학을 전공하고 싶다는 의사를 최초로 표명한 신고식이 되었습니다.

그 이후 3-4학년 동안, 6월 민주화 항쟁, 헌법개정, 대통령선거, 정권교체, 88올림픽, 5공 청산 등으로 드라마틱하게 흘러가는 시대 상황 속에서, 저는 나름의 계획을 가지고 법에 대한 철학적, 역사적, 사회과학적 접근에 필요한 다양한 공부를 시도했습니다. 정규 법학 과목들과 함께 인문대의 철학 및 사학 계열과 정치학과, 사회학과, 인류학과 등의 수업을 수강 또는 청강했는데, 지금도 기억에 남아 있는 것은 당시 5동에 계시던 두 女교수님(이인호, 정옥자)의 수업이었습니다. 전혀 다른 스타일의 두 분이지만, 강의에서 어떤 카리스마를 느낀 것은 그때가 처음이었던 같습니다.

1989년 3월 저는 모교의 대학원 법학과에 진학하여 최대권 교수님을 지도교수로 모시고 법사회학을 전공하기 시작했습니다. 그때 저는 기초법학, 특히 법사회학 전공으로는 전임교수가 되기 힘들다는 사실을 알지도 못했고, 듣지도 못했으며, 별로 관심도 없었습니다. 단지, 막스 베버가 보여준 것처럼 법이라는 현상을 제대로 이해하기 위해서는 어떻게든 철학적, 역사적, 사회과학적 접근을 아우르는 총체적인 관점을 가져야 한다는 생각뿐이었습니다. 하지만 정작 처음 접한 대학원의 분위기는 기대한 것과는 사뭇 달랐고, 저는 한 학기를 마친 뒤 곧바로 軍에 입대했습니다. 후방 사단의 군사법원 행정병으로 복무했던 경험은 후일 제가 법률가집단의 정치사회학을 세부전공으로 택하는 데 중요하게 작용했습니다.

　　군복무를 마친 후 대학원에 복학하기 전에 저는 부모님의 간곡한 권유에 따라 사법시험에 응시하였습니다. 1차 시험은 무난히 통과하였으나, 이듬해의 2차 시험에서는 여러 개인적인 사정이 겹쳐서 고배를 마시고 말았습니다. 그때 마음을 추스르기 위하여 홀로 떠났던 남도여행의 감격을 저는 평생 잊지 못할 것입니다. 강진 만덕의 다산초당과 천혜의 은향(隱鄕) 보길도의 부용동, 세연정, 예송리의 민박집, 노화읍의 다방… 저는 진도의 용장산성도 가보고, 영암의 월출산도 오르고, 고흥을 지나 보성에서 순천까지, 소설 '태백산맥'의 소읍들을 여행했습니다. 그중에서도 가장 충격적이었던 것은 해남의 고산 윤선도 고택에서 공재 윤두서의 자화상(국보 제240호)을 보았을 때였습니다. 학문의 길을 앞에 두고 배회하는 제게 결코 꺾이지 않을 자존심을 가진 조선 선비의 두 눈이 '이 놈!'하고 큰 소리로 꾸짖고 있었습니다.

Ⅲ.

　　마음을 추슬러 대학원에 복학한 저는 이후 대학원 연구실(15동 416호)에 개근하면서 법사회학도로서의 수련에 전력을 투구했습니다. 최대권 교수님의 문하에 있던 선후배들과 군복무 이전보다 훨씬 풍성해진 기초법학 전공자들로 인하여 대학원 생활은 매우 재미있었습니다. 지금은 모두 쟁쟁한 중견 법학자들이 된 당시의 대학원생들은 '기초법학연구회'를 결성하여 대학원 수업과는 별도로 매일 저녁 고전 강독이나 법이론 세미나를 진행했습니다. 주말에는 각종 학회나 최대권 교수님이 주관하시는 공부 모임이 열렸기 때문에, 사실상 일주일 내내 연구 프로그램이 돌아가는 셈이었습니다. 저는 박사과정 코스워크를 마칠 때까지 이러한 분위기를 만끽했고, 법대 조교를 하면서는 대학원생들의 연구 성과를 모아내는 '법학연구'를 복간하는 데 앞장서기도 했습니다.

　　대학원 생활이 익숙해져 가면서 저는 두 개의 연구 모임에 가입했습니다. 첫째는 기초법학에 관심을 가진 다양한 전공의 대학원생들이 대학원연구실을 중심으로 결성했던 '기초법학연구회'였습니다. 법철학에 정태욱, 이재승, 이영록, 임미원, 김준석, 김현철, 법사학에 서을오, 김영희, 조우영, 임상혁, 홍기원, 문준영, 조지만, 법사회학에 이상수, 김도현, 황승흠, 이국운, 김욱, 오정진, 법경제학에 박승룡, 나영숙 등이 주요 참여자였고, 그 외에도 헌법학에 송기춘, 신우철, 황성기, 국제법학에 이근관, 박현석, 형법학에 김재봉, 이건호, 이정훈, 노동법학에 최영호, 최홍엽, 김홍영, 조용만, 영미법학에 김종철, 이동민 등이 주기적으로 발제와 토론에 참가했습니다. 1990년대 중반 대학원생들 사이에서 치열하게 논쟁되었던 이슈는 '모더니티를 법학에서 어떻게 이해할 것인가?'라는 물음이었습니다. 이 질문은 기초법학의 여러 분야는 물론이려니와 실정법학의 전 분야에도 직간접적으로 적용되는 것이었고, 그래서인지 이례적이라 할 만큼 많은 대학원생들이 모더니티 논쟁에 관심을 기울였습니다.

모더니즘과 포스트모더니즘의 논리를 학습하면서, 저는 여전히 '마르크스냐 베버냐'의 선택 속에 함몰되어 있었던 80년대식 담론의 질서를 재정립할 수 있었고, 특히 베버주의의 논리 속에 포스트모더니즘의 씨앗들이 담겨 있음을 새삼 확인할 수 있었습니다. 이 시기를 전후하여 저는 처음으로 미셸 푸코의 글들을 접하게 되었는데, 지금껏 상하축의 지배-피지배 관계에 착념하던 제게 푸코는 좌우축의 참여-배제의 관계를 깨닫게 만들었습니다. 무엇보다 지식과 권력의 불가분적 일체성을 바탕으로 권력을 소유의 관점에서가 아니라 관계의 관점에서 재해석하는 푸코의 사목권력(disciplinary power)론은 그야말로 머리를 흔들며 눈을 번쩍 뜨게 만드는 통찰이었습니다. 1990년대 초반 대부분의 사회과학 연구자들이 경험한 일이지만, 푸코의 주장은 지식과 권력의 문제를 거대담론의 차원이 아니라 일상담론의 차원에서 관찰하고 탐구하도록 만들었고, 법사회학을 법의 문제가 아니라 사람의 문제로 접근하도록 요구했습니다. 바닥을 볼 때까지 지식/권력의 메카니즘을 파헤쳐야만 직성이 풀리는 사회과학적 분석의 냉혹성이 진한 매력이 되어 다가왔습니다. 푸코와의 만남이 베버주의의 이면에 숨어 있던 니체주의의 전면화를 불러왔던 셈입니다.

급진적 비판주의로부터 저를 돌려세운 것은 어떤 의미에서 학부시절 어쩔 수 없이 이수해야만 했던 법학공부의 힘이었던 것 같습니다. 어떠한 현실적 답변을 마련하지 못한 채, 명료한 분석에만 매달리는 사회과학에 비교할 때, 법학은 거칠고 무례하더라도 그때그때 문제를 해결해내는 특유의 매력을 가지고 있었기 때문입니다. 제가 가입한 두 번째 연구모임은 법학과 사회과학의 이와 같은 긴장을 감촉하는 문제에 있어서 대단히 소중했습니다. 그것은 매달 한 번씩 법사회학에 관심을 가진 소장학자와 대학원생, 실무가들이 모여 자유롭게 토론하고 공부하는 '법사회학 모임'이었습니다. 기초법학연구회의 소장연구자들 이외에도, 이성환, 오수근, 한상희, 정종섭, 한인섭, 최봉철, 정지승, 이명웅, 이철우, 이상영, 한택근, 정긍식, 송석윤 선배 등이 빠짐없이 참여했고, 그때그때의 주제에 따라 열띤 토론이 이루어졌습니다. 일년 후배인 임지봉군(현재 서강대 교수)은 간사 역할을 맡아 소소한 일로 봉사했습니다. 헌법적 관심과 법사회학적 관심이 주로 어우러진 토론에서 가장 핵심적인 주제는 '어떻게 하면 한국적 상황에 적합한 우리의 법학을 건설할 것인가?'의 물음이었습니다. 이는 법사회학자이자 헌법학자로서 일관해 온 최대권 교수님의 학문적 화두였고, 그 탐색의 결과와 소명의식을 후속세대에게 전달하는 것이 이 모임의 추진에너지였습니다.

석사학위논문을 준비하면서 저는 점점 법사회학적 분석을 넘어 헌법적 실천에 이끌리고 있는 스스로를 발견했습니다. 특히 개발독재의 심각한 후유증 속에서 민주화 이행의 험로를 개척하고 있었던 당시의 역사적 상황은 한국 사회의 헌법정치에 대한 제 관심을 더욱 증폭시켰습니다. 헌법학과 법사회학을 무시로 넘나드는 학문적 성향의 지도교수를 모신 덕택에 저는 법사회학에서 헌법정치로 관심을 확장하는 데 아무런 장애를 느끼지 않았습니다. 군사기밀보호법의 역사(1971-1991)를 헌법정치의 관점에서 다룬 석사학위논문('군사기밀보호법의 사회적 역할-현명한 재판관의 사회적 조건에 대한 탐색')을 쓰면서는 모교의 세 헌법 교수님(김철수, 권영성, 최대

追記: 헌법이론 공부길 회상

권)을 심사위원으로 모시고 지도를 받기도 했고, 1994년 3월 박사과정에 진학한 이후에는 한국 사회의 과거청산 문제를 염두에 두고 남미 각국의 인권재판 및 민주화과정에서 사면의 헌법정치학적 의미를 천착하는 연구 논문을 쓰기도 했습니다.

박사과정에 진학할 때, 저는 코스워크가 마무리될 때쯤 법사회학과 헌법정치학 공부를 위하여 미국 유학을 떠날 계획을 가지고 있었습니다. 최대권 교수님이 유학하셨던 버클리 법대로 가기 위해서 그곳에서 유학 중이던 선배(조국)에게 정보를 알아보기도 했고, 우연한 기회에 법대를 방문한 미시간 법대의 입학담당 부학장을 소개받기도 했습니다. 그러나 얼마 뒤 그러한 계획은 전면적으로 수정되어야만 했습니다. 아주 가까이에서 법사회학자의 일생에 한번 올까 말까한 헌법정치학적 이벤트가 발생했기 때문이었습니다.

1994년 12월 박세일 교수님이 청와대로 가신 뒤, 해가 바뀌자마자 사법개혁논의가 급물살을 타기 시작했습니다. '전관예우'가 공개적으로 문제되고, 사법조직 내부의 권위주의가 성토되며, 급기야 '미국식 로스쿨의 도입'이 대안으로 제시되는 등, 불과 2-3개월 사이에 사법기구의 근간을 뒤흔드는 대사건이 발생했습니다. 이러한 변화는 제게, 미국 유학을 갔다가도 다시 돌아와야 할 만큼, 한국사회의 법과 법률가집단을 이해하는 데 더없이 소중한 현지조사의 기회로 다가왔습니다. 그래서 고민 끝에 미국 유학을 포기하고 모교에 박사학위논문을 제출하기로 마음을 다 잡았습니다. 박사논문 작업을 하는 1995-1998년의 기간 동안 저는 법원행정처 사법정책실 조사위원, 서울대학교 법과대학 조교, 한미합동법률사무소(Lee & Ko) 연구원, 서울대학교 법학연구소 연구원 등으로 일하면서 다양한 관점에서 사법개혁논의를 지켜볼 수 있었습니다. 1998년 1학기에 심사를 통과한 제 박사학위논문('정치적 근대화와 법률가집단의 역할-법률가양성제도 개혁논의의 비교분석을 통한 접근)은 당시 사법개혁논의를 실질적으로 주도하시던 기라성 같은 선배 교수님들(안경환, 권오승, 한인섭, 한상희, 최대권)의 지도를 받아 완성되었습니다.

박사학위논문의 내용에 관한 말씀을 잠시 드리고자 합니다. 저는 민주적 공고화과정에서 촉발된 당시의 사법개혁논의를 법률가집단 내부의 밥그릇 싸움으로 치부하는 대중적 시각을 뛰어넘어, 이 문제를 자유민주주의의 본질에 연결된 헌법 문제이자 정치 문제로 이해하고자 했습니다. 이 점을 논증하기 위해서는 우선 모더니티의 정치적 조건 속에서 자유민주주의의 특수성을 헌법이론의 차원에서 확인해야 했고, 나아가 자유민주주의 속에서 사법과정의 정치적 위상을 좌우하는 변인들을 찾아내야 했습니다. 저는 이 과제를 영국, 미국, 독일, 일본의 네 나라에서 1970년대 이후 벌어져 온 법률가양성제도 개혁논의를 비교한 뒤, 비교헌법정치의 관점에서 그 의미를 입체적으로 해석하는 방식으로 수행하였습니다. 논문은 결론적으로 ① 지배적인 법이론의 형식/실질 여부와 ② 법률가집단 내부 조직 구조의 통합/분열 여부를 장기적인 관점에서 사법과정의 정치적 활성화를 좌우하는 변수로 밝히는 데 성공하였습니다. 저는 이러한 결론이 자유민주주의의 장기적 발전 방향을 염두에 두고 한국 사회에서 사법개혁의 진로를 설정하는 데 도움이 될 수 있다고 생각했습니다.

　　흥미롭게도 박사학위논문 작업이 어느 정도 마무리된 시점부터 저는 헌법이론에 깊은 관심을 가지게 되었습니다. 박사학위논문의 문제의식은 한국 사회에서 법률가집단이 어디로 가야 하는지에 관한 방향을 설정해 보려는 것이었는데, 그 마무리 단계에서는 법사회학적 분석을 토대로 헌법적 실천을 감행할 수 있는 당위적 헌법이론의 필요성에 직면하게 된 셈이었습니다. 대략 1998년 봄부터 저는 현대 정치철학의 주요한 이론들을 읽어가면서 본격적으로 헌법이론 공부를 시작했습니다. 존 롤즈의 정의론과 정치적 자유주의에 대한 상이한 평가를 중심으로 자유주의와 공동체주의의 대립을 이해하는 것, 하버마스가 제기하는 의사소통적 헌법이론 구상을 평가하는 것 등이 주요 전선이었습니다. 자유주의와 공동체주의의 대립에 관해서 저는 마이클 왈쩌의 '복합평등론'에 깊은 공감을 느꼈고, 하버마스의 구상에 관해서는 '의사소통환원주의'와 '발화자중심주의'라는 이중적 비판을 발전시켰으며, 당시 아직 국내에 소개되지 않았던 공화주

追記: 헌법이론 공부길 회상

의 정치철학을 헌법이론에 도입하는 문제에도 관심을 기울였습니다.

IV.

1999년 3월 저는 경상북도 포항의 개교한 지 4년 밖에 안 되는 작은 기독교 사립대학, 한동대학교의 신설 법학부에 헌법 교수로 부임했습니다. 그 후 모든 것이 낯설고 아무 것도 갖추어지지 않은 신생 대학에서 20년을 보내는 동안 어려운 일도 많았지만, 연구와 교육의 두 측면에서 값진 성과가 있었습니다. 법학교육에 관해서 제가 그동안 몇몇 미국법률가들과 함께 한국에서 한국 청년들에게 미국법을 가르쳐 미국변호사를 만드는 희대의 실험을 진행해오고 있다는 점은 H형께서도 잘 알고 계시리라 믿습니다. 여기서는 연구에 관해서만 그동안의 경과를 간략히 말씀드리고자 합니다.

분주한 서울을 떠나 한적한 곳에 자리를 잡은 뒤, 저는 법사회학 연구를 법률가집단 및 사법제도에 국한하기로 결정하고(그 일차 결산은 2012년에 '법률가의 탄생-사법 불신의 기원을 찾아서'라는 제하의 단행본으로 출간되었습니다), 모든 역량을 헌법이론 연구에 기울였습니다. 물론 사법개혁운동과 지방분권운동에 관여하는 방식으로 한국 사회에서 헌법 교수가 감당해야 할 실천적 요구에 부응했고, 그 과정에서 예컨대 정원제 사법시험제도의 위헌성을 주장하거나 사법의 지방분권을 위한 입법제안을 하는 등 일종의 헌법해석학적 개입을 시도하기도 했습니다만, 연구의 중심은 어디까지나 헌법이론에 놓여 있었습니다. 이론과 실천의 연계를 붙잡는 동시에 역량의 낭비를 막기 위하여 저는 어떻게든 사법정치와 공간적 권력분립이라는 두 초점을 놓치지 않으려고 애를 썼습니다. 이 두 초점은 제게 있어서 헌법적 실천을 촉발하는 한편으로 그 성과를 공화주의, 타자 윤리, 헌법현상학으로 이어진 헌법이론 연구로 매개하는 토포이(topoi)였던 셈입니다.

대략 2002년 중반까지 저는 박사학위논문 이래 고민해 왔던 헌법정치학적 입론을 공화주의 헌법이론으로 승화시키는 작업에 매달렸습니다.

특히 '정치적 근대화와 법', '19세기 영국의 분석법학–존 오스틴의 법이론을 중심으로' 등을 거쳐 2001년에 발표한 '공화주의 헌법이론의 구상'은 아리스토텔레스 이후 서양의 헌정주의를 지탱해 온 공화주의 정치사상이 헌법이론에 접목될 수 있는 가능성을 적극적으로 탐색한 논문으로서, 국내 헌법학계에 공화주의 담론을 시작했다는 평가를 받았습니다. 저는 IMF 이후 자유주의적 법치주의의 위세가 일방적으로 강화되고 있는 현실에서 법체계의 정당성을 끊임없이 확인해야 하는 헌법학의 사명이 방기될 위험이 발생하고 있음을 지적하면서, 공화주의가 내세우는 자결로서의 자유(liberty as self-governance), 시간과 공간 차원의 권력의 견제와 균형, 그리고 덕성(virtue)의 논리들을 비판헌법학의 새로운 이론적 자원으로 활용할 것을 주장했습니다.

공화주의 헌법이론의 구상을 제시할 때, 저는 그로부터, 대한민국 헌정사를 민주적 공화주의의 관점에서 재해석하고, 현행 헌법의 해석론 역시 그 관점에서 재구성하며, 나아가 수험법학에 머물고 있는 헌법교육을 갱신하는 작업이 가능하리라는 기대를 가지고 있었습니다. 하지만 이러한 기대는 별안간 제가 엠마누엘 레비나스의 타자 윤리에 노출되는 '사건'이 발생하면서 무너졌습니다. 2002년 6월 저는 캐나다 밴쿠버에서 열린 국제법사회학연례대회에 발표자로 참가했는데, 인천 공항 서점에서 우연히 당시 막 출간되었던 황석영의 소설 '손님'을 구입하여 비행기에서 읽게 되었습니다. 한국전쟁기 황해도 신천 지역에서 벌어진 프로테스탄트와 공산주의자 사이의 학살사건을 다룬 이 소설은 저게 온몸을 부들부들 떨게 만드는 충격이자 고통으로 다가왔습니다. 태평양을 건너는 열 시간 동안 저는 50여 년 전의 학살 사건을 눈앞에 재현시키는 작가의 놀라운 영매술(靈媒術)에 완벽하게 장악되었습니다. 밴쿠버에서도 학술대회 기간 내내 저는 마치 학살의 주인공이 된 것 같은 죄책감에 시달렸습니다.

그때 숙소에서 너무도 힘든 마음을 달래기 위하여, 출발할 때 별생각 없이 챙겼던 레비나스의 책들을 읽기 시작했습니다. 처음 집어든 책은 '시간과 타자'였는데, 도대체 무슨 말인지 하나도 머리에 들어오지 않아

追記: 헌법이론 공부길 회상

곧바로 포기했고, 다른 책들도 어렵기는 마찬가지여서 결국 레비나스 철학에 관한 콜린 데이비스의 연구서를 집어 들었습니다. 잠 못 드는 밤을 보내기 위해 꾸역꾸역 책장을 넘기다가 저는 2차 세계대전 이전 하이데거의 '현존재'론에 매료되었던 젊은 레비나스가 나치의 포로수용소에 갇혔던 4년여 간 스승 하이데거가 나치에 적극적으로 협력했던 점에 대하여 철학적 성찰을 시도했던 것을 발견했습니다. 레비나스의 타자 윤리는 바로 이 엄혹한 철학적 성찰을 통하여 하이데거의 현존재론에 은폐된 동일자중심주의의 면모를 고발하고, 이를 전면적으로 전복시키는 방식으로 정초된 것이었습니다. 이 대목에서 저는 왠지 모를 위로를 느꼈고, 그때부터 어렴풋하게나마 타자 윤리의 정체에 관하여 이해의 실마리가 풀리기 시작했습니다. 동일자와 타자의 대비, 윤리학이야말로 제일 철학이라는 선언, 무한(infinity), 얼굴의 현상학, 에로스와 여성성, 그리고 애무(愛撫) 등의 의미가 조금씩 분명해졌고, 일주일 정도의 학술여행이 마무리될 때쯤에는 구약성서와 타자 윤리의 연속성에까지 생각이 미치게 되었습니다.

이 '사건' 이후 저는 레비나스의 저작들을 꾸준히 읽어가는 한편으로 헌법정치학과 공화주의 정치철학에 기울어 있던 헌법이론 연구를 타자 윤리의 방향으로 전환하기 위하여 무진 애를 썼습니다. 일단 그 방향의 선행 연구들을 열심히 찾았습니다만, 타자 윤리를 전공하는 철학자들은 헌법현상에 무심하고, 헌법이론가들은 아직 타자 윤리를 공부하는 중이어서, 국내외를 막론하고 별다른 연구 업적을 찾기 어려웠습니다. 2004년 및 2005년 여름에 저는 스페인 바스크지방의 국제법사회학연구소에서 방문연구를 진행했는데, 그때 자료조사를 하다가 영국 비벡 칼리지의 코스타스 두지나스 학장이 이 방향으로 활발하게 연구를 진행하고 있음을 알게 되었습니다. 하지만 한국적 상황과는 사회적 맥락 자체가 많이 달라 곧바로 가져오기는 어려웠고, 결국 저는 스스로 읽고 생각한 것을 바탕으로 타자 윤리에 입각한 대안적 헌법이론을 구상하는 도리밖에 없다는 결론에 도달하였습니다.

2003년 이후에 제가 쓴 '현대 헌법이론에서 '타자'의 복권-자유주의와 공동체주의의 맥락에서', '법치와 분권—한국 사회에서 다원주의 헌법이론의 전망', '프로테스탄티즘과 입헌주의', '입헌적 공화주의자의 헌법이해' 등은 이러한 맥락을 담고 있습니다. 특히 마지막 글은 제가 타자윤리와 헌정주의의 연관성을 탐구하고 있음을 관심 있게 보신 박은정 교수님의 주선으로 2005년 봄 연세대학교 알렌관에서 열렸던 대화문화아카데미의 작은 모임에서 발표한 글이었습니다. 그 자리에 참석하셨던 정치현상학의 대가 김홍우 교수님께서는 따뜻한 격려와 함께 앞으로 헌법현상학으로 방향을 정하여 정진했으면 좋겠다는 조언을 해 주셨습니다. 그해 2학기부터 저는 미국으로 첫 번째 연구년을 떠나 캘리포니아 말리부의 페퍼다인 대학교 로스쿨(Pepperdine University School of Law)과 일리노이 시카고의 전미법률가재단(American Bar Foundation)에서 각기 한 학기씩을 보냈는데, 전 기간을 통틀어 김홍우 교수님이 주셨던 헌법현상학이라는 화두를 붙들고 있었습니다.

저는 헌법해석학, 헌정사, 헌법이론, 비교헌법학과 같은 헌법학 내부의 경계를 뛰어넘는 것은 물론이려니와 해석법학적, 법철학적, 법사학적, 법사회학적 접근의 연구방법론을 폭넓게 수용하는 최대한의 방법론적 개방성을 가지고, 연구 대상 안팎의 경계를 무한히 넘나들면서 헌법현상 그 자체에 대한 '이해'를 추구하고자 했습니다. 이 시기 이후에 쓴 '해방공간에서 사법기구의 재편과정에 관한 연구', '사법서비스 공급자위원회의 한계—노무현 정부의 사법개혁에 대한 분석과 평가', '자유민주주의의 정상화 문제 Ⅱ—참여자의 관점', '직접행동민주주의와 헌정수호—최근의 정치상황에 대한 이론적 성찰', '민주 헌정과 정당성 관리—위헌법률심사의 한미 비교' 등에는 그와 같은 문제의식이 내포되어 있습니다. 2010년 2월 저는 그동안 공부한 바를 기초로 헌법현상학의 입장에서 헌정주의의 역사를 조감한 『헌법』을 출간했습니다. 헌법의 본질을 '표상 정치의 한계를 극복하기 위한 정치적 기획'이라고 주장하는 이 야심찬 소품(?)은 교과서 헌법학의 세계에서는 주목받지 못했으나, 헌법이론 및 정치철학에 관심을 가진 독자들로부터는 어느 정도 호응을 받은 것 같습니다(2018년 4쇄 발매).

대략 2009년경부터 저는 헌법이론 연구를 두 가지 방향으로 더욱 진전시키고자 했습니다. 하나는 헌법연구의 방법으로서만이 아니라 헌법 실천의 내용으로서도 헌법현상학의 의미를 천착하는 것이었습니다. 이는 무엇보다 헌법현상을 가능케 하는 윤리에 대한 탐구였고, 이러한 맥락에서 저는 적과 동지를 나누는 칼 슈미트의 정치신학에 맞서서 타자 윤리에 기초한 '이웃'의 정치신학을 재발견하려는 노력을 전개했습니다. 이 책에 실린 '법과 '이웃': 법치의 본원적 관계형식에 관한 탐색'이나 '민주적 연방주의와 평화' 등은 이러한 문제의식을 담고 있습니다. 2012년에 쓴 '민주공화국의 탈권력적 정당화'에서는 대한민국의 헌정사 자체를 폭력의 존재론이 아니라 이웃의 정치신학에서 출발하여 재해석하려고 시도하기도 했습니다.

다른 하나는 헌법현상학의 출발점으로서 헌법 텍스트가 가지는 위대한 가치를 재발견하는 것이었습니다. 2008년 7월경 저는 우연히 광화문 등지에서 열린 촛불집회 현장을 지나다가 거리의 시민들이 헌법 제1조를 노래로 만들어 부르는 것을 목격하고 깊은 생각에 빠진 적이 있었습니다. 그 이후 헌법현상학의 입장에서 헌법 제1조에 대한 해석론을 발전시키기 위하여 노력했고, 2013년에 쓴 '대한민국 헌법 제1조의 한 해석'에서 그 성과를 갈무리 했습니다. 같은 시기 현행 헌법의 경제민주화 조항에 대해서도 비슷한 문제의식에서 연구 성과를 내놓았고('경제 헌법과 경제 민주화'), 아직 출간되지는 않았지만, 현행 헌법의 다른 중요 조항들에 대해서도 연구 논문을 준비하고 있습니다.

2015년은 두 가지 점에서 제 헌법연구자로서의 인생에 큰 전환점이 된 해입니다. 먼저 저는 헌법학자로서 일생에 한번 누릴까 말까한 헌법개정안 작업을 연구책임자로 진행할 수 있었습니다. 전국시도지사협의회를 비롯한 지방 4단체의 지방분권형 헌법개정안 연구 프로젝트에 저는 한국헌법학회 연구팀의 책임자로 참여했습니다. 분권국가로의 지향성을 전면에 내세운 가운데, 주민으로서의 자치권 보장, 지방자치단체의 헌법기관화, 조세권을 포함한 입법권 및 행정권의 분권화, 지역대표형 양원제 실시, 미국식 정부통령제 부활, 헌법재판 일원화, 전문법원제 및 사법행정권 분리, 직접민주제 규정 및 헌법개정의 이원화 등 전면적인 헌법개정안을 마련하는 작업은 헌법연구자로서 역량의 한계를 남김없이 시험받는 과정이었습니다. 연구팀의 공동 연구원 교수님들(한상희, 이기우, 오동석, 유승익)께서 적극적으로 도와주신 덕택에 저는 8개월여의 집중적인 연구를 거쳐서 현행 헌법에 대한 전면적인 개정안을 개정 헌법의 조문(안)과 함께 제출할 수 있었습니다('지방분권형 헌법개정안 연구'). 이 경험은 2018년에 문재인 대통령이 발의한 헌법개정안 작업을 돕는 작업에서 제가 국민헌법개정특별위원회의 위원이자 분과위원장(국민주권·지방분권분과)을 맡아 나름대로 기여하는 과정에서도 중요한 밑거름이 되었습니다.

다른 하나는 그동안 화두로 붙잡고 있었던 헌법현상학에 대한 방법론적 정당화 작업을 시작한 것입니다. 그 일단으로 최근에는 '정치적인 것(the political)'의 개념 등에서 출발해 온 기존의 헌법 개념론을 '헌정적인 것(the constitutional)'의 개념에서부터 완전히 재구성해보려는 시론을 제기했습니다. 이에 더하여 해석학에서 현상학으로 헌법학 방법론의 중점을 확장하자는 주장을 담아 헌법학 방법론에 관한 연구 논문('헌법학 방법론 연구: 해석학에서 현상학으로)도 완성했습니다. 이 두 글은 아마도 H형께서 읽어주신 제 가장 최근 논문들일 것입니다. 저는 당분간 헌법해석학을 포괄하는 헌법현상학의 관점에서 일단 현행 헌법의 주요 쟁점들에 관한 헌법철학적 입장을 정돈하는 쪽에 역량을 집중해 보려고 합니다. 2017년에 출간한 『헌법의 주어는 무엇인가?』는 이러한 생각을 헌법 제1조의 묵상이라는 형식으로 대중 앞에 제시해 본 것입니다.

V.

H형!

H형께 말씀드린 것이 계기가 되어 이처럼 그동안의 헌법이론 공부

길을 돌아보니 무엇보다 감사한 마음이 앞섭니다. 하지만 그와 함께 제 마음 깊은 곳으로부터 어떤 부끄러움이 피어오르는 것 또한 사실입니다.

타자의 삶을 조망하기 위해서 학자는 어쩔 수 없이 그 삶의 현장으로부터 저만치 물러나 있어야 하며, 이러한 숙명은 헌법학자에게도 마찬가지임을 저 역시 잘 알고 있습니다. 그러나 그처럼 헌법이론 공부에 천착하는 과정에서 저는 헌법현상을 실제로 구성하는 사람들의 삶으로부터 점점 멀어지게 되었던 것은 아닌지 자꾸만 되짚어 보게 됩니다. 특히 모든 이의 삶을 가능케 하는 노동의 신비로움을 너무 이론적으로만 이해하게 된 것은 아닌지 하는 자문 앞에서는 솔직히 두려울 때가 많습니다. 물론 이 또한 생각일 뿐이고, 그런 생각을 통해 이론적 표상세계에 더욱 침잠하게 되는 셈이니, 부끄러움은 또 다른 부끄러움을 몰고 와 더 깊어질 따름입니다. 말로 표현하거나, 생각으로 깨닫기 전에, 몸으로 살아내야만, '헌정적인 것'을 이론이 아니라 삶으로 구현했던 선현(先賢)들의 경지에 조금이라도 다가갈 수 있을 터인데요.

마침 그동안 제가 쓴 헌법이론에 관한 연구 논문들을 모아 『헌정주의와 타자』라는 이름으로 작은 문집을 만들었기에 함께 보내 드립니다. H형의 질정(叱正)을 바라마지 않습니다.

뵐 때마다 언제나 따뜻한 말씀으로 격려해 주신 은혜를 잊지 않고 있습니다.

댁내 평안하시기를 기도드립니다.

포항 한동에서
國運 올림

참고 문헌

강영안, 1996, 『주체는 죽었는가?-현대 철학의 포스트모던경향』, 문예출판사

강영안, 1995, 「레비나스의 평화의 형이상학-일인칭적 관점에서 본 평화의 문제」, 서강대학교 철학연구소 편, 『평화의 철학』, 철학과현실사

경기개발연구원, 2010, 『연방주의적 지방분권에 관한 연구』, 경기개발연구원

고병권 등, 2007, 『코뮌주의 선언-우정과 기쁨의 정치학』, 교양인

고종원 등, 2009, 『촛불에 길을 잃다-쇠고기 수입협상에서 정권퇴진운동까지』, 나남

권영성, 2008, 『헌법학원론』, 법문사

권용립, 1991, 『미국-보수적 정치문명의 사상과 역사』, 역사비평사

김동훈, 2011, 『한국 헌법과 공화주의』, 경인문화사

김두식, 2012, 『헌법의 풍경-잃어버린 헌법을 위한 변론』, 교양인, 개정증보판

김두식, 2009, 『불멸의 신성가족-대한민국 사법 패밀리가 사는 법』, 창비

김문자, 2001, 「전봉준의 사진과 무라카미 텐신(村上天眞)」, 『한국사연구』 제154호

김병곤, 1996, 「자유주의와 소유권 사상-17세기 자연권 이론을 중심으로」, 『사회비평』 제16호

김상봉, 2007, 『서로주체성의 이념』, 길

김상봉/서경식, 2007, 만남-서경식/김상봉 대담, 돌베게

김상조, 2012, 「경제민주화의 의미와 과제-재벌·중소기업·소상공인 문제를 중심으로」, 『경제와 사회』 제96호

김선욱 외, 2013, 『평화와 반평화-평화인문학적 고찰』, 프리칭아카데미

김성호/최명호, 2008, 「1948년 건국헌법 전문에 나타난 "우리들 대한국민"의 정체

성과 정당성」,『한국정치학회보』 제42집 제4호

김수용, 2008,『건국과 헌법』, 경인문화사

김연숙, 2001,『레비나스—타자윤리학』, 인간사랑

김영일, 2002,「알투지우스의 연방주의 연구—지방자치의 이념적 기초로서의 연방
적 사회구성」,『지방정부연구』 제6권 제4호

김인철/김만기, 1995,「민영화 정책과 국민주 보급방식: 재평가」,『한국정책학회보』
제4권 제2호

김종인, 2011,「〈自由人〉 인터뷰〉 김종인 전 청와대 경제수석(2011년 4월 18일)」, 한림
국제대학원대학교, 정치경영 연구소, http://ipm.hallym.ac.kr/interview/7511.

김철수, 2013,『헌법학신론』, 박영사

김홍우, 2006,「헌법의 시민적 읽기': 한국 헌법학의 반성을 위한 프롤로그」, 서울
대학교『법학』 제47권 제3호, 2006

김홍우, 1999,『현상학과 정치철학』, 문학과지성사

대화문화아카데미 편, 2011,『새로운 헌법, 무엇을 담아야 하나』, 대화문화아카데미

도회근, 2006,「헌법의 영토와 통일조항 개정론에 대한 비판적 검토」,『헌법학연구』
제12권 제4호

박남규, 2010,「연방제적 입헌주의」,『지역발전연구』 제10권 제1호

박응격 외, 2006,『서구 연방주의와 한국』, 인간사랑

문준영, 2010,『법원과 검찰의 탄생—사법의 역사로 읽는 대한민국』, 역사비평사

민주주의법학연구회 편, 1997,『헌법해석과 헌법실천』, 관악사

복거일, 2012,「진화관점에서 보는 경제민주화의 해석」, 한국 경제 연구원 주최
〈경제민주화 제대로 알기 연속 토론회〉 제1차 발표 자료

서동욱, 2005, 일상의 모험—태어나 먹고 자고 말하고 연애하며 죽는 것들의 구원,
민음사

서동욱, 2000,『차이와 타자』, 문학과지성사

서희경, 2012,『대한민국 헌법의 탄생』, 창비

선우 휘, 1959,『단독 강화』, 신태양

성낙인, 2015,『헌법학』, 박영사

신우철, 2008, 『비교헌법사-대한민국 입헌주의의 연원』, 법문사

양 건, 1995, 『헌법연구』, 법문사

윤성우, 2004, 『폴 리쾨르의 철학』, 철학과현실사

이극찬, 1999, 『정치학』, 법문사

이국운, 2017, 『헌법의 주어는 무엇인가? 헌법묵상, 제1조』, 김영사

이국운, 2012, 『법률가의 탄생-사법 불신의 기원을 찾아서』, 후마니타스

이국운, 2011, 「대한민국 헌법 제1조를 읽는 세 가지 방식」, 『세상을 바꾸는 시간, 15분』, 생각을 담는 집

이국운, 2010a, 『헌법』, 책세상

이국운, 2010b, 「시민적 덕성과 통치자의 덕성-이명박 정부 전반기의 한국 정치에 대한 평가」, 『법과 사회』 제39호

이국운, 2008, 「미완의 프로젝트: 48년 체제와 대한민국」, 『시민과 세계』 제14호

이국운, 2007, 「지금 대한민국은 법률가들이 통치하고 있다!」, 당대비평 편집위원회 편, 『더 작은 민주주의를 상상한다!』, 웅진지식하우스

이국운, 2006, 「프로테스탄티즘과 입헌주의」, 『신앙과 학문』 제32호

이국운, 2005, 「입헌적 공화주의의 헌법 이해」, 『헌법실무연구』 제5집

이국운, 2003, 「법치와 분권-한국사회에서 다원주의 헌법이론의 전망」, 『공법연구』 제32권 제2호

이국운, 2001, 「공화주의 헌법이론의 구상」, 『법과 사회』 제20호

이국운, 2000, 「19세기 영국의 분석법학-존 오스틴의 법이론을 중심으로」, 『법철학연구』 제3권 제2호

이국운, 1999, 「정치적 근대화와 법」, 『법철학연구』 제2권

이국운/박경신, 2000, 「정원제 사법시험의 위헌성」, 『법과 사회』 제18호

이국운 외, 2015, 『지방분권형 헌법개정안 연구』, 전국시도지사협의회 등

이계일, 2012a, 「볼킨(J. Balkin)의 '살아있는 원본주의: 헌법을 예로 살펴본 법의 안정성과 역동성」, 『법철학연구』 제15권 제1호

이계일, 2012b, 「헌법해석에 있어 법과 사회의 상호작용: 볼킨(J. Balkin) 법이론에 있어서 헌법해석주체의 다원적 확장과 위헌심사의 민주적 정당성 기초」,

『법과 사회』 제42호

이근식, 1999, 『자유주의 사회경제사상』, 한길사

이남인, 2004, 『현상학과 해석학-후썰의 초월론적 현상학과 하이데거의 해석학적 현상학』, 서울대학교 출판부

이병천, 2011, 「대한민국 헌법의 경제이념과 제119조의 한 해석-지배의 정당성 대 민주적 정당성」, 『동향과 전망』 제83호

이부하, 2006, 「헌법상 경제 질서와 재산권보장」, 『공법학연구』 제7권 제3호

이상수, 1996, 「사회주의 국유기업의 사유화에 관한 연구」, 서울대학교 법학박사학위논문

이영록, 2006, 『우리 헌법의 탄생』, 서해 문집

이재승, 2010, 『국가 범죄-한국 현대사를 관통하는 국가범죄와 그 법적 청산의 기록』, 앨피

정종섭, 2011, 『헌법학원론』, 박영사, 개정판

정종섭, 1994, 『헌법연구 1-헌법학의 새로운 모색』, 철학과현실사

정태욱, 2002, 『정치와 법치』, 책세상

조승래, 1994, 「공화주의」, 김영한/임지현 편, 『서양의 지적 운동-르네상스에서 포스트모더니즘까지』, 지식산업사

조효제, 2007, 『인권의 문법』, 후마니타스

참여연대 참여사회연구소 기획, 2008, 『어둠은 빛을 이길 수 없습니다-2008 촛불의 기록』, 한겨레 출판

최경섭, 2009, 「현상학적 법이론의 의의와 방법-에드문트 후설과 게하르트 후설의 현상학을 중심으로」, 『법철학연구』 제12권 제1호

최대권, 2012, 『법치주의와 민주주의』, 서울대학교출판문화원

최대권, 2002, 「헌법학방법론의 문제-그 합리성 모색을 위한 담론」, 서울대학교 『법학』 제43권 제1호

최대권, 1999, 『헌법학-법사회학적 접근』, 박영사

최병선/김선혁 편, 2007, 『분권 헌법-선진화로 가는 길』, 동아시아연구원

최장집, 2008, 「촛불집회가 제기하는 한국민주주의의 과제」, 세교연구소 등 주최,

긴급 시국대토론회-촛불집회와 한국 민주주의, 2008. 6. 16.

최장집/박찬표/박찬운, 2007, 『어떤 민주주의인가?-한국 민주주의를 보는 하나의 시각』, 후마니타스

최종고, 1990, 『착한 사마리아인의 법』, 교육과학사

한상희, 1998, 「미국에서의 사법심사의 준거-헌법의 해석학을 중심으로」, 『미국헌법연구』 제9호

허 영, 1998, 『헌법이론과 헌법』, 박영사

허 영, 1990, 『한국헌법론』, 박영사

허 영 편저, 1994, 『독일 통일의 법적 조명』, 박영사

홍기빈, 2012, 『살림/살이 경제학을 위하여』, 지식의 날개

황승흠, 2004, 「제헌헌법 제6장 경제 편의 형성과정과 그것의 의미」, 『법사학연구』 제30호

가다머, 한스 게오르크, 2012, 『진리와 방법-철학적 해석학의 기본 특징들 2』, 임홍배 역, 문학동네

낭시, 장-뤽, 2012, 『코르푸스-몸, 가장 멀리서 오는 지금 여기』, 김예령 역, 문학과 지성사

네그리, 안토니오/하트, 마이클, 2008, 『다중-제국이 지배하는 시대의 전쟁과 민주주의』, 조정환/정남영/서창현 역, 세종서적

네그리, 안토니오/하트, 마이클, 2001, 『제국』, 윤수종 역, 이학사

니이버, 리처드, 1983, 『책임적 자아』, 정진홍 역, 이화여대 출판부

돕, 모리스, 1989, 『소련경제사』, 임휘철 역, 형성사

데리다, 자크, 2004, 『법의 힘』, 진태원 역, 문학과지성사

데이비스, 콜린, 2000, 『엠마누엘 레비나스-타자를 향한 욕망』, 김성호 역, 다산글방

라드브루흐, 구스타프, 1975, 『법철학』, 최종고 역, 삼영사

라보르드, 세실 외, 2009, 『공화주의와 정치이론』, 곽준혁 외 역, 까치

라캉, 자크, 1994, 「정신분석 경험에서 드러난 주체기능 형성모형으로서의 거울단계」, 권택영 엮음, 『욕망이론』, 권택영 등 역, 문예출판사

러브조이, 아서, 1984, 『존재의 대연쇄』, 차하순 역, 탐구당

레비나스, 엠마누엘, 2010, 『존재와 다르게-본질의 저편』, 김연숙 외 역, 인간사랑

레비나스, 엠마누엘, 2000, 『윤리와 무한-필립 네모와의 대화』, 양명수 역, 다산글방

레비나스, 엠마누엘, 1999, 『시간과 타자』, 강영안 역, 문예출판사

레이너드, 케네스 외, 2010, 『이웃』, 정혁현 역, 도서출판 b

롤즈, 존, 1998, 『정치적 자유주의』, 장동진 역, 동명사

루만, 니클라스, 2014, 『사회의 법』, 윤재왕 역, 새물결

루카치, 게오르크, 1992, 『역사와 계급의식』, 박정호 등 역, 기획출판 거름

리쾨르, 폴, 2006, 『타자로서 자기 자신』, 김웅권 역, 동문선

매디슨, 제임스, 2009, 「페더럴리스트 페이퍼 51번」, 알렉산더 해밀턴 외, 『페더럴
리스트 페이퍼』, 김동영 역, 한울

맥킨타이어, 알레스데어, 1997, 『덕의 상실』, 이진우 역, 문예출판사

맥퍼슨, C. B., 1991, 『소유적 개인주의의 정치이론』, 이유동 역, 인간사랑

메를로-퐁티, 모리스, 2002, 『지각의 현상학』, 류의근 역, 문학과 지성사

모스, 마르셀, 2011, 『증여론』, 이상률 역, 한길사

무페, 샹탈, 2007, 『정치적인 것의 귀환』, 이보경 역, 후마니타스

뮐홀, 스테판/스위프트, 아담, 2001, 『자유주의와 공동체주의』, 김해성외 역, 한울
아카데미

바아버, 벤자민, 1992, 『강한 민주주의-새 시대를 위한 정치참여』, 박재주 역, 인간
사랑

바우만, 지그문트, 2005, 『액체 근대』, 이일수 역, 길

버거, 피터/루크만, 토마스, 2014, 『실재의 사회적 구성』, 하홍규 역, 문학과지성사

벌린, 이사야, 2006, 「자유의 두 개념」, 『이사야 벌린의 자유론』, 박동천 역, 아카넷

벤하비브, 세일라, 2008, 『타자의 권리-외국인, 거류민, 그리고 시민』, 이상훈 역,
철학과현실사

브라이어, 스티븐, 2016, 『역동적 자유-민주주의 헌법을 해석하는 방법』, 이국운·
장철준 역, 사회평론

슈클라, 주디스, 2011, 『일상의 악덕』, 사공일 역, 나남출판

슈미트, 칼, 2012, 『정치적인 것의 개념-서문과 세 개의 계론을 수록한 1932년 판』, 김효전/정태호 역, 살림

슈미트, 칼, 2010, 『정치신학-주권론에 관한 네 개의 장』, 김항 역, 그린비

슈미트, 칼, 1995, 『대지의 노모스』, 최재훈 역, 민음사

슈미트, 칼, 1992, 「홉스 국가론에서의 리바이어던-정치적 상징의 의미와 좌절」, 『로마 가톨릭주의와 정치형태, 홉스 국가론에서의 리바이어던』, 김효전 역, 교육과학사

슈미트, 칼, 1976, 『헌법이론』, 김기범 역, 교문사

스멘트, 루돌프, 1994, 『국가와 헌법』, 김승조 역, 교육과학사

스캐리, 일레인, 2003, 「타자 상상하기의 어려움」, 마사 너스봄 외, 『나라를 사랑한다는 것-애국주의와 세계시민주의의 한계 논쟁』, 오인영 역, 삼인

스키너, 켄틴, 2007, 『켄틴 스키너의 자유주의 이전의 자유』, 조승래 역, 푸른역사

아감벤, 조르조, 2008, 『호모 사케르-주권권력과 벌거벗은 생명』, 박진우 역, 새물결

아렌트, 한나, 2004, 『정신의 삶 1-사유』, 홍원표 역, 푸른숲

아렌트, 한나, 2007, 「소크라테스」, 제롬 콘 편, 『정치의 약속』, 김선욱 역, 푸른숲

앙리, 미셸, 2012, 『육화, 살의 철학』, 박영옥 역, 자음과 모음

야머, 막스, 2008, 『공간 개념-물리학에 나타난 공간론의 역사』, 이경직 역, 나남출판

에렌버그, 존, 2002, 『시민사회-사상과 역사』, 김유남 등 역, 아르케

옐리네크, 게오르크, 1980, 『일반국가학』, 김효전 역, 태화출판사

우카이 사토시, 2010, 『주권의 너머에서』, 신지영 역, 그린비

왈저, 마이클, 2009, 『마이클 왈저의 정치철학 에세이』, 최홍주 역, 모티브북

왈저, 마이클, 1999, 『정의와 다원적 평등-정의의 영역들』, 정원섭 외 역, 철학과 현실사

일리, 존 하트, 2006, 『민주주의와 법원의 위헌심사』, 전원열 역, 나남출판

지라르, 르네, 2007, 『희생양』, 김진식 역, 민음사

질라시, W., 1984, 『현상학강의』, 이영호 역, 종로서적

카터, 에이프릴, 2007, 『직접행동-21세기 민주주의, 거인과 싸우다』, 조효제 역,

교양인

켈젠, 한스, 1999, 『순수 법학』, 변종필 역, 길안사

콩트-스퐁빌, 앙드레, 1997, 『미덕에 관한 철학적 에세이』, 조한경 역, 까치

크릴레, 마르틴, 1983, 『민주적 헌정국가의 역사적 전개』, 국순옥 역, 종로서적

토크빌, 알렉시스 드, 1997, 『미국의 민주주의 I / II』, 임효선 역, 한길사

톨스토이, 레프, 2008, 『국가는 폭력이다—평화와 비폭력에 관한 성찰』, 조윤정 역,
　　달팽이

투빈, 제프리, 2010, 『더 나인: 미국을 움직이는 아홉 법신(法神)의 이야기』, 강건우
　　역, 라이프맵

페팃, 필립, 2012, 『신공화주의—비지배 자유와 공화주의 정부』, 곽준혁 역, 나남

폴라니, 칼, 2009, 『거대한 전환—우리 시대의 정치 경제적 기원』, 홍기빈 역, 길

폴라니, 칼, 1998, 『사람의 살림살이 1, 2』, 박현수 역, 풀빛

푸코, 미셸, 1995, 『미셸 푸코의 권력이론』, 정일준 편역, 새물결, 수정증보판

푸코, 미셸, 1991, 「육체와 권력」, 콜린 고든 편, 『권력과 지식—미셸 푸코와의 대담』,
　　홍성민 역, 나남

프리드리히, 칼, 1987, 『헌법의 기본정신』, 박남규 역, 법문사

프리드먼, 로렌스, 1988, 『미국법 역사』, 안경환 역, 대한교과서주식회사

하버마스, 위르겐, 2007, 『사실성과 타당성—담론적 법이론과 민주적 법치국가 이론』,
　　한상진/박영도 역, 나남

하세베 야스오/스기타 아쓰시, 2010, 『헌법 논쟁—민주주의 대 입헌주의』, 김일영/
　　아시바 유키 역, 논형

하트, 허버트, 2001, 『법의 개념』, 오병선 역, 아카넷

헤벌레, 페터, 1993, 「헌법해석자들의 개방사회」, 계희열 편역, 『헌법의 해석』, 고려
　　대학교 출판부

헷세, 콘라드, 2001, 『통일독일헌법원론』, 계희열 역, 박영사, 제20판

호네트, 악셀, 2006, 『물화—인정이론적 탐구』, 강병호 역, 나남출판

호네트, 악셀, 1995, 『인정투쟁—사회적 갈등의 도덕적 형식론』, 문성훈 등 역, 동녘

홉스, 토마스, 2008, 『리바이어던』, 진석용 역, 나남

후지와라 기이치, 2002, 『민주주의 제국—미국 단독 중심의 새로운 세계질서』, 김
    희진 역, 에머지

후쿠야마, 프랜시스, 1992, 『역사의 종말』, 이상훈 역, 한마음사

Ackerman, Bruce, 2014, 『We the People (3)—The Civil Rights Revolution』,
    The Belknap Press of Harvard University Press

Ackerman, Bruce, 1998, 『We the People (2)—Transformations』, The
    Belknap Press of Harvard University Press

Ackerman, Bruce, 1991, 『We the People (1)—Foundations』, The Belknap
    Press of Harvard University Press

Ackerman, Bruce, 1989, 「Constitutional Politics/Constitutional Law」, 99
    『Yale Law Journal』 453

Ackerman, Bruce ed, 2002, 『Bush vs. Gore—The Question of Legitimacy』,
    Yale University Press

Bailyn, Bernard, 1967, 『The Ideological Origins of the American
    Revolution』, The Belknap Press of Harvard University Press

Berkowitz, Perter, 1999, 『Virtue and the Making of Modern Liberalism』,
    Princeton University Press

Berman, Harold J, 2008, 「The Christian Sources of General Contract La
    w」, in Witte, Jr., John/Alexander, Frank S. eds., 2008,
    『Christianity and Law—An Introduction』, Cambridge University
    Press

Bickel, Alexander M, 1962, 『The Least Dangerous Branch—The Supreme
    Court at the Bar of Politics』, Yale University Press

Bryer, Stephen, 2006, 『Active Liberty—Interpreting Our Democratic
    Constitution』, Random House

Cappelletti, Mauro, 1989, 『The Judicial Process in Comparative
    Perspective』, Clarendon Press · Oxford

Dagger, Richard, 1997, 『Civic Virtues: Rights, Citizenship, and Republican

Liberalism⌐, Oxford University Press

Friedrich, Carl J, 1964, 「Transcendent Justice: The Religious Dimension of Constitutionalism⌐, Duke University Press

Habermas, Jürgen, 1992, 「Faktizität und Geltung: Beiträge zur Diskurstheorie des Rechts und des demokratischen Rechtsstaats⌐, Suhrkamp Verlag

Holmes, Stephen, 1995, 「Passions and Constraint—On the Theory of Liberal Democracy⌐, University of Chicago Press

Karmis, Dimitrios/Norman, Wayne, 2005, 「Theories of Federalism: A Reader⌐, Palgrave Macmillan

Larenz, Karl, 1991, 「Methodenlehre der Rechtwissenschaft⌐, Springer—Verlag

MacIntyre, Alasdair, 1981, 「After Virtue: A Study in Moral Theory⌐, University of Notre Dam Press

Maritian, Jacques, 1998, 「Man and the State⌐, Catholic University of America Press

Milbank, John, 2008, 「Theology & Social Theory—Beyond Secular Reason⌐, Blackwell, 2nd edition

Mulhall, Stephen/Swift, Adam, 1996, 「Liberals and Communitarians⌐, Blackwell Publisher

Nandtanson, Maurice, ed., 1973, 「Phenomenology and the Social Sciences I & II⌐, Northwestern University Press

Pettit, Philip, 1997, 「Republicanism: A Theory of Freedom and Government⌐, Oxford University Press

Pocock, J. G. A, 1975, 「The Machiavellian Moment: Florentine Political Thought and the Atlantic Republican Tradition⌐, Princeton University Press

Rawls, John, 1999, 「The Law of Peoples⌐, Harvard University Press

Ralws, John, 1993, 「Political Liberalism⌐, Columbia University Press

Rawls, John, 1971, 「A Theory of Justice⌐, The Belknap Press of Harvard

University Press

Reinhard, Kenneth, 2005, 「Toward a Political Theology of the Neighbor」, in Zizek, Slavoj/Santner, Eric L./Reinhard, Kenneth eds, 2005, 「The Neighbor—Three Inquiries in Political Theology」, Chicago University Press

Sandel, Michael J, 1982, 「Liberalism and the Limits of Justice」, Cambridge University Press

Scalia, Antonin, 1997, 「Common—Law Courts in a Civil—Law System: The Role of United States Federal Courts in Interpreting the Constitution and Laws」, in 「A Matter of Interpretation: Federal Courts and the Law」, Princeton University Press

Schmitt, Carl, 2007, 「The Concept of the Political」, translated by George Schwab, The University of Chicago Press, expanded edition

Skinner, Quentin, 1998, 「Liberty before Liberalism」, Cambridge University Press

Tushnet, Mark, 1999, 「Taking the Constitution away from the Courts」, Princeton University Press

Witte, Jr, John, 2007, 「The Reformation of Rights—Law, Religion, and Human Rights in Early Modern Calvinism」, Cambridge University Press

Walzer, Michael, 2006, 「Thick & Thin—Moral Argument at Home and Abroad」, University of Notre Dame Press

Walzer, Michael, 1985, 「Exodus and Revolution」, Basic Books

Walzer, Michael, 1983, 「Spheres of Justice: A Defense of Pluralism and Equality」, Basic Books

Walzer, Michael, 1965, 「The Revolution of the Saints—A Study in the Origins of Radical Politics」, Harvard University Press

Zukert, Michael P, 1994, 「Natural Rights and the New Republicanism」, Princeton University Press

이 국 운 李國運

1966년 대전 출생으로
서울대학교 법과대학을 졸업하고 동 대학원에서 법학박사 학위를 받았다.

1999년부터 경북 포항의 한동대학교 법학부에서 헌법과 법사회학 등을 가르치면서,
헌법이론, 법률가정치, 기독교 정치사상 분야를 연구하고 있다.

주로 사법개혁과 자치분권 분야에서 헌법적 실천에 앞장서 왔으며,
타자 윤리와 헌정주의에 입각한 시민 헌법 교육에도 남다른 관심을 기울여 왔다.

주요 저서로 〈헌법〉, 〈법률가의 탄생—사법불신의 기원을 찾아서〉, 〈헌법의 주어는 무엇
인가〉 등이 있고, 스티븐 브라이어의 〈역동적 자유〉(공역)와 마이클 왈저의 〈출애굽과
혁명〉을 번역했으며, 100여 편에 이르는 연구 논문을 출간했다.

사법시험 등 각종 국가고시의 시험위원을 역임했고,
2015년 한국헌법학회가 수행한 〈지방분권형 헌법개정안 연구〉의 연구책임자이기도 했다.

헌정주의와 타자

초판 발행   2019년 10월 30일

지은이   이국운
펴낸이   안종만·안상준

편 집   정수정
기획/마케팅   정성혁
표지디자인   이미연
제 작   우인도·고철민

펴낸곳   (주)**박영사**
서울특별시 종로구 새문안로3길 36, 1601
등록 1959. 3. 11. 제300-1959-1호(倫)

전 화   02)733-6771
f a x   02)736-4818
e-mail   pys@pybook.co.kr
homepage   www.pybook.co.kr
ISBN   979-11-303-3451-6 93360

정 가   14,000원